Liebe Schülerinnen, liebe Schüler,

in diesem Ethikbuch findet ihr Texte und Bilder, die Anstöße geben können über wichtige Lebensfragen, persönliche Interessen und aktuelle Themen zu diskutieren – und über unsere Zukunft: In Ethik denkt man über ein gutes Leben für den Einzelnen nach und über ein besseres für alle. Ethische Themenbereiche sind z. B.:

- **Eine Persönlichkeit werden:** Wer bin ich? Welche Rolle spielen Angehörige und Freunde in meinem Leben? Was erwarte ich von anderen und von mir selbst? Wie komme ich mit Schwierigkeiten klar? Kann ich glücklich werden? Brauche ich einen religiösen Sinn für mein Leben?

- **Teil der Gesellschaft sein:** Wie sieht unsere Gesellschaft aus, um mich herum, im Ganzen, weltweit? Welche Rolle spielen die Medien? Sich zu engagieren – lohnt sich das? Haben wir genügend Rechte? Was würde aus den Menschenrechten ohne uns?

- **Mit Natur und Technik umgehen:** Wie riskant ist der Mensch für sich selbst und für die Natur? Wie entscheiden wir uns heute für das, was morgen noch okay ist?

Das Buch will Lernen interessant machen, aber es ist gelegentlich auch ganz schön unbequem: Ihr müsst euch mit einer Menge Fragen und Wissen beschäftigen, euch eine eigene Meinung bilden und sie vertreten ohne andere Überzeugungen von vornherein abzuwehren.

Dieses Unterrichtsfach will zum Nachdenken anregen: Was könnte das sein – ein *gutes* Leben? Darauf haben verschiedene Leute schon ganz verschiedene Antworten gegeben. Das Buch macht euch Angebote, manchmal ergreift es Partei. Aber prüfen müsst ihr alles selbst, alleine, zu zweit, in der Klasse, mit euren Lehrern, auch schon mal im Streitgespräch. Das will gelernt sein …

Die einzelnen Kapitel sind in **Doppelseiten** aufgeteilt: Zwei aufgeschlagene Seiten gehören grundsätzlich zusammen und behandeln ein Thema, eine Fragestellung oder ein Problem.

Welche der behandelten Themen interessieren euch am meisten?
Ihr könnt zusammen Vorschläge machen und mit eurer Lehrerin oder eurem Lehrer darüber sprechen.

Ihr [illegible] etwas tun?
In [illegible] fgaben formulier[illegible] **orschläge** gema[illegible] nraum hinausgehen. [illegible] t ihr **Adressen** von Organisationen, von denen ihr Informationsmaterial bekommen könnt.

Ihr wollt ein Video zum Thema sehen oder ein Jugendbuch lesen?
In den Kapiteln findet ihr Hinweise zu Büchern, Dias, Videos usw. Zusätzlich sind im Literaturanhang Texte abgedruckt, mit denen ihr ein Thema im Unterricht vertiefen könnt.

Ihr lest etwas vom Great Ape Project, vom Dalai-Lama* oder von einem Bodhisattwa*?*
Im **Schülerlexikon** findet ihr Erklärungen für wichtige Begriffe; sie sind im Text mit einem Sternchen gekennzeichnet. Einfache **Worterklärungen** dagegen werden direkt unter den Texten erläutert.

Ihr interessiert euch für ein Thema, das nicht im Inhaltsverzeichnis steht?
Im **Register** könnt ihr nachschlagen, ob dieses Thema in Ethik 9/10 behandelt wird.

Und – mit welchem Kapitel fangt ihr an?

Übrigens:
Wir legen Wert auf eure Meinung und freuen uns über neue Vorschläge !
Cornelsen Verlag, Redaktion Ethik
Mecklenburgische Str. 53, 14197 Berlin

Inhaltsverzeichnis

1. Ins Nachdenken kommen

Wohin gehe ich?
Wem werde ich begegnen?

Sich wundern – Staunen – Fragen stellen

Eine Portion Sternenstaub

Peter zeigte auf die vielen Touristen, die tief unter uns aus ihren Reisebussen quollen und wie die Ameisen durch das Tempelgelände aufwärts kletterten.

„Wenn unter allen diesen Menschen auch nur einer ist, der diese Welt immer neu als märchenhaft und rätselhaft erlebt ..." Er holte tief Luft und fuhr fort: „Dort unten siehst du tausend Menschen, Hans-Thomas. Ich meine – wenn nur einer von denen das Leben als wahnwitziges Abenteuer erlebt – und wenn er oder sie das jeden Tag so erlebt ..."

„Was dann?", fragte ich, denn wieder hatte er sich mitten in einem Satz unterbrochen.

„Dann ist er oder sie ein Joker im Kartenspiel."

„Meinst du, es gibt hier so einen Joker?"

Er zuckte die Achseln.

„Nein!", sagte er. „Ich kann mir da natürlich nicht sicher sein, denn es gibt immer wieder ein paar Joker, aber die Chance ist unendlich klein."

„Und was ist mit dir selbst? Erlebst *du* das Leben als Abenteuer?"

„Yes, Sir!"

Die Antwort kam so energisch, dass ich mich nicht traute ihm zu widersprechen.

Aber er war noch nicht fertig: „Jeden einzelnen Morgen erwache ich mit einem Knall. Es ist, als würde mir jeden Tag neu eingeimpft, dass ich lebe, dass ich eine quicklebendige Figur in einem Märchen bin. Denn wer sind wir, Hans-Thomas? Kannst du mir das beantworten? – Wir sind aus einer Portion Sternenstaub zusammengebastelt. Aber was ist das? Woher, zum Kranich, kommt diese Welt?"

- Kannst du diese Frage beantworten?
- Welche Aufgabe hat ein Joker in einem Kartenspiel?
- Welchen Zusammenhang haben die Begriffe Joker, Kartenspiel und Leben in diesem Text?

Wenn dich die Fragen aus dem Text interessieren, kannst du in folgendem Buch weiterlesen:
Jostein Gaarder, Das Kartengeheimnis, Carl Hanser Verlag, München, Wien 1995.

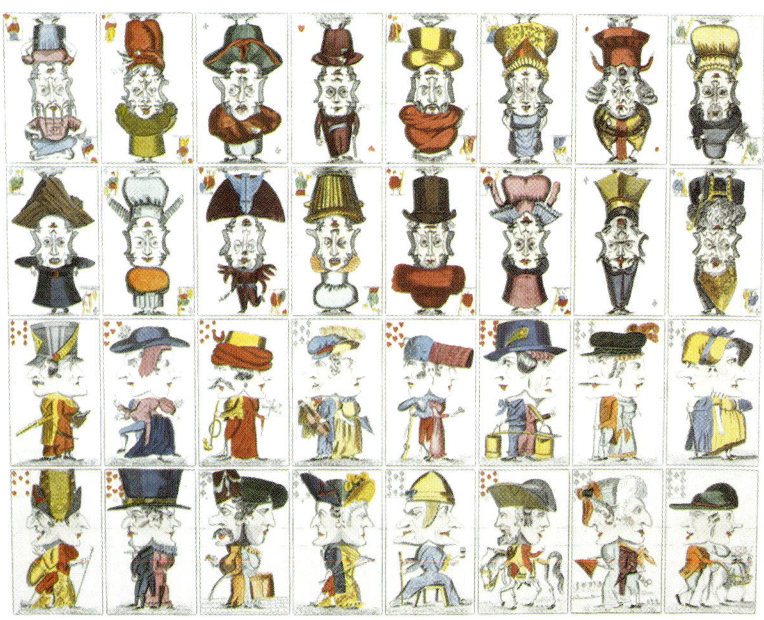

- Dies ist eine Spielkarte aus dem 19. Jahrhundert. In den beiden oberen Reihen soll jede der Figuren zehn Gesichter haben. Kannst du sie entdecken? Findest du auch einen Joker?

Was wäre, wenn …

Der Philosoph Platon* (428–348 v. Chr.) hat in seinem Dialog „Theaitet" geschrieben, dass das Philosophieren mit dem Staunen beginnt. Doch was ist das: Philosophieren? Platon meint damit, dass der Mensch über sich und die Welt nachdenkt. Wenn z. B. jemand einen funkelnden Stern am Himmel entdeckt, wundert er sich über dessen Helligkeit und beginnt Fragen zu stellen: Woher kommen überhaupt die Sterne? Warum leuchten einige Sterne heller als die anderen? Wie ist eigentlich das Weltall entstanden?
Jemand, der Fragen stellt, versucht natürlich auch Antworten zu finden. Über die Entstehung des Weltalls kann man z. B. in einem Astronomiebuch nachlesen, dass das Weltall durch den Urknall entstanden sein könnte. Und woher kommt der Urknall? So steht der Mensch wieder vor einer neuen Frage und sucht nach Antworten.
Durch das Fragenstellen gelingt es uns, ein wichtiges Problem genauer unter die Lupe zu nehmen und von verschiedenen Seiten aus zu betrachten, bis uns schließlich eine Lösung plausibel[1] erscheint. Aber nachdem sie dann gefunden wurde, kommt plötzlich der große Knall: Was wäre, wenn die Sache doch ganz anders ist? Was wäre, wenn die Menschen nicht aus einer Portion Sternenstaub entstanden sind?

1 plausibel: verständlich

▶ Versuche dir vorzustellen, wie Hans-Thomas das Leben als Abenteuer erlebt. Schreibe eine Sciencefictiongeschichte dazu.

M. C. Escher, Tag und Nacht

▶ Gedankenexperiment: Das Bild bekommt einen neuen Titel: Frage und Antwort. Wie kann es dann interpretiert werden?

▶ Stelle eine Frage,
- die du sofort beantworten kannst,
- auf die du bisher noch keine Antwort gefunden hast,
- auf die es mehrere Antworten gibt,
- die dein Freund oder deine Freundin besser beantworten kann,
- die du nur beantworten kannst, wenn du in einem Buch nachschlägst.

Welche dieser Fragen interessieren dich am meisten?

Über sich selbst nachdenken

Wie rätselhaft alles ist ...

„Du liebe Zeit, wie verdreht heute alles ist! Gestern war doch alles noch ganz so wie immer. Ob ich vielleicht über Nacht verwandelt worden bin? Lass mich einmal nachdenken – war ich noch dieselbe, als ich heute früh aufwachte? War ich da noch dieselbe Person wie gestern? Ich glaube fast, dass ich mich schon beim Aufwachen ein bisschen anders gefühlt habe. – Wenn ich aber nicht dieselbe bin, lautet die nächste Frage: Wer in aller Welt bin ich denn? Ja, das ist die ganz große Frage!“
Und nun versuchte sie sich an alle Kinder ihres eigenen Alters zu erinnern, die sie kannte um herauszufinden, ob sie vielleicht in eines von ihnen verwandelt worden sei.
„Ada bin ich bestimmt nicht“, sagte sie, „denn Ada hat langes gelocktes Haar und mein Haar hat keine Locken, es ist ganz glatt. Mabel bin ich bestimmt auch nicht, denn ich weiß alles Mögliche, während sie – nun, sie weiß eben sehr, sehr wenig. Und überhaupt – sie ist sie und ich bin ich und – du lieber Himmel, wie rätselhaft das alles ist!“

Lewis Carroll

- Weshalb sind die Fragen, die Alice sich stellt, rätselhaft?
- Welche Fragen über dich selbst hast du dir schon einmal gestellt? Schreibe einige auf und diskutiere darüber mit deiner Nachbarin bzw. mit deinem Nachbarn.

- Wären die Menschen noch dieselben, wenn sie anstelle ihrer Augen grüne Gläser hätten oder würde sich ihre Persönlichkeit verändern? Fasse deine Gedanken in einem Text zusammen und begründe deine Meinung.

Marc Chagall, Das grüne Auge

Was ist eine Persönlichkeit?

Die Frage, wer du bist und wie du dich gegenüber deinem Körper und deiner materiellen und sozialen Umwelt verhältst, hängt auch mit der Frage zusammen, welche Persönlichkeit du sein willst und was du von deinem Leben erwartest.

Es gibt wenige Worte der Umgangssprache, die solch eine Faszination für die breite Öffentlichkeit haben wie der Ausdruck Persönlichkeit. Obwohl das Wort in verschiedenem Sinne gebraucht wird, fallen die meisten der populären Bedeutungen unter eine von zwei Rubriken. Der erste Gebrauch setzt den Terminus mit gesellschaftlichem Geschick oder Gewandtheit im Auftreten gleich. Die Persönlichkeit eines Menschen wird danach beurteilt, mit welcher Wirksamkeit er den verschiedenen Personen unter wechselnden Umständen positive Reaktionen entlocken [kann]. In diesem Sinne werden von Schulen, die sich darauf spezialisieren, Männer zu „ganzen" Männern und Frauen zu „echten" Frauen zu machen, Kurse in „Persönlichkeitstraining" angeboten. Auch wenn ein Lehrer von einem Schüler [...] sagt, seine Persönlichkeit sei recht problematisch, so will er in der Regel damit andeuten, dass seine sozialen Fähigkeiten nicht ausreichen um angemessene Beziehungen zu Mitschülern wie Lehrern zu unterhalten. Der zweite Gebrauch sieht die Persönlichkeit des Individuums in dem hervorstechendsten oder nachhaltigsten Eindruck, den es bei anderen erweckt. So kann man von einer Person sagen, sie sei eine „aggressive Persönlichkeit" oder eine „unterwürfige Persönlichkeit" oder eine „furchtsame Persönlichkeit".

- Erkläre mit einem Beispiel die zwei Begriffsbedeutungen von Persönlichkeit.
- Welche Verhaltensweisen sollte eine „soziale Persönlichkeit" deiner Meinung nach haben?

Persönlichkeitsspiel

Überlegt im Gespräch, welche weiteren Persönlichkeitstypen es gibt und beschreibt in Stichworten ihre wichtigsten Verhaltensweisen und ihre besonderen Merkmale. Schreibt diese auf je ein Kärtchen (insgesamt drei – siehe Schema). Bildet danach kleinere Gruppen und legt die Kärtchen gemischt auf drei verschiedene Stapel (Persönlichkeitstypen, Verhaltensweisen und besondere Merkmale).

Danach zieht der erste Spieler von jedem Stapel eine Karte und überlegt, ob die Verhaltensweisen und die besonderen Merkmale zu dem gezogenen Persönlichkeitstyp passen. Wenn sie nicht zugeordnet werden können, wird der Persönlichkeitstyp wieder unter den Stapel geschoben – die übrigen zwei Karten bleiben vor dem Spieler liegen. Danach ist der nächste Spieler an der Reihe.

Das Spiel ist beendet, wenn keine Stapel mehr auf dem Tisch liegen und alle Persönlichkeitstypen mit den entsprechenden Verhaltensweisen und Merkmalen verbunden werden konnten; jeder Spieler muss dann verschiedene „Persönlichkeitsprofile" vor sich liegen haben.

Fällt euch zu diesem Spiel noch eine andere Spielvariante ein?

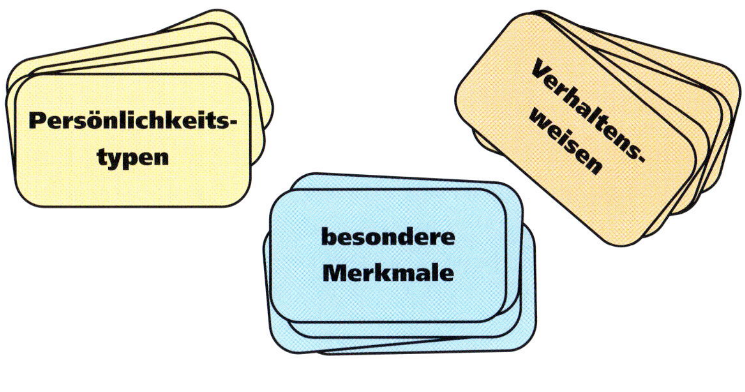

furchtsame Persönlichkeit

aggressive Persönlichkeit

überhebliche Persönlichkeit

...?

Die Suche nach einem gelungenen Leben

Immer-weiter-fragen …

Janusz Korczak war ein jüdischer Kinderarzt und Leiter des Waisenhauses „Dom Sierot" im Warschauer Getto*. Er wurde 1942 zusammen mit 200 jüdischen Waisenkindern in den Gaskammern des Konzentrationslagers* Treblinka umgebracht. Kurz bevor er im Juli 1942 deportiert wurde, schrieb er in seinem Tagebuch die folgenden Gedanken auf.*

Mit fünfzehn […] geriet ich in eine wahre Lesewut. Die Welt versank vor meinen Augen, es gab nur noch Bücher für mich …

Ich sprach viel mit Menschen: Mit gleichaltrigen und viel älteren, erwachsenen. Im Sächsischen Garten[1] hatte ich recht bejahrte Gesprächspartner. Ich wurde „bewundert": Ein Philosoph. Aber nur mit mir selbst sprach ich mich aus.

Denn reden und sich aussprechen ist nicht dasselbe.

[…]

Vor einer Viertelstunde habe ich meinen Monolog in Anwesenheit von Henick Azrylewicz beendet. Und wahrscheinlich das erste Mal in meinem Leben sagte ich mit mit aller Entschiedenheit: „Ich habe einen Forscher-, keinen Erfindergeist."

Forschen um zu wissen?

Nein.

Forschen um zu finden, bis auf den Grund vorzudringen?

Auch das nicht.

Also forschen um immer weiter und weiter zu fragen. Ich richte meine Fragen an Menschen (kleine Kinder und Greise), an Tatsachen, Ereignisse, Schicksale. Mich packt nicht der Ehrgeiz eine Antwort zu finden, ich möchte vielmehr zu weiteren Fragen vordringen – nicht unbedingt nach demselben Gegenstand.

Meine Mutter sagte: „Dieser Junge hat keinen Ehrgeiz. Ihm ist es gleichgültig, was er isst, wie er sich anzieht, ob er mit Kindern aus unseren Kreisen spielt oder mit Hausmeisterkindern. Er schämt sich auch nicht mit Kleinen zu spielen."

Ich fragte meine Bauklötze, Kinder, Erwachsene, was sie seien.

Ich machte kein Spielzeug kaputt, es interessierte mich nicht, warum die Puppe beim Liegen die Augen schloss. Nicht der Mechanismus, aber das Wesen der Dinge – das Ding an sich, in sich selbst, beschäftigte mich.

1 Ogród Saski, eine Parkanlage im Zentrum von Warschau, die zur Zeit der Sachsenkönige (1697–1763) angelegt worden ist.

- Beschreibe den Unterschied zwischen Wissen, Finden und Immer-weiter-fragen? (Z. 16 – 21).
- Was meint Korczak deiner Meinung nach mit dem „Wesen der Dinge"? (Z. 36).
- Janusz Korczak hat diesen Text in einer Art Lebensrückblick geschrieben, bevor er ermordet wurde. Er beschreibt ein wesentliches Merkmal seiner Persönlichkeit. Meinst du, dass er mit seinem Leben zufrieden gewesen ist? Begründe deine Meinung.

Ein gelungenes Leben hat viele Gesichter

Nicht erst am Ende eines Lebens denken Menschen darüber nach, wie sie ihr Leben gestalten wollen und welche Hoffnungen und Wünsche sie an ihren Lebensweg knüpfen. Kleine Kinder fragen „Mama, wozu bin ich auf der Welt?“, während ältere Menschen manchmal seufzend die Frage stellen „Wozu bin ich eigentlich noch da?“

▶ Betrachte die folgenden Bilder von Menschen in verschiedenen Lebensphasen und überlege, welche Vorstellungen sie von einem gelungenen Leben haben könnten.

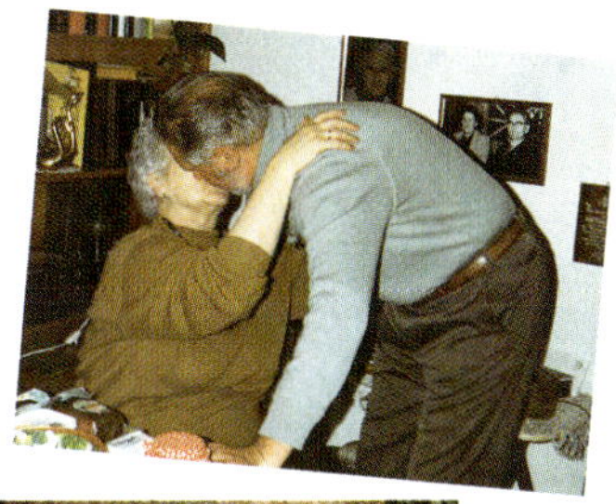

Ein Lebenshaus bauen

Teilt euch in drei gleich große Gruppen auf.

Erste Runde: Jede Gruppe stellt einige Anweisungen für den Bau ihres Traumhauses zusammen und schreibt sie auf. Sie reicht ihren „Wunschzettel“ an die Gruppe weiter, die rechts von ihr sitzt.

Zweite Runde: Die Gruppen wechseln nun ihre Funktion. Sie sind Architektenteams, die ein Haus entwerfen sollen. Sie müssen versuchen drei Voraussetzungen zu berücksichtigen: Erstens die Vorstellungen der „Bauherren“, die ihnen auf dem „Wunschzettel“ vorliegen, zweitens ihre eigenen Vorstellungen, drittens die Gegebenheiten vor Ort.

Dritte Runde: Besorgt euch Kärtchen oder kleine Zettel und schreibt einzeln darauf Gefühle, die ihr sehr oft erlebt und die ihr für besonders wichtig haltet (z. B. Angst, Freude, Geborgenheit). Auch bestimmte Hoffnungen können darauf stehen. Nun klebt ihr diese Kärtchen oder Zettel an eine passende Stelle in den Entwurf eures Hauses, das ihr als „Architektenteam“ entworfen habt. Die Kärtchen sollen den Stellen im Haus zugeordnet werden, mit denen ihr ein bestimmtes Gefühl verbindet. Dies kann bei der Tür z. B. Angst oder Freude sein und beim Kamin z. B. Geborgenheit. Der Entwurf dieses Hauses wird dadurch zu einem Symbol* für ein „Lebenshaus“, in dem Hoffnungen, Wünsche, Ängste usw. ihren Platz haben.

Vierte Runde: Jedes „Architektenteam“ stellt den „Bauherren“ das Haus vor. Die „Architekten“ erzählen, welche Voraussetzungen koordiniert werden mussten, welche Probleme auftraten und wie sie gelöst wurden.

Fünfte Runde: Die „Bauherren“ und die anderen Teams sagen ihre Meinung zu dem vorgestellten Entwurf und begründen sie.

Abschluss: Jeder Schüler und jede Schülerin überlegt, welches der Häuser er oder sie als Lebenshaus haben will und warum.

Ich und du

Gleich und anders?

Egozentrisch

Ich und DU

Ich und D

Ich und

Ich un

Ich u

Ich

▶ „Egozentrisch" bedeutet: „Ich bin der Mittelpunkt der Welt". Versuche die Worte „Ich und Du" so zu verändern, dass am Schluss ein Du oder etwas anderes herauskommt.

▶ Seht euch die verschiedenen Menschen auf dieser Seite an. Inwiefern sind sie sich ähnlich? Worin unterscheiden sie sich? Stellt Bildpaare zusammen, von denen ihr meint, dass sie zusammenpassen.

▶ Diskutiert anschließend darüber, warum Menschen sowohl gleich als auch anders sein können.

Vertraut und fremd?

Vertrautheit und Fremdheit, Nähe und Distanz sind Begriffspaare, mit denen sich Beziehungen zwischen Menschen beschreiben lassen. Lies die folgenden Meinungen von Jugendlichen aus Ost und West über Ossis und Wessis und suche nach weiteren Begriffspaaren, durch die sich Beziehungen beschreiben lassen. Welche Erfahrungen mit Begegnungen von Jugendlichen aus den alten und neuen Bundesländern hast du gemacht? Können nicht zwei Menschen zugleich vertraut und fremd sein? Begründe deine Meinung.

Die Ossis mit ihrem Geld, erst sagen sie: „Kein Geld da“ und dann fahren sie mit einem dicken Benz herum.
10. Klasse, Deutschland a. B.[2]

Es ist nicht schlecht, in einem geeinten Deutschland zu leben, wir gehörten schon immer zusammen, ohne die alten Bundesländer hätten wir es bestimmt nicht so schnell geschafft.
10. Klasse, Deutschland n. B.[1]

Ich finde die Menschen viel freundlicher im Osten als in Westdeutschland.
9. Klasse, Deutschland a. B.

Als ich Menschen aus der Ex-DDR kennen lernte, merkte ich, dass sie nicht nur eine Belastung sind, sondern richtige Menschen mit ihren Problemen ... Und dass sie von der Vereinigung nicht nur Vorteile hatten, sondern dass sie, wenn sie in den Westen fahren, nicht akzeptiert werden.
9. Klasse, Deutschland a. B.

Es müsste mehr getan werden, um die Mauer in den Köpfen wegzubekommen, so zum Beispiel Städtepartnerschaften auch zwischen kleineren Orten und Schüleraustausch, damit die Vorurteile abgebaut werden können.
10. Klasse, Deutschland n. B.

Eine Sache ärgert mich ganz besonders, nämlich die häufige Meinung der Altbundesbürger, dass die Ostbundesbürger „erst einmal arbeiten lernen sollen“. Ich finde das großen Quatsch, denn niemand anders als die Ostbürger haben das Improvisieren […] so gut gelernt [weil oft viele Dinge fehlten]. Ich denke, dass die Westbürger keine wirkliche Ahnung von der Ex-DDR haben.
11. Klasse, Deutschland n. B.

Es besteht immer noch eine gewisse Distanz zwischen der ehemaligen DDR und „uns“. Als bei uns Jugendliche aus Herzfelde zu Besuch waren, habe ich gemerkt, dass sie genauso nett wie wir und für alles Neue aufgeschlossen sind.
10. Klasse, Deutschland a. B.

1 n. B.: neue Bundesländer /2 a. B.: alte Bundesländer

Zwei Wege zum Handeln

Ein Weiser, der seinen Garten bearbeitet und kaum etwas sagt, rühmt sich die gesamte Lehre vom Handeln in zwei Kapiteln zusammengefasst zu haben, von denen jedes aus einem einzigen Wort besteht. Erstes Kapitel: Weitermachen. Zweites Kapitel: Anfangen.
Die Reihenfolge, die einen erstaunen lässt, macht fast die ganze Idee aus. Nachdenken ist besser als diskutieren. Mithilfe des Nachdenkens würden die beiden Kapitel alsbald ein großes Buch ausmachen. Hier eine kurze Zusammenfassung des großen Buches.
Weitermachen, das ist das einzige Mittel, etwas zu verändern. Wenn uns der Gedanke kommt, dass wir etwas ändern müssen, dann ist das ein Zeichen dafür, dass unser Tun erst recht anfängt und stachelig wird statt uns zu streicheln. Das ist der unbequeme Augenblick; das ist die Probe auf den Menschen ...
Das zweite Kapitel steht noch aus. Anfangen, wenn dieses Wort nach dem anderen kommt, dann heißt das, sich daranbegeben, sich sofort daranbegeben und, wie ich oft sage, die Zeit des Ingangbringens auf Null reduzieren. Das Wörtchen „sich ...“ hat dann seine ganze Gewalt verloren. Die Zukunft hat nur Sinn auf der Schneide des Werkzeugs. Einen Entschluss fassen bedeutet noch gar nichts; man muss das Werkzeug anpacken.

Alain

▶ Übertrage die Gedanken des französischen Philosophen Alain (1868–1951) auf die Beziehungen zwischen ost- und westdeutschen Jugendlichen, indem du folgende Fragen beantwortest: Wo würdest du weitermachen? Wo würdest du anfangen?

Träumen nach vorwärts

Auch in 20 Jahren noch lachen?

Es gibt viele Erzählungen und Berichte, die sich mit unserer Zukunft befassen: Wie wir in 20 oder 30 Jahren leben, wie es in späteren Jahren auf der Welt aussieht, ob die Welt dann überhaupt noch besteht. Wenn ich so etwas lese, bekomme ich manchmal Angst, denn diese Vorstellungen sind zum Teil düster, oft sogar drohend. Obwohl sie vielleicht gar nicht falsch sind, möchte ich nichts davon schreiben. Ich möchte über die Zukunft schreiben, die ich mir wünsche, in der ich leben möchte. Über eine Zukunft, die es vielleicht nie geben wird, die aber nicht unmöglich ist, wenn alle Menschen etwas für sie tun.

Ich wünsche mir für meine Zukunft, dass wir Menschen allmählich erkennen, wie sinnlos Waffen und Kriege sind und dass sich Panzer nicht als Kinderspielzeug eignen. Nur wenn wir alle die große Gefahr der vielen Kriege einsehen und uns dagegen wehren, kann eine Traum-Zukunft entstehen. Denn weiterer großer Krieg würde unsere ganze Welt vernichten.

Ich wünsche mir eine Zukunft, in der man noch auf einer grünen Wiese liegen und das Gras riechen kann. Ich möchte weiterhin Blumen pflücken können und in den Sommerferien auf einer steilen Klippe am Meer stehen, mir den salzigen Wind ins Gesicht wehen lassen und hinab in die tosende Brandung blicken. Die Voraussetzung dafür ist, dass wir merken, wie lebensnotwendig sie ist. Allen Menschen muss dieser Zustand so deutlich werden, dass wir etwas für die Umwelt tun und nicht nur viel reden. Alle müssen es begreifen, ich auch, sonst kippt meine Zukunftsvorstellung um.

Ich wünsche mir eine Zukunft, in der ich noch genauso lachen kann wie heute.

Angela Lynne Marciniak, 14 Jahre, Braunschweig

▶ Über welche Dinge willst du auch in 20 Jahren noch lachen und dich freuen können? Male ein Bild dazu. Legt eure Zeichnungen dann in einen Kreis und versucht zu erraten, was darauf dargestellt ist.

▶ Betrachte den „Wolkenhirt" und notiere in Stichworten einige Gedanken und Gefühle. Schreibe anschließend eine kleine Geschichte, in die du diese Stichworte einarbeitest.

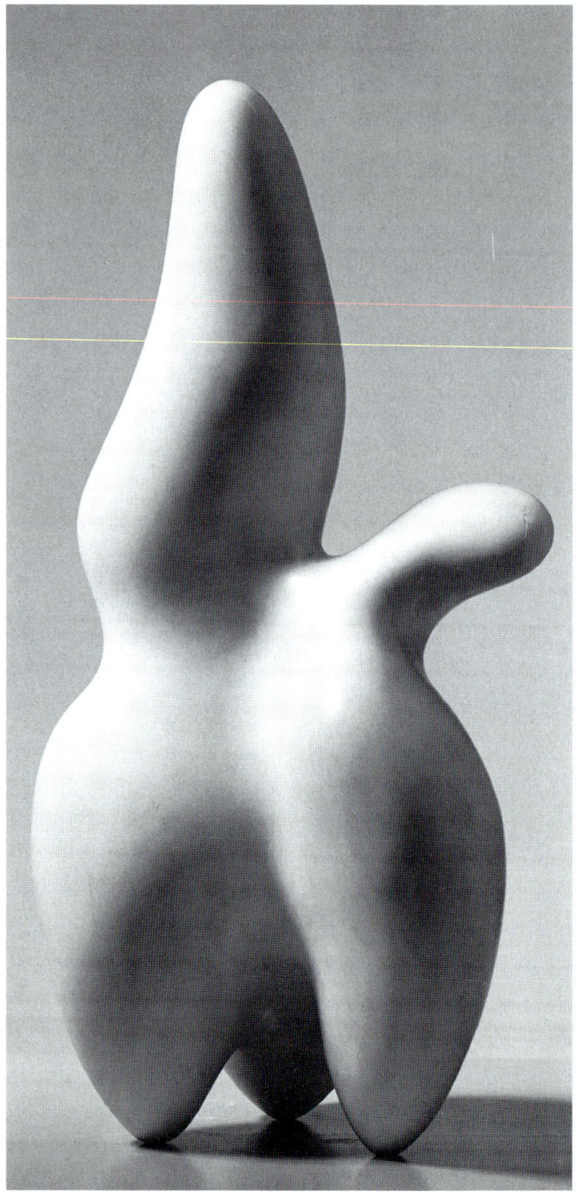

Wolkenhirt

Meine Zukunftsperspektiven

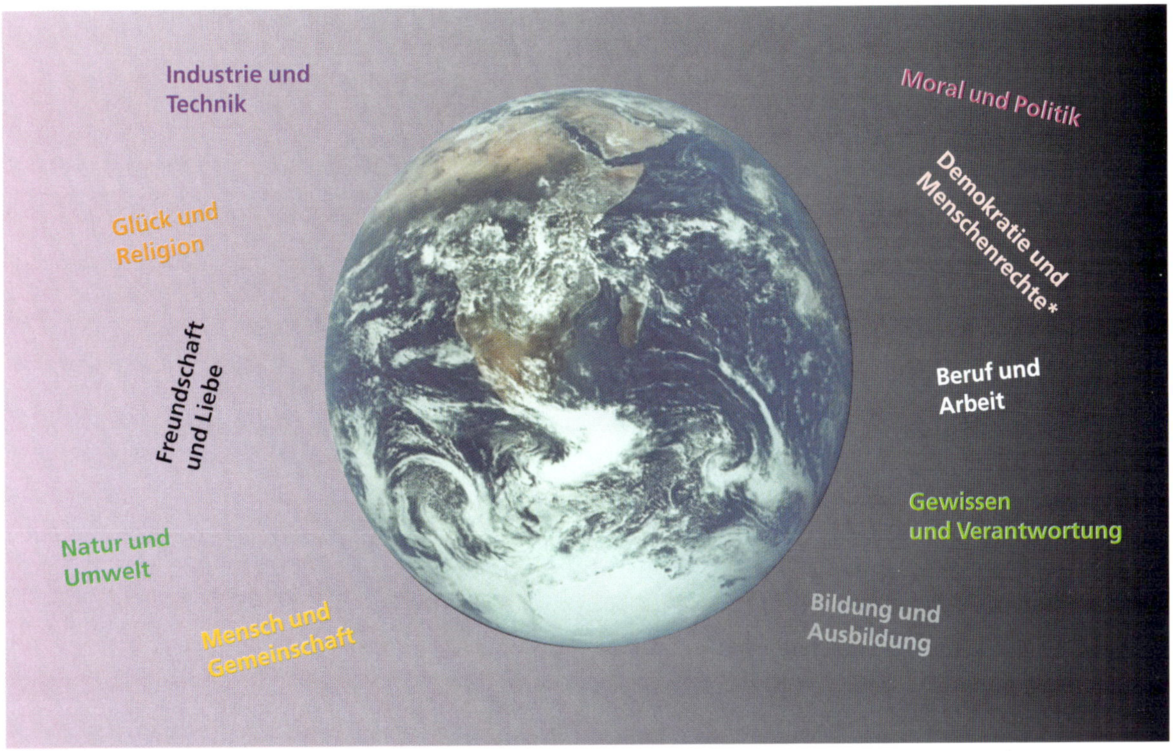

▶ Wir haben in unserem Buch einige Themen zusammengestellt, die möglicherweise auch für deine Erwartungen an die Zukunft wichtig sind. Zeichne alle diese Begriffspaare auf ein Blatt und ergänze sie um weitere. Versuche sie durch Diagonalen zu verbinden und erkläre den Zusammenhang.

▶ Diskutiert anschließend in der Klasse darüber, welche Verbindungen möglich sind und welche sich ausschließen. Begründet eure Meinungen.

Von welcher Zukunft ich träume …

Häufig denke ich darüber nach, wie wohl unser Land in zehn, fünfzehn oder mehr Jahren aussehen mag und ich bedaure, dass ich die schweren Jahre, die vor uns liegen, nicht wenigstens für einen Augenblick überspringen und in die Zukunft schauen kann. Zur dramatischen Schönheit und Anziehungskraft des Lebens gehört allerdings auch seine Unerforschtheit, unsere Unkenntnis von der eigenen Zukunft (außer dem Wissen, dass wir einmal sterben werden). Also weiß auch ich nichts über die Zukunft unseres Landes. Einiges kann ich abschätzen, einiges ahnen, etwas selbst wollen und um etwas kämpfen. Das ist alles.

Václav Havel

Václav Havel, ehemaliger politischer Gefangener und heutiger Präsident der Tschechischen Republik, will am liebsten in die Zukunft schauen. Wie er sich die Zukunft für sein Land vorstellt, kannst du in folgendem Buch nachlesen: Václav Havel, Von welcher Zukunft ich träume, Rowohlt Verlag, Reinbek, 1997.

▶ Was wünschst du dir für dein Land in den nächsten 15 Jahren? Wofür willst du kämpfen? Schreibe einen Brief an Václav Havel und erzähle es ihm.

2. Freundschaft – Partnerschaft – Familie

▶ Beschreibt die Unterschiede der dargestellten Beziehungen.

Freundschaft – was ist das?

▶ Beide Abbildungen stellen symbolisch* dar, was Freundschaft bedeuten kann. Was machen sie jeweils deutlich?

▶ Versucht durch eigene Fotos, Bilder, Standbilder („eingefrorene Pantomimen") oder Gegenstände auszudrücken, was Freundschaft für euch bedeutet.

▶ Spielvorschlag zum Erfahren von Vertrauen: einem Partner werden die Augen verbunden und er wird vom anderen durch die Klasse oder durch das Schulgebäude geführt. Anschließend werden die Rollen getauscht und jeder schreibt auf, was er in seiner Rolle empfunden hat.

Was halten Sie für unerlässlich, damit Sie eine Beziehung zwischen zwei Personen als Freundschaft empfinden?

1. Wohlgefallen am anderen Gesicht
2. daß man sich unter vier Augen einmal gehen lassen kann
3. das Vertrauen, daß nicht alles ausgeplaudert wird
4. im ganzen Einverständnis in politischen Ansichten
5. daß einer dem anderen allein dadurch ein gutes Gefühl gibt, daß er da ist, anruft, schreibt usw.
6. Nachsicht gegenüber Fehlern des anderen
7. Ehrlichkeit, ggf. auch Mut zum offenen Widerspruch
8. daß man dem anderen Geheimnisse zugesteht
9. daß man für und mit dem anderen hoffen kann
10. Sicherheit, daß der eine, wenn über den anderen schlecht geredet wird, nicht einfach zustimmt, sondern wenigstens Belege verlangt
11. sich für die gleichen Dinge begeistern können, gemeinsame Interessen
12. gemeinsame Erlebnisse und Erinnerungen
13. Bereitschaft, den anderen mit Geduld zu unterstützen
14. daß der eine den anderen nicht auf Meinungen oder Interessen festlegt, die einmal wichtig für die Freundschaft waren.

nach Max Frisch* R

▶ Überlegt in Gruppen, welche Merkmale ihr für die wichtigsten haltet und ergänzt sie.

▶ Diskutiert darüber, ob es Freundschaft mit Tieren oder reine Brief- oder Internetfreundschaften geben kann.

Was ist eine gute Freundschaft?

Es gibt viele verschiedene Vorstellungen darüber, was eine gute Freundschaft ist. Michel de Montaigne dachte darüber nach, wie sich Freundschaften, Verwandtschaften und Bekanntschaften unterscheiden.*

Eine gute Freundschaft entsteht, wenn zwei (oder mehr) Menschen in den wichtigsten Dingen grundsätzlich übereinstimmen. Es ist nicht sehr wahrscheinlich, dass es diese Übereinstimmung bei Geschwistern oder Eltern und Kindern gibt. Diese können völlig unterschiedliche Eigenschaften haben. Ein Sohn oder ein Verwandter kann ein Bösewicht oder ein Dummkopf sein. Außerdem entstehen die Beziehungen zwischen Verwandten nicht freiwillig, so wie gute Freundschaften freiwillig entstehen. Echte Zuneigung und Freundschaft entstehen nur ohne Druck von außen und ohne Zwang.
Wenn wir von Freunden und Freundschaften sprechen, sind dies oft nichts anderes als lockere Bekanntschaften, die durch irgendwelche Anlässe entstanden sind.

nach Michel de Montaigne

▶ Erklärt, was für Montaigne wahre Freundschaft ausmacht. Hat er Recht?

▶ Definiert den Begriff Freundschaft und grenzt ihn von ähnlichen Begriffen ab: Bekanntschaft, Verwandtschaft, Partnerschaft, Kameradschaft, Liebe.

Freundschaft aus Berechnung?

Wenn man jemanden mag, weil man einen Vorteil und Nutzen davon hat, dann mag man denjenigen nur wegen dieses Vorteils. Und wer sich nur wegen der eigenen Lust mit einem anderen Menschen abgibt, der liebt ihn nicht als Freund mit allen seinen Eigenschaften, sondern nur wegen des Lustgewinns.
Die Freundschaft der jungen Leute scheint nur auf Lust begründet zu sein. Denn sie werden von ihren Gefühlen bestimmt und suchen hauptsächlich das, was für sie im Augenblick angenehm ist. Ihre Freundschaften entstehen deshalb ziemlich schnell, gehen aber auch sehr schnell wieder auseinander. Was sie wollen, ist zusammen sein und leben. So steht es also bei ihnen mit der Freundschaft.

nach Aristoteles*

▶ Wie unterscheidet Aristoteles Freundschaft bei Erwachsenen und bei jungen Leuten?

▶ Diskutiert über die Berechtigung der Unterscheidung von Aristoteles.

▶ In dieser Freundschaft stimmt etwas nicht. Versucht es in Worte zu fassen. Habt ihr ähnliche Erfahrungen in Freundschaften gemacht?

Ist Freundschaft notwendig?

In dem folgenden Romanauszug geht es um die sechzehnjährige Katharina, die mit ihren Eltern in eine Kleinstadt im Osten Deutschlands gezogen ist. Der Vater hat dort Arbeit gefunden. Katharina fühlt sich fremd und überflüssig, ihr fehlt die alte Clique. Fast ein Jahr lang lebt sie nun schon in dieser Kleinstadt und immer noch hat sie fast keinen Kontakt zu ihren Mitschülerinnen und Mitschülern. Als sie zum ersten Mal in ihrer neuen Umgebung Geburtstag hat, muss sie wie immer in die Schule.

Prädikat: lesenswert

▶ Beschreibt die Stimmung dieses Bildes. Was wollte der Zeichner ausdrücken?

Katharina trottet mechanisch, den Blick zu Boden gerichtet, den gewohnten Schulweg. Sie wusste nichts, worauf sie sich an diesem Tag freuen sollte. Nur dass sie Geburtstag hatte und niemand es erfahren würde erfüllte sie mit Genugtuung.

Als Katharina im vergangenen Herbst nach Kornekamp zog, hatte das Schuljahr schon begonnen. Vielleicht trug das dazu bei, dass sie von den Mitschülern der Elften wie ein Eindringling behandelt wurde.

Einen Treff nach dem Unterricht – wie die tägliche halbstündige Ansammlung am Kiosk in Stuwarin –, bei dem man über die Lehrer herzog oder sich über das gestrige Fernsehprogramm unterhielt, gab es in der Kleinstadt nicht. Alle eilten sofort nach Hause, die Auswärtigen stiegen in ihre Busse.

Als sie sich – gleich nach der Umschulung ins Kornekamper Gymnasium – den Schülern in der Raucherecke zugesellen wollte, wurde das Mädchen als Nichtraucherin mit ebenso deftigen wie verächtlichen Bemerkungen verscheucht. In ihrer alten Schule wurden Gäste ohne Zigarette toleriert.

Kurz vor der Schule kamen drei Mädchen aus ihrer Klasse aus einer Seitenstraße und bogen vor Katharina auf den Gehweg ein. Sie waren ihr so nah, dass sich die Ärmel ihrer Jacken fast streiften, trotzdem gelang es ihnen, die Mitschülerin zu übersehen.

Katharina verlangsamte ihren Schritt. Von denen will ich keine länger als unbedingt notwendig um mich haben, dachte sie. An meinem Geburtstag schon gar nicht.

Sie hatte sich eine Taktik angewöhnt mit der offenkundig abweisenden Haltung ihrer Mitschüler umzugehen. Obwohl sie selten angesprochen wurde, stellte sie selber Fragen, bedankte sich höflich für jede Auskunft und schien von unerschütterlicher gleich bleibender Freundlichkeit. Nach einigen Wochen war ihr diese Technik zur Gewohnheit geworden, die keine Anstrengung mehr kostete.

Sie begann den Vorteil aller Außenseiter zu schätzen: den Standort des Betrachters. Obwohl niemand mit ihr über Liebeleien, Zerwürfnisse oder Freundschaften sprach, teilte sich ihr die unterschiedliche Art der Bindungen mit: wer mit wem sprach, welche Art von Blicken in unbeobachteten Momenten zwischen einem Mädchen und einem Jungen schwirrten, wo es

Berührungen gab, die zufällig schienen und es doch nicht waren.
Mit heimlichem Triumph dachte sie: Von mir wisst ihr nichts – aber ich kenne euch. Als die erste Stunde anfing, die Klassenlehrerstunde, dachte sie mit leichter Beunruhigung, dass vielleicht doch jemand zufällig auf die Spalte mit den Geburtstagen gesehen hätte. Im Biologieunterricht schrieb die Lehrerin wie gewohnt das Datum über den zu behandelnden Stoff an die Tafel.
„Eh", rief einer der Jungen von den hinteren Tischen, „das war mal unser höchster Fest- und Feiertag!"
Halb verlegenes, halb belustigtes Murmeln war die Reaktion, mit Katharinas Geburtstag hatte es nichts zu tun.

- An welchem Tag hat Katharina offensichtlich Geburtstag?
- Sucht die Stellen aus dem Romanauszug heraus, an denen ihr etwas über Katharinas Gedanken und Gefühle erfahrt. Wie würdet ihr erklären, dass Katharina schließlich doch über die Nichtbeachtung ihres Geburtstages enttäuscht ist?
- Versetzt euch in die Lage der Mädchen (es können auch Jungen sein), denen Katharina begegnet (Z. 22-26). Schreibt auf, was sie über Katharina denken. Was würde sich wohl ändern, wenn sie von Katharinas Geburtstag wüssten?
- Was müsste sich verändern, damit Katharina an ihrem nächsten Geburtstag anders behandelt wird?

Zwei Philosophen über Freundschaft

Wie ist wahre, echte Freundschaft möglich? Nur durch eine starke Teilnahme am anderen, an seinen Problemen und an dem, worüber er sich freut. Diese Teilnahme ist nur möglich, wenn man sich mit dem Freund ganz identifiziert. Kann es diese echte Freundschaft überhaupt geben? Die Menschen sind so egoistisch, dass man nicht weiß, ob diese Art von Freundschaft überhaupt existiert. ... Eigentlich ist es sehr begrenzt, was einer dem andern geben kann und letztlich bleibt doch jeder allein. Deswegen muss sich jeder alles selbst geben, was er sich wünscht und ersehnt und darf dies nicht von anderen erwarten.

nach Arthur Schopenhauer*

Wie kann denn ein Leben ohne die Zuneigung zwischen zwei Freunden lebenswert sein? Was ist denn angenehmer als jemanden zu haben, mit dem du alles besprechen kannst und weißt, dass er dich versteht? Was wäre ein noch so großes Glück wert, wenn du keinen hättest, der sich mit dir freut?
Unglück dagegen wäre noch schwerer auszuhalten ohne jemanden, der es ebenso wie du erleidet. ... Wohin du dich auch wendest, gibt es Freundschaft, denn es gibt keine Situation, in der sie nicht möglich wäre.

nach M. Tullius Cicero*

- Sucht weitere Argumente für beide Seiten und diskutiert, wer Recht hat.
- Hinter den Ausführungen von Arthur Schopenhauer und M. Tullius Cicero zur Freundschaft verbergen sich allgemeinere Auffassungen über das Wesen des Menschen. Versucht sie zu erschließen und diskutiert darüber, ob sie berechtigt sind.

Mädchen und Jungen über Liebe

Wenn sich zwei Menschen einander nähern um eine Liebesbeziehung einzugehen, ist das eine der aufregendsten und auch schwierigsten Angelegenheiten im Leben. Dabei haben Jungen und Mädchen offenbar unterschiedliche Auffassungen übers „Anmachen", „Verknalltsein" oder über eine längere Beziehung. Die folgenden Äußerungen stammen aus einem Gespräch von Jungen und Mädchen im Alter zwischen 15 und 18 Jahren.

„Auf den ersten Blick ist mir wichtig, dass mir ein Mädchen vom Body her gefällt. Da kann man ja über den Charakter noch nichts sagen." Alex, 15 Jahre

„Jungs sollten galant und charmant sein, ein Mädchen auch mal verwöhnen, kleine Geschenke machen." Daniela, 16 Jahre

„Ein Mädchen sollte Verständnis für mich aufbringen, wenn ich Probleme habe. Sie sollte mir zuhören und mich trösten können." Konrad, 18 Jahre

„Wenn man fremdgeht, dann muss es für beide erlaubt sein. Jungs gestehen das oft nur sich selbst zu." Ulla, 15 Jahre

„Eine Beziehung ohne Sex könnte ich mir nicht vorstellen. Nach ein, zwei Wochen muss da was laufen. Wenn das Mädchen aber gleich am ersten Tag mit dir schläft, dann ist sie nichts wert." Tony, 17 Jahre

„Am schwierigsten ist es, wenn einer Schluss machen will und der andere noch verliebt ist." Alex, 15 Jahre

„Am wichtigsten ist, dass man ehrlich ist, nicht einfach sagt: ‚ich will dich nicht mehr so oft sehen' oder ähnliche Ausreden." Ulla, 15 Jahre

„Jungs achten viel zu sehr auf die Figur, sie sind so was von oberflächlich." Daniela, 16 Jahre

„Mädchen werden immer gleich eifersüchtig, wenn man sich mit einem anderen Mädchen unterhält. Sie denken dann, du willst mit der in die Kiste steigen. Dann machen sie dich vor deinen Freunden nieder." Alex, 15 Jahre

„Vor allem wenn es um intime Dinge geht, sollte ein Junge die Partnerin ernst nehmen und sich nicht über sie lustig machen." Andrea, 17 Jahre

▶ Bildet Mädchen- und Jungengruppen und überlegt, ob ihr den Äußerungen zustimmt. Wo seht ihr Vorurteile und wo sind die Aussagen berechtigt?

▶ Versucht die Äußerungen nach Bereichen zu ordnen: Kennen lernen, Sexualität, Gestaltung einer Beziehung, Eifersucht, Beendigung einer Beziehung.

▶ Führt zu den verschiedenen Bereichen des Themas eine Podiumsdiskussion oder ein Klassengespräch. Ihr könnt auch ein Interview an eurer Schule durchführen, zu dem ihr Fragen zu den genannten Bereichen entwickelt und Mädchen und Jungen getrennt befragt.

Verhalten sich Jungen und Mädchen unterschiedlich?

Der Tendenz nach belegt dies ein amerikanisches Collegeexperiment aus dem Jahr 1989, bei dem Forscher attraktive männliche und weibliche Personen losgeschickt haben um Studentinnen und Studenten an amerikanischen Universitäten als – unwissende – Versuchspersonen „anzumachen". 50 Prozent aller angesprochenen Männer ließen sich zu einem Kaffee einladen. Von diesen wiederum folgten 69 Prozent dem Angebot mit in die Wohnung der Frau zu kommen und 75 Prozent dieser Männer wären noch am selben Abend zum Sex bereit gewesen. Von den Studentinnen nahm ebenfalls die Hälfte den Kaffee an, aber nur sechs Prozent davon ließ sich zu einem Hausbesuch überreden, keine indes zum Geschlechtsverkehr.

▶ Wie lassen sich die Ergebnisse des Experimentes erklären?

Biologische Erklärung – pro und contra

Die vor Jahrmillionen entstandene Kooperation von Frau und Mann beruht [...] auf unterschiedlichen Leistungen. Um Kinder in die Welt zu setzen mussten Menschenfrauen sehr viel investieren: neun Monate Schwangerschaft und eine Stillperiode, die gerade in der Urzeit lange währte, viel Kraft kostete und es erschwerte, für sich selbst und das Kind Nahrung zu suchen. Ganz anders dagegen ist die Ausgangsposition der Männer: Der Zeugungsakt beanspruchte sie im Vergleich zum daraus resultierenden biologischen Erfolg [nur] wenig.
Wenn sich nun grundlegende Verhaltensmuster so vererben, wie es Genetiker heute annehmen, dann müssten sich bei Frau und Mann unterschiedliche Strategien für die Partnerwahl entwickelt haben. Die Wissenschaftler erwarten daher, dass Frauen in erster Linie ein biologisches Interesse an der Qualität des Partners haben und sich, zumindest für die Zeit, die ein Kind braucht, bis es aus dem Gröbsten heraus ist, eher an einen Mann binden. Demgegenüber bietet sich den Männern eine Doppelstrategie: Sie können entweder in einer Partnerschaft ihre Kinder gesichert und gut versorgt aufziehen oder aber in Quantität investieren, also mit vielen Frauen viele Kinder zeugen und so ihr Erbgut stärker verbreiten. [...]
Gemäß dieser Tendenz bevorzugen Frauen auch Männer mit [einem] bestimmten Äußeren: Ihr Idealmann sieht genau so aus, wie er vermutlich in der Urzeit erfolgreich war und wie ihn die Werbung heute präsentiert: muskulös, mit breiten Schultern, schmalen Hüften und kräftigem Kinn – einer, der Entschlossenheit und Dominanz ausstrahlt. „Hingegen schätzen Männer die Frauen am meisten", sagt Buss, „die schön und jung sind, deren Figur auf Gesundheit, Jugend und die Fähigkeit zum Gebären vieler Kinder schließen lässt."

▶ Diskutiert darüber, ob diese Erklärung berechtigt ist.

Jeder Mensch hat seine eigene Persönlichkeit und es gibt Millionen Gründe, weshalb wir diese oder jene Wahl treffen. Wie groß aber der Einfluss der Gene [...] ist, wird sich wohl nie bestimmen lassen. Niemand hat bisher „Gene der Liebe" identifiziert, geschweige denn untersucht, wie weit deren Wirkung reicht oder welchen Einfluss die Umwelt hat.

▶ Mit welchen Gründen wird hier eine biologische Erklärung für menschliches Verhalten in der Liebe abgelehnt?

▶ Diskutiert über beide Erklärungen und überlegt, welche Gefahren in der biologischen Deutung stecken.

Die große Liebe?

„Ich bin total verliebt."
Wer verliebt ist, kennt keine „halben Sachen". Entweder ganz – total – oder gar nicht! Mit Haut und Haaren, mit Herz und Verstand, mit Geist und Gemüt – mit allem, was wir haben. Wir sind „bis über beide Ohren" verliebt!

„Ich fühle mich wie neugeboren."
Wer verliebt ist, fühlt sich wie neugeboren. Leben wird lebenswert, weil ein anderer mich liebenswert findet. Ich sehe die Welt mit anderen Augen: farbiger, optimistischer, zuversichtlicher.

„Ohne dich kann ich nicht leben."
„Die große Liebe" ist angesagt: Ohne dich geht nichts mehr – nicht einmal das Leben. Leben ist unvorstellbar ohne den anderen. Welch eine Liebesbeteuerung! Aber auch: welch eine Erpressung!

„Ich bin verrückt nach dir."

„Ich steh auf dich."

„Ich bin verknallt."

▶ Schreibt auf, was euch zu den nicht erklärten Redewendungen einfällt und sucht weitere zum Thema Liebe.

▶ Übersetzt den Text und beschreibt den Gefühlszustand der Sängerin.
▶ Informiert euch über das Romeo-und-Julia-Motiv als Vorbild einer großen Liebe, die gegen alle Widerstände besteht. Wie überträgt der Film von 1996 das Motiv in die Gegenwart? Der Film ist als Video erhältlich (Fox).
▶ Bringt weitere Lieder und Songs zum Thema Liebe mit in den Unterricht und stellt sie euch gegenseitig vor.

Lovefool

Love me love me
say that you love me
fool me fool me
go on and fool me
love me love me
pretend that you love me
leave me leave me
just say that you need me [...]
I can't care 'bout anything but you ...

The Cardigans
Filmmusik aus: William Shakespeares Romeo + Juliet

Aus der Werbung, aus Filmen, aus Zeitschriften lernen wir von klein auf, dass nur das leidenschaftliche, romantische Feuerwerk der Gefühle „wahre" Liebe ist.

Gertrud Pietsch

▶ Stimmt ihr der Feststellung von Gertrud Pietsch zu? Sucht nach weiteren Beispielen und analysiert sie.
▶ Im Anhang findet ihr das Gedicht „Danach" von Kurt Tucholsky. Ist seine ironisch-witzige Darstellung über die große Liebe nach dem Happy End eurer Meinung nach zutreffend? Begründet eure Meinung.

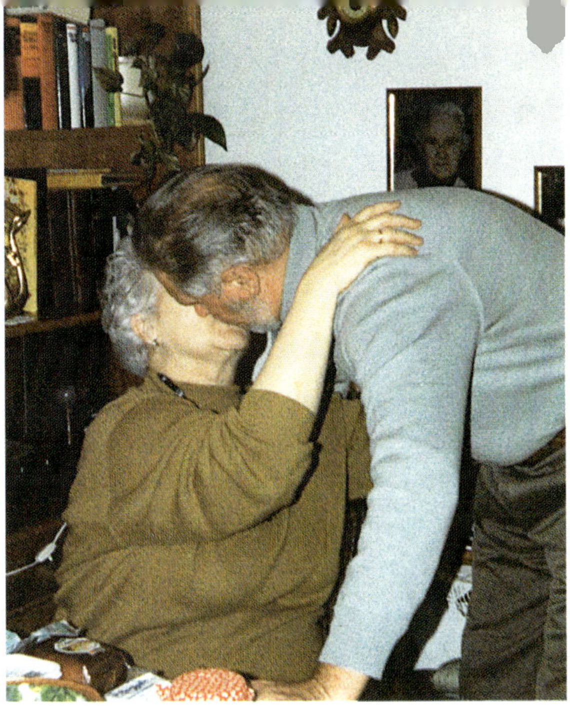

▶ Welche Merkmale müsste eine Liebe erfüllen, die im Alltag und im Alter anhält? Wie müssten die Partner mit Konflikten umgehen?

Heirat aus Liebe?

Eine Beziehung oder Heirat aus Liebe war bis in die Zeit nach dem Ersten Weltkrieg eher die Ausnahme. Denn früher wurde dem Individuum kaum so viel Bedeutung zugestanden, dass es Liebe als einziges Motiv für eine Partnerschaft hätte in Anspruch nehmen können. Wirtschaftliche Zwänge waren wichtiger. Viele waren der Meinung, dass die Liebe von alleine kommen würde, nachdem die Eltern entschieden hatten, welchen Ehepartner ihre Tochter oder ihr Sohn heiraten sollte. Diese Entscheidung wurde oft aus wirtschaftlichen Gründen getroffen und sie richtete sich danach, ob der zukünftige Ehepartner standesgemäß war. Gerade weil die persönliche Liebe nicht das Hauptmotiv für eine Partnerschaft war, entstand der Mythos der großen, der romantischen Liebe, die sich im Widerstand gegen ihre Umgebung entwickelt. (Romeo-und-Julia-Motiv)

Weil heute die Liebe für die meisten Menschen das Wichtigste in einer Beziehung ist, werden ganz besondere Anforderungen an sie gestellt. Das meint jedenfalls der Philosoph und Schriftsteller Erich Fromm*, der das Scheitern vieler längerer Beziehungen auf ein falsches Verständnis von Liebe zurückführt.

Warum ist Liebe nicht dauerhaft?

Die meisten Menschen sehen das Problem der Liebe in erster Linie als das Problem *selbst geliebt zu werden*, statt *zu lieben* und lieben zu können. Daher geht es für sie nur darum, wie man es erreicht geliebt zu werden, wie man liebenswert wird [...]. Aber kaum einer nimmt an, dass man etwas tun muss, wenn man es lernen will zu lieben. [...]

[Ein] Irrtum, der zu der Annahme führt, das Lieben müsste nicht gelernt werden, beruht darauf, dass man das Anfangserlebnis „sich zu verlieben", mit dem permanenten Zustand „zu lieben" verwechselt. Wenn zwei Menschen, die einander fremd waren – wie wir uns das ja alle sind – plötzlich die trennende Wand zwischen sich zusammenbrechen lassen, wenn sie sich eng verbunden, wenn sie sich eins fühlen, so ist dieser Augenblick des Einsseins eine der freudigsten, erregendsten Erfahrungen im Leben.

Besonders herrlich und wundervoll ist es für Menschen, die bisher abgesondert, isoliert und ohne Liebe gelebt haben. Dieses Wunder der plötzlichen innigen Vertrautheit wird oft dadurch erleichtert, dass es mit sexueller Anziehung und sexueller Vereinigung Hand in Hand geht oder durch sie ausgelöst wird.

Freilich ist diese Art Liebe ihrem Wesen nach nicht von Dauer. Die beiden Menschen lernen einander immer besser kennen und dabei verliert ihre Vertrautheit immer mehr den geheimnisvollen Charakter, bis ihr Streit, ihre Enttäuschungen, ihre gegenseitige Langeweile die anfängliche Begeisterung getötet haben. Anfangs freilich wissen sie das alles nicht und meinen heftig verliebt und „verrückt" nacheinander zu sein sei der Beweis für die Intensität ihrer Liebe, während es vielleicht nur beweist, wie einsam sie vorher waren.

Erich Fromm

▶ Was wirft Erich Fromm den meisten Menschen vor und wie erklärt er ihren Irrtum?

▶ Welche Fähigkeiten gehören deiner Meinung nach zu einer Liebe, die ein Leben lang anhält? Sprecht über die Möglichkeiten und über die Probleme diese Fähigkeiten zu erlernen.

Eros und Agape

Eros: die griechische Vorstellung

In der antiken griechischen Philosophie wurde über die Liebe zwischen Mann und Frau nachgedacht, aber ebenso über die homoerotische Liebe. Die folgenden Auszüge stammen aus Platons „Gastmahl" (Symposion). Dichter und Philosophen haben sich zu einem Ess- und Trinkgelage eingefunden, wie es damals üblich war. Sie halten während des Gelages Reden auf den Gott Eros. Der Dichter Aristophanes* versucht die Anziehungskraft der Liebe zwischen zwei Menschen durch einen Mythos* zu erklären.*

Aristophanes: Damals war die ganze Gestalt jedes Menschen rund, sodass Rücken und Brust im Kreis standen; er hatte vier Hände und ebenso viele Beine und zwei Gesichter auf kreisrundem Halse, ganz gleiche. […] Sie waren nun gewaltig an Kraft und Stärke, […] dass sie es unternahmen, den Himmel zu ersteigen um die Götter anzugreifen. Da ratschlagten Zeus und die andern Götter, was sie tun sollten. [Endlich sagte Zeus:] Jetzt durchschneide ich sie nämlich, jeden in zwei Teile […] und sie werden aufrecht auf zwei Beinen schreiten. Dies gesagt zerschnitt er die Menschen in zwei Hälften, wie man Birnen zerschneidet um sie einzumachen. [… Apollo] drehte das Gesicht herum, zog von allen Seiten die Haut über das, was jetzt Bauch heißt, zusammen und band es zu einer Mündung mitten auf dem Bauch ab, die jetzt Nabel genannt wird. Dann glättete er die vielen Falten aus und fugte die Brust zusammen. [… Seitdem haben die Menschen Sehnsucht nacheinander.]

- Versucht den Urmenschen zu zeichnen, den Aristophanes beschreibt.
- Welche Vorstellung von Liebe zeigt die Erzählung des Aristophanes? Stimmt ihr seiner Auffassung zu?
- Was würde er wohl zu einem Single-Leben heute sagen?

Sokrates berichtet, was die Seherin Diotima über die Liebe erzählte.

Diotima: Es gibt eine Lehre, die behauptet, dass nur diejenigen, die ihre eigene Hälfte suchen, lieben. Ich behaupte aber, es gibt nur die Liebe zum Guten. … Man muss jung beginnen, den schönen Körpern nachzugehen. Dann erkennt man, dass die Schönheit in den verschiedenen Körpern sehr ähnlich ist. Wenn man die schöne Gestalt an sich sucht, wäre es sinnlos, nicht die Schönheit in allen Körpern für ein und dasselbe zu halten. Wenn jemand dies erkennt, wird er in alle schönen Körper verliebt sein und wird aufhören, einen einzigen allzusehr zu lieben.

Danach wird er die Schönheit der Seelen für verehrungswürdiger halten als die Schönheit der Körper. Wenn er jemanden kennen lernt, der eine schöne Seele hat, körperlich aber weniger schön ist, wird er ihn trotzdem lieben und umsorgen, weil für ihn die Seele wichtiger ist.

nach Platon*

- Stellt die Stufen der Liebe zusammen, wie Diotima sie beschreibt und erklärt dabei die höchste Stufe. Sie wird „platonische Liebe" genannt. Was haltet ihr von einer solchen Liebesauffassung?
- Vergleicht das Verständnis von Liebe bei Aristophanes und bei Diotima. Was bedeutete für die alten Griechen Erotik?

Agape: das biblische Verständnis

Unsere heutige Liebesvorstellung ist auch durch die biblische, d. h. die jüdisch-christliche Tradition geprägt. Dies zeigen Auszüge aus dem Alten und aus dem Neuen Testament, die einen Wandel von der jüdischen zur christlichen Auffassung deutlich machen.

Altes Testament*

Da versetzte Gott, der Herr, den Menschen in einen tiefen Schlaf, nahm eine seiner Rippen heraus und füllte die Stelle mit Fleisch. Aus der Rippe machte er eine Frau und brachte sie zu dem Menschen. Der freute sich und rief: „Endlich jemand wie ich! Sie gehört zu mir, weil sie von mir genommen ist.“ Deshalb verlässt ein Mann Vater und Mutter um mit seiner Frau zu leben. Die zwei sind dann eins, mit Leib und Seele.

1. Mose Kap. 2, Verse 21–24

Unüberwindlich ist der Tod:
niemand entrinnt ihm, keinen gibt er frei.
Unüberwindlich – so ist auch die Liebe und ihre Leidenschaft brennt wie ein Feuer.
Kein Wasser kann die Glut der Liebe löschen
und keine Sturzflut schwemmt sie je hinweg.
Wer meint, er könne solche Liebe kaufen,
der ist ein Narr, er hat sie nie gekannt.

Das Hohelied Kap. 8, Verse 6 + 7

▶ Klärt die in den alttestamentlichen Texten liegende Liebesauffassung und vergleicht sie mit der Eros-Vorstellung des Aristophanes bei Platon*.

Neues Testament*

Ein Gesetzeslehrer fragte ihn: „Welches ist das wichtigste von allen Geboten des Gesetzes?“ Jesus sagte: „Das wichtigste Gebot ist dieses: ‚Hört, ihr Israeliten! Der Herr ist unser Gott, der Herr und kein anderer. Darum liebt ihn von ganzem Herzen, mit ganzem Willen und ganzem Verstand und mit allen Kräften.‘ Gleich danach kommt das andere Gebot: ‚Liebe deinen Mitmenschen wie dich selbst!‘ Es gibt kein Gebot, das wichtiger ist als diese beiden.“

Markus Kap. 12, Vers 28

Was ist Nächstenliebe?

Die fundamentalste Art von Liebe, die allen anderen Formen zu Grunde liegt ist die *Nächstenliebe*. Damit meine ich ein Gespür für Verantwortlichkeit, Fürsorge, Achtung und „Erkenntnis“, das jedem anderen Wesen gilt, sowie den Wunsch dessen Leben zu fördern. Die Nächstenliebe gründet sich auf die Erfahrung, dass wir alle eins sind. [...] Die Liebe zum Hilflosen, die Liebe zum Armen und zum Fremden [ist] der Anfang der Nächstenliebe.

Erich Fromm*

▶ Welche Wandlung erfährt der Liebesbegriff vom Alten zum Neuen Testament? Vergleicht diese Veränderung mit der Entwicklung im Text von Platon.

Liebe und Sexualität

Vom Alten Testament bis zu Sigmund Freud*

In der antiken griechischen Philosophie erscheint der Eros als eine kosmische, naturwüchsige Kraft, die die Menschen unwiderstehlich aufeinander zu treibt und dabei das Prinzip des Weiblichen mit dem Männlichen vereint (Aristophanes*). Bereits bei Platon* (Diotima) gibt es aber die Möglichkeit, diese Kraft zu verfeinern, indem man sich über die körperliche Liebe zur geistigen Liebe erhebt.

Die Vorstellung der geschlechtlichen Liebe als göttliches Prinzip, dem der Mensch unterworfen ist, findet sich auch im Alten Testament. Aber auch hier und im Neuen Testament gibt es noch eine weitere Form der Liebe: Die Liebe zu Gott und zum Nächsten. In beiden Formen wird Liebe nicht mehr als ein Verlangen gesehen, das den Menschen unbewusst steuert, sondern als ein von ihm selbst gewähltes Handeln, das vom Egoismus befreit.

Im Laufe der weiteren Entwicklung der abendländischen Kultur ist die wirkliche Liebe meistens nur im Geistigen oder in der Nächstenliebe (Agape) gesehen worden, ihre naturhaft-sinnliche Seite wurde in den Hintergrund gedrängt. Erst in unserem Jahrhundert widersprach Sigmund Freud dieser einseitigen Liebesauffassung. Für ihn war klar, dass Liebe in erster Linie auf dem biologischen Geschlecht eines Menschen beruht. Er bestimmte sie deshalb als Sexualität. Damit knüpfte er an die frühe griechische Liebesauffassung an, nahm der Liebe aber ihre kosmische Dimension und betrachtete sie als sexuelle Energie, die er Libido nannte. Sie ist für Freud die Lebensenergie, die alle Tätigkeiten des Menschen bestimmt und die sich in sublimierter, d. h. in verfeinerter Form in den höchsten kulturellen Leistungen wiederfindet. Vgl. auch die Skizze auf S. 41.

Sigmund Freud über die Liebe

Es ist schwer, etwas über das Verhalten der Libido … zu sagen. Alles, was wir darüber wissen, bezieht sich auf das Ich, in dem zu Anfang die gesamte Libido gespeichert ist. Wir nennen diesen Zustand den absoluten primären Narzissmus*. In der ersten Phase befindet sich der Mensch in einer totalen Selbstbezogenheit, die Libido bezieht sich nur auf die eigene Person. In der zweiten Phase beginnt der Mensch, die Libido auf andere Menschen auszurichten. … Im Zustand der vollen Verliebtheit wird fast die ganze Libido auf den anderen Menschen übertragen. In diesem Fall wird der andere Mensch an die Stelle des Ichs gesetzt. Ein wichtiger Grundzug der Libido ist die *Beweglichkeit*, d. h. die Leichtigkeit, mit der sie von einem Menschen auf einen anderen Menschen übergeht. Im Gegensatz hierzu gibt es jedoch auch die *Fixierung* der Libido an bestimmte Menschen, die oft ein Leben lang anhält.

nach Sigmund Freud

▶ Wie erklärt der Psychologe Sigmund Freud Verliebtheit und Liebe? Vergleicht seine Erklärung mit der biologischen Erklärung auf S. 25.

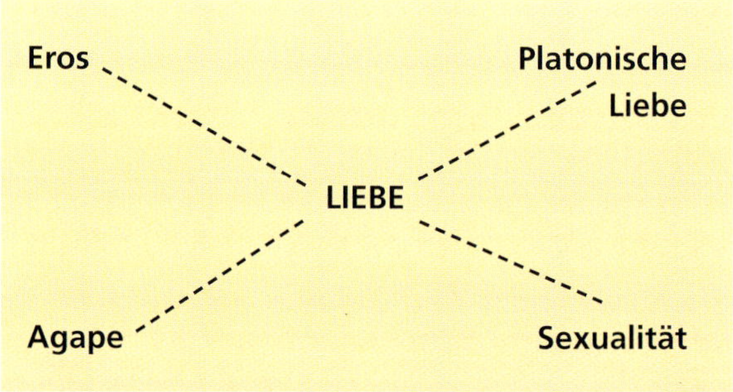

▶ Das abgebildete Viereck setzt die bisher thematisierten Arten von Liebe miteinander in Beziehung. Ordnet die folgenden Merkmale den vier Liebesformen zu und sucht weitere: Begehren, Treue, Achtung, Hilfe, Fürsorge, Sehnsucht, Befriedigung, Lust, Rücksicht, Schönheit, Anziehungskraft, Zuwendung, Verzicht, Verantwortung.

Homosexualität

Die Theorien von Sigmund Freud wurden in Deutschland erst nach dem Zweiten Weltkrieg ernsthaft diskutiert. Die Nationalsozialisten unterdrückten sie gezielt, da sie die von seinen Ideen ausgehende und durch sie geförderte sexuelle Freizügigkeit nicht akzeptierten. Sie brachten tausende von Homosexuellen um.

In den 60er- und 70er-Jahren setzte sich aber besonders in der bundesrepublikanischen Gesellschaft* mit der Einführung der Antibabypille eine immer größere sexuelle Freizügigkeit durch. Für Schwule und Lesben gilt dies allerdings nur eingeschränkt: Bis heute dürfen sie in Deutschland weder heiraten noch bekommen sie einen gültigen kirchlichen Segen für eine lebenslange Verbindung. In der Öffentlichkeit erregen sie immer noch Aufsehen und für Eltern ist die Homosexualität ihrer Kinder oft ein totgeschwiegenes Problem.

Jeder Mensch ist bisexuell

Vier bis sechs Prozent der Nordamerikaner und Europäer haben sexuelle Beziehungen ausschließlich zu Geschlechtsgleichen – sie sind Homosexuelle. Die Übrigen sind keineswegs ausschließlich heterosexuell. Der amerikanische Sexualforscher Kinsey fand heraus, dass jeder zweite Mann in seinem Leben schon einmal homosexuelle Erfahrungen gemacht hat. Vor allem im Jugendalter kommen solche Beziehungen verhältnismäßig häufig vor – dass diese Jungen meist nicht homosexuell sind, zeigt sich später, wenn sie sich für Mädchen interessieren und weiterhin ausschließlich heterosexuell leben. Das bedeutet: Homosexualität ist nicht ansteckend, sie entsteht auch nicht durch Verführung oder Gewohnheit.

Über die Ursachen der Homosexualität gibt es so viele Theorien wie Forscher: Stress während der Schwangerschaft bewirke hormonelle Veränderungen und eine „Verweiblichung“ des männlichen Embryos, behaupten die einen. Das männliche bzw. das weibliche Sexualzentrum im Gehirn sei bei Schwulen bzw. Lesben jeweils schwächer ausgeprägt, sagen die anderen. Allerdings konnte beim Menschen bisher noch kein Sexualzentrum im Gehirn entdeckt werden. Zudem gehen alle diese Annahmen von der falschen Vorstellung aus schwule Männer seien „femininer“, lesbische Frauen „maskuliner“. Auch Erziehungseinflüsse wurden als Ursachen für Homosexualität diskutiert: Schwule hätten ihren Vater nie als Vorbild erlebt und lehnten deshalb die männliche Rolle insgesamt ab. Das Kinsey-Institut hat alle gängigen

Theorien überprüft und ist zu dem Ergebnis gekommen, dass alle falsch sind. Damit sind auch Selbstvorwürfe von Eltern unbegründet. Der Wirklichkeit am nächsten kommt wohl folgende Überlegung: Menschen sind von ihren Anlagen her bisexuell, das heißt sie sind „liebesfähig“ gegenüber beiden Geschlechtern.

Helmut Kentler, 1992

▶ Wie wirken homosexuelle Beziehungen auf euch?

▶ Führt ein Streitgespräch zu dem Thema, bei dem ihr die Informationen aus dem Text einbezieht.

Familie – gestern und heute

Bürgerliches Gesetzbuch* (BGB) 1896 § 1354
Dem Manne steht die Entscheidung in allen das gemeinschaftliche Leben betreffenden Angelegenheiten zu, er bestimmt insbesondere Wohnort und Wohnung.

Bürgerliches Gesetzbuch (BGB) 1900 § 1356
Die Frau ist ... berechtigt und verpflichtet das gemeinschaftliche Hauswesen zu leiten. Zu Arbeiten im Hauswesen und im Geschäfte des Mannes ist die Frau verpflichtet, soweit eine solche Tätigkeit nach den Verhältnissen, in denen die Ehegatten leben, üblich ist.

Bürgerliches Gesetzbuch (BGB) 1977 § 1356
(1) Die Ehegatten regeln die Haushaltsführung im gegenseitigen Einvernehmen. Ist die Haushaltsführung einem der Ehegatten überlassen, so leitet dieser den Haushalt in eigener Verantwortung.
(2) Beide Ehegatten sind berechtigt erwerbstätig zu sein. Bei der Wahl und Ausübung einer Erwerbstätigkeit haben sie auf die Belange des anderen Ehegatten und der Familie die gebotene Rücksicht zu nehmen.

Gültig für die Bundesrepublik Deutschland seit 1990

- ▶ Was wird in dem Bild und in den Gesetzestexten jeweils über die Rolle von Frau und Mann deutlich?
- ▶ Sammelt aus Zeitschriften Bilder von modernen Familien und erstellt Collagen mit dem Titel: Familie – was ist das?
- ▶ Diskutiert über die heutigen Aufgaben von Männern und Frauen in den Familien im Vergleich zum 18./19. Jahrhundert.

Wann entstand die bürgerliche Familie?

Die Struktur der traditionellen Familie mit dem beruflich aktiven Mann an der Spitze entstand im 18. Jahrhundert. Diese Klein- oder Kernfamilie ermöglichte dem aufstrebenden Bürgertum ein Maximum an freigesetzter Arbeitskraft und Wohlstand. Was unter ökonomischen Gesichtspunkten vorteilhaft erschien, wurde auch bald rechtlich festgeschrieben. So war der Lebensweg des Einzelnen bis in die Mitte unseres Jahrhunderts oft vorgegeben: Als Frau suchte man möglichst früh einen Mann in guter Stellung zu heiraten um Kinder zu bekommen und großzuziehen. Als Mann heiratete man erst, wenn man eine gute Stellung hatte und widmete sich dann weiter seiner Karriere. Liebe spielte hier nur eine untergeordnete Rolle. (Vgl. S. 27)

▶ Informiert euch, z. B. in Geschichtsbüchern, genauer über die Entstehung der bürgerlichen Familie im 18. Jahrhundert. Welche Familienformen existierten in der Zeit vorher, z. B. im Mittelalter?
Versucht etwas über Familienformen in anderen Kulturkreisen zu erfahren.

Dr. Friedrich Wilhelm Lindemann ist Direktor des Evangelischen Instituts für Familienberatung in Berlin. Anlässlich des Weltfamilientages 1994 fasst er seine Beobachtungen zur Veränderung des Familienverhaltens in Deutschland in den letzten Jahren zusammen.

Krise der Familie?

Das Familienverhalten und das Familienbewusstsein haben sich in breiten Kreisen der Bevölkerung verändert. Seit den 60er-Jahren hat das überlieferte […] Verständnis der Familie an selbstverständlicher Geltung verloren. Die Möglichkeit individueller Wahl und Gestaltung der eigenen Lebensform, die es historisch gesehen immer schon gegeben hat, ist jetzt durch die Wissenschaft und die Massenmedien ins allgemeine Bewusstsein gerückt. Insbesondere erscheint Sexualität nicht mehr an die Ehe gebunden, muss der Interessenausgleich zwischen Männern und Frauen hergestellt werden, zumal die Familienphase nur noch ein Drittel im Vergleich zu Ehen um 1900 beträgt. Männer und Frauen fühlen sich selbst verantwortlich für die Gestaltung ihres individuellen und gemeinsamen Lebens und entscheiden unter pragmatischen Gesichtspunkten, wie sie ihr partnerschaftliches und familiäres Leben einrichten wollen.

In vielen Fällen wird geheiratet, wenn man Kinder haben möchte um ihnen den nötigen Schutzraum zu geben. Aber es werden auch leichter als früher Ehen aufgelöst, wenn sie nicht mehr als befriedigend erscheinen. Dennoch ist nicht von einer Krise der Familie zu reden. Partnerschaft und Familie haben einen hohen Stellenwert. Getrennte und Geschiedene leben mit neuen Partnern und Kindern zusammen.

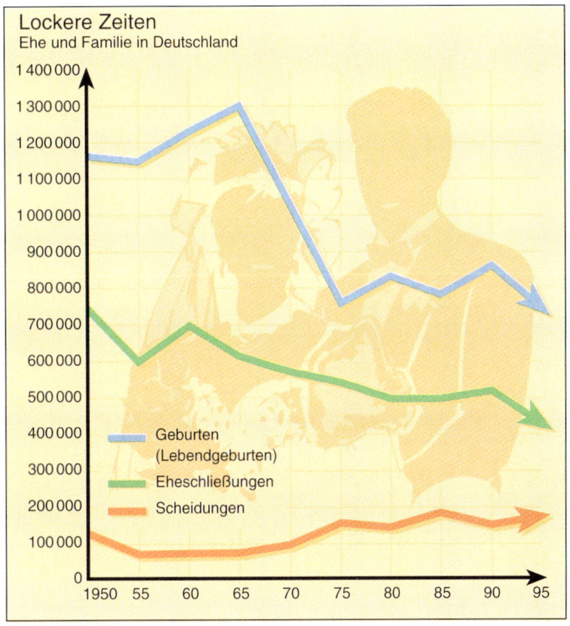

▶ Beschreibt die von Dr. Lindemann genannten Veränderungen im Familienverhalten und stellt die Ursachen zusammen, die er dafür angibt. Wieso sind die individuelle Verantwortung und der Entscheidungsdruck heute größer als früher?

Familien-Beziehungen?

Die Verhältnisse, in denen Anke Bertram, 35, steckt, sind sehr unübersichtlich. Aber sie hat es nicht anders gewollt.

Die Jugendbildungsreferentin Anke lebt in Mainz, mit Oliver zusammen. Aber zusammen sind die beiden dennoch nicht. Anke Bertrams langjähriger Freund ist der Lehrer Norbert Brunner, 41. Norbert aber wohnt am anderen Ende der Stadt mit einer Kunststudentin zusammen. Die wiederum ist verheiratet, allerdings nicht mit Norbert, fährt aber am Wochenende zu ihrem Mann.

Die bunte Truppe sucht jetzt ein Zweifamilienhaus um näher beieinander zu leben – aber in getrennten Wohnungen.

▶ Lebt Anke Bertram eurer Meinung nach in einer Familie?

▶ Klärt im Gruppengespräch, was zu einer Familie gehört: gemeinsame Abstammung, gemeinsame Interessen, Zuneigung, gemeinsame materielle Basis, gemeinsame Wohnung … Versucht euch auf eine Reihenfolge zu einigen. Hat sich etwas an eurer Einschätzung der Lebensform von Anke geändert?

In einer Familie leben

So war es bei uns

Eine richtige Familie, bestehend aus Vater, Mutter und vier Kindern, waren wir gewiß. Aber ob wir ein Familienleben im bürgerlichen Sinne geführt haben, frage ich mich heute und kann es nicht ohne weiteres bejahen. Jedenfalls vermag ich mich an keinen einzigen Familienspaziergang, keine einzige gemeinsame Sommerreise zu erinnern. Mein Vater übersah uns, bis wir in das Alter kamen, wo er etwas mit uns anfangen konnte, bis wir imstande waren, mit ihm Schach zu spielen oder uns an [...] Ratespielen zu beteiligen. Bei Tisch sollten wir nicht wie andere Kinder schweigen, sondern etwas erzählen, eine Beobachtung, ein Erlebnis, das von allgemeinem Interesse war – man kann sich vorstellen, wie lähmend dieser Zwang auf uns wirkte.

Marie Luise Kaschnitz R

▶ Schreibe deine eigenen Überlegungen zur Erfahrung mit Familie auf.

Das folgende Gespräch mit der Mutter hat die Journalistin Elke Heidenreich erfunden. Ihr könnt es euch als Telefongespräch vorstellen, bei dem die Mutter nicht zu hören ist.

Das ist mein Leben

Also ... liebe Mutter, ja, ich esse genug. Ja, auch genügend Vitamine, warum ich trotzdem dauernd erkältet bin, mein Gott, ich weiß es nicht. Doch, ich zieh mich an kühlen Tagen auch warm an, ja, auch die Socken, die du gestrickt hast. Nein, im Winter hab ich auch nicht diese kleinen Tangahöschen, natürlich nicht, und ich hab's schließlich auch nicht an der Blase, sondern nur ein bisschen Schnupfen, deshalb musst du doch nicht gleich ... was? Ich klinge bedrückt? Ich bin aber nicht bedrückt. Nein, es ist alles in Ordnung, ja, wir vertragen uns gut, doch, ja, bestimmt. Du kennst ihn doch nicht mal richtig, warum sagst du ... Du meinst es nicht so? Dann sag es doch auch nicht so. Nein, ich bin nicht aggressiv, aber ich kann es nicht vertragen, dass du immer wieder – schon gut. Ja, ja, natürlich weiß ich, dass du es gut meint. Du meinst es immer gut. Alle Mütter meinen immer alles gut, das weiß ich. Nein, das mein ich jetzt überhaupt nicht ironisch, ich –.

Elke Heidenreich

▶ Wahlweise: Formuliert Sätze, die jeweils die Mutter sprechen könnte oder formuliert ein vergleichbares Telefongespräch mit dem Vater. Arbeitet dabei zu zweit und präsentiert eure Ergebnisse in einem szenischen Spiel. Welches Rollenverhalten der Mutter bzw. des Vaters wird deutlich?

In der Psychologie hat man herausgefunden, dass viele Konflikte zwischen Menschen, die eng zusammenleben, entstehen, weil jeder den anderen durch seine Vorstellung von dessen Charakter auf eine bestimmte Rolle festlegt, aus der dann keiner mehr herauskommt. Man spricht hier von Projektionen, welche die freie Entwicklung der Personen hemmen.

▶ Erfindet weitere Dialoge, z. B. zwischen Eltern und Großeltern oder zwischen Geschwistern. Einigt euch dabei vorher auf ihre Rollen und gestaltet die Dialoge so, dass jeder der Dialogpartner die Chance bekommt aus der festgelegten Rolle herauszukommen.

Er wollte nach London

Mit dreizehn ist er zum ersten Mal
von zu Hause weggerannt
er wollte nach London
und später nach Paris
das waren komische Gefühle
als er nachts an der Strasse stand
den Schlafsack unterm Arm
und dreißig Mark in der Hand
er rauchte viele Zigaretten
und dann wurd' es wieder heller
und morgens um sieben hatten sie ihn
sein Alter war leider schneller
Als er so um fünfzehn war,
hat ers noch mal versucht
und dieses Mal hats hingehauen.
[...]
Er war in London, er war in Paris,
er war in vielen großen Städten
[...]

Er spürte,
dass er irgendwie auf der Suche war
doch was er eigentlich wollte
das war ihm damals noch nicht klar
Inzwischen ist er neunzehn
und er weiß immer noch nicht so genau
was er denn nun davon halten soll
von dieser ganzen Schau
viele Sachen sieht er anders
und er glaubt auch nicht mehr so daran
dass es nur an der Umgebung liegt
vielleicht kommt es doch
mehr auf einen selber an
- Und nun
liest er ein Buch von Hermann Hesse
und nun macht er Meditation
doch er findet Jerry Cotton auch sehr stark
und er lernt jetzt auch noch Saxophon

Udo Lindenberg

▶ Beschreibt das Verhältnis zwischen den Eltern und ihrem Sohn in dem Song „Er wollte nach London". Welche Entwicklung macht ihr Sohn durch?

▶ Überlegt, was jeder Einzelne zu einem guten Familienklima beitragen kann.

Eine eigene Familie – nein, danke?

[Für Kinder ist in ihrer Entwicklung das Bewusstsein eine Familie zu haben wichtiger als das Ichbewusstsein]. Sie werden sich deshalb in der Entwicklung ihres eigenen Selbst irgendwann von der Familie absetzen müssen. Ihr Aufgehobensein in der Familie ist nicht als Souveränität anzusehen, [d. h. sie sind noch nicht so selbstsicher um frei zu entscheiden, ob sie in der Familie leben wollen oder nicht]. Das ist anders bei Erwachsenen, die sich zur Ehe und Familie entschließen. Für sie ist [...] der Eintritt in eine Ehe oder eine Familie ein Akt der Souveränität, nämlich eines gefestigten Selbstbewusstseins, [durch das sie es sich leisten können], ein Stück Selbstbestimmung aufzugeben.

Gernot Böhme

▶ Was braucht ein Baby und ein Kleinkind um erwachsen zu werden. Und was kann es seinerseits geben?

▶ Was bedeutet die Familie für die Kinder und was bedeutet sie für die Eltern? Welche Fähigkeiten sind für das Zusammenleben in einer Familie und für ihren dauerhaften Erhalt notwendig?

▶ Sammelt Argumente für und gegen das Leben in einer Familie. Führt dazu eine Pro-und-contra-Diskussion oder schreibt eine kurze Erörterung.

3. Gewissen und Verantwortung

PERSÖNLICHE SCHLÜSSELERLEBNISSE KULTURKREIS

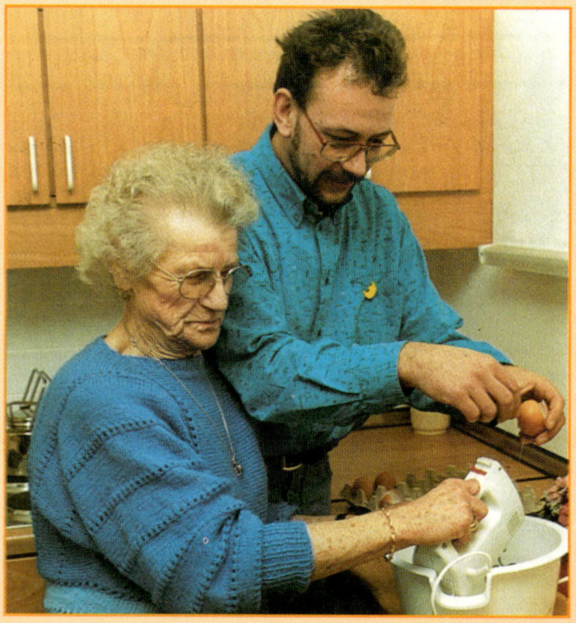

- Beschreibe den Unterschied zwischen den Bildern in der oberen und in der unteren Reihe.
- Diskutiert, in welchem Zusammenhang sie zum Thema Gewissen und Verantwortung stehen.

GESELLSCHAFT ERZIEHUNG PERSÖNLICHE ALLTAGSERFAHRUNGEN

▶ In welchem Zusammenhang stehen Gewissen und Verantwortung mit der Erziehung, mit der Gesellschaft*, mit dem Kulturkreis und mit persönlichen Schlüsselerlebnissen und Alltagserfahrungen?

Grübeln – Zweifeln – Gewissensbisse

Wäre ich doch lieber zu Hause geblieben

23.3.1989

Der Gemeinderaum ist fast zu klein für die Umweltgruppe, die sich dort einmal in der Woche trifft. Die Wände sind bunt bemalt, Losungen wie: „Tschernobyl ist überall" und „Frieden schaffen ohne Waffen" sind zu lesen.

Der Raum ist spärlich möbliert, schadhafte Stellen an den Wänden sind mit Plakaten überklebt, die Pfarrer Adolph von einer Reise in den Westen mitgebracht hat. Es sind lauter Plakate gegen die Umweltzerstörung. „Ich habe sie in meinem Talar geschmuggelt", erzählt er lachend der Gruppe.

Der Aufkleber „Wir bleiben hier" ist ganz neu und ein DDR-Produkt. Er prangt an auffälliger Stelle, direkt unter der Wanduhr.

Sabine kommt mal wieder zu spät. Die Diskussion ist schon voll im Gang.

„Entschuldigt die Verspätung, aber ich habe auch was mitgebracht."

Sie zieht eine Schachtel Kekse und eine Tafel Schokolade aus der Tasche.

„Ach, die gute Westschokolade. Dein Brüderchen hat sich wohl gemeldet. Sabine, Sabine, bist auch du für uns verloren? Schokolade vom Klassenfeind", kommentiert gutmütig ein Gruppenmitglied. Alle lachen, Sabine auch. Bernd, der die Gruppe leitet, fährt fort: „Also, seid ihr damit einverstanden? Wir machen eine Demo vor dem Rathaus um gegen die schlechte Luft in Leipzig zu protestieren. Wir binden uns Tücher um den Mund. Zündende Sprüche für die Plakate müssen wir uns noch einfallen lassen. Ja, Renate, was meinst du?"

„Wir können uns auch auf das Pflaster legen, so als ob wir tot wären, nach einem Atomunfall. Haben die im Westen nach Tschernobyl gemacht. Hab ich im Westfernsehen gesehen."

Sabine hört gespannt zu. Eine Demonstration, unglaublich. So was ist verboten und damit gefährlich. Wieso reden alle so, als ob es das Normalste auf der Welt sei? Sabine guckt in die Runde. Ernst sehen sie alle aus, aber keiner wirkt ängstlich. Bin ich die einzige, die sich lieber drücken würde? Mist, so kurz vor dem Abi. Täglich kommt aber auch was Neues dazu. Wäre ich doch nur zu Hause geblieben.

- Wie hättest du an Sabines Stelle reagiert? Begründe deine Meinung.
- Gibt es Situationen im Leben, wo einem eine innere Stimme gesagt hat: Tu es oder tu es nicht?
- Beschreibe den Zusammenhang zwischen der Situation von Thomas und Sabine und diesem Bild.

Wenn ihr Interesse habt über Sabines und Thomas' Erlebnisse im November 1989 mehr zu erfahren, könnt ihr folgendes Buch lesen:
Karin König, Ich fühl mich so fifty-fifty, dtv, München 1992.

Ich hatte ziemliche Angst mitzulaufen

25. 9. 1989

Ach, Sabine, ich bin noch ganz aufgewühlt. Stell dir vor, ich war heute auf meiner ersten Demonstration. Wir waren zu tausenden auf den Straßen von Leipzig.[1] Renate und Karin hatten mir von der Demonstration erzählt. Ich bin dann einfach mal hingegangen und habe mir das angeschaut, von weitem. Ich stand in einer Menge von Schaulustigen. Ausgegangen war die Demonstration von der Nikolaikirche, dort finden ja die Friedensgebete statt.

Bisher war es immer so, dass die, die ausreisen wollten, riefen: „Wir wollen raus." Heute schrien viele: „Wir bleiben hier." Ich hatte ziemliche Angst mitzulaufen. Es sollen viele Spitzel dabei gewesen sein. Der ganze Demonstrationszug wurde von der Polizei begleitet. Später haben sie dann ohne Anlass geprügelt und Leute verhaftet. Ich bin gleich in eine Gruppe gegangen, die Zeugenaussagen von Polizeiübergriffen sammelte.

Plötzlich liefen Renate und Karin an mir vorbei. Sie riefen mir zu, ich sollte mich beeilen, sonst würde ich mein Leben verpassen. Die Leute haben gelacht, mir war es ein wenig peinlich. Naja, dann bin ich mitgegangen, besser mitgelaufen. [...] Die Demonstranten riefen immer: „Schließt euch an" und dann sprangen die Leute über die Straßenbegrenzungen hinweg und liefen mit, einfach so. Vor Menschenmassen sah man nichts mehr.

Ich finde, die Leipziger haben Mut bewiesen, als sie auf die Straße gingen, obwohl man nicht wissen konnte, was dabei herauskommt.

Bine, bin ich glücklich! Es ist mir so, als ob ein Nebelschleier vor meinem Gesicht weggewischt wurde. Ich fühle mich plötzlich frei und leicht. Wenn sich bei uns etwas verändert, dann will ich dabei sein. Jeden Tag, jede Stunde. Keine Minute darf ich verpassen. Jetzt werde ich endlich leben!

Thomas

1 In Leipzig demonstrierten am 25. September 1989 rund 8000 Menschen für Meinungs- und Versammlungsfreiheit und Zulassung der Oppositionsgruppe „Neues Forum".

- Hätte Thomas sein Leben verpasst, wenn er nicht mitgelaufen wäre (Z. 20 f.)? Kann man überhaupt sein Leben verpassen?
- Warum ist Thomas glücklich?

Am 18. 9. 1989 nahmen 1800 Bürgerinnen und Bürger am Friedensgebet in der Leipziger Nikolaikirche teil.

Angeboren oder anerzogen?

Chaos und Mysterium

▶ Dieses Bild wurde von dem italienischen Philosophen Emmanuele Gennaro gemalt. Was könnte es mit dem Thema Gewissen zu tun haben? Schreibt eine kleine Geschichte dazu.

Gewissen als praktische Vernunft

Jeder Mensch hat ein Gewissen von Anfang an in sich.
Das Gewissen ist die praktische Vernunft in jedem Menschen,
die ihm sagt, welche Pflichten er hat.

nach Immanuel Kant*

▶ Immanuel Kant behauptet, das Gewissen sei Ankläger, Richter und Rechtsanwalt in einer Person. Kannst du ihm zustimmen? Begründe deine Meinung.

Sich an Autoritäten orientieren

Unser Gewissen sagt uns nur das, was in unserer Kindheit regelmäßig von uns gefordert wurde. Diejenigen, die etwas von uns forderten, waren Personen, die wir verehrten oder fürchteten. Das Gewissen erzeugt also ein Gefühl des Müssens: dies muss ich tun, dies muss ich lassen. Das Gewissen fragt aber nicht: Warum muss ich? Der Glaube an Autoritäten ist die Quelle des Gewissens. Das Gewissen ist also wie eine Stimme von anderen Menschen in einem einzigen Menschen.

nach Friedrich Nietzsche*

- Wie beschreibt Friedrich Nietzsche das Gewissen?
- Schließen sich die Positionen von Kant und Nietzsche aus?

Seelische Regungen spüren

Der österreichische Philosoph und Psychiater Sigmund Freud* (1856–1939) hat die von Kant und Nietzsche beschriebene Orientierung von Gewissensentscheidungen an Vernunft und Autorität erweitert, indem er auch unbewusste Einflüsse, wie z. B. Triebe in Form von Lust- oder Unlustgefühlen, berücksichtigte.

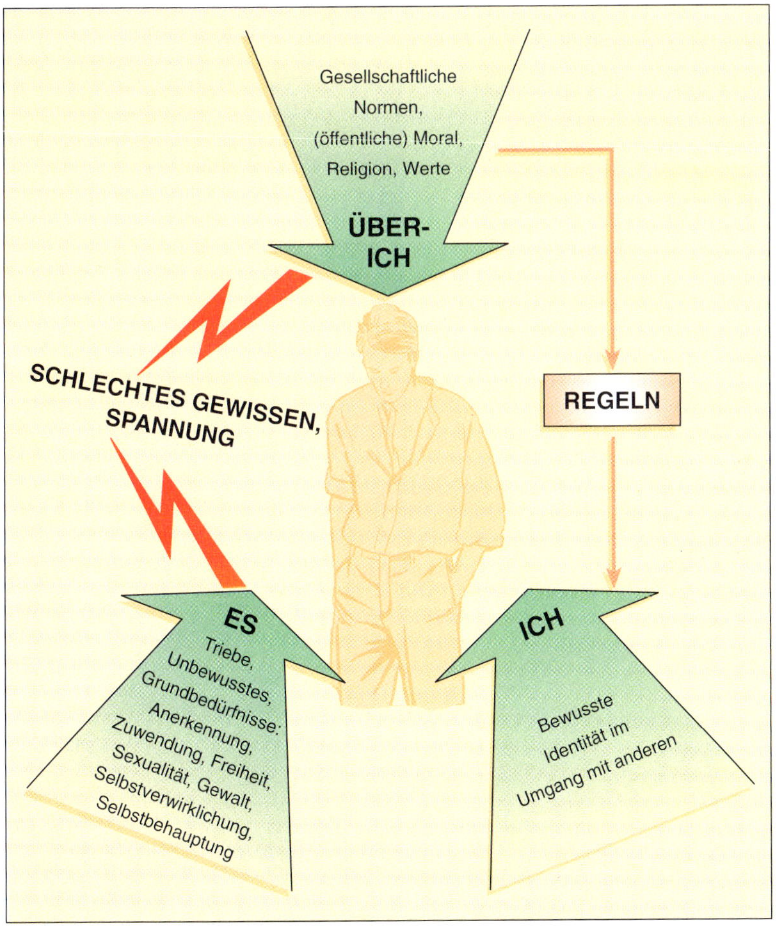

- In welchem Zusammenhang stehen das „Über-Ich", das „Ich" und das „Es"? Versucht diesen Zusammenhang anhand der Skizze zu erklären.

Und wenn es kein Gewissen gäbe …

Wie sich das Gewissen entwickelt

Die von Sigmund Freud* charakterisierte Dreierinstanz des Gewissens beschreibt das Verhältnis zwischen Selbst- und Fremdbestimmung menschlicher Entscheidungen.

Ein zweijähriges Kind kann nicht dafür verantwortlich gemacht werden, wenn es aus dem Fenster fällt, stattdessen aber seine Eltern, die es unbeaufsichtigt ließen. Denn Säuglinge und Kleinkinder sind noch nicht in der Lage willentlich und wissentlich zu handeln. Sie verhalten sich vorwiegend trieborientiert: unbekümmert, spontan, von Lust- und Unlust erfüllt. Kinder entwickeln im Wesentlichen einen autoritätsbestimmten Gehorsam, wie ihn Friedrich Nietzsche* beschrieben hat. Sie richten sich in ihrem Verhalten nach Belohnung und Strafe, die ihnen von Autoritäten, wie Eltern oder Lehrern, auferlegt werden: Wer anderen Personen etwas wegnimmt, wird bestraft.

Durch Erfahrung und Erziehung bildet sich allmählich eine Verhaltensweise heraus, die Kinder und Jugendliche verantwortungsbewusst werden lässt. Sie lernen ihre Handlungen durch Gründe zu rechtfertigen, Handlungsfolgen und -alternativen zu bedenken sowie Rücksicht auf andere Menschen zu nehmen.

GEWISSEN
- Rückschau: Bewertung vergangener Handlungen
- Mitschau: Stellungnahme zum gegenwärtigen Verhalten
- Vorschau: Abwägen von Handlungsfolgen für die Zukunft

▶ Versuche die im Text beschriebenen drei Entwicklungsstufen des Gewissens anhand von Beispielen zu beschreiben.

▶ In dem Text „Wäre ich doch lieber zu Hause geblieben“ (S. 38) überlegt Sabine, ob sie an der Umweltdemonstration teilnehmen soll. Welche Folgen hätte ihre Teilnahme haben können?

▶ Schreibt Pro- und Contraargumente für bzw. gegen eine Teilnahme auf und diskutiert anschließend darüber. Begründet eure Meinung.

Wie geht's weiter?

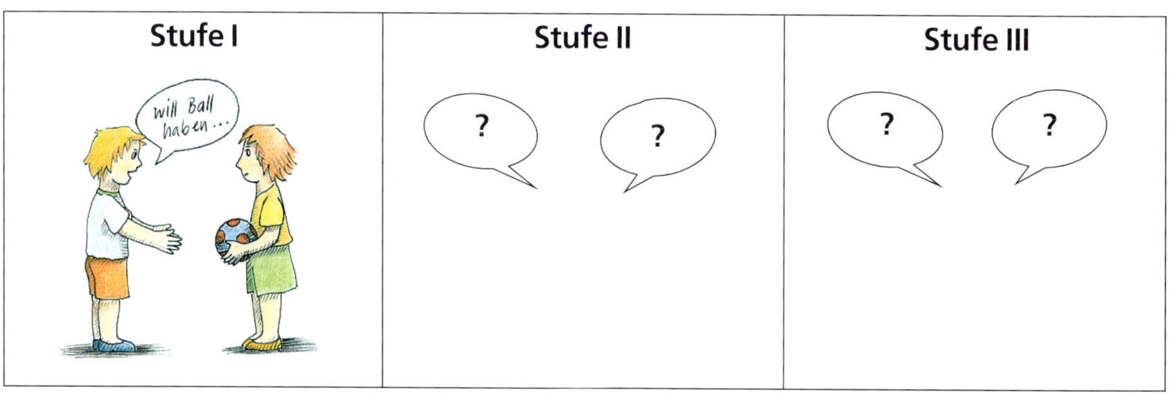

▶ Zeichne einen Comic oder eine andere Bildsequenz.

Blinder Gehorsam

[In einem Versuch der Psychologin Grete Schurz wurde den Testpersonen] vorgegaukelt, sie sollten [das] Gedächtnis der – Schmerzen vortäuschenden – Versuchspersonen mithilfe von insgesamt 20 Ultraschallimpulsen [mit] steigender Intensität [verbessern]. Diese Reize seien schon im niedrigen Bereich recht unangenehm und könnten im äußersten Bereich womöglich sogar Hautschäden verursachen. Durch eine Probevibration an den eigenen Fingern konnte sich jeder Teilnehmer davon überzeugen, wie scheußlich sich schon niedrige Ultraschallimpulse anfühlten […]

Im vollen Bewusstsein ihrem „Opfer" Schmerzen, wenn nicht gar körperlichen Schaden zuzufügen, zogen 80 Prozent aller Teilnehmer alle 20 Register. […] Dabei spielte die Persönlichkeit der Betreffenden, wie sie sich in entsprechenden Persönlichkeitstests zeigten, und auch ihre jeweilige politische Gesinnung überhaupt keine Rolle, wohl aber Eigenbeurteilungen. Personen, die sich selbst rebellisch und widerspenstig nannten, drückten alle Hebel voll durch; andere hingegen, die sich für gehorsam und angepasst hielten, ließen Milde walten.

Stalbek Toktojew, Kirgisien

Die „Drücker" [begründeten] ihren Gehorsam vorwiegend mit Begriffen wie „Pflichterfüllung" und „Dienst an der Wissenschaft" und ließen erkennen, dass sie großes Vertrauen in die Versuchsleitung gehegt hatten. In deren Verantwortung habe es gelegen, die Entscheidungen zu treffen. Die „Abbrecher" hingegen bekundeten, dass sie bezüglich ihrer Entscheidung schwere innere Konflikte durchgestanden hatten. Sie wollten aber der Versuchsperson wegen einer zweifelhaften Gedächtnisverbesserung keine Schmerzen zufügen […].

Sowohl die Gehorsamen als auch die Verweigerer nahmen übrigens die Aufklärung über das Experiment mit gemischten Gefühlen zur Kenntnis. Die Folgsamen zeigten sich zum einen erleichtert, dass ihr Opfer nicht wirklich leiden musste, zum anderen zutiefst betroffen über ihre eigene Handlungsweise. Viele [dachten] über Rechtfertigungen für ihr Verhalten nach. Die Ungehorsamen dagegen waren mit ihrem Verhalten zufrieden und zeigten sich erleichtert darüber, das Experiment bestanden zu haben. Sie waren jedoch häufig frappiert über die geringe Zahl der Abbrecher.

- Erkläre mit deinen eigenen Worten, was für dich Gehorsam und Orientierung an Autoritäten bedeutet.
- Warum haben die Testpersonen mehrfach abgedrückt? Vergleicht das Testergebnis mit dem Text von Friedrich Nietzsche* (S. 41).
- Was würdest du Leuten antworten, die ihr Verhalten mit folgenden Aussagen begründen:

„Das machen doch alle so!"
„Ich habe doch nur meine Pflicht getan."
„Ich war mir doch gar nicht bewusst, was ich tat."

Gewissenskonflikte

Warum Sokrates* nicht fliehen wollte

▶ Beschreibe die Szene dieses Bildes.

Sokrates ist schon fast einen ganzen Monat im Gefängnis und wartet auf seine Hinrichtung. Die Athener haben ihn zum Tode verurteilt, weil er in den Wandelhallen der Stadt und in den Gymnasien die Jugend verdorben habe: Auch habe er neue Götter einführen wollen und die alten Staatsgötter lächerlich gemacht. In Wirklichkeit ist Sokrates, der ewige Mahner zur Wahrheit, vielen, die nicht das Wohl der Stadt, sondern ihren eigenen Vorteil im Auge gehabt haben, lästig und unbequem und sie haben ihn aus dem Weg geräumt, indem sie das Todesurteil erwirkten.

Sokrates schläft noch ruhig, als der Freund zu ihm in die Zelle tritt. Kriton, ein Schüler und Jugendfreund, hat die Wächter bestochen, ein Schiff zur Flucht im nahen Hafen bereitgestellt und bei Freunden im Ausland einen sicheren Platz besorgt. Nachdem er den Lehrer geweckt hat, drängt er Sokrates zur Flucht. Da er den Philosophen genau kennt, der nur dann handelt, wenn die Vernunft es ihm gebietet, zählt er schnell die Gründe auf, die für eine Flucht sprechen: Die Schüler und Freunde des Sokrates geraten in ein schlechtes Licht bei den Leuten, wenn sie ihren Lehrer und Meister in der Stunde der Not allein lassen und ihm nicht helfen. Darüber hinaus hat nach Kriton kein Mensch das Recht sich selbst aufzugeben, solange noch eine Möglichkeit der Rettung besteht. Vor allem aber erinnert er den Freund an dessen Kinder, die noch unmündig seien und erzogen und ausgebildet werden müssten: Sie kämen ins Waisenhaus, falls Sokrates die Flucht ausschlage und den Schierlingsbecher trinken müsse.

Sokrates erkennt die Sorge des Kriton an und erklärt sich bereit mit dem Freund zu überdenken, ob die genannten Gründen vor dem „Richtigen" bestehen können oder nicht: Die Vernunft soll darüber entscheiden, ob er fliehen oder sterben wird.

Zuerst untersucht Sokrates zusammen mit dem Freund die Frage, ob man bei solch wichtigen Fragen auf die Leute hören soll oder nicht. Er kommt zu dem Ergebnis, dass die Meinungen der Menschen manchmal gut und vernünftig sind, aber manchmal auch schlecht und unvernünftig. Wer richtig handeln will, darf also nicht immer auf die Leute hören, denn diese können irren: Besser ist es, auf den Fachmann zu hören, der von der Sache, um die es geht, etwas versteht.

Die Sache, um die es geht, fasst Sokrates in die Frage: Ist es gerecht, dass ich versuche von hier fortzugehen,

ohne dass die Athener mich fortlassen, oder ist das ungerecht? Wenn es gerecht ist, dann will er mit dem Freunde fliehen, wenn es aber ungerecht ist, dann will er bleiben und sterben. Denn eines ist für den Verurteilten ganz sicher: Der Mensch darf auf gar keine Weise vorsätzlich Unrecht tun, und zwar deshalb nicht, weil das für ihn selbst schädlich und schändlich wäre. Nicht einmal der, dem Unrecht geschehen ist, darf Unrecht tun. Diese beiden Sätze, so sagt Sokrates dem Freund, gelten immer und überall. Kriton merkt, dass die Gültigkeit dieser Sätze für Sokrates gefährlich werden kann, denn wenn etwas unbedingt gilt, dann kann man sich nicht mehr herausreden mit Umständen und Folgen der Handlung, dann zählen nicht mehr die Unannehmlichkeiten der Freunde und auch nicht das Schicksal der Kinder, dann zählt nur eines: Ist es Recht oder Unrecht?
Als Sokrates dann fordert, dass man den Gesetzen des Staates*, in dem man lebt, gehorchen müsse, weil sie für Ordnung und Gerechtigkeit im Gemeinwesen sorgten, da antwortet Kriton, der Staat habe doch Unrecht getan und im Prozess falsch entschieden.

- Wie hättest du an Sokrates Stelle gehandelt?
- Schreibt Pro-und -Contraargumente für bzw. gegen eine Flucht von Sokrates auf und diskutiert anschließend darüber. Begründet eure Meinung.
- Auch nach Sokrates gab es Menschen, die nach dem Grundsatz gehandelt haben: Lieber Unrecht erleiden als Böses tun. Lest dazu die Texte zur Bergpredigt* und von Mahatma Gandhi* in Kap. 13, S. 220 ff. und den Ausschnitt aus dem Dialog „Kriton" in Kap. 9, S. 152.

Der Philosoph Sokrates wurde 470/69 v. Chr. in Athen als Sohn eines Steinmetzen und einer Hebamme geboren. Er lernte zunächst das Handwerk seines Vaters und widmete sich dann ausschließlich der Philosophie. Auf dem Marktplatz von Athen, der Agora, philosophierte Sokrates mit jedem darüber, wie man ein gutes Leben führen kann. Deshalb gilt er als Begründer der Ethik, obwohl er keine Schriften hinterlassen hat. Nach seinem Tod machte ihn der Philosoph Platon* zur Hauptperson seiner Bücher.
Sokrates wurde 400 v. Chr. in den „Rat der 500", den obersten Staatsrat von Athen, gewählt und widersetzte sich dort als Einziger illegalen Hinrichtungen. Während der Zeit Tyrannis, einer Art Diktatur, bekannte er sich offen zur Demokratie. Um 399 v. Chr. wurde er dann allerdings gerade von den Demokraten angeklagt und zum Tode durch den Schierlingsbecher (Giftmischung) verurteilt.

Wenn ihr mehr über den Philosophen Sokrates und seine Verteidigung vor Gericht erfahren wollt, z. B. für ein Referat, könnt ihr in folgenden Büchern nachlesen: Josef Torman/Miroslava Tomanov, Sokrates, Volk und Welt, Berlin 1979, und in: Platon, Apologie, Reclam, Stuttgart 1985.

Wie der Staat die Gewissensfreiheit des Einzelnen garantiert

Im Laufe der Geschichte gab es immer wieder Konflikte zwischen Individuum und Staat, so wie ihn Sokrates in Athen erlebt hat. Im Grundgesetz* der Bundesrepublik Deutschland sind deshalb einige Artikel enthalten, welche die Gewissensfreiheit des Einzelnen schützen sollen.

Art 4 Abs 1 GG
Die Freiheit des Glaubens, des Gewissens und die Freiheit des religiösen Bekenntnisses sind unverletzlich.

- Diskutiert, ob diese Artikel ausreichen um die Gewissensfreiheit des Individuums zu schützen.

Art 38 Abs 1 GG
Die Abgeordneten des Deutschen Bundestages werden in allgemeiner, unmittelbarer, freier, gleicher und geheimer Wahl gewählt. Sie sind Vertreter des ganzen Volkes, an Aufträge und Weisungen nicht gebunden und nur ihrem Gewissen unterworfen.

Art 4 Abs 3 GG
Niemand darf gegen sein Gewissen zum Kriegsdienst mit der Waffe gezwungen werden.

- Formuliert einen Zusatzartikel, wenn eurer Meinung nach etwas fehlt.

Missbrauchtes Gewissen

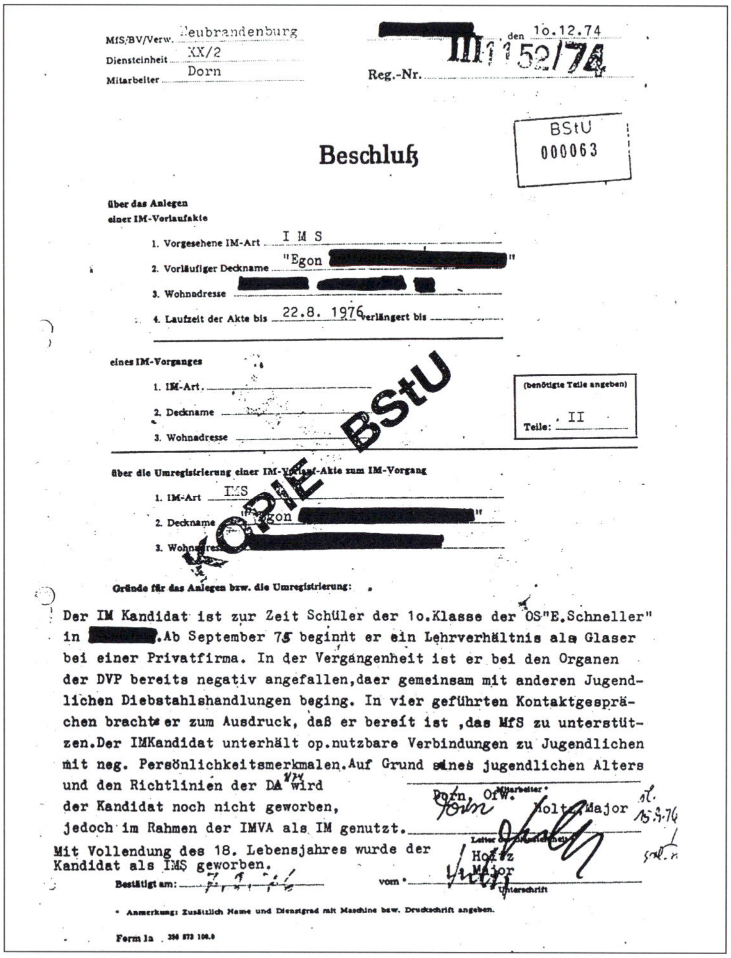

MfS/BV/Verw. Neubrandenburg
Diensteinheit XX/2
Mitarbeiter Dorn

[redacted], den 10.12.74
Reg.-Nr. III 1152/74

BStU
000063

Beschluß

über das Anlegen einer IM-Vorlaufakte

1. Vorgesehene IM-Art I M S
2. Vorläufiger Deckname "Egon [redacted]"
3. Wohnadresse [redacted]
4. Laufzeit der Akte bis 22.8. 1976 verlängert bis

eines IM-Vorganges

1. IM-Art
2. Deckname
3. Wohnadresse

(benötigte Teile angeben)
Teile: II

über die Umregistrierung einer IM-Vorlauf-Akte zum IM-Vorgang

1. IM-Art IMS
2. Deckname "Egon [redacted]"
3. Wohnadresse [redacted]

KOPIE BStU

Gründe für das Anlegen bzw. die Umregistrierung:

Der IM Kandidat ist zur Zeit Schüler der 1o.Klasse der OS"E.Schneller" in [redacted].Ab September 75 beginnt er ein Lehrverhältnis als Glaser bei einer Privatfirma. In der Vergangenheit ist er bei den Organen der DVP bereits negativ angefallen,daer gemeinsam mit anderen Jugendlichen Diebstahlshandlungen beging. In vier geführten Kontaktgesprächen brachte er zum Ausdruck, daß er bereit ist ,das MfS zu unterstützen.Der IMKandidat unterhält op.nutzbare Verbindungen zu Jugendlichen mit neg. Persönlichkeitsmerkmalen.Auf Grund seines jugendlichen Alters und den Richtlinien der DA 1/74 wird der Kandidat noch nicht geworben, jedoch im Rahmen der IMVA als IM genutzt.

Mit Vollendung des 18. Lebensjahres wurde der Kandidat als IMS geworben.

Dorn, Ofw. Mitarbeiter*
Holtz Major
Leiter der Diensteinheit
Holtz Major
Bestätigt am: vom* Unterschrift

* Anmerkung: Zusätzlich Name und Dienstgrad mit Maschine bzw. Druckschrift angeben.

Form 1a 336 873 106.0

Auszug aus der Stasi-Akte eines Jugendlichen

Im Ministerium für Staatssicherheit der ehemaligen DDR existierte eine Abteilung, deren Ziel es war, Jugendliche ab dem 14. Lebensjahr als Inoffizielle Mitarbeiter (IMs) anzuwerben. Dabei nutzten die Mitarbeiter der Stasi schwierige familiäre Situationen, z. B. die Scheidung der Eltern, oder kleine kriminelle Delikte, wie einen Diebstahl, oder den Wunsch Abitur machen zu wollen aus um Jugendliche unter Druck zu setzen. Sie präsentierten sich als verständnisvolle Gesprächspartner, Freunde oder überzeugte Sozialisten um Vertrauen und Freundschaft der von ihnen ausgesuchten zukünftigen IMs zu gewinnen. Die angeworbenen Jugendlichen erhielten dann den speziellen Auftrag in der Schule, im Freundeskreis, in der Jungen Gemeinde und auch in der eigenen Familie zu spitzeln und mögliche „staatsfeindliche Aktivitäten" aufzudecken.

▶ Welche Merkmale könnten im Sinne der Stasi „negative Persönlichkeitsmerkmale" von Jugendlichen sein? Vgl. Z. 8 im Text der Abbildung.

Und plötzlich fühlte ich mich wichtig

An einem Tag im April 1986 ließ mich mein Direktor in sein Dienstzimmer holen. Ich habe erst mal krampfhaft überlegt, was ich denn nun schon wieder angestellt haben könnte, ob ich auf dem Klo geraucht habe, Papier habe irgendwo rumliegen lassen, meine Schularbeiten nicht gemacht habe oder einem Lehrer frech gekommen bin. Aber der Direktor meckerte nicht, sondern stellte mir stattdessen Herrn A. vor und ging. Eigentlich sah Herr A. wie ein Bauarbeiter in Sonntagsklamotten aus, klein und gedrungen, mit einem pummeligen Gesicht, dunklen Haaren und brauner Haut, so als würde er den ganzen Tag irgendwo in der Sonne rumstehen. Er war noch relativ jung, jedenfalls aus heutiger Sicht. Dieser Herr sagte, dass er sich mit mir über die Situation der Jugendlichen in unserem Ort unterhalten wollte. Ich dachte zuerst, er wäre von der FDJ. Ich glaube, er hatte auch ein Blauhemd unter dem Jackett an. Er meinte, ich hätte doch überall ein bisschen meinen Fuß in der Tür und würde mich doch bestens auskennen. Ihm als Erwachsenen würde doch niemand etwas erzählen und so konnte er auch nichts für uns ändern. Aus diesem

Grund würde er Einzelgespräche mit Jugendlichen suchen.

Es war eine komische Situation. Was sollte ich ihm erzählen, was er nicht schon längst wusste? Wie sollte ich ihm helfen? Anstatt ihm zu sagen, was ich alles schlecht finde in unserer Heimatstadt, habe ich vorsichtshalber erzählt, was ich dachte, was er hören wollte, immer so harmlose Sachen, mit denen ich nicht anecken konnte. Wir hatten das ja schon perfekt gelernt als Kinder.

Am Ende des Gesprächs sagte er mir dann, dass er vom Ministerium für Staatssicherheit sei und ich mit niemandem, auch nicht mit meinen Eltern, über unser Zusammentreffen und das Gespräch reden dürfte. Wenn ich Fragen hätte, könnte ich mich an ihn wenden. Er würde mich auch gern wiedertreffen um die Lage neu einzuschätzen und damit wir uns über einige Punkte intensiver unterhalten könnten.

Meine Gefühle gingen rauf und runter. Was sollte ich davon halten? Was wusste ich mit 16 Jahren schon von der Staatssicherheit? Es wurde immer nur hinter vorgehaltener Hand gemunkelt. Die Stasi gehörte dazu wie Eltern, Schule, Kirche. Sie waren dazu da, Leute davon abzuhalten, nach dem Westen abzuhauen. Sie waren dafür zuständig, die Visa zu stempeln, mehr wusste ich nicht. Das Haus, in dem sie ihre Büros hatten, war gesichert wie eine Festung, die waren eben wichtig. Einerseits war mir nach dem Gespräch mulmig zumute, andererseits war ich neugierig. Einerseits habe ich mich gewundert, was das alles soll, weil er mich solche Lappalien fragte, die er jeden hätte fragen können. Andererseits fühlte ich mich auch plötzlich wichtig, weil er gerade mich fragte. [...]

Dann beging meine Schwester Republikflucht, wie es im DDR-Deutsch hieß. Es war kaum ein paar Stunden her, dass sie sich aus dem Westen telefonisch gemeldet hatte, da war die Stasi auch schon da. Fragen von Herrn A., offen vor meiner Mutter angedrohte Hausdurchsuchungen, ein Protokoll und eine nächste „Einladung" für mich zum Gespräch.

Auch in diesem Moment habe ich mir keine Hilfe geholt, sondern dachte, dass ich es allein schaffe da rauszukommen. Ich habe mich also wieder mit Herrn B. getroffen, dem ich mehr vertraut hatte als allen anderen. Aber er hat mich erpresst. Wenn ich ihm jetzt die gewünschten Informationen geben würde, würde meiner Schwester nichts passieren und seine Kollegen hätten sonst andere Mittel und Möglichkeiten sie aus dem Westen zurückzuholen. Dann müsste sie in der DDR ihre Strafe verbüßen.

Was fängt man an mit solchen Sätzen? Wie trägt man eine Last, unter der man eigentlich nur zerbrechen kann? Stark und mutig wollte ich sein und ihm trotzen, klein und schwach bin ich gewesen und habe mich gebeugt. In der nächsten Zeit habe ich ihm unregelmäßig die Informationen gegeben.

- Versuche dich in die Situation dieser Jugendlichen hineinzuversetzen. Hättest du einen Ausweg gefunden?
- Welche Gründe können Jugendliche bewogen haben die Bespitzelungsangebote der Stasi anzunehmen? Welche Rolle spielte bei ihr das Gewissen?
- Welches Verständnis von Kindheit und Jugend stand hinter den Anwerbungsversuchen der Stasi?

Weitere Informationen findet ihr in folgendem Buch: Jörn Mothes, Beschädigte Seelen, DDR-Jugend und Staatssicherheit, Edition Temmen, Bremen 1996.

- Kannst du dir vorstellen, welche Gefühle Jugendliche 1989 beim Fall der Mauer hatten, die von der Stasi unter Druck gesetzt worden waren?

Vom Ich zum Wir

Ramona, Mehmet und die Urlaubsdias

Es war alles vorbereitet: Das Bier kalt gestellt, die Wurst- und Käseplatten hübsch mit Salzstangen und Zwiebelringen garniert – der Diaprojektor im Wohnzimmer schon seit Stunden aufgebaut, die Urlaubsbilder nach Reisestationen geordnet; es sollte ein gemütlicher Abend werden. Obwohl Heinz den Ablauf der Diashow schon x-mal geprobt hatte, war er sehr unsicher. Viertel nach acht war es so weit, die ersten Gäste kamen. Um neun Uhr hielt Heinz die Spannung nicht mehr aus und er versuchte geschickt, auf seine Urlaubsdias aufmerksam zu machen – und wie das immer so ist, konnte er auch gleich beginnen.
Das erste Bild zeigte die ganze Familie auf dem Frankfurter Flughafen, das zweite „über den Wolken", war auf den Kopf gestellt; Heinz entschuldigte sich sofort. Das dritte, „Ankunft Flughafen Istanbul", Tochter Ramona und Sohn Jens in Großaufnahme. Die Gastgeberin erklärte sofort, dass Ramona ausgerechnet heute bei einem Architekten eingeladen sei, sie ließe sich entschuldigen. Die weitere Reihenfolge der Bilder war wie bei jeder Urlaubsvorführung. Überbelichtet, angeblich lustige Szenen, die auch nach vielen Erklärungen die Gäste langweilten. Spannend waren allerdings die Erzählungen über die „einfachen gastfreundlichen Menschen" in der Türkei, die sie überall getroffen hatten. Müllers, die auch schon mal in der Türkei waren, konnten dies immer wieder bestätigen. Es war ein fast gelungener Abend.
„Guten Abend", sagte Ramona, „Entschuldigung, dass wir so spät kommen, aber ich musste noch auf Mehmet warten, sein Chef ließ ihn mal wieder das ganze Lager alleine aufräumen." Mehmet zog verlegen die Schulter hoch, lächelte und sagte: „Ich Chef sagen, heute ich Bilder von Türkei gucken, er nix wollen, er sagen viel Arbeit, Bilder egal." In dem halbdunklen Zimmer konnte niemand sehen, wie Heinz und seine Frau die Gesichtsfarbe wechselten und die Luft anhielten. Es herrschte eine grauenhafte Stille.
„Aber du wolltest doch zu Herrn Schneider gehen, Ramona??", sagte die Mutter.
„Ich? Zu Herrn Schneider? Ach ja, stimmt. Aber die Feier ist verschoben worden. Habe ich euch doch gesagt. Oder nicht??"
Nun versuchten die Gäste diese peinliche Situation zu überbrücken.
„Das ist aber schön, dass du doch noch gekommen bist. Setz dich doch, Ramona." Mehmet merkte sofort, dass er übersehen wurde, setzte sich aber trotzdem. Heinz versuchte sich zu beherrschen und ging in die Küche. Ganz plötzlich fiel Herrn Müller ein, dass die Kinder nicht zu Hause sind und der arme Hund bestimmt dringend raus müsste; auch die anderen Gäste hatten plötzlich einen armen Hund und eine kranke Großmutter. Ramona ahnte, was nun kommen würde, nahm den verdutzten Mehmet an die Hand, zog ihn zur Tür und sagte: „Bitte, bitte, geh jetzt ganz schnell, ich werde dir morgen alles erklären."

▶ Hat Ramona deiner Meinung nach verantwortlich gehandelt?

Spuren hinterlassen

Der Verantwortliche ist immer bereit, für seine Handlungen einzustehen: „Ja, ich bin es gewesen!" Überall um uns herum wird aber die Verantwortung abgeschoben. An dem Schlechten, das passiert, sollen angeblich die Umstände schuld sein oder die Gesellschaft, in der wir leben. Oder der Charakter, den ich habe („Ich bin nun einmal so!"), die schlechte Erziehung ..., die Fernsehwerbung, das riesige Angebot in den Schaufenstern, die schlechten Beispiele und so weiter.

Alle, die sich von ihrer Verantwortung befreien wollen, glauben, dass sie irgendeiner Sache oder einem Menschen ausgeliefert seien und sich nicht dagegen wehren könnten: entweder der Werbung oder den Drogen, dem eigenen Appetit, einer Bestechung oder einer Bedrohung, dem Charakter oder irgendetwas anderem. Sobald das, was einen so stark beeinflusst, auftaucht, tut man so, als sei man nicht frei, sondern eine Marionette von der man keine Rechenschaft verlangen darf. ...

Verantwortung heißt, dass sich meine Person und mein Charakter aus jeder meiner Handlungen entwickelt. Wenn ich selbst entscheide, was ich tun will, verändere ich mich allmählich und hinterlasse Spuren in meiner Umwelt.

nach Fernando Savater*

▶ Was versteht Savater unter Verantwortung?

▶ Wie könnte Ramona handeln, wenn sie im Sinne des spanischen Philosophen Fernando Savater Verantwortung für sich und andere übernehmen würde?

Dimensionen der Verantwortung

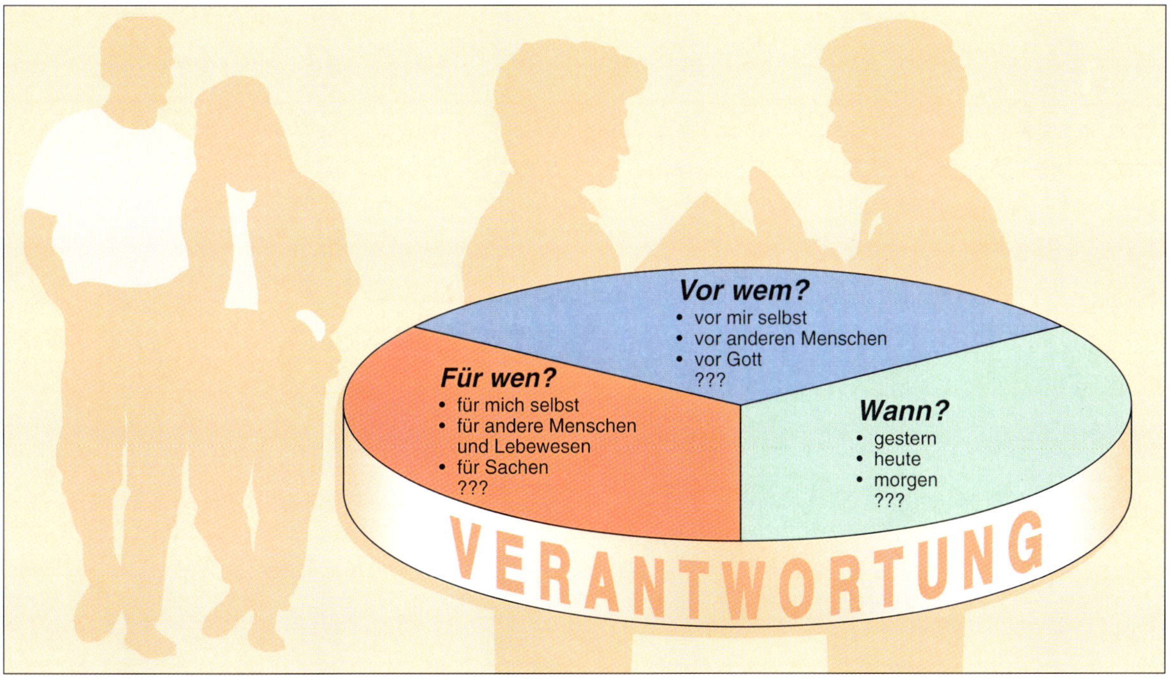

▶ Lassen sich diese Dimensionen ergänzen?

▶ Übertragt diese Dimensionen auf die Geschichte von Ramona und Mehmet.

Verantwortung ist nicht nur ein Wort

Eine UNESCO*-Schulpartnerschaft mit Bhandar im Nepal

Die Helene-Lange-Schule aus Wiesbaden wurde 1987 UNESCO-Modellschule. Diese Schulen wollen Schülerinnen und Schüler weltweit zur Verständigung, Begegnung und Zusammenarbeit mit anderen Völkern und ihren Kulturen, Lebensformen und sozialen Problemen ermutigen. Dafür sollen jedoch nicht nur spezielle Unterrichtseinheiten mit internationalen Themen wie Menschenrechte*, Weltfrieden und interkulturelle Verständigung angeboten werden, sondern auch praktische Aktivitäten, die jungen Menschen direkte Kontakte miteinander ermöglichen. Aus diesem Grund entstand 1988 an der Helene-Lange-Schule eine Schulpartnerschaft mit einer High School in Bhandar im Nepal.

▶ Informiert euch im Erdkundeunterricht über die wirtschaftlichen, politischen und kulturellen Besonderheiten von Nepal. In einem Lexikon und in Reiseführern findet ihr weitere Informationen.

Papprohre als symbolische* Wasserleitung

Es war im Januar 1988. Ich war damals in Klasse 7 d. Unser Englischlehrer, Herr Limberg, war in den Weihnachtsferien in Nepal gewesen und berichtete uns darüber anhand von Lichtbildern. Er hatte die Gemeinde Bhandar im Mount-Everest-Gebiet in Ostnepal besucht. Dort hatte er bereits vor mehr als zwanzig Jahren mehrere Monate verbracht. Er hatte damals viele Dorfbewohner kennen gelernt, die er nun nach so langer Zeit zum ersten Mal wiedersehen konnte. Für die Osterferien 1988 plante er einen erneuten Besuch in Bhandar um dort Erhebungen über die Bevölkerungsentwicklung durchzuführen.

Herr Limberg berichtete über die Lebensbedingungen der etwa 3500 Einwohner, die sich aus Angehörigen unterschiedlicher Kasten zusammensetzen. Besonders benachteiligt sind die „Unberührbaren*" und die Nachkommen ehemaliger Sklaven, die über kein eigenes Land verfügen und sich als Träger und Tagelöhner verdingen müssen. Sie machen zusammen ein Fünftel der Bevölkerung aus. Ihre Kinder können den Teufelskreis aus Diskriminierung, Armut und Hunger nur durchbrechen, wenn sie Lesen und Schreiben lernen und sich so ein Mindestmaß an Allgemeinbildung aneignen können. Aber nur ein kleiner Teil von ihnen besucht eine der vier Grundschulen der Gemeinde. In den Klassen sechs bis zehn der Bhandar High School, der weiterführenden Schule, ist ihr Anteil verschwindend gering, da ihre Eltern weder das Schulgeld von umgerechnet 2,50 DM im Monat noch die notwendigen Arbeitsmaterialien (ebenfalls 2,50 DM im Monat) bezahlen können.

Das Schulkomitee trat im Juni 1989 mit der Bitte an uns heran den Bau einer Wasserleitung zu unterstützen, mit deren Hilfe noch acht Wohnhäuser in unmittelbarer Nähe zur Schule mit fließendem Wasser versorgt werden könnten. Die Erdarbeiten wollten die Anlieger und die Schüler der oberen High-School-Klassen übernehmen. Die Finanzierung des Baumaterials war ohne unsere Hilfe nicht möglich. Das Sommerfest an unserer Schule stand unmittelbar bevor und wir nutzten diese Gelegenheit mit einem Infostand bei Schülern und Eltern für diesen Projektschritt zu werben. Wiederum verkauften wir symbolische Papprohre, die der Spender mit seinem Namen versehen und bemalen konnte. Eine Leine, mit den gespendeten Rohrteilen versehen, symbolisierte das Wachsen der Wasserleitung. Immerhin konnten wir auf diese Weise ein Drittel des Finanzaufwandes einwerben.

Angela, Klasse 10 d, Helene-Lange-Schule, Wiesbaden

Was können wir tun?

Behinderte und Nichtbehinderte

Flüchtlingskinder

Stasi-Kinder

Ost-West-Kooperation

Ohne Gewalt

Unser Stadtteil lebt

Solarmobil

. . . .

Jung und Alt

Ein Stück Regenwald

- Bildet Arbeitsgruppen und überlegt, welche Art von Verantwortung ihr in den AGs übernehmen könntet. Berücksichtigt dabei das Schema zur „Verantwortung" (S. 49).
- Wenn ihr ein Projekt durchführen wollt, könnt ihr zuerst eine Projektplanung in eurer AG erstellen und besprechen. Überlegt, ob ihr euch an dem Wettbewerb „Demokratisch handeln" beteiligen wollt.

Das Förderprogramm

„Demokratisch handeln",

das von der Theodor-Heuss-Stiftung mit der Vorsitzenden Dr. Hildegard Hamm-Brücher gegründet wurde, will Jugendliche ermutigen demokratische Verantwortung in vielen Bereichen innerhalb und außerhalb der Schule zu übernehmen. Hierzu gehören Zivilcourage und demokratisches Engagement im Umweltschutz, in der weltweiten Friedenssicherung, toleranter Umgang mit Minderheiten sowie die demokratische Gestaltung des Schulalltags.

Geschäftsstelle „Demokratisch handeln"
Institut für Erziehungswissenschaft
Löbstedter Str. 67
07749 Jena
Tel. 03641/889930 Fax 03641/889932
E-Mail: demokratisch-handeln@t-online.de
http://www.demokratisch-handeln.de

Getrennte Welten – eine Welt?

Sag mir, wo die Blumen sind

Sag mir, wo die Blumen sind,
wo sind sie geblieben?
Sag mir, wo die Blumen sind,
was ist geschehn?
Sag mir, wo die Blumen sind,
Mädchen pflückten sie geschwind,
wann wird man je verstehn,
wann wird man je verstehn?

Sag mir, wo die Mädchen sind,
wo sind sie geblieben?
Sag mir, wo die Mädchen sind,
was ist geschehn?
Sag mir, wo die Mädchen sind,
Männer nahmen sie geschwind,
wann wird man je verstehn,
wann wird man je verstehn?

Sag mir, wo die Männer sind,
wo sind sie geblieben?
Sag mir, wo die Männer sind,
was ist geschehn?
Sag mir, wo die Männer sind,
zogen fort, der Krieg beginnt,
wann wird man je verstehn,
wann wird man je verstehn?

Sag, wo die Soldaten sind,
wo sind sie geblieben?
Sag, wo die Soldaten sind,
was ist geschehn?
Sag, wo die Soldaten sind,
über Gräbern weht der Wind,
wann wird man je verstehn,
wann wir man je verstehn?

Sag mir, wo die Blumen sind,
wo sind sie geblieben?
Sag mir, wo die Blumen sind,
was ist geschehn?
Sag mir, wo die Blumen sind,
Mädchen pflückten sie geschwind,
wann wird man je verstehn,
wann wird man je verstehn?

- Betrachtet die Bilder und hört euch dazu das Lied „Sag mir, wo die Blumen sind" an.
- Welche Gedanken und Gefühle gehen euch dabei durch den Kopf?
Schreibt sie auf die Vorderseite eines Blattes und sprecht anschließend in der Klasse darüber.
- Bildet Arbeitsgruppen und versucht anhand der Bilder eine zusätzliche Strophe zu dem Lied „Sag mir, wo die Blumen sind" zu dichten.
- Gedankenexperiment: Schreibt auf die Rückseite eures Blattes, welche Gedanken und Gefühle Menschen im Jahr 3000 beim Anblick dieser Bilder haben könnten.

Was anderen schadet, schadet auch uns

Es wird von Jahr zu Jahr spürbarer, dass wir alle in einer Welt leben, ob im Süden, Norden, Osten oder Westen. Und diese Erfahrung ist manchmal schmerzlich. Was im Süden oder Norden geschieht oder versäumt wird, wirkt sich früher oder später auf andere Teile der Erde aus. Ob Brasilien seine Schulden bezahlen kann, ob Korea mehr Autos exportiert, ob Kolumbien den Drogenanbau bekämpft, ob im Sudan der Krieg zu Ende geht – alles hat Auswirkungen auf Europa und Nordamerika, auf die Höhe der Arbeitslosigkeit, auf die Zahl der Asyl Suchenden, auf die Preise, auf vieles mehr.
Und umgekehrt: Ob in den USA die Zinsen steigen, ob Agrarüberschüsse aus der Europäischen Gemeinschaft verbilligt auf dem Weltmarkt verkauft werden, ob die Industrieländer Zölle weiter abbauen, ob der Norden Waffen exportiert, ob der Energieverbrauch bei uns steigt oder sinkt, ob wir die Umweltbelastung verringern – alles hat Auswirkungen auf den Süden und sie sind oft gefährlicher als in der umgekehrten Richtung: Sie können über das Leben von Millionen von Menschen entscheiden. [...] Wir, die reichen Länder der Erde, können unsere Probleme aus eigener Kraft lösen. Aber viele Staaten* sind dazu heute noch nicht in der Lage, vor allem dann nicht, wenn ihre Probleme durch Einflüsse von außen immer größer werden. Wir können ihnen helfen, weil wir reich sind. Wir sollten helfen, weil es die [Menschlichkeit] gebietet. Wir müssen helfen, weil wir sonst arm werden. Denn: Was anderen Ländern schadet, das schadet irgendwann auch uns, und was ihnen nützt, ist uns allen von Nutzen. Wir leben nicht in getrennten Welten. Wir sind alle aufeinander angewiesen und somit alle füreinander verantwortlich. Das ist die Wahrheit – mitunter eine bittere Wahrheit.

- Warum sind auch wir von den Problemen der Entwicklungsländer betroffen? Diskutiert und ergänzt die Argumente des Autors.
- Bildet Arbeitsgruppen und gestaltet eine Collage zu dem Thema „Wir leben alle in einer Welt".
- Was bedeutet es, füreinander verantwortlich zu sein?

4. Tatort Gesellschaft

Wenn ich von der Zukunft unserer Gesellschaft rede, spreche ich – wie schon gesagt – zwangsläufig von der Jugend. Unsere Jugend ist das größte Kapital, das wir haben. Wir müssen ihr nur Perspektiven geben. Dazu gehört nicht nur, dass wir keine Schuldenpolitik zu ihren Lasten betreiben, mit der wir ihr alle Spielräume verbauen ...*

Roman Herzog

- Findest du die Einstellung von Roman Herzog zutreffend? Fühlst du dich und deine Generation als Zukunftsträger der Gesellschaft?
- Vergleiche die Vorstellungen Roman Herzogs mit den Beispielen der Lebenssituation heutiger Jugendlicher. Was fällt dir auf?

Der 16-jährige Mirco warf sich in Hamburg vor einen S-Bahn-Zug und starb, weil er von einer Bande erpresst und um seinen Lehrlingslohn beraubt wurde (vgl. Kap. 13, S. 214). Für die verbreitete Bandenkriminalität Jugendlicher wird die Neid und Gewalt schürende Wohnsituation verantwortlich gemacht: „Das Chaos der Trabantenstädte, in denen die Outlaw-Mentalität grassiert, ist zielstrebig konstruiert worden." Menschen unterschiedlicher Herkunft werden in Sozialwohnungen gesteckt. Unter den Sparzwang fallen auch die letzten Schlupfwinkel wie Spiel- und Bolzplätze, Schwimmbäder, Gruppenräume ...

Straßenkinder in Rio, in Istanbul, in Mexiko-City oder New York – aber in Deutschland? Die Zahlen sind ernüchternd: Das Deutsche Jugendinstitut in München hat in einer kürzlich veröffentlichten Studie dargelegt, dass pro Jahr etwa 40 000 Kinder aus zerrütteten Familienverhältnissen in die Obdachlosigkeit flüchten. Sie suchen die Freiheit und verlieren sich im Elend. Überall in Deutschland.

Noch 275 600 Jugendliche ohne Lehrstelle

Bonn (dpa) – Zwei Monate vor Beginn des neuen Ausbildungsjahres suchten Ende Juni bei den Arbeitsämtern 275 600 Jugendliche eine Lehrstelle. Für sie gibt es nur 111 600 freie Plätze.

Damit kommen bundesweit weiterhin auf zwei freie Lehrstellen fünf Bewerber. In [den neuen Bundesländern] sind dies sogar fast sieben Bewerber pro freiem Ausbildungsplatz. Bundesbildungsminister Jürgen Rüttgers (CDU) und der Präsident der Bundesanstalt für Arbeit Bernhard Jagoda riefen gestern zu weiteren Lehrstelleninitiativen auf. Der DGB verlangte ein Ausbildungsgesetz und eine Abgabe von nichtausbildenden Betrieben. Die Länder sollten an den Berufsschulen bereits jetzt mehr Ersatzausbildungsstellen einrichten um im Herbst die nicht versorgten Jugendlichen unterzubringen.

Jagoda geht davon aus, dass sich von den [zurzeit] nicht versorgten 275 600 Jugendlichen in den nächsten Wochen ein großer Teil ersatzweise für weiterführende Schulen entscheidet. Dennoch müssten Wirtschaft und Verwaltungen in den nächsten beiden Monaten noch mindestens gut 50 000 zusätzliche Ausbildungsplätze anbieten, „wenn wir mit einem blauen Auge davonkommen wollen".

Das neue Ausbildungsjahr beginnt nach den Schulferien am 1. September. Am 30. September wird bundesweit Bilanz gezogen.

Rüttgers bezeichnete trotz einer leichten Verbesserung in den letzten Wochen die Situation am Lehrstellenmarkt als „nach wie vor unbefriedigend". 09.07.1997

Reaktionen auf die Gesellschaft*

Die Situation, in die Jugendliche heute hineinwachsen, macht es ihnen nicht immer leicht. Viele fühlen sich überflüssig und nutzlos und sehen kaum Perspektiven für ihre persönliche Lebensgestaltung. Manche reagieren aggressiv und manche resignieren, andere passen sich an, wieder andere wollen die Zustände so wie sie sind nicht akzeptieren.

Ich muss immer weg, ich kann es einfach nicht zu Hause aushalten. Man merkt beim Tanzen gar nicht, wie schnell die Zeit rumgeht.

Nicole

Über den normalen Weg kann man gegen niemanden etwas unternehmen. Das Einzige, was du machen kannst, du haust ihm immer eins auf die Schnauze.

Udo

Ich hab mir jetzt auch ein Messer zugelegt.

Marcel

Politik und Jugend

[Es gibt diese Behauptung, dass die Jugend politisch desinteressiert und unpolitisch sei. Stimmt diese Behauptung?]
Aus eigener Erfahrung kann ich sagen, dass die Jugend [...] durchaus politisch interessiert ist. Man nehme nur die Diskussion um Mururoa und die Atomtests. Mit Parteien haben die Jugendlichen aber wenig am Hut.
Die Gründe liegen im schlechten Image der Politik und im [...] langweiligen Parteileben.
Was ist zu tun?
Die Parteien [...] müssen offen auf die Jugend zugehen und ein Ohr für ihre Probleme [haben]. Dazu gehören eine moderne Parteiarbeit und mehr Mitspracherecht (Jugendquote). Nur wenn die Jugend mehr Mitsprachrecht erhält, wird sie sich ernst genommen fühlen. Eine intensivere Debatte mit konkreten Maßnahmen zum Thema Jugend muss in den Parteien geführt werden.

Aus einem Redemanuskript von Kai

Politik ist für mich die Herausforderung Ziele, die man sich setzt, auch durchzusetzen.

Kai

Im Fußballverein habe ich keine Probleme. Da zählen nur Einsatz und Kameradschaft.

Murat

Meine politische Meinung werde ich nie auf den Dachboden stellen und verstauben lassen.

Hanna, Stadtschulsprecherin von Darmstadt

Beim Engagement in den Parteien habe ich immer das Gefühl, dass man da in ein vorgefertigtes Raster reingepresst wird. Ein Modell anders zu arbeiten sind Projektwerkstätten, die ich bei einem AUFTAKT-Festival in Magdeburg kennen gelernt habe. Es gibt ganz unterschiedliche Projektwerkstätten, welche, die sich selbst versorgen auf einem richtigen Bauernhof und manche, wo es nur ein Büro gibt und alle ein Auto fahren. Es gibt keine Vorschriften. Meistens bestehen die Projektwerkstätten aus Leuten, die sich kennen und absprechen, [welche] Projekte man macht.

Ingo

- ▶ Sind dir einige der hier vorgestellten Reaktionen aus deinem eigenen Umfeld bekannt? Sprecht in der Klasse darüber. Ergänzt die Auswahl durch weitere Beispiele.
- ▶ Vergleicht die unterschiedlichen Reaktionsformen und fragt nach ihren Ursachen.
- ▶ Wie reagiert ihr auf eure gesellschaftliche Situation?

Ein Traum von einem Staat*

Die Hutterer

Der Traum

Träume ich? Sitze ich hier wirklich in der Sonntagsschule und rolle mit scheinheiliger Miene spuckeverkleisterte Löschpapierkugeln? Sind dies etwa meine Mitschüler, die Jungen auf der linken Seite des schmucklosen Schulraums, die Schnürschuhe blitzblank? Und auf der rechten die Mädchen, ein Schneegestöber aus weiß gepunkteten Kopftüchern, kaum zu sehen die blassen Gesichter über den hoch geschlossenen Kragen, kaum zu sehen irgendetwas außer weiter, wallender Tracht – träume ich?

Ja, ich träume, aber dieser Traum ist wahr! Ich sitze hier wirklich im Einheitsjanker, mit Linealscheitel und blanken Schuhen, von meinen Nachbarn kaum zu unterscheiden, mir selber schon seit Wochen ein Fremder – ein Hutterer.

Denn schon seit Wochen, die mir wie Jahre erscheinen, lebe ich in der „Brudergemeinde Wilson" und entdecke mitten im nordamerikanischen Westen, nicht weit von den kanadischen Rocky Mountains, ein Stück lebendiger deutscher Vergangenheit: das in Deutschland längst vergessene Volk der Hutterer, Anhänger des 1536 in Innsbruck auf dem Scheiterhaufen verbrannten Wiedertäufers* Jakob Hutterer, seit 450 Jahren auf leidvoller Pilgerschaft durch die ganze Welt, „getrieben aufs Feld wie eine Herde Schafe", wie es in der Hutterer Chronik heißt.

Bis heute sind die Hutterer ihren Mitmenschen vor allem deshalb ein Dorn im Auge, weil sie die Bibel* strikt beim Wort nehmen. Die Zehn Gebote sind ihnen wirklich Gebot, Kriegsdienst und Ehebruch ein Gräuel, Fluch und Neid vom Teufel. Damit sie ihren Nächsten lieben können wie sich selbst, haben die Hutterer 300 Jahre vor Karl Marx* das Privateigentum abgeschafft und leben seither nach dem Grundsatz: „Jeder gibt, was er kann und kriegt, was ihm Not ist." Das war im Reich Kaiser Karls V. eine ebenso provokante Lebensmaxime wie heute in der Welt von „General Motors" und „McDonalds". […]

Doch zunächst und vor allem empfinden sie sich als Hutterer, als „Gottes heiliges Volk, das Er sich auf dem ganzen Erdenkreis auserwählet und berufen hat aus allen Völkern", wie es in einem hutterischen Kindergebet heißt, „darum wir auch von allen Menschen verschmähet, verfolget und verhasset sein".

Politische Utopie

Zu allen Zeiten und in allen politischen Systemen haben die Unzufriedenheit mit den bestehenden gesellschaftlichen Verhältnissen und die Kritik an ihnen zu politischen Gegenmodellen geführt. […]

Der Journalist Michael Holzach machte das Experiment und lebte ein Jahr in zwei Gemeinden deutscher Hutterer in der kanadischen Provinz Alberta am Fuß der Rocky Mountains. Dort verwirklichen sie seit über 100 Jahren ihren Traum von einer Gesellschaft*, die

ohne soziale Ungerechtigkeit, ohne Konsumdenken und Gewalt auskommt. Die Gemeinschaft der Hutterer wurde im Mittelalter von dem Tiroler Hutmacher Jakob Hutterer gegründet, wanderte aber, weil sie wegen ihrer Prinzipien verfolgt wurde, zunächst nach Russland aus und von dort weiter nach Amerika. Ihre Muttersprache ist aber immer noch Deutsch.
Die Hutterer sind strenge Pazifisten und lehnen jede Form von Privateigentum ab. Alle pflegen Gütergemeinschaft und das, was jeder an persönlichen Dingen braucht, wie z. B. Kleidung, ist genau festgelegt.
Kein Aspekt des hutterischen Lebens fasziniert mich so wie die Verdammung des Eigentums [...]. Von der Hoffnung, dass mit dem materiellen Wohlstand auch das Glück und die Erfüllung des Lebens erreicht wird, lebt man im Osten wie im Westen, [...] eine Alternative aber ist es nicht. [...] Besitz macht also nicht frei, er bindet.

Utopie oder Zukunftswerkstatt?

Der Philosoph Ernst Bloch sieht einen Unterschied zwischen dem normalen nächtlichen Traum und solchen bewussten Träumen, die sich auf wirkliche Ziele oder auf ein anderes Leben richten.

Nicht nur nachts, sondern auch tagsüber wird geträumt. Sowohl nächtliche Träume als auch Tagträume werden von Wünschen und Sehnsüchten bestimmt und versuchen, sie zu erfüllen. Aber sie unterscheiden sich dadurch, dass im Tagtraum das Ich noch bewusst da ist. Im Tagtraum malt sich eine Person bewusst Zustände oder Bilder eines besseren, zukünftigen Lebens für sich persönlich aus. Der nächtliche Traum dagegen bezieht sich meistens auf schon erlebte Ereignisse in der Vergangenheit. Das Tagträumen reicht von persönlichen Wünschen und Sehnsüchten bis zu weltverbessernden Plänen, die nicht mehr auf das Individuum alleine bezogen sind. Es bleibt jedoch leicht eine Schwärmerei, die die Realität überfliegt. Dieses Tagträumen kann uns aber trotzdem innerlich lebendig erhalten, indem wir ein Ziel in der Zukunft anstreben.

nach Ernst Bloch

- ▶ Utopie heißt im Wortursprung Nicht-Ort. Versuche ausgehend von Blochs Erklärung den Begriff zu erläutern. Informiere dich über den Unterschied von Illusion und Utopie.
- ▶ Viele politische Utopiemodelle haben nicht den Anspruch sich direkt verwirklichen zu lassen. Worin siehst du dann den Sinn einer politischen Utopie?
- ▶ Ist die Gemeinschaftsform der Hutterer eine Utopie? Begründe deine Meinung.

Mit politischen Utopien können viele Leute nichts anfangen, da sie nur die Gedanken von einigen wenigen sind. Robert Jungk schlug deshalb vor, Zukunftswerkstätten zu gründen (vgl. Literaturanhang), bei denen jeder mitarbeiten kann. In der ersten Phase sollen alle Einwände und Vorwürfe gegen den vorherrschenden Zustand formuliert werden. Dabei muss man sich auf einen bestimmten Bereich konzentrieren, z. B. auf die Schule oder auf die Familie. In der zweiten Phase können alle Teilnehmer Ideen zur Veränderung des gegenwärtigen Zustands äußern. Diese Ideen werden gesammelt, unabhängig davon, ob ein Vorschlag machbar oder sinnvoll ist. In der dritten Phase wird über die Vorschläge diskutiert. In der vierten Phase überlegen sich alle Teilnehmer Strategien, die eine Verwirklichung ermöglichen.

- ▶ Bilde mit deiner Klasse eine Zukunftswerkstatt zu einem Thema, das euch besonders interessiert.
- ▶ Versuche nach dieser Methode ein eigenes utopisches Gesellschaftsmodell zu erstellen.
- ▶ Kennst du wichtige Utopievorstellungen Jugendlicher in der heutigen Zeit?

Der Staat* – was ist das?

Offensichtlich fühlen sich viele Menschen oder Gruppen durch den Staat nicht so vertreten, wie sie es wünschen oder sich erträumen. Leicht können sich da Gefühle wie Politikverdrossenheit und Ablehnung staatlicher Institutionen einstellen, was dazu führt, dass man sich gesellschaftspolitisch und politisch nicht so engagiert, wie es möglich wäre. Der so oft festgestellte Widerspruch zwischen unseren Utopien von gesellschaftlichem Zusammenleben und der politischen Wirklichkeit führt zu einer grundsätzlichen Frage, der Frage nach der Notwendigkeit des Staates und seiner Funktion. Darüber haben sich auch in der Vergangenheit Staatsphilosophen Gedanken gemacht, die nicht ohne Folgen für unser heutiges Staatsverständnis geblieben sind.*

Der englische Philosoph Thomas Hobbes (1588–1679) gilt als Begründer der modernen Staatsphilosophie. In seinem Werk „Leviathan" (1651) gibt er eine Antwort auf die Ursachen der Staatsbildung und definiert, was er unter Staat versteht. Der hier abgebildete Ausschnitt aus der Titelseite dieses Werks macht sein Verständnis vom Wesen des Staats ohne viele Worte, jedoch mit vielen Einzelheiten deutlich.

▶ Welche Staatsvorstellung wird hier allegorisch[1] gezeigt? Beschreibe das Verhältnis zwischen dem Regierenden und den Untertanen.

▶ Der Name „Leviathan" stammt aus dem Alten Testament*. Dort bezeichnet er ein Ungeheuer, ist aber auch das Symbol einer schützenden Gottheit. Findest du den Namen hier passend?

1 allegorisch: sinnbildlich

Hobbes geht in seiner Schrift davon aus, dass der Mensch von Natur aus eigentlich seine Freiheit liebt und dass er sich nur aus Gründen der Selbsterhaltung einer staatlichen Macht unterordnet. Denn ohne staatliche Gewalt kämpft jeder Einzelne nur für seine Interessen und gegen die Interessen der anderen. Diesen Zustand nennt Hobbes den „Krieg aller gegen alle". Um dem zu entkommen übertragen die Menschen ihren Willen und ihre Macht auf einen Repräsentanten, der für Frieden und allgemeine Sicherheit sorgt.

Die wesentliche Funktion des Staats für den Einzelnen besteht nach Hobbes in seiner **Schutzfunktion**. Die zentrale Eigenschaft des Staats ist sein alleiniges **Gewaltmonopol**.

▶ Veranschauliche dir seine Begründung mithilfe eines Gedankenexperiments: Auf unbestimmte Zukunft werden alle staatlichen Organisationen (Polizei, Rechtswesen usw.) in deinem Land abgeschafft …

▶ Erkläre den Zusammenhang von Schutzfunktion für den Einzelnen und dem Gewaltmonopol des Staates.

Moderne Demokratie

▶ Wie erlebst du persönlich den Staat, in dem du lebst? Welche Erwartungen hast du an ihn? Welchen Vorstellungen müsste er entsprechen?

Im folgenden Text werden die Grundüberzeugungen unserer modernen Demokratie formuliert.

Wer von der Würde des Menschen überzeugt ist (vgl. GG Art 1), der wird dem Menschen ein Recht auf Freiheit zusprechen. Nur ein freier Mensch kann sich und seine Umwelt in eigener Verantwortung mitgestalten. Außerdem folgt aus diesem Menschenbild, dass alle Menschen in ihrem persönlichen Freiheitsraum und in ihrem Recht auf freie Entfaltung ihrer Persönlichkeit gleich behandelt werden müssen.

Was bedeutet dies für die Politik?

Politische Macht und Herrschaft muss an der unantastbaren Würde jedes einzelnen Menschen ihre Grenzen finden. Politische Macht muss grundsätzlich begrenzt und kontrolliert werden und sie muss sich auf die Zustimmung der Bürger gründen. Unbegrenzte und unkontrollierte Macht würde den Einzelnen in seiner Würde und Freiheit verletzen und entmündigen.

Was ist die Aufgabe der staatlichen Macht?

Sie soll für alle Mitglieder eines Staates die Möglichkeit eines freien menschenwürdigen Lebens sichern und steigern.

Was ist Freiheit?

Freiheit bedeutet konkret Freiheit der persönlichen Lebensgestaltung, Religions- und Gewissensfreiheit, Freiheit der Berufswahl, freie Möglichkeit zur Gestaltung des Privatlebens, freie Verfügungsgewalt über das persönliche Eigentum, Freiheit und Unverletzlichkeit der Wohnung sowie des Brief- und Telefonverkehrs. Freiheit bedeutet außerdem Sicherheit vor willkürlicher Verhaftung, die Gewährleistung eines rechtsstaatlichen Verfahrens vor Gericht und Datenschutz. 1983 hat das Bundesverfassungsgericht in seinem Urteil zum Volkszählungsgesetz dem einzelnen Bürger ein Recht auf „informationelle Selbstbestimmung" zuerkannt.

Alle diese Freiheiten sind Voraussetzungen für den Anspruch auf ein menschenwürdiges und mündiges Leben. Dazu gehören auch das Recht der freien Meinungsäußerung, die Pressefreiheit, die Versammlungs- und Vereinigungsfreiheit und das Recht auf gleichberechtigte Teilnahme an der politischen Willensbildung. Diese Freiheiten muss jede demokratische Verfassung gewährleisten.

Die Freiheitsrechte des Einzelnen dürfen jedoch nicht absolut gesetzt werden. Sie finden ihre Grenze an den Freiheitsrechten der anderen.

Was ist also die Grundlage einer Demokratie? Die Grundlage ist ein Menschenbild, das die Würde des Menschen für unantastbar hält. Aufgrund dieses Menschenbildes muss eine Demokratie allen Bürgern in gleicher Weise die Freiheit zur Entfaltung ihrer Persönlichkeit und zu verantwortlicher Lebensgestaltung gewährleisten und dafür die sozialen Voraussetzungen schaffen.

▶ Von welchem Menschenbild geht die moderne Demokratie aus?

▶ Beschreibe die Beziehung zwischen dem Staat und dem Einzelnen. Welche Ziele und welche Grenzen hat die staatliche Macht? Welche Rechte hat der Einzelne? Gibt es auch Grenzen für den Einzelnen?

▶ Versuche ein demokratisches Staatsmodell bildlich darzustellen und vergleiche es mit dem des „Leviathan".

Die Gesellschaft* – was ist das?

„Alle Staatsgewalt geht vom Volke aus“ heißt es in unserem Grundgesetz*. Aber nicht selten fühlen sich große Teile der Bevölkerung oder kleinere Gruppen durch politische Entscheidungen nicht repräsentiert. Dies liegt auch daran, dass in unserer parlamentarischen Demokratie die Abgeordneten nach ihrem Gewissen frei entscheiden können und nicht durch ein imperatives Mandat[1] gebunden sind, zum anderen daran, dass Mehrheitsentscheidungen es mit sich bringen, dass Minderheiten benachteiligt werden. Auch lassen die umfangreichen und immer komplizierter werdenden Staatsaufgaben in der heutigen Zeit eine direkte Demokratie nicht zu. Die Mehrzahl der Bürger kann zum Beispiel nicht sachkundig darüber entscheiden, ob und welche finanz- oder wirtschaftspolitische Entscheidung getroffen werden sollte. Dies ist nur auf der Grundlage genauer Informationen und Sachkenntnis möglich. Die Komplexität der heutigen politischen Aufgaben erfordert es, dass politische Entscheidungen in die Hände von Experten gelegt werden und für den normalen Bürger oft undurchschaubar sind. Frustration und das Gefühl politischer Ohnmacht bis hin zur Politikverdrossenheit sind häufig die Folge.

Besonders im letzten Jahrzehnt entstanden aber als Reaktion auf eine solche Situation viele neue Formen politischer Bürgereinmischung neben den etablierten Institutionen, z. B. Bürgerinitiativen und Selbsthilfeorganisationen. Diesen neuen Bereich [des] nichtstaatlichen, auf Eigeninitiative der Bürger gegründeten gesellschaftlichen Engagements bezeichnet man als *Zivilgesellschaft*. In der Zivilgesellschaft werden einerseits die Errungenschaften der Demokratie genutzt und zugleich versucht man deren Unzulänglichkeiten auszugleichen. Der Gedanke der Zivilgesellschaft gründet auf der Einsicht, dass das Recht auf Freiheit nicht nur Rechte beinhaltet, sondern auch Verantwortung, d. h. Pflichten für den Einzelnen. Oder positiv ausgedrückt: Möglichkeiten der gesellschaftlichen Mitgestaltung und Mitbestimmung. Hierin liegt auch eine Chance die Interessen von Gruppen oder Minderheiten, die von den politischen Repräsentanten und vom Gesetzgeber nicht berücksichtigt werden, zu artikulieren und zu vertreten.

1 imperatives Mandat: Amt, das den Abgeordneten an den Auftrag seiner Wähler bindet.

▶ Erkläre mit deinen eigenen Worten, was eine Zivilgesellschaft ist.

▶ Welche Gruppen oder Organisationen sprechen Jugendliche am meisten an? Woran beteiligst du dich?

▶ Welche außerstaatlichen Initiativen sind dir aus deiner direkten Umgebung bekannt? Informiere dich über Initiativen in deiner Nachbarschaft und in deinem Ort.

Mit Vollendung des sechzehnten Lebensjahres
- kann auf Antrag die Erlaubnis zur Eheschließung erteilt werden
- ist ein Jugendlicher auch bei Unterbringung außerhalb des Elternhauses nicht mehr „Pflegekind“ im Sinne des Jugendwohlfahrtsgesetzes
- ist der Aufenthalt in Gaststätten und an öffentlichen Tanzveranstaltungen jeweils ohne Begleitung eines Erziehungsberechtigten bis 24.00 Uhr gestattet
- dürfen an Jugendliche alkoholische Getränke mit Ausnahme von Branntwein verkauft werden
- ist die Teilnahme an öffentlichen Filmveranstaltungen erlaubt, sofern der Film für diese Altersstufe freigegeben ist
- besteht die Pflicht zum Besitz eines Personalausweises
- ist ein Jugendlicher fähig vor Gericht einen Eid abzulegen
- kann die Fahrerlaubnis in den Kfz-Klassen 1b, 4 und 5 erworben werden.

Mit Vollendung des siebzehnten Lebensjahres
- darf das freiwillige soziale Jahr abgeleistet werden

Mit Vollendung des achtzehnten Lebensjahres
- tritt die Volljährigkeit und damit die volle Geschäftsfähigkeit ein
- besteht die volle Prozessfähigkeit
- hat der Jugendliche das aktive und passive Wahlrecht für die Wahl zum Bundestag sowie das aktive Wahlrecht zu allen Landtagen außer Bayern, Berlin, Hessen und Niedersachsen
- beginnt die Strafmündigkeit als Heranwachsender
- endet in den meisten Bundesländern die Schulpflicht
- endet der Jugendarbeitsschutz
- ist die Teilnahme an öffentlichen Filmveranstaltungen erlaubt
- kann der Führerschein der Kfz-Klassen 1a und 3 erworben werden.

Bürgeraktion Verfassung '93

Wir mischen uns ein! V'93

SIE sagen: Viele Probleme, die uns alle betreffen,
sind ungelöst!
Schon wieder ein Skandal!
Ich kann ja doch nichts machen.

SIE fragen sich: Wer bietet Lösungen an?
Wem soll ich vertrauen?
Kann *ich* eigentlich etwas beitragen?
Wie soll *ich* nur anfangen?

WIR meinen: Politik(er)verdrossenheit ist nicht nur Schuld der Politiker –
auch wir, die Bürgerinnen und Bürger, sind herausgefordert!
Es gibt mehr Möglichkeiten der Beteiligung, als wir vermuten.
Unsere Verfassung ist besser als die Verfassungswirklichkeit!

WER wir sind: Wir sind Bürgerinnen und Bürger mit unterschiedlicher Ausbildung, aus allen Altersstufen und Berufsgruppen.
Wir wirken aktiv an der Zukunft unseres Landes mit.

WAS wir wollen: Als gemeinnützig und parteiübergreifende Bürgervereinigung verfolgen wir das Ziel der Unzufriedenheit und den Ohnmachtsgefühlen durch Bildungsmaßnahmen zu begegnen.

Wissen ist Verantwortung, Wissen verändert!

Gabriele von Arnim – Gil Bachrach – Thea Bauriedl – Ulrich Encke – Amelie Fried – Hildegard Hamm-Brücher – Horst Haitzinger – Gert Heidenreich – Dieter Hildebrandt – Ernst-Maria Lang – Christoph Lindenmeyer – Giovanni di Lorenzo – Heribert Prantl – Peter Probst – Herbert Riehl-Heyse – Eleonore von Rotehan – Rachel Salamander – Richard Ch. Schneider – Hans-Jochen Vogel – Maria von Welser

Kinder- und Jugendparlament in St. Augustin bei Bonn

Alle Kinder und Jugendlichen im Alter von acht bis 16 Jahren in St. Augustin sind zugelassen. Die stimmberechtigten Abgeordneten sind Vertreter der Schulen, der Jugendgruppen und der Jugendeinrichtungen. Mit den Vertretern der Erwachsenenpolitik werden gemeinsam Themen und Probleme diskutiert und Konzepte entwickelt.

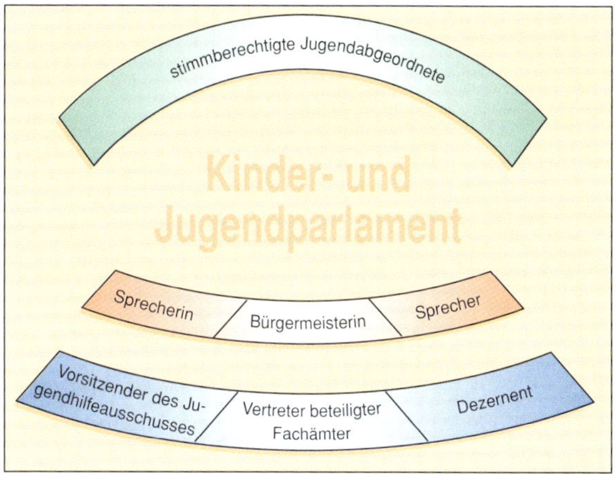

- Vergleiche die beiden Beispiele für Einwirkungsmöglichkeiten von Bürgern. Wo liegen Unterschiede, wo findest du Gemeinsamkeiten?
- Welches Menschenbild und welches Demokratieverständnis liegen diesen Beispielen zugrunde?
- „Mit bloßem Individualismus vernichtet der Individualismus sich selbst." Inwiefern reagieren beide Beispiele auf diese Einsicht?
- Erkläre den Unterschied von Staat* und Gesellschaft.
- Entwerft ein Programm für das Engagement von Jugendlichen in unserer Gesellschaft.

Oderflut – Gesellschaft* und Staat* auf dem Prüfstand

Juli 1997: Höchste Alarmstufe an der deutsch-polnischen Grenze. Ein „Jahrtausendhochwasser" droht das Oderbruch mit seinen 20 000 Einwohnern zu überschwemmen. Tagelanger Dauerregen von außergewöhnlicher Stärke brachte die Flüsse zum Überlaufen. Über Nacht stehen weite Teile Südpolens und Tschechiens unter Wasser. Der Weg der Fluten über die deutsche Grenze ist nur eine Frage der Zeit. Die Folgen: Über 100 Tote, tausende werden evakuiert, große Teile der landwirtschaftlichen Flächen überspült.

Doch die westliche Öffentlichkeit nahm die Opfer in Polen nur beiläufig zur Kenntnis – wie ein Zugunglück im fernen Pakistan. Selbst als das Hochwasser Deutschland erreichte, blieb das Interesse zunächst gering. Die Nation macht Urlaub. Hatte die Oder nicht immer wieder in den letzten Jahrzehnten ihr Flussbett überschritten? Anteilnahme kam erst auf, als binnen einer Woche die Grenzregion im Osten mit jedem Dezimeter, den die Oder anschwoll, mehr an den Rand des Ausnahmezustandes geriet.

Familien, die sich der Evakuierung widersetzten, wurden von der Polizei weg geräumt. Allein 25 Hubschrauber des Bundesgrenzschutzes [...] leisteten Hochwasserhilfe. Tausende Freiwillige boten ihre Hilfe an, Feuerwehrmänner und Technische Hilfswerker stellten sich zur Verfügung. Bundesverteidigungsminister Volker Rühe schickte fast 10 000 Soldaten [...], die größte Hilfsaktion der Bundeswehr seit der Hamburger Flutkatastrophe 1962.

Einen Tag später beschloss das Bundeskabinett ein Hilfsprogramm. Hochwassergeschädigte sollen 20 Millionen Mark Aufbauhilfe und außerdem zinsverbilligte Kredite erhalten. Wie groß der volkswirtschaftliche Schaden ist, lässt sich noch gar nicht absehen. Allein die Landwirtschaft rechnet mit Milliardenverlusten.

Allmählich dämmerte auch den Zuschauern im Westen der Republik, die allabendlich die Bilder vom scheinbar trägen Grenzfluss konsumierten, die wahre Dimension der Naturkatastrophe. Hunderte von Häusern waren am Wochenende bereits von der Flut eingeschlossen. Bei Helfern und Behörden wuchs die Furcht, [dass] das in weiten Teilen unter Flusshöhe liegende 15 Kilometer breite und 55 Kilometer lange Oderbruch zwischen Lebus und Hohensaaten über Nacht wie eine gigantische Badewanne volllaufen könnte.

Was beim Sandschippen der Bewohner als riesiger Subbotnik – freiwilliger Arbeitseinsatz wie zu DDR-Zeiten – begann, geriet zur schleichenden Katastrophe mit open end, zur gesamtdeutschen Herausforderung.

Staatliche Hilfsmaßnahmen allein reichen nicht aus. Im konkreten Fall reagieren Staat und Bürokratie nicht immer schnell und flexibel genug. Ohne die Initiative Einzelner droht die Naturkatastrophe auszuufern. Überall werden aus Dorfbürgermeistereien kleine Krisenzentren. Helfer müssen nicht zusammengetrommelt werden, sie melden sich freiwillig. Denn viele fühlen sich von den Behörden allein gelassen.

Zum Glück gibt es Männer wie Silvio Schäfer. „Da kommt ja unser ‚Dorfschulze' ", sagen die Leute grinsend und grüßen den 29-jährigen schlaksigen Lkw-Fahrer. Seit Freitag ist er „der Retter von Ziltendorf". Als die Einsatzzentrale das Dorf schon aufgegeben hatte, organisierte er sich einen Bagger. Dann hat er „geschindert": Erst die Oder aus der Oderstraße ausgesperrt und dann die Gurkenfelder am nordöstlichen Dorfrand zu einem Wall zusammengeschoben. Und alle aus dem Dorf haben dann mit angepackt.

Asylbewerber aus Eisenhüttenstadt füllen Sandsäcke

Also nicht nur vor Ort wächst die Bereitschaft zum solidarischen Miteinander: Gemeinnützige Organisationen (Diakonisches Werk, Caritas, das Deutsche Rote Kreuz) greifen den Bedürftigen unbürokratisch unter die Arme. Zeitschriften richten ein Sonderkonto für sofortige Hilfsmaßnahmen ein. Das Fernsehen veranstaltet eine Benefizveranstaltung[1] für die Opfer.

1 Benefizveranstaltung: Veranstaltung für einen wohltätigen Zweck

- Liste die hier vorgestellten Hilfeleistungen auf und unterscheide zwischen staatlichen und gesellschaftlichen Hilfeleistungen.
- Zeige, wo staatliche Hilfsmaßnahmen einsetzen. Kannst du erklären, warum hier private Initiativen nicht ausreichen können?
- Beschreibe, wo staatliche Maßnahmen versagen können. Welche Bedeutung haben hier die Initiativen der Gesellschaft und welche Bedeutung haben die Initiativen von Einzelnen?
- Welche Beziehung zwischen Gesellschaft und Staat wird am Beispiel der Oderflut deutlich? Welche Aufgaben übernimmt der Staat, welche die Gesellschaft? Diskutiert, ob ihr diese Aufgabenverteilung gut findet. Begründet eure Meinung.
- Informiert euch über die Wahrscheinlichkeit einer erneuten Überflutung. Was muss vorbeugend getan werden – individuell und vonseiten des Staates?

Sozialstaat und Individualismus – ein Widerspruch?

▶ Überlegt euch einen Titel für diese Karikatur.

Die vorangegangenen Beispiele zeigen, dass der Staat* auf den Handlungseinsatz Einzelner angewiesen ist um sowohl mit außergewöhnlichen als auch mit alltäglichen Herausforderungen umzugehen. Viele fühlen jedoch ihren politischen Bewegungsspielraum durch die staatlichen Strukturen zu stark eingeschränkt. Sie beklagen ein Zuviel an staatlicher Macht und wünschen sich eine stärkere Position in der Gesellschaft*. Im 19. Jahrhundert zur Zeit des bürgerlichen Liberalismus glaubte man an die Trennung von Staat* und Gesellschaft. Die Aufgabe des Staates sollte sich auf die Rolle des Nachtwächters (Nachtwächterstaat) beschränken, der Sicherheit nach außen und Ruhe und Ordnung im Innern garantiert. Insbesondere sollte der Staat über die Grundrechte, d. h. über die Idee der freien, gleichberechtigten Staatsbürger wachen. Alle darüber hinausgehenden steuernden und regulierenden Maßnahmen waren nicht Aufgabe des Staates. Daher war sein Einfluss in der Wirtschaft und in der Gesellschaft eingeschränkt, denn man war der Überzeugung, dass die Gesellschaft im freien Spiel der Kräfte eigenständig Harmonie und Ordnung herstellen könne. Diese Überzeugung führte aber zu sehr großen sozialen Ungerechtigkeiten und zu wirtschaftlichen Krisen: Der Abstand zwischen den Armen und den Reichen wurde immer größer, Wirtschaftsmonopole verhinderten einen freien Wettbewerb. Die Erkenntnis, dass die Prinzipien des Liberalismus nicht zu gesellschaftlicher Gerechtigkeit führten, ließ die Idee des Sozialstaates entstehen. Diese hält immer stärkere kontrollierende und regulierende Eingriffe des Staats im Dienste der sozialen Gerechtigkeit für notwendig.

▶ Erkläre die gesellschaftlichen Probleme des „Nachtwächterstaats" und nimm die Karikatur als Ausgangspunkt deiner Erklärung.

▶ Stellt die Eingriffe zusammen, die der Sozialstaat vollziehen muss, um die Idee von freien und gleichberechtigten Staatsbürgern zu verwirklichen.

Staat, Gesellschaft, Individuum

Den Staat über die Gesellschaft stellen heißt ihm die Aufgabe zuzuweisen die Gesellschaft von oben her autoritär zu ordnen und von sich aus zu bestimmen, welche der gesellschaftlichen Interessen und Ordnungsvorstellungen gut und welche schlecht sind. Damit aber würde der Staat zwangsläufig zur „Partei". In einer pluralistischen Gesellschaft, die auf der Mitgestaltung der sozialen Glieder an der staatlichen Willensbildung basiert, kann sich der Staat nur als Instrument zur Integration und zur Verwirklichung gemeinsamer Ziele verstehen. In den öffentlichen Instanzen und Institutionen schafft sich die Gesellschaft Organe, die sie mit höchster, aber nicht mit eigenständiger Autorität und Zwangsgewalt ausstattet um dadurch die Aufgaben bewältigen zu können, die weder die einzelnen Bürger noch die gesellschaftlichen Gruppen aus eigener Kraft lösen können, die aber trotzdem für alle verbindlich geregelt werden müssen. Dazu gehören auch und vor allem die Formulierung und Durchsetzung von Regeln für das Austragen der gesellschaftlichen Konflikte und ihre Überwachung. Das Ringen der verschiedenen Gruppen in einer pluralistischen Gesellschaft um die Gestaltung der Zukunft kann nur dann ohne Gefahr für die Stabilität des Gemeinwesens frei ausgetragen werden, wenn es eine Regelung gibt, die das Fairplay dieses Kampfes sichert und notfalls den Kompromiss zwischen den partikularen[1] Kräften auch erzwingen lässt. Freilich, der Rahmen dieser Regeln muss offen und weit genug sein um den Gruppen ausreichende Freiheit zu belassen, damit sie ihre Interessen und Anliegen vertreten können. Auch muss klar sein, dass es letztlich die Gesellschaft selbst ist, die sich durch das Medium des Staates diese Spielregeln setzt, deren Ziel die freiheitliche Ordnung des sozialen Lebens ist. Ordnung bedeutet deshalb hier immer nur Ordnung für die Freiheit, nie Ordnung um ihrer selbst willen.

1 partikular: einen Teil, eine Minderheit betreffend

▶ Wie unterscheidet sich die Rolle des modernen Sozialstaates in einer pluralistischen Gesellschaft von derjenigen des Staates im 19. Jahrhundert?

▶ Wie unterscheidet sich der demokratische Staat vom autoritären Staat?

▶ Welche Autorität und welche Kompetenzen hat der Staat in der modernen Demokratie? Welche die Gesellschaft?

▶ Welche Möglichkeiten siehst du allgemein und für dich persönlich dich als Einzelnen in den „Tatort Gesellschaft" miteinzuschalten?

Das Verständnis der **Demokratie als Zivilgesellschaft** (vgl. S. 62) beinhaltet für den Einzelnen nicht nur die Möglichkeit sich Nischen zur alternativen Mitgestaltung zu erschließen, sondern ebenso sich staatlichen und gesellschaftlichen Regeln zu widersetzen. Das Grundrecht der Freiheit sichert dem Einzelnen nach diesem Demokratieverständnis das Recht auf „zivilen Ungehorsam", z. B. in gewaltlosen Aktionen wie Straßenblockaden (vgl. S. 225).

▶ Diskutiert, unter welcher Bedingung die Ausübung „zivilen Ungehorsams" in einem demokratischen Staat legitim ist.

▶ Überlegt anhand des folgenden Textes, unter welchen Bedingungen der „zivile Ungehorsam" sinnvoll ist.

Es handelte sich um die gewiss nicht überraschende Einsicht, dass auch in der Politik die Unzufriedenheit zum stärksten Motor werden kann, weil sie zur Umgestaltung der Zustände und der Machtverhältnisse drängen kann. Ich sage: kann, denn sie kann unter anderen Bedingungen auch zur völligen Apathie[2] führen. [... Die Erziehung zielt darauf ab], jede neue Generation den von der älteren geschaffenen Zuständen anzupassen. Natürlich geschieht das in [guter Absicht], aber in ebenso [guter Absicht] suchen [Jugendliche einen Weg um ihre Zukunft zu gestalten. Sie setzen der Realität der Gegenwart eine Utopie der Zukunft entgegen].

2 Apathie: Teilnahmslosigkeit, Gleichgültigkeit

5. Medien – Wirklichkeit?

Zuschauer entdecken den neuen Medienkick – sich selbst.

„'S lohnt nicht –
nur innere Verletzungen …"

Die Mutter hat sich im Fernsehgerät eingeschlossen und weint allen traurigen Geschichten nach. Danach muss die Tochter alles wieder aufwischen. Das macht nichts. Unser Fußboden ist aus Meißner Porzellan. *Ich möchte ein Lachsbrötchen*, ruft der Sohn aus dem CD-Player. *Selber machen macht fett*, ruft der Vater aus dem Computerklosett. So muss er keine Pausen einlegen. Der Sohn kriecht aus dem CD-Player in die Einbauküche und drückt sich ein Brötchen aus der Mikrofischwelle. Mittlerweile hat sich die Tochter in das Zweitfernsehgerät eingeschlossen und gruselt sich allen gruseligen Geschichten nach. *Wo ist mein Wortprogramm*, ruft der Vater aus dem Computerklosett, *ich möchte mit euch reden!* Er vermutet sein Wortprogramm im CD-Player, aber da ist es nicht. Da ist nur der Sohn, der ihm zuruft: *Ich möchte ein Lachsbrötchen. Selber machen macht fett*, sagt der Vater und fängt eine Plastikfliege. Die Mutter ist aus dem Fernsehgerät durch die Durchreiche in die Küche gegangen und hat aus der Tiefkühltruhe zwei neue Tränensäcke für das Spätprogramm genommen. *Immer muss ich alles aufwischen*, ruft ein Zombie aus dem Zweitfernsehgerät. Die Mutter erschrickt, aber nicht lange, es ist nur ihre Tochter und die Mutter kann wieder beruhigt ins Erstfernsehgerät zu ihren traurigen Geschichten steigen. Der Vater hat weder Lust aufs Computerklosett noch auf das Drittfernsehgerät und verbreitet etwas Stimmung aus der Dose. Der Sohn ruft aus dem Doppelkassettenboard: *Ich möchte ein Lachsbrötchen. Selber machen macht fett*, ruft die Tochter aus dem Kunstgarten und füttert ihre Fleisch fressenden Pflanzen mit Videoband. *Ich gehe jetzt ins Bett*, ruft der Vater ins Echowohnzimmer, entscheidet sich dann aber doch für das Viertfernsehgerät, weil das dritte vom Sohn besetzt ist. *Ich gehe jetzt ins Bett*, spricht die Tochter auf den Telefonanrufbeantworter. *Nichts ist mehr wie früher*, sagt die Mutter, entsteigt dem Erstfernsehgerät und muss alleine die Pfütze davor aufwischen. Dann ruft sie trotzig: *Ich will ein Lachsbrötchen!* in die Nacht und entnimmt es den Programmtafeln für morgen.

▶ Wie wird das Verhältnis von Mensch und Medien dargestellt?

Wenn in der „Lindenstraße" einer umzieht,
dann bekommen wir Briefe,
ob man in die Wohnung einziehen kann
und wie teuer die Miete ist.

Filmregisseur Hans W. Geißendörfer

Wirklichkeit und Medienwirklichkeit

▶ Sieh dir das Bild an und schreib auf, was du siehst. Tauscht anschließend eure Eindrücke in der Gruppe aus

„Mein Lieber, wir sitzen hier bei bester Gesundheit ohne Ablenkungen und schauen uns diesen Apfel an. Kannst du dir unter diesen ruhigen und idealen Umständen auch nur im Entferntesten vorstellen, dass es einen Unterschied der Wahrnehmung zwischen uns in Bezug auf diesen Apfel geben kann?“

▶ Beschreibe mit eigenen Worten die Aussage der Karikatur. Suche ein eigenes Beispiel, das zeigt, wie unterschiedlich die Menschen die Welt und auch Filme wahrnehmen können.

Wie nehmen wir Wirklichkeit wahr?

Welt als objektive Realität

Dies ist die übliche Vorstellung, wie sie die meisten Menschen haben. Sie geht davon aus, dass alle Menschen mit ihren Sinnesorganen dieselben Eindrücke/Reize von der Umwelt bekommen und aufnehmen. Da die Menschen diese unterschiedlichen Eindrücke lediglich anders interpretieren, gibt es leichte Verzerrungen über das, was sie als „Wirklichkeit“ bezeichnen. Dennoch bleibt eine objektiv erfassbare Wirklichkeit vorhanden.

Welt als Konstruktion der Menschen

Diese Vorstellung geht davon aus, dass die Realität eine menschliche Konstruktion ist. Das, was Menschen wahrnehmen, wird nicht im Nachhinein interpretiert, sondern das, was sie wahrnehmen, ist Interpretation. Diese Interpretation hängt von den Erlebnissen, dem Wissen und den Erwartungen der Personen ab. Da dies bei allen Menschen unterschiedlich ist, ist auch die Interpretation der Welt nie identisch. Wirklichkeit wird also subjektiv zusammengesetzt. Damit Menschen zwischen Illusion und Wirklichkeit unterscheiden können, müssen sie sich darüber austauschen, was sie als Wirklichkeit verstehen.

▶ Überlegt euch Beispiele, an denen deutlich wird, dass verschiedene Menschen ein und dieselbe Situation unterschiedlich wahrnehmen und interpretieren.

▶ Erkläre anhand dieser Beispiele mit deinen eigenen Worten den Unterschied zwischen der „Welt als objektiver Realität“ und der „Welt als Konstruktion der Menschen“.

▶ Lest das Zitat über die „Lindenstraße“ auf S. 69. Erklärt den Zusammenhang zwischen der Reaktion der Zuschauer und der Konstruktion von Wirklichkeit durch das Fernsehen.

Berichterstattung?

Bei der Konstruktion von Wirklichkeit spielen auch die Medien eine immer bedeutendere Rolle. Wirklichkeit wird immer mehr das, was Massenmedien, insbesondere das Fernsehen, daraus machen. Bis eine Information beim Fernsehzuschauer oder beim Zeitungsleser ist, hat sie bereits folgende „Filtervorgänge" hinter sich:

Erstens:	Auswahl bestimmter Themen durch den Reporter oder durch den Produzenten.
Zweitens:	Auswahl der Sender und Journalisten aus einer Fülle von Nachrichten oder Filmen.
Drittens:	Auswahl und Einordnung in bestehendes Wissen durch den Zuschauer.

Wenn ein Ausschnitt der Wirklichkeit bewusst verändert oder gefälscht wird, ist das ein Mittel zur Manipulation. In der Fernsehreportage „Wie der Krieg in die Köpfe kommt" (1996) berichtet Arndt Breustedt von einer Form der Manipulation, die in den USA vor dem Golfkrieg (1990) stattgefunden haben soll.*

Wie funktioniert Manipulation? Nach Meinung der Journalistin Mira Beham funktioniert eine bestimmte Form von gesellschaftlicher* Manipulation durch das Verbreiten von Informationen in den Medien. Diese Informationen suggerieren[1] der Öffentlichkeit eine bestimmte Wirklichkeit, die jedoch nicht den Tatsachen entsprechen muss. Entscheidend dabei ist, dass die Manipulation so professionell geplant und durchgeführt wird, dass die Bevölkerung nichts davon merkt, dass sie zielgerichtet beeinflusst und damit instrumentalisiert wird. Die Bevölkerung wird zum Instrument der professionellen „Meinungsmacher" bzw. ihrer Auftraggeber.
Im Zusammenhang mit dem Golfkrieg 1990 soll nach der Darstellung der oben genannten Reportage eine Publicrelationsfirma in New York beauftragt worden sein Informationen über Menschenrechtsverletzungen von irakischen Soldaten in Kuwait zu verbreiten. Vor dem Menschenrechtsausschuß des amerikanischen Kongresses sollen sich die folgenden zwei Personen als Zeugen ausgegeben haben. Sie berichteten davon, dass Kinder in Kuwait von irakischen Soldaten umgebracht worden sein sollen. Eine junge kuwaitische Frau sagte unter Tränen vor dem Menschenrechtssausschuß und vor laufender Kamera aus: „Ich sah die irakischen Soldaten mit Gewehren ins Krankenhaus kommen. Sie nahmen die Babys aus den Brutkästen und legten die Kinder zum Sterben auf den kalten Flur. Es war schrecklich. Ich konnte nicht mal meinem Neffen helfen, der an diesem Tag bei einer Frühgeburt auf die Welt kam." Der kuwaitische Kinderarzt Dr. Ibrahim erzählte: „Es war am schwersten, die Kinder zu beerdigen. Ich selbst habe vierzehn Kinder begraben, die von den Soldaten aus den Brutkästen genommen worden waren."
Der damalige amerikanische Präsident George Bush verbreitete diese Informationen kurz darauf in einer Rede vor amerikanischen Soldaten, die im Fernsehen übertragen wurde: „Babys wurden aus den Brutkästen gerissen und wie Feuerholz auf den Flur geworfen."
Nach dem Beginn des Golfkrieges wurde bekannt, dass Dr. Ibrahim nicht Kinderarzt in Kuwait, sondern Zahnarzt in den USA sein soll. Die junge kuwaitische Frau war die Tochter des kuwaitischen Botschafters in den USA. Nach der Darstellung dieser Fernsehreportage sollen ihre Berichte über den Kindermord frei erfunden gewesen sein. Im Sinne einer zielgerichteten Manipulation soll also eine bestimmte Wirklichkeit vorgetäuscht worden sein um die Meinungsbildung zu einem bestimmten politischen Zweck zu beeinflussen.

1 Suggestion: das Hervorrufen bestimmter Empfindungen, Gedanken, Vorstellungen, Willenshaltungen und Verhaltensweisen bei anderen Menschen oder bei sich selbst durch gezielte Beeinflussung. Die Technik der Suggestion besteht darin, die kritische Beobachtung und Verstandeskontrolle herabzusetzen oder zu umgehen; wesentliche Methoden sind häufige Wiederholung, Emotionalisierung (Verwendung ausdrucksstarker Bilder, Begriffe, Schlagworte), Ausnützung von Abhängigkeitsbeziehungen und Gemeinschaftserlebnissen.

▶ Wen sollte man deiner Meinung nach für die Manipulation zur Verantwortung ziehen? Die falschen Zeugen, den Botschafter oder die Kongressmitglieder und die Medien?

Menschen – Bilder?

Die Bilder der Werbung und des Fernsehens (z. B. der Vorabendserien) vermitteln Vorstellungen über Lebensgefühl, Aussehen und Verhalten. Sie zeigen, wie Männer und Frauen idealerweise auszusehen haben, wie sie sich zu verhalten haben und wie man sich fühlen soll, wenn man das Produkt aus der Werbung kauft. Sie zeigen das, was „wertvoll" ist, in den schönsten Farben. Diese Bilder konfrontieren die Menschen häufig mit ihren eigenen Wünschen, Gefühlen und Sehnsüchten über Aussehen, Verhalten, Charakter und Lebensstil. Manchmal werden Bedürfnisse nach bestimmten Konsumartikeln aber auch erst durch diese Bilder geweckt.

▶ Haben diese oder entsprechende Bilder eine Auswirkung auf die Vorstellungen Jugendlicher vom Leben und vom Aussehen? Schreib deine Antwort anonym auf ein Blatt und begründe sie. Sammelt die Antworten ein, lest die Meinungen anschließend einzeln vor und diskutiert darüber.

▶ Das Aussehen der abgebildeten Menschen steht häufig im Vordergrund. Aussehen, Mode und Markenartikel sind jedoch nur eine Seite. Welche anderen Eigenschaften machen Menschen ebenfalls wertvoll und liebenswert?

Stars und Idole …

Ein Star ist eine glanzvolle, sehr fähige und bewunderte Gestalt im öffentlichen Leben. Auch die meisten anderen Menschen haben Wünsche und Sehnsüchte nach Erfolg, Anerkennung, Gemeinschaft und nach einem guten Aussehen. Gerade Stars aus Filmen oder Serien, aus dem Sport oder aus der Musik vermitteln in den Medien Vorstellungen und (Welt-)Bilder über das Leben, über Werte und über das Aussehen. „Idol" heißt ursprünglich „Bild".

▶ Welche Medienstars oder Musikidole verehrst du? Was bedeutet dieser Star für dein Leben? Ist es problematisch, wenn Menschen sich voll und ganz einem Star aus dem Fernsehen oder aus der Musik hingeben?

Als Jugendlicher und als junger Mensch hat man Vorbilder. Insgesamt scheut man sich heute nach Vorbildern zu fragen oder zuzugeben, dass man Vorbilder hat. Ich möchte trotzdem diese „veraltete" Frage hier aufwerfen. Wir alle idealisieren ja nach wie vor andere Menschen. [...] Vorbild heute: Vor mein eigenes Bild stelle ich diese Personen, um ein Stück von diesen Personen für mich zu gewinnen. Deshalb werden Vorbilder auch zu Leitbildern.

Was für mich ganz wichtig ist, dass ich nicht mit dem großen Haufen mitlaufe; das wollte ich nie. [...] Ich möchte nie in so einen Trott reinkommen: Erst heiraten, dann Kinder und dann geht's so dahin und dann wirst halt alt und das war es dann!

Ein Vorbild ist für mich nicht irgendjemand bestimmter, sondern „Vorbilder" sind für mich immer starke Menschen. [...] Aber auch im Fernsehen gibt es so was wie Vorbilder. Neulich sah ich den Film „Grüne Tomaten" und der hat mir gut gefallen. Ich habe immer Filme gern, die weggehen vom Alltäglichen. Dieser Film hat ein bestimmtes Flair. Ich fand die blonde jüngere Frau so nett und flippig; mich hat die schon fasziniert, wie sie da mit ihren Turnschuhen saß, zusammen mit der älteren Frau. Die hat mir gut gefallen und ich habe mir irgendwie gedacht, das könnte auch ich sein, so die Flippige!

▶ Gibt es einen Zusammenhang zwischen diesen Aussagen und den Bildern auf der gegenüberliegenden Seite?

… für Jungen und Mädchen unterschiedlich?

▶ Teilt eure Klasse in zwei Gruppen. In der einen können alle Jungen, in der anderen alle Mädchen sein. Stellt in beiden Gruppen aus unterschiedlichen Werbeanzeigen, in denen Frauen und Männer vorkommen, eine Collage her. Thema: Mann sein! Frau sein! Arbeitet dabei mit Verfremdungen (z. B. mit Sprechblasen). Bringt darin zum Ausdruck, was euch wichtig ist.

▶ Stellt euch gegenseitig die beiden Wandbilder vor und beschreibt die Erfahrungen, die ihr während des Collagierens gemacht habt.

▶ a. Beschreibt anhand der Wandbilder die Werte, Charaktereigenschaften und Tugenden, die mehr bei den Männern gezeigt werden und diejenigen, die mehr bei den Frauen vorkommen.

b. Stimmt das mit deinen/euren Vorstellungen von Mann-Sein und Frau-Sein überein?

c. Was findest du an den dargestellten Frauen bzw. Männern gut und was lehnst du ab?

Programmdirektor Einschaltquote?

Reality-TV kommt ursprünglich aus den USA. Obwohl z. B. „Aktenzeichen XY ungelöst" auch dazuzurechnen wäre, hat sich gerade dieses neue Genre[1] mit der Einrichtung von privaten Sendern durchgesetzt. Gezeigt werden entweder Filme, die von Amateurfilmern gedreht wurden und dem Sender zur Verfügung gestellt werden oder vom Sender nachgedrehte Katastrophen, Unfälle oder Straftaten.

1 Formen von Sendungen

„'S lohnt nicht – nur innere Verletzungen ..."

Art 5 Abs 1 GG
„Jeder hat das Recht seine Meinung in Wort, Schrift und Bild frei zu äußern und zu verbreiten und sich aus allgemein zugänglichen Quellen ungehindert zu unterrichten. Die Pressefreiheit und die Freiheit der Berichterstattung durch Rundfunk und Film werden gewährleistet. Eine Zensur findet nicht statt."

Art 5 Abs 2
„Die Rechte finden ihre Schranken in den Vorschriften der allgemeinen Gesetze, der gesetzlichen Bestimmungen zum Schutze der Jugend und dem Recht der persönlichen Ehre."

Alfred Biolek und Ulrich Wickert

Biolek: Wir sind ja [als Moderatoren im Fernsehen] ein Teil eines Mediums, das nicht gerade Werte fördernd ist.

Wickert: Richtig. Ich glaube, dass gerade das elektronische Medium – aber auch eine ganze Reihe von gedruckten Medien – Geld macht, indem es die [sittlichen Schwächen des Menschen] transportiert.

Biolek: Ja. Und [diese Medien halten nicht sehr viel von der] Menschenwürde.

Wickert: Gerade weil sie die Menschenwürde mit Füßen treten – [das] ist gar keine Frage. Das Erstaunlichste ist, dass diese Institutionen – diese Fernsehsender, diese Zeitungen – Leuten gehören, die immer ganz unglaublich über Moral reden.

Biolek: [... Können wir uns der Mitwirkung an dieser Entwicklung denn ganz entziehen?]

Wickert: [...] Ich sehe natürlich da das große Problem, wo [der Neid, die Darstellung der Schmerzen] und die Veröffentlichung von ganz privaten Dingen als Element für Sendungen benutzt werden, die eigentlich nur eins tun: Geld in die Kassen derjenigen zu schaufeln, die die Sendungen machen ...

Biolek: Über den Voyeurismus* ...

Wickert: In Amerika gibt es inzwischen eine Sendung, [...] da werden zwei Gruppen in einen Käfig gesperrt, der etwa so groß ist wie ein Basketballfeld. Und die müssen sich dann gegenseitig kaputtschlagen. Und der Arzt entscheidet dann, welche der beiden Parteien gewonnen hat. [...] Der Chef dieses Unternehmens [...] sagt: „Gott sei Dank ist noch keiner gestorben. Wär zwar gut für die Quote [...] – aber das will ich dann doch nicht." Das ist makaber.

Nach einem Gespräch zwischen Alfred Biolek und Ulrich Wickert in der Sendung „Und die Moral von der Geschicht' ..." in der ARD am 17. 10. 1995.

▶ In welchem Zusammenhang stehen die Artikel des Grundgesetzes* über die Meinungsfreiheit und der in dem Gespräch beschriebene Inhalt der Fernsehprogramme?

▶ Was heißt in diesem Zusammenhang „persönliche Ehre"? Welchen Schutz brauchen deiner Meinung nach Jugendliche? (vgl. Art 5 Abs 2 GG)

Reality-TV im alten Rom?

Die Lust sich Gewalt anzusehen ist nicht neu. Ein Blick in die Geschichte zeigt, dass z. B. bei öffentlichen Spektakeln, Strafritualen und Hinrichtungen das schaulustige Volk anwesend war. Im alten Rom verlangte das Volk nach „Brot und Spielen". So wurden in den Arenen reale Gewaltdarstellungen gezeigt. Als „Spiele" wurden dem Volk Gladiatoren vorgeführt, die sich zu Tode schlugen oder es wurden Christen bei lebendigem Leib von Löwen zerfleischt. Auch im Mittelalter wurden Verbrecher, aber auch Unschuldige (z. B. bei Hexenverbrennungen) auf Marktplätzen öffentlich gefoltert und hingerichtet. Das Volk sah diesen Schreckensvorstellungen mit lustvollem Entsetzen zu.

Vierteilung des Poitrot de Mercy am 18. Februar 1563 in Paris

▶ Bedienen die Fernsehsender z. B. durch Reality-TV-Sendungen einen schon immer bestehenden Wunsch des Publikums nach Motiven für die Schaulust von Menschen an Gewalt und Schrecken?

▶ Sucht im Fernsehprogramm nach einer Reality-Sendung (z. B. Notruf, RTL) oder nach einer Homevideo-Show (z. B. Bitte lächeln, RTL 2) und diskutiert die Sendung unter folgenden Fragen:

a. Warum sehen Menschen sich die Reality-Sendungen an? Was könnte sie faszinieren? Denk bei dieser Frage auch an deine eigenen Gefühle, die du beim Ansehen des Films hattest.

b. Können Bilder die Würde eines Menschen antasten? Wenn ja, welche? Wenn nein, warum nicht?

c. Gibt es in dieser Sendung Abbildungen oder Beiträge, die es deiner Meinung nach rechtfertigen, von der Ausstrahlung abzuraten und sie zu verbieten?

Werbung ohne Grenzen?

1994 kam dieses großformatige Werbeplakat in die öffentliche Diskussion. Das Bild der weltweiten Benetton-Kampagne zeigt eine blutverschmierte Soldatenuniform. Details wie Einschusslöcher sind am T-Shirt zu erkennen. Über der Uniform steht als Erklärung ein Schriftzug in serbokroatischer Sprache. Der Vater des erschossenen dreißigjährigen Soldaten erklärt: „Ich […] wünsche, dass der Name meines Sohnes und alles, was von ihm geblieben ist, im Namen des Friedens und gegen den Krieg verwendet wird." Außerdem ist das Markenzeichen des italienische Bekleidungskonzerns „United Colors of Benetton" abgebildet. Der erschossene Kroate hieß Marinko, war Student der Landwirtschaft und wurde auf einem Hügel in der Nähe von Mostar von einer Granate getroffen. Der Deutsche Werberat ging gerichtlich wegen „unlauterem Wettbewerb" gegen diese Werbung vor.

▶ Schreibe in wenigen Sätzen deinen ersten Eindruck zu diesem Werbeplakat auf.

Zur Benetton-Werbung ist 1994 der Materialsatz „Werbung ohne Tabu? Pro und Contra zur Benetton-Werbung" erschienen (21 Dias mit Begleitheft). Zu bestellen beim Gemeinschaftswerk der Evangelischen Publizistik, Emil-von-Behring-Str. 3, 60439 Frankfurt (ISBN 3-921766-72-9).

Was die Experten sagen

Im Folgenden findet ihr ein Streitgespräch zwischen Herrn Nickel (Deutscher Werberat) und Herrn Toscani (Ideenlieferant und Fotograf für Benetton). Dieses gekürzte Gespräch fand anlässlich eines Berichtes über die Werbung im „Stern-TV“ statt.

Herr Toscani: „Nun, wir hatten mal einen Aids*-Patienten, der gesagt hat, es ist nicht wichtig ob [gerade] Benetton das macht. Die wichtige Tatsache ist, dass es überhaupt gemacht wird.“

Herr Nickel: „Herr Toscani, sie hängen sich hier ein moralisches Mäntelchen um. Sie wollen uns doch nicht wirklich weißmachen, dass Sie damit gegen den Krieg in Bosnien protestieren wollen. Das macht doch das Fernsehen, das machen die Medien, das machen der deutsche und der internationale Journalismus tagtäglich. Das, was Sie wollen, ist Propaganda für Benetton und das sollten Sie endlich zugeben.“

Herr Toscani: „Nein, nein, ich glaube, dass eine multinationale Firma eine gesellschaftliche*, moralische und politische Einheit ist und auch Verantwortung hat. Wir können nicht noch weiter Werbung machen, wie das in der Vergangenheit der Fall war.“

Herr Nickel: „Herr Toscani, Sie machen keine Werbung. Werben heißt ja sich beim Publikum zu bewerben. Was Sie tun, ist Propaganda. Propaganda mit dem menschlichem Leid und Elend anderer, für den Namen Benetton.“

Herr Toscani: „Wie viele andere Firmen in der Welt hätten den Mut ihren Namen neben Aids* oder neben den Krieg zu stellen? Niemand hat diesen Mut. Das bedeutet nicht, dass wir mehr verkaufen. Wir werden wahrscheinlich sogar weniger verkaufen.“

In der Stern-TV-Sendung wurden die Fernsehzuschauer nach ihrer Meinung befragt. 84 % fanden, die Werbung „ist geschmacklos“, 16 % sagten: „stört mich nicht“.

▶ Macht eine Meinungsumfrage zur Benetton-Werbung in eurer Klasse oder in mehreren Klassen.

Ethische Mindeststandards einhalten

„[…] Die eigentliche Grundfrage ist doch wohl, ob die Werbung gewisse ethische Mindeststandards einhalten muss oder ob Benetton sich auf das Grundrecht der freien Meinungsäußerung berufen kann. Ich denke man muss feststellen, dass dieses Grundrecht kein Freibrief ist. […] Der Bürger muss wissen, dass jede Gesellschaft*, die gewisse Grenzen nicht respektiert, auf die Dauer zum Untergang verdammt ist oder gezwungen wird alles per Gesetz und Urteilsspruch zu regeln, also immer autoritärer zu werden. Geschmacklosigkeiten, wie die Firma Benetton sie sich leistet, müssen zu immer schärferen Reaktionen führen.“

Marion Gräfin Dönhoff

An diesem Bild führt kein Weg vorbei

„Die Bundesrichter unterstellten dem Konzern unlautere Motive. Aber sollten wir uns nicht darauf beschränken, Handlungen zu verbieten statt Gesinnungen? Die Benetton-Plakate haben mehr Menschen aufgerüttelt als viele Leitartikel. Da könnten uns die Motive des italienischen Textilherstellers gleichgültig sein. […] Die Botschaft der Benetton-Plakate ist klar: Wir Menschen sind trotz unterschiedlicher Hautfarbe gleich, wir setzen uns ein für die Schwachen, wir lassen nicht zu, dass Leben und Umwelt zerstört werden. Die Benetton-Plakate sind alles andere als sittenwidrig. Sie sind politisch 150-prozentig korrekt.“

Arno Widmann

▶ Diskutiert die unterschiedlichen Positionen und begründet eure Meinung. Welche ethischen Mindeststandards sollten deiner Meinung nach für die Werbung gelten? Wo würdest du diese Grenze festlegen?

Nackt bis auf die Seele?

Jeden Tag laufen mindestens acht Stunden Talkshows im Fernsehen. Das geht mit „Kerner" um elf Uhr los, dann kommt „Vera am Mittag", gefolgt von „Bärbel Schäfer", „Arabella Kiesbauer", „Ilona Christen", „Hans Meiser" und „Fliege". Dort werden alle möglichen und unmöglichen Themen besprochen. Es seien nur einige genannt: „Meine Sandkastenliebe und ich", „Beruf Hure", „Ein Seitensprung kann nicht schaden", „Mein Partner ist schlampig". Eine Auswertung des Themenspektrums ergab, dass dort vier Themen hauptsächlich behandelt werden: Partnerschaft/Familie (38 %), Schicksalsschläge (19 %), Sex (14 %) und Gesundheit/Lebenshilfe (12 %). Diese Themen werden zwar diskutiert, jedoch steht im Mittelpunkt häufig die persönliche Betroffenheit der anwesenden Studiogäste. Aus der Sicht der Sender haben diese Talkshows große Vorteile, denn sie lassen sich gegenüber aufwendigen Spielfilmen oder Serien sehr preiswert produzieren.

▶ Welche Aussagen oder Themen in Talkshows sind dir in guter Erinnerung? Welche haben dir persönlich etwas gebracht? Und warum?

Quadro-Spiel

▶ Lies jede der folgenden Aussagen einzeln und bilde dir eine Meinung dazu.	Du hast vier Beurteilungsmöglichkeiten. **1 = ja** **2 = überwiegend ja** **3 = überwiegend nein** **4 = nein**	▶ Schreibe die entsprechende Zahl neben jede Behauptung und suche dafür Beispiele und Argumente für deine Meinung.

1. Weil die meisten Erwachsenen zu verklemmt sind um über ihre Probleme mit Freunden oder mit der Familie zu sprechen, sehen sie sich diese Talkshows an. Dabei lernen sie, wie man offen miteinander redet.
2. Die Menschen, die in einer Talkshow auftreten, sind sehr mutig, weil sie in aller Öffentlichkeit von persönlichen Problemen erzählen, damit andere davon etwas lernen.
3. Die Moderatoren dieser Sendungen sind sehr einfühlsam und können deswegen mit anderen Menschen gut umgehen.
4. Die Sender wählen solche Tabuthemen nur deshalb aus, damit sie ihre Einschaltquote halten. Denen liegt nichts an einer Aufklärung oder kritischen Auseinandersetzung. Die Menschen sind ihnen egal, es zählt das Geld der Werbewirtschaft.
5. In den Sendungen werden ernsthafte Themen behandelt, die die Menschen interessieren und die sonst niemand anspricht. Sie sollten auch in der Öffentlichkeit besprochen werden, damit die Zuschauer über ihre Ängste und Unsicherheiten nachdenken.
6. Mit den Menschen, die in einer Talkshow über ihr persönliches Leben berichten, kann man nur Mitleid haben, weil sie sonst niemanden zum Sprechen haben.
7. Die Talkshows sind so etwas wie der Klatsch über den Gartenzaun. Wirklich tiefgründig ist das, was da gesprochen wird, nicht.
8. Die Moderatoren dieser Talkshows sind professionell angestellte Heuchler. Sie spielen ihr Mitgefühl wie ein Schauspieler. Nichts davon ist echt.

▶ Vergleicht eure Zahlen und diskutiert über die einzelnen Behauptungen.

Frau Scherger schrieb zu einem Artikel über Talkshows im „SPIEGEL“ folgenden Leserbrief:

„Die neue Freizügigkeit darf nicht mit Freiheit verwechselt werden. Diese Freizügigkeit führt leider auch dazu, dass immer mehr dazu getan werden muss, das gewisse Kribbeln hervorzurufen, das vor 200 Jahren sicher noch mit der Ansicht eines nackten Frauenfußes verbunden war. Wenn das alles wenigstens dazu führen würde, dass die Menschen glücklicher, befriedigter durchs Leben liefen! Das bezweifle ich jedoch, ich glaube sogar, dass der Enthüllungswahn, wenn er eine bestimmte Grenze überschreitet, lust-feindlich ist. Wenn alles an die Oberfläche gezerrt wird, ist irgendwann nichts mehr dahinter, wird alles zur Oberfläche und kann damit nicht mehr erfüllend sein.“

▶ Seht euch das SPIEGEL-Cover genau an und interpretiert es.

▶ Diskutiert über die Aussagen des Leserbriefes. Schreibt einen eigenen Leserbrief zum Thema Talkshow. Begründet eure Meinung.

Weitere Meinungen zu den Talkshows

Der Redakteur Klaus Bresser sagt zu dem Thema, was das Fernsehen und der Fernsehjournalismus seiner Meinung nach darf: „Es soll auch persönliche Geschichten aus dem Alltag erzählen, Alltagsprobleme und Privates aufgreifen um damit seinen Zuschauern nahe zu kommen. [Aber es muss] die Privatsphäre respektieren und darf individuelle Persönlichkeitsrechte nicht verletzen.“

Der Medienjournalist Gangloff fragt: „Was bringt diese Leute dazu, der Fernsehnation Dinge mitzuteilen, die man allenfalls guten Freunden oder seinem Therapeuten anvertraut? Sind die Talkshows [...] ein Warnsignal für die Gleichgültigkeit des Alltags, in dem einem niemand mehr zuhört?“

▶ Inszeniert in eurer Klasse eine 20-minütige Talkshow zu einem Thema, das ihr schon immer einmal besprechen wolltet. Jede/r von euch wählt sich eine bestimmte Rolle: Moderator/in, Studiogast, Zuschauer/in, Betroffene/r usw. Nehmt eure Talkshow auf Video auf, wenn ihr eine Videokamera bekommen könnt. Überlegt anschließend, ob die laufende Kamera und die Zuschauer das Gespräch beeinflusst haben.

Verantwortung in der Mediengesellschaft

Medien und Menschenwürde?

[Vor einigen Jahren wurde ein] Beitrag über einen Tag im Leben des sechzehnjährigen Sead in Sarajevo [gesendet], [zufällig über seinen letzten Tag]. Das Kamerateam zeigt Sead beim Frühstück, er verabschiedet sich von seiner Mutter und trifft sich mit Freunden. In einem Unterstand von Soldaten übernimmt er als Kurier die Post. Plötzlich knallen Schüsse: Die Kamera filmt, wie einer der Jungen zusammenbricht. Sead und einige andere wollen ihm helfen und ihn in ein Auto heben. Plötzlich ein weiterer Schuss, Sead ist getroffen, er fällt um, will sich fortschleppen, liegt dann still. Die Kamera lässt nicht von ihm ab und so kann der Zuschauer sekundenlang miterleben, wie Sead stirbt. [...]

Der Verkauf aller Ereignisse, ob sie nun Leben oder Tod darstellen, wird zur Normalität eines Kommerzfernsehens, das sich an rein marktwirtschaftlichen Gesetzen orientiert. Hier liegt ein grundsätzlicher Fehler der Politik, die verpflichtet gewesen wäre ihrer Verantwortung nachzukommen. Verantwortung – als ethischer Wert – bedeutet ja die Folge des Handelns für die Gesellschaft* mit in Rechnung zu stellen. Doch ethisch motivierte Grenzen wurden dem Kommerzfernsehen in Deutschland kaum gesetzt. [...] Die Sensation wird breit verkauft, egal ob sie stimmt. Die wirklich wichtigen politischen Informationen treten dahinter zurück. So scheint es bei einem Treffen von Bill Clinton und Helmut Kohl auch wichtiger, was und wie viel sie beim Italiener essen als worüber sie reden.

Das Bewusstsein, dass sowohl der Zuschauer wie auch der Abgebildete im Besitz der Menschenwürde ist, hat sich unter Journalisten der Massenmedien noch nicht weit herumgesprochen. [...]

[Einmal sollte über ein Massaker in Bosnien berichtet werden.] Die Beerdigung der Opfer wurde gezeigt, beeindruckende Bilder hatte der Kameramann von den Trauernden, dem Friedhof, der Zeremonie und auch von den Särgen gedreht. Die Deckel waren noch nicht zugenagelt, sodass man die Toten sehen konnte. Dann Großaufnahme: die Köpfe in den Särgen. Leere, rote Augenhöhlen. Man hatte ihnen die Augen herausgeschnitten. [...]

Unserer Meinung nach verstößt die Ausstrahlung solcher Bilder gegen die Menschenwürde der Toten; sie verletzt aber gleichzeitig die Würde der Zuschauer, die sich dem Bild nicht entziehen können. [...] In den meisten Fällen ist es in Nachrichtensendungen nicht notwendig, brutale Bilder zu zeigen. Nur dann, wenn die Informationspflicht es verlangt, können entsprechende Berichte unter genauem Abwägen gesendet werden.

Allerdings moderierte ich eine Sendung über ein Blutbad in Sarajevo mit den Worten ein, jetzt folge ein Beitrag, den keiner sehen wolle, den jedoch jeder sehen müsse, damit er eine Ahnung von dem habe, was die Bürger in der bosnischen Hauptstadt zu erleiden hätten. Die Szenen zeigen, was eine Granate angerichtet hatte, die in einer Menschenschlange vor einer Bäckerei explodiert war. Die Bilder gingen um die ganze Welt und hatten zur Folge, dass der UNO*-Sicherheitsrat Sanktionen gegen Rest-Jugoslawien verhängte.

Ulrich Wickert

Art 1 Abs 1 GG
Die Würde des Menschen ist unantastbar. Sie zu achten und zu schützen ist die Verpflichtung aller staatlichen* Gewalt.

▶ In welchem Zusammenhang stehen Sterben/Tod und die Menschenwürde (vgl. Z. 45)? Diskutiert darüber und begründet eure Meinung.

▶ Versetze dich in die Situation eines Reporters bzw. einer Reporterin bei einem Fernsehsender. Würdest du die Bilder von Sead, nachdem er angeschossen worden war, senden? Und die Bilder von den Toten des Massakers? Begründe deine Meinung.

Offene Kanäle Fernsehen und Rundfunk

Um den Bürgern die Möglichkeit zur Beteiligung an der Verbreitung von Informationen zu geben wurden Offene Kanäle für das Fernsehen und für nichtkommerzielle Radiosender eingerichtet.

Offene Kanäle sind lokale oder regionale Sender, die allen Bürgerinnen und Bürgern den freien und gleichberechtigten Zugang zu diesen elektronischen Medien garantieren. Offene Kanäle bieten die Möglichkeit sich selbstverantwortlich und mit selbstbestimmten Inhalten an die Öffentlichkeit zu wenden. Ihr Programm wird nicht von bezahlten Mitarbeitern produziert, sondern setzt sich aus Beiträgen von einzelnen Bürgern oder Gruppen zusammen. Bei der Produktion gibt es keine Redaktion, kein Sendeschema und keine inhaltlichen oder formalen Vorgaben. Offene Kanäle sind werbefrei, nichtkommerziell und werden aus Rundfunkgebühren finanziert. 1996 gab es fast über 100 Offene Kanäle für Fernsehen und Hörfunk im gesamten Bundesgebiet, die von den Landesmedienanstalten betrieben werden und allen Bürgern und Bürgerinnen zur Verfügung stehen. Die Studios, Aufnahmegeräte, technischen Einweisungen oder Beratungen stehen kostenlos zur Verfügung.

▶ Überlegt, was ihr tun müsstet, wenn ihr selbst einen Videofilm drehen würdet, der über einen Offenen Kanal gesendet werden würde. Was wäre euch wichtig bei diesem Film? Sammelt die Stichpunkte an der Tafel und erstellt eine Prioritätenliste.

Projektvorschlag: Schreibt einen Offenen Kanal in eurer Nähe an und ladet einen OK-Mitarbeiter in eure Klasse ein. Bereitet dieses Treffen inhaltlich vor, indem ihr bei den Offenen Kanälen Informationsmaterial anfordert und eure Fragen aufschreibt. Besucht einen Offenen Kanal, lasst euch die Studios zeigen und fragt nach den Produktions- und Sendebedingungen. Wenn ihr wollt, könnt ihr selbst einen Videobeitrag für einen Offenen Kanal produzieren. Sucht euch dafür ein Thema, das euch interessiert, das aber eurer Meinung nach im kommerziellen Programm zu wenig oder gar nicht vorkommt.

Eine aktuelle Liste mit allen Adressen der Offenen Kanäle bekommt ihr unter folgenden Adressen: Offener Kanal Kassel, KulturBahnhof 1, 34117 Kassel, Tel.: 0561/107904
Internetanschluss des Offenen Kanals Dortmund:
http://www.ins.de/offener-kanal-dortmund/

Zur Arbeit mit Video könnt ihr euch folgende Broschüre bestellen: Vom Plot zur Premiere. Gestaltung und Technik für Videogruppen. Adresse: Institut Jugend, Film und Fernsehen. Pfälzer-Wald-Str. 64, 81539 München.

6. Auf der Suche nach Glück und Sinn

Zu allen Zeiten und an allen Orten dieser Welt waren und sind Menschen unterwegs auf der Suche nach dem Glück. Die Möglichkeiten seine Glücksvorstellungen zu verfolgen waren vielleicht niemals so groß wie heute in der westlichen Zivilisation. Gleichzeitig gibt uns unsere westliche Gesellschaft sehr viele* ***Leitbilder des Glücks*** *vor, die uns sagen, wie wir das Glück im Leben erreichen können.*

- Beschreibt mit eigenen Worten die Leitbilder von Glück, die in den Abbildungen und Texten deutlich werden.
- Überlegt weitere Möglichkeiten, wie ihr etwas über Leitvorstellungen des Glücks in unserer Gesellschaft erfahren könnt und tragt die Vorstellungen zusammen. Welche scheinen bestimmend zu sein?
- Gestaltet in Gruppen eine Collage aus Illustrierten und Tageszeitungen, die gesellschaftliche Leitbilder des Glücks heute zeigt.

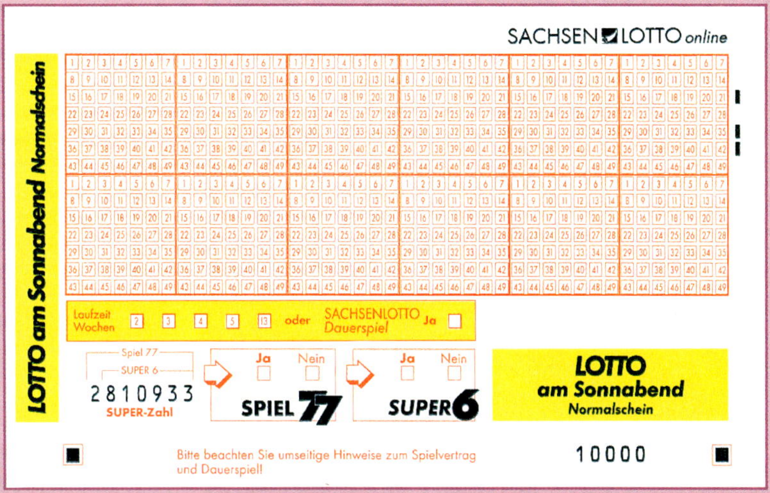

Glück – auch ich bin unterwegs

Als einzelner Mensch ist jeder von uns ein Teil der Gesellschaft, die unterwegs ist auf der Suche nach Glück. Meine eigene Suche nach Glück und meine Vorstellungen sind daher von der Gesellschaft und von den Leitbildern, die sie vorgibt, beeinflusst. Aber habe ich nicht auch eigene Spielräume meine ganz persönlichen Glücksvorstellungen zu entwickeln und zu verwirklichen? In welcher Situation fühlt ihr euch am glücklichsten?*

▶ Überlege weitere typische Situationen, in denen du dich regelmäßig befindest. Versuche das erlebte Gefühl mit Worten zu beschreiben oder auf andere Weise, z. B. durch Malen oder durch Musik, auszudrücken.

▶ Erinnere dich an Situationen in deinem bisherigen Leben, in denen du dich besonders glücklich oder unglücklich gefühlt hast. Versuche deine Gefühle in einem Glücksdiagramm festzuhalten oder zu malen.

Fragebogen

Heute:

Glück bedeutet für mich:

- ❑ viel Geld zur Verfügung zu haben
- ❑ Reisen
- ❑ Lob und Anerkennung durch andere erhalten
- ❑ allein sein und meinen Hobbys nachgehen
- ❑ jemanden zu haben, auf den ich mich verlassen kann
- ❑ schlank und sportlich zu sein
- ❑ mit Freunden zusammen sein
- ❑ Feten feiern
- ❑ Kleidung nach der Mode
- ❑ gute Noten schreiben
- ❑ eigene Verantwortung für etwas übernehmen können
- ❑ in Frieden mit denen zu leben, die mir wichtig sind
- ❑ ____________________
- ❑ ____________________

▶ Bearbeite den Fragebogen, indem du die Antworten mit Ziffern in der Reihenfolge von eins bis zwölf versiehst (eins: besonders wichtig, zwölf: besonders unwichtig) und eigene Glücksvorstellungen, die nicht erwähnt werden, an der entsprechenden Stelle einfügst. Erklärt die beiden höchsten und die beiden niedrigsten Werte sowie die eigenen Ergänzungen.

▶ Beschreibe deine Glücksvorstellungen für die Zukunft, z. B. für die Zeit in 25 Jahren, in einem zusammenhängenden Text.

56 % der 16- bis 30-Jährigen, so eine Umfrage, geben Selbstverwirklichung als Lebensziel an, ebenso viele Freizeit. 32 % streben nach Sozialprestige, 10 % nach Macht.

Der Spiegel, 19. 9. 1994

▶ In welcher Beziehung stehen deine persönlichen Glücksvorstellungen zu den gesellschaftlichen Leitbildern und welche eigenen Spielräume siehst du für dich auf der Suche nach Glück?

Über Glück und Sinn nachdenken

▶ Sucht Redewendungen und Sprichwörter, in denen das Wort „Glück" vorkommt, und beschreibt mit euren eigenen Worten, welche Art von Glück jeweils gemeint ist.

Das Wort „Glück" kann im Deutschen sowohl den günstigen Zufall als auch einen Zustand des Wohlergehens meinen; wir können „Glück haben" oder „glücklich sein" [...]. Gerade deswegen ist es wichtig, den Begriff „Glück" [...] für die Bezeichnung von Zuständen des menschlichen Wohlergehens zu reservieren und vom günstigen Zufall zu unterscheiden, der dieses Wohlergehen mehr oder weniger stark beeinflussen kann.

Martin Seel

Glücklich zu sein ist notwendig das Verlangen jedes vernünftigen aber endlichen Wesens [...]. Denn die Zufriedenheit mit seinem ganzen Dasein ist nicht etwa ein ursprünglicher Besitz und eine Seligkeit, welche ein Bewusstsein seiner unabhängigen Selbstgenügsamkeit[1] voraussetzen würde, sondern ein durch seine endliche Natur selbst ihm aufgedrungenes Problem.

Immanuel Kant*

1 Selbstgenügsamkeit: Fähigkeit, mit sich selbst restlos zufrieden zu sein.

▶ Kann man Glück haben und doch nicht glücklich sein? Erkläre mit deinen eigenen Worten die Behauptung, der Begriff „Glück" solle sich nur auf das menschliche Wohlergehen beziehen.

▶ Sucht weitere Begriffe und diskutiert, was im Leben am wichtigsten ist: Glück, Zufriedenheit, Sinn, Spaß ...

▶ Erklärt in eigenen Worten, weshalb Kant das Verlangen glücklich zu sein für Menschen als notwendig und unvermeidlich ansieht. Warum hätte ein Gott dieses Verlangen wohl nicht? Hat Kant mit seiner Behauptung Recht?

Die Frage nach dem gelingenden Leben

Bereits im Mittelalter stellte der Dichter Walther von der Vogelweide (ca. 1170–1230) die Frage nach dem richtigen und nach dem gelingenden Leben in dieser Welt. Über dieses Problem haben Dichter und Philosophen zu allen Zeiten nachgedacht und auch hier soll die Frage nach Glück, Zufriedenheit, Sinn usw. als Frage nach einem gelingenden Leben gestellt werden. Dabei macht diese Formulierung deutlich, dass es um das gesamte eigene Leben geht, in dem jeder selbst entscheiden muss, worauf es ihm ankommt.

Walther von der Vogelweide, der von der mittelalterlichen Denkweise beeinflusst war, hatte genaue Vorstellungen von einem gelingenden Leben: Ansehen bei anderen, eigener Besitz und Gottes Gnade. Unsere heutige Wertordnung ist nicht mehr so festgefügt wie die des Mittelalters und außerdem gibt es viel mehr Möglichkeiten sein Leben nach den eigenen (?) Vorstellungen zu führen.

Ich saß auf einem Stein,
und schlug ein Bein über das andere.
Darauf stützte ich den Ellenbogen.
Ich hatte in meine Hand geschmiegt,
das Kinn und meine eine Wange.
So erwog ich in aller Eindringlichkeit,
wie man auf dieser Welt zu leben habe.

Peter Wapnewski,
nach einem Gedicht von
Walther von der Vogelweide

„Viel Geld verdienen,
oder noch besser:
Viel Geld zur Verfügung zu haben, ohne etwas dafür tun zu müssen, das bedeutet Glück. Denn so kann man sorglos leben und alles tun, was einem Spaß und Freude macht."

„Nur wenn man den richtigen Partner gefunden hat, der zu einem passt und der einen wirklich liebt, kann man ein glückliches und zufriedenes Leben führen."

„Wenn man sich klar macht, dass man eines Tages sterben muss, kann das ganze Leben sinnlos werden. Glücklich kann man nur werden, wenn man sich mit dem Tod auseinander setzt und seinem Leben dadurch Sinn verleiht."

„Glücklich kann man nur sein, wenn man einen Sinn für sein ganzes Leben gefunden hat, den allein Gott geben kann. Erst wenn man eine Beziehung zu Gott hat, kann man glücklich werden, weil man den Sinn seines Lebens gefunden hat."

„Sinn findet man nur, wenn man etwas für andere Menschen tut und gebraucht wird. Der dankbare Blick eines alten Menschen, der Hilfe erhielt, eines Kindes, dem seine Angst genommen wurde, bedeutet mehr als nur Spaß zu haben."

??????????????
????????????????
????????????????
??????????????????
?????????????????
???????????????
????????

„Es gibt kein Glück ohne Unglück. Nur Menschen, denen schweres Leid zugestoßen ist, können wirklich glücklich sein. "

„Glück – das bedeutet bis an die Grenzen zu gehen, alles auszutesten und zu riskieren, selbst wenn man dabei umkommt. Ansonsten ist das Leben langweilig, gerade heute, wo man an Zufriedenheit erstickt."

▶ Entscheidet euch spontan für eine der abgedruckten Vorstellungen und begründet eure Wahl.
▶ Welche unterschiedlichen Begriffe werden zur Beschreibung eines gelingenden Lebens in diesen Zitaten verwendet? Versucht die Bedeutungsunterschiede zu erklären. Was ist euch im Leben am wichtigsten?

Geld, Vergnügen, Spaß?

▶ Was ist auf diesem Bild die Ursache des Glücks? Vergleicht die Aussage dieses Bildes mit der Comicfigur „Onkel Dagobert". Welche Bedeutung hat das Geld für „Onkel Dagobert"?

Die Wünsche der Menschen sind hauptsächlich auf Geld ausgerichtet. Es wird ihnen oft zum Vorwurf gemacht, dass sie das Geld über alles lieben. Es ist jedoch ganz natürlich ..., das zu lieben, ... durch das man sich jeden Augenblick einen Wunsch oder ein Bedürfnis erfüllen kann. Jeder andere Besitz kann nämlich nur *einen* Wunsch oder *ein* Bedürfnis erfüllen: Nahrung ist nur für den Hungernden gut, Wein nur für den Gesunden, Medikamente nur für den Kranken ... usw. Folglich sind sie alle nur relativ gut. Geld allein ist das absolut Gute: weil es nicht nur die Erfüllung eines konkreten Bedürfnisses ermöglicht, sondern die Erfüllung aller Bedürfnisse.

nach Arthur Schopenhauer*

▶ Erklärt, warum Arthur Schopenhauer einzig und allein das Geld für „das absolute Glück" hält, wenn er über die Wünsche des Menschen nachdenkt.

▶ Könnt ihr ihm zustimmen? Bezieht bei euren Überlegungen die Aussage der Karikatur mit ein.

*„Mami!
Mir ist langweilig ..."*

Geld und menschliche Bedürfnisse

Der amerikanische Psychologe Abraham Maslow versuchte durch Umfragen unter gesunden und erfolgreichen Menschen herauszubekommen, welche Bedürfnisse sie haben und was für sie Glück bedeutet. Dabei entwickelte er die Theorie, dass die menschlichen Bedürfnisse stufenweise angeordnet sind. Seiner Meinung nach versucht der Mensch erst dann die Bedürfnisse einer bestimmten Stufe zu befriedigen, wenn die Bedürfnisse der darunter liegenden Stufe gestillt sind. Das Bedürfnis, das auf der nächsthöheren Stufe liegt, ist immer am wichtigsten.

▶ Stellt die wichtigsten menschlichen Bedürfnisse zusammen und bringt sie in eine Stufenfolge. Vergleicht eure Resultate anschließend mit der Bedürfnispyramide von Abraham Maslow im Literaturanhang.

▶ Diskutiert an Beispielen, ob diese Theorie der Stufenfolge menschlicher Bedürfnisse überzeugend ist.

▶ Was bedeuten diese Einsichten von Abraham Maslow für die Wichtigkeit von Geld und Besitz beim Streben nach Glück? Ist das menschliche Streben nach dauerhaftem Glück realistisch?

Das Bedürfnis nach Spaß

Glücksforscher haben den Botenstoff Dopamin entdeckt. Er soll das sogenannte Belohnungssystem im Kopf aktivieren, ein Netzwerk von Nerven, das das Gehirn durchzieht. Der Stoff soll auf dieses System wirken und möglicherweise ein dauerhaftes Wohlgefühl auslösen. Das System wurde bei Rattenversuchen entdeckt: Die Tiere konnten Elektroden, die in ihren Schädel eingepflanzt waren, selbst einschalten und drückten dann wie rasend auf bestimmte Tasten, offensichtlich deshalb, um auf diese Weise ein Hochgefühl zu bekommen. Sie vergaßen dabei sogar Nahrung und Schlaf.

▶ Falls Dopamin eines Tages als (unschädliches) Medikament auf den Markt käme: Würdest du es regelmäßig nehmen?

▶ Führt das folgende Gedankenexperiment durch und vergleicht das Ergebnis mit der Behauptung, Glück würde allein in dem Gefühl von Freude und Spaß bestehen.

Stellen wir uns einen Menschen vor, der in einem Operationssaal auf einem Tisch festgeschnallt ist. Er steht unter Narkose. In seine Schädeldecke sind einige Drähte eingeführt. Durch diese Drähte werden genau dosierte Stromstöße in bestimmte Gehirnzentren geleitet, die dazu führen, dass dieser Mensch sich in einer Dauereuphorie befindet. Sein Gesicht spiegelt den Zustand äußersten Wohlbehagens. Der Arzt, der das Experiment leitet, erklärt uns, dass dieser Mensch weitere zehn Jahre in diesem Zustand bleiben wird. Wenn es nicht mehr möglich sein wird, diesen Zustand zu verlängern, werde man ihn mit dem Abschalten der Maschine unverzüglich schmerzlos sterben lassen. Der Arzt bietet uns an uns sofort in die gleiche Lage zu versetzen. Und nun frage sich jeder, ob er freudig bereit wäre sich in diese Art von Seligkeit versetzen zu lassen.

Einmal alles riskieren?

Am 7. August 1988 war der 17-jährige Tommy mit seinem Freund Michael auf einer Sommerparty eingeladen. Ein lauer Sommertag ging zu Ende, es herrschte ausgelassene Ferienstimmung und das Bier floss reichlich an diesem Abend. Auch Tommy und sein Freund tranken nicht nur Mineralwasser.

Das Fest hatte schon seinen Höhepunkt überschritten, als Tommy auf die Idee kam eine kurze Spritztour mit dem Auto seines Vaters zu unternehmen. Einige Tage zuvor hatte er mit ihm auf einem Übungsplatz für den Kurs bei der Fahrschule geübt, für den er sich nächstes Jahr anmelden wollte.

Aber diese Fahrerei auf dem Übungsplatz war langweilig. Tommy wollte richtig fahren, das Tempo spüren und allen zeigen, dass er auch ohne Führerschein in der Lage ist ein Auto zu beherrschen.

Sein Freund Michael war schnell überredet. Und ebenso schnell waren sie zu Hause in der nur wenige 100 Meter entfernten Wohnung von Tommys Eltern, die an diesem Abend ebenfalls eingeladen waren. Der Autoschlüssel lag griffbereit im Schreibsekretär des Vaters. Tommy zögerte noch einen Moment, doch dann nahm er den Schlüssel an sich. Michael stand in der Tür und sie gingen nun beide nach unten um in den fast neuen BMW einzusteigen. Tommy setzte sich ohne Zögern ans Steuer und fuhr los: direkt auf die B 184 Richtung Magdeburg.

Dort holte er das Letzte aus dem Wagen heraus, überholte alles riskierend mehrere Pkws. Michael bekam Angst, traute sich aber nichts zu sagen. In einer Kurve verlor Tommy die Kontrolle über das Fahrzeug und prallte mit 90 Stundenkilometern frontal gegen einen Baum. Er wurde schwer verletzt und ist bis heute stark gehbehindert. Wie durch ein Wunder kam sein Freund Michael mit heiler Haut davon …

- Berichtet von ähnlichen Situationen.
- Was ist deine Meinung zum Verhalten von Tommy?

Stellung beziehen

▶ Entwerft einen Brief an Tommy im Krankenhaus aus der Sicht seiner Mutter, seines Vaters, seiner Freundin und seines Freundes Michael, der im Auto mitgefahren ist.
Bildet dazu Gruppen, die jeweils aus einer Perspektive schreiben. Versucht die Briefe so abzufassen, dass sie jeweils eine der folgenden Äußerungen von Philosophen über das Glück wiedergeben.

Wer ein möglichst glückliches Leben
führen will, muss seine Begierden
so groß wie möglich werden lassen.
Nicht, um sie zu bändigen,
sondern um diese Begierden,
wie groß sie auch sein mögen,
zu befriedigen und sich das in Fülle
zu verschaffen, was er gerade begehrt.

nach Kallikles/Platon*

Glück ist kein einmaliges Gipfelerlebnis,
das schnell endet, sondern ein
gefühlsmäßiger Zustand, der auftritt,
wenn ein Mensch die ihm eigenen
Fähigkeiten frei und produktiv entfaltet.
Glück ist nicht die Ekstase,
nicht das Feuer des Augenblicks,
sondern das, was wir erleben,
wenn wir uns selbst verwirklichen.

nach Erich Fromm*

Nur wer nicht in der Zeit,
sondern in der Gegenwart lebt,
ist glücklich.

Ludwig Wittgenstein

Glücklich ist,
wer ein richtiges Urteil hat,
wer mit dem Bestehenden [...]
zufrieden ist und an die eigenen
Verhältnisse sich gern gewöhnt hat;
glücklich ist der, dessen ganze Lage
von seiner Vernunft gutgeheißen
werden kann.

Seneca*

▶ Was könnte Tommy auf die Briefe antworten?
▶ Diskutiert über die Berechtigung der in den Briefen vertretenen Glücksauffassungen. Bezieht dabei auch andere riskante Formen der Glückssuche wie Drogenmissbrauch oder Extremsportarten mit ein.

Glück in der Antike

[Es war eine wichtige Erkenntnis der alten griechischen Philosophen], dass das Glück, das die Menschen suchen, nicht nur von den äußeren Ereignissen abhängt, sondern auch von den Wünschen und [von den] Erwartungen der Menschen. Wer übertriebene Wünsche hat, der wird eher enttäuscht als derjenige, der bedürfnislos ist. Aus der Antike sind uns eindrucksvolle Beispiele von Bedürfnislosigkeit überliefert, so die Geschichte von Diogenes*, der in einem alten Fass lebte und den Weltherrscher Alexander den Großen verblüffte. Als der ihm nämlich anbot, er werde ihm einen Wunsch erfüllen, antwortete Diogenes: „Dann geh mir bitte aus der Sonne."

Berühmt geworden sind auch die Stoiker*, die der Ansicht waren, man könne das Unglück vermeiden, wenn man sich selbst und seine Wünsche und Leidenschaften vollkommen [beherrschen würde]. Den Zustand, den sie anstrebten, nannten sie Apathia. Unser Wort apathisch[1] ist davon abgeleitet. Wer teilnahmslos ist, der ist zumindest nicht unglücklich, weil er nicht enttäuscht werden kann. Man könnte sagen, dass die Stoiker eine Seelenruhe als Glück anstrebten, indem sie sich weigerten das normale „Spiel des Lebens" mitzuspielen. Sie wollten alles selbst bestimmen, auch das Ende ihres Lebens. Von vielen ist uns daher berichtet, dass sie ihrem Leben freiwillig ein Ende setzten, quasi als endgültigen Beweis, dass nicht *sie dem Leben* unterworfen sind, sondern *das Leben ihnen*. Das Wort „stoisch", von der Lebensauffassung der Stoiker hergeleitet, kennzeichnet daher für uns heute noch die Haltung einer Person, die durch nichts zu erschüttern ist und alles mit „stoischem Gleichmut" erträgt.

Epikur* hingegen [...] vertrat die Ansicht, der Mensch solle versuchen alles Schöne, was das Leben zu bieten habe, maßvoll zu genießen und sein Leben zugleich bescheiden einzurichten, quasi im Verborgenen lebend fern von den großen Ereignissen, damit er sein privates Glück unbehelligt von den Wechselfällen der Politik und der Gesellschaft* [finden könne].

1 apathisch: frei von Leidenschaften, teilnahmslos

Der Philosoph Diogenes von Sinope (ca. 410–320 v. Chr.) war der Überzeugung, dass Luxus und Reichtum unglücklich machen würden. Diogenes soll in einer Tonne gelebt und auch noch sein Trinkgefäß weggeworfen haben, als er einen Jungen aus der hohlen Hand Wasser trinken sah. Am bekanntesten ist seine Begegnung mit Alexander dem Großen, der ihm einen Wunsch gewähren will. Nach Diogenes' Antwort (vgl. Z. 13) soll Alexander geantwortet haben: „Wäre ich nicht Alexander, so möchte ich wohl Diogenes sein."

- Was wollte Alexander mit seiner Antwort wohl sagen?
- Diskutiert die Tragfähigkeit von Diogenes' Glücksauffassung vor dem Hintergrund unserer Gegenwart.

Seneca (4 v. Chr.–65 n. Chr.) war der Erzieher des römischen Kaisers Nero und gehörte zur einflussreichen Philosophenschule der Stoa*. In den Jahren 54 bis 59 n. Chr. stieg er zum Staatslenker auf. Als er die maßlose Politik seines ehemaligen Schülers, des Kaisers Nero, kritisierte, verurteilte ihn dieser zum Tode. Seneca ließ aber das Urteil nicht an sich vollstrecken, sondern gab sich vorher selbst den Tod.*

Nichts verwickelt uns in größere Probleme, als wenn wir uns nach dem Gerede der Leute richten und das für das Beste halten, was den größten Beifall bekommt. ... In diesem Fall richten wir uns nicht nach der eigenen Vernunft ..., sondern nach Vorbildern. So entsteht eine Ansammlung von Menschen, von denen immer einer über den andern stürzt. ...
Darum muss man sich durchringen zur Freiheit. Frei wird man jedoch nur durch Gleichgültigkeit und Gelassenheit gegenüber dem Schicksal. Durch diese Gleichgültigkeit entsteht eine unschätzbare Charaktereigenschaft: die Ruhe und Erhabenheit einer Seele, die ihren festen Standpunkt gefunden hat, die frei von Furcht aus der Erkenntnis der Wahrheit eine hohe, bleibende Freude gewinnt sowie Freundlichkeit und Heiterkeit des Gemüts. An diesen Eigenschaften wird die Seele eine besondere Freude haben, weil sie in ihr selbst entstanden sind und ihr nicht von außen aufgedrückt wurden. Nur derjenige kann glücklich genannt werden, der von der Vernunft geleitet wird und sich nichts mehr wünscht und vor nichts mehr fürchtet. Steine und Tiere sind zwar auch frei von Furcht und Traurigkeit, glücklich wird sie aber niemand nennen, weil ihnen das Bewusstsein des Glücks fehlt. ... Glücklich ist deshalb derjenige, der ein richtiges Urteil hat, der mit dem Bestehenden zufrieden ist und der sich gern an die eigenen Verhältnisse gewöhnt hat. Glücklich ist der, dessen ganze Situation von seiner Vernunft gutgeheißen werden kann.

nach Seneca

Auch Epikur (342–270 v. Chr.) begründete eine eigene Philosophenschule. Er war ein Hedonist, für den das lustvolle Leben am wichtigsten war. Epikur war der Meinung, dass nur durch einen beherrschten und gemäßigten Umgang mit den eigenen Begierden dauerhaftes Glück zu erreichen ist.*

Für Menschen, die denken können, ist die Lust des Fleisches die höchste und sicherste Freude. Man muss das Edle, die Tugenden und ähnliche Dinge schätzen, wenn sie Lust verschaffen. Tun sie das nicht, kann man auf sie verzichten. ... Darum nennen wir auch die Lust Anfang und Ende des glücklichen Lebens. ... Lust ist eine angeborene Eigenschaft. Wir entscheiden uns nicht für jede Lust, sondern es kommt vor, dass wir auf viele Lustempfindungen verzichten, wenn es so viele sind, dass sie lästig werden. Wir ziehen auch viele Schmerzen den Lustempfindungen vor, wenn auf das lange Ertragen von Schmerzen eine größere Lust folgt. Jede Lust ist also gut, weil sie unserer Natur entspricht, aber nicht für jede Lust müssen wir uns entscheiden. Genauso ist jeder Schmerz ein Übel, aber nicht jeden Schmerz müssen wir vermeiden. Durch genaues Überlegen der Vor- und Nachteile kann man beurteilen, wofür man sich entscheiden soll. ... Wenn wir also die Lust für das Ziel des Lebens halten, so verstehen wir darunter, dass man weder körperlichen Schmerz noch Beunruhigung in der Seele empfindet.

nach Epikur

▶ Welche Rolle spielt die Vernunft in Epikurs und in Senecas Glückskonzept?
▶ Vergleicht Epikurs Glückskonzept mit Senecas und diskutiert die Tragfähigkeit beider Ansätze. Welches Konzept hat sich heute stärker durchgesetzt? (Vgl. Kap. 9, S. 148/149)

Glück in Liebe und Partnerschaft?

Der Wunsch nach Liebe

▶ Beschreibt, was das Ungewöhnliche bei dieser Kontaktanzeige ist.

▶ Sammelt Heirats- oder Kontaktanzeigen aus Zeitschriften und Zeitungen und untersucht
a. welche Eigenschaften die betreffenden Personen bei sich und dem Wunschpartner in den Vordergrund stellen,
b. welche Vorstellungen von Liebesglück deutlich werden.

▶ Versucht im Vergleich mit den ausgewerteten Texten die Absicht der abgedruckten Anzeige zu beschreiben, die 1997 als Kunstplakat im Berliner U-Bahnhof Alexanderplatz hing.

Für viele Menschen ist die Suche nach Glück identisch mit der Suche nach Liebe oder nach einer Partnerschaft, die lange hält. Der Philosoph und Psychologe Erich Fromm behauptet, dass man Liebe erlernen müsse, wenn sie wirklich glücklich machen soll. Seiner Meinung nach verfehlen die Menschen in den westlichen Industriegesellschaften das Wesen der Liebe.*

Unsere gesamte Kultur gründet sich auf die Lust am Kaufen, auf die Idee des für beide Seiten günstigen Tauschgeschäfts. Schaufenster anzusehen und sich alles, was man sich leisten kann, gegen bares Geld oder auf Raten kaufen zu können – in diesem Nervenkitzel liegt das Glück des modernen Menschen. Er (oder sie) sieht sich die Mitmenschen auf ähnliche Weise an. Der Mann ist hinter einem attraktiven jungen Mädchen und die Frau ist hinter einem attraktiven Mann her. Dabei wird unter „attraktiv" ein Bündel netter Eigenschaften verstanden, die gerade beliebt und auf dem Personalmarkt gefragt sind. […] Man will ein Geschäft machen; der erwünschte Gegenstand sollte vom Standpunkt seines gesellschaftlichen* Wertes aus begehrenswert sein und gleichzeitig auch mich aufgrund meiner offenen und verborgenen Pluspunkte und Möglichkeiten begehrenswert finden. So verlieben sich zwei Menschen ineinander, wenn sie das Gefühl haben das beste Objekt gefunden zu haben, das für sie in Anbetracht des eigenen Tauschwerts auf dem Markt erschwinglich ist. Genau wie beim Erwerb eines Grundstücks spielen auch bei diesem Geschäft oft noch entwicklungsfähige, verborgene Möglichkeiten eine beträchtliche Rolle. In einer Kultur, in der die Marketingorientierung vorherrscht, in welcher der materielle Erfolg der höchste Wert ist, darf man sich kaum darüber wundern, dass sich auch die menschlichen Liebesbeziehungen nach den gleichen Tauschmethoden vollziehen wie sie auf dem Waren- und Arbeitsmarkt herrschen.

▶ Beschreibt den Zusammenhang zwischen der Aussage von Erich Fromm und der oben abgebildeten Kontaktanzeige.

▶ Diskutiert, ob Fromm mit seiner Kritik an der Gestaltung von Liebesbeziehungen in modernen Gesellschaften Recht hat. Bezieht dabei auch die Kontaktanzeigen aus Zeitschriften mit ein.

Liebe: Glück oder Leid?

Sachliche Romanze

Als sie einander acht Jahre kannten
(und man darf sagen:
sie kannten sich gut),
kam ihre Liebe plötzlich abhanden.
Wie anderen Leuten ein Stock oder Hut.
Sie waren traurig,
betrugen sich heiter,
versuchten Küsse, als ob nichts sei,
und sahen sich an und wussten nicht weiter.
Da weinte sie schließlich.
Und er stand dabei.

Vom Fenster aus konnte man Schiffen winken,
Er sagte, es wäre schon Viertel nach vier
und Zeit irgendwo Kaffee zu trinken.
Nebenan übte ein Mensch Klavier.
Sie gingen ins kleinste Café am Ort
und rührten in ihren Tassen.
Am Abend saßen sie immer noch dort.
Sie saßen allein und sie sprachen kein Wort
und konnten es einfach nicht fassen.

Erich Kästner

▶ Versucht die Atmosphäre darzustellen, die in diesem Gedicht deutlich wird, z. B. durch ein Bild oder durch eine gespielte Szene.

▶ Wie würdet ihr dem Paar erklären, dass „ihre Liebe plötzlich abhanden" kam?

▶ Bringt Gedichte oder Lieder mit, in denen das Ende einer Liebesbeziehung im Mittelpunkt steht.

Jemanden zu lieben
ist nicht nur ein starkes Gefühl,
es ist auch eine Entscheidung,
ein Urteil,
ein Versprechen.

Erich Fromm*

Erich Fromm behauptet, dass auch die Menschen, die sich von der Marketingorientierung befreit haben, oft eine Enttäuschung nach der anderen erleben. Seiner Meinung nach liegt das daran, dass sie Liebe und Verliebtheit für dasselbe halten und meinen, beides müsste ewig anhalten (vgl. Kap. 2, S. 26 + 27). Der Künstler Friedensreich Hundertwasser hat demgegenüber in einem Bild dargestellt, dass es nicht einfach ist, den Weg zum anderen zu finden.

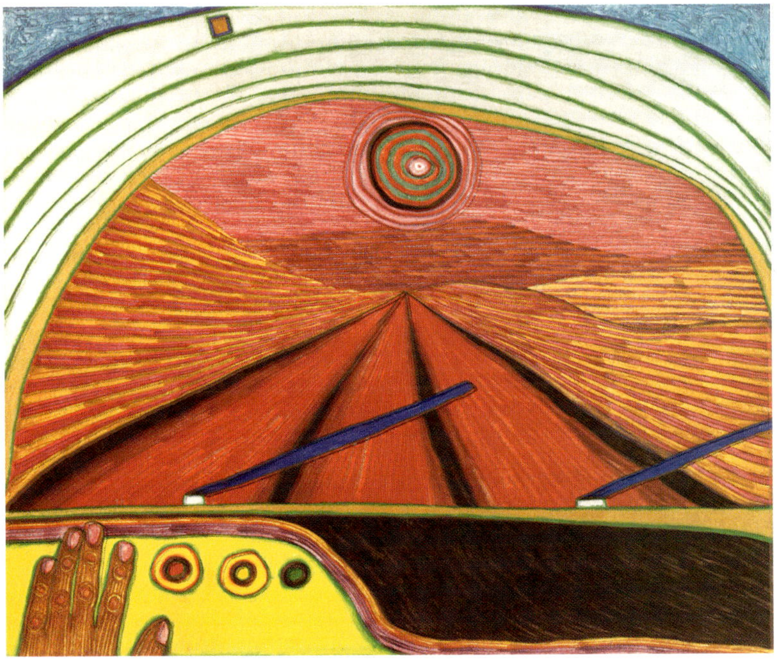

◀ Friedensreich Hundertwasser, (626) Der Weg zu dir

▶ Versucht dieses Bild zu interpretieren. Wie ist der Blick des Fahrenden und welche Möglichkeiten hat er um zum Du zu gelangen?

▶ Sprecht anschließend über die Möglichkeit in partnerschaftlicher Liebe Glück und Zufriedenheit zu erleben. (Vgl. dazu und zum Glück in Freundschaften Kap. 2)

Glück im Dasein für andere?

An vielen Schulen gibt es in der neunten oder zehnten Klasse berufsorientierte Praktika, bei denen die Schülerinnen und Schüler einige Wochen außerhalb der Schule in einem Betrieb verbringen, um die Arbeitswelt kennen zu lernen. Die 16-jährige Martina hat sich als Praktikumsplatz eine integrative Grundschule ausgesucht. Bevor Martina ihr Praktikum beginnt, soll sie ihre Motive für die Wahl und ihre Erwartungen aufschreiben.

Nachdem ich erfahren hatte, dass wir im Januar ein Praktikum machen werden, war für mich klar, dass ich eine soziale Tätigkeit ausüben will. Ich will einmal erleben, wie es ist, Verantwortung für andere, die auf einen angewiesen sind, zu übernehmen. Ich kam zu dem Schluss, dass dieses Verantwortungsgefühl gut in Behindertenintegriertenschulen erlebt werden kann. Dort würde ich lernen mit körperlich und teilweise geistig behinderten Kindern umzugehen und so vielleicht meine Befangenheit verlieren, die ich habe, wenn ich Behinderten begegne. Auch könnte ich etwas dafür tun, dass Kinder schon früh, ob behindert oder nicht, zusammen aufwachsen und so für später ein ganz normales Verhältnis zueinander entwickeln.
Allerdings bin ich selbst noch unsicher. Ich weiß nicht, wie ich mich verhalten werde gegenüber Problemen, die ich bisher nicht gekannt habe: täglich mit behinderten Kindern umzugehen und ihnen sogar noch etwas beizubringen. Werde ich diesen Anforderungen gerecht werden können?

▶ Was würdet ihr Martina antworten? Schreibe deine eigenen Motive und Erwartungen an ein sozial ausgerichtetes Praktikum auf.

Martina und Caroline haben an derselben Grundschule ihr Praktikum gemacht. Sie erzählen von unterschiedlichen Erfahrungen.

Ich war vom ersten Tag an für drei behinderte Kinder zuständig, die am schwersten behindert waren. Bei dieser Arbeit merkte ich, dass ich sie für jemand tat, der sich selbst nicht helfen kann, und das Kind zeigte mir mit einem Lächeln oder einer Geste seine Dankbarkeit. Im Unterschied zur Schulzeit fehlte ich keinen Tag wegen Krankheit. Hier tat ich ja etwas Sinnvolles. Zum ersten Mal hatte ich das Gefühl sinnvoll zu leben: Einerseits wegen den Kindern, indem ich ihnen half mit ihrer Behinderung und mit den anderen Nichtbehinderten zusammen zu leben und zu lernen, andererseits durch das Gefühl: Hier wirst du gebraucht. Auch lernte ich, dass das Zurückstellen eigener Wünsche wichtig ist um Glück erleben zu können.

Martina, 16 Jahre

Ich fand meine Aufgaben in der Arbeit mit behinderten Kindern ziemlich langweilig und unbefriedigend. Die drei Wochen habe ich richtig „abgesessen", nachdem ich merkte, dass ich mit den meisten Problemen in der Klasse überfordert war. Besonders wenn einige nichtbehinderte Kinder keine Rücksicht auf die Behinderten nahmen und sie sogar noch beschimpften fühlte ich mich überfordert. Es ist doch erwiesen, dass Fehler im sozialen Umgang mit Menschen, erst recht mit Behinderten, zu schweren Schäden führen können. Dafür wollte ich nicht die Verantwortung übernehmen, außerdem bin ich auch nicht dafür ausgebildet.

Caroline, 16 Jahre

▶ Überlegt, weshalb Martina und Caroline unterschiedliche Erfahrungen gemacht haben.
▶ Informiert euch über das Leben und die Ideale von Menschen, die für andere gelebt haben, wie Friedrich von Bodelschwingh, Martin Luther King, Mahatma Gandhi* (vgl. Kap. 13, S. 222), Mutter Teresa oder Albert Schweitzer* (vgl. Kap. 11, S. 184). Ihr könnt über die verschiedenen Biografien Referate halten.
▶ Diskutiert über die Möglichkeit im Einsatz für andere Glück und Sinn zu erfahren.

Integrative Erziehung – was ist das?

Aus dem Prospekt einer Elterninitiative für integrative Erziehung.

Behinderte Mitmenschen haben ein durch das Grundgesetz* verbrieftes Recht auf ein gleichberechtigtes Leben in allen Bereichen der Gesellschaft* – auf ein Leben

- wie die anderen
- zusammen mit anderen.

Diesem „Normalisierungsprinzip" steht jedoch die geltende Praxis der Aussonderung entgegen.

Die Zuweisung an

- Sonderkindergärten
- Sonderschulen
- Sonderwerkstätten

führt erfahrungsgemäß zur dauerhaften Ausgliederung.
Deshalb wollen wir umdenken!

Integration kann nur gelingen durch ein gemeinsames Leben und Lernen von behinderten und nichtbehinderten Kindern – und zwar von Anfang an!

- im Kindergarten
- in der Schule
- in der beruflichen Ausbildung

Alle Kinder profitieren
Langjährige Erfahrungen zeigen:
Eine so praktizierte Integration erweist sich als vorteilhaft für alle Kinder – für die behinderten wie für die nichtbehinderten.
Geben wir unseren Kindern diese Chance!

▶ Sprecht über die Ziele und die Schwierigkeiten des gemeinsamen Lebens und Lernens von Behinderten und Nichtbehinderten. Erkundigt euch nach ähnlichen Initiativen oder Einrichtungen in eurer Umgebung.

▶ Stellt weitere soziale Einrichtungen zusammen, an denen man ein Praktikum absolvieren kann. Was haltet ihr von dem Entschluss als Praktikumsplatz eine solche Einrichtung auszuwählen?

Glücksverheißung Sekten

Der Weg in eine Sekte

„Ich hatte große Probleme mit meinen Eltern, bekam mein dreißigstes Bewerbungsschreiben zurückgeschickt und mein Freundeskreis wurde auch immer langweiliger, bis ich dann in der Fußgängerzone von einem unheimlich netten Mädchen angesprochen wurde. Sie meinte, ich sollte doch mal am nächsten Tag mit zu ihren Freunden kommen, die hätten auch solche Probleme gehabt und könnten mir sicherlich helfen ..."

Achim, 16 Jahre

- Erklärt, weshalb Achim auf das Angebot der Mun-Sekte eingegangen ist.
- Sucht weitere Merkmale, die einen Jugendlichen besonders anfällig für ein Sektenangebot machen.

Meistens sind Sekten gerade für neugierige und aufgeschlossene Jugendliche interessant, die nach einer neuen Art von Sinn und Glück suchen. Dabei spielt oft sogar die Herausforderung, sich stärker als die Sekte zu erweisen, eine Rolle. Im richtigen Moment von den richtigen Leuten mit den richtigen Worten angesprochen sind wohl viele Menschen anfällig für die Versprechen der Sekten. Der Weg dorthin vollzieht sich meist in drei Phasen, die oft ineinander übergehen.

Erstens: Beim ersten Kontakt mit der Gruppe begegnet dem Neuling das sogenannte Love-Bombing: Er lernt eine verständnisvolle und glückliche Gemeinschaft kennen, die ihn mit offenen Armen aufnimmt und Zeit für ihn und für seine Wünsche hat. Man macht ihm deutlich, dass er besonders intelligent und wertvoll für die Gruppe ist, dass man gerade ihn braucht. Besonders wirkt dies auf Menschen, die von ihrer Familie oder von anderen ständig kritisiert werden, denn so bekommen sie das Gefühl hier endlich akzeptiert zu sein.

Mögliche Zweifel und Ängste bei dem Neuling, der vielleicht schon Negatives über Sekten gehört hat, werden schnell zerstreut: Sie wären nur das Ergebnis von bösen Verleumdungen oder stammten von Menschen, die die Gruppe gezielt verfolgten. Mit all diesen Bemühungen wird beim Neuling ein Bedürfnis nach der Gemeinschaft mit der Gruppe geweckt.

Zweitens: In dieser Phase wird von dem Neuen erstmals verlangt sich selbst für die Gemeinschaft einzusetzen, etwa durch Verkauf von Sektenmaterialien, Kochen für alle usw. Bei Problemen werden oft Schuldgefühle geweckt, etwa nach dem Motto: „Du kannst uns doch nicht im Stich lassen", oder es wird mit dem Verbot, nicht mehr kommen zu dürfen, gearbeitet. Neben solche Trennungsangst tritt bei dem Neuling oft auch Liebeskummer, wenn er sich in ein Gruppenmitglied, das ihm allen Anlass dazu gibt, verliebt hat. Dass die Liebesbeziehung später meistens durch Versetzung des Partners abrupt unterbrochen wird, ahnt der Neuling nicht. Am Ende dieser Phase steht als Ziel die Bereitschaft sich nun ganz für die Gruppe ohne Rücksicht auf die bisherigen Bindungen zu Freundeskreis und Familie einzulassen.

Drittens: In der letzten Phase wird dem Neuling die Lehre der Gruppe vermittelt und er wird in ihre besonderen Riten eingeführt. Das jeweils „heilige Buch" wird ebenso gelernt wie eine für die Sekte spezielle Sprache. Die Lehre ist meistens so beschaffen, dass das Heil ausschließlich im Gehorsam gegenüber den als heilig geltenden Geboten gefunden werden kann, während die Außenwelt als böse und gottlos gilt. Mit dieser einfachen Schwarzweißmalerei wird oft eine regelrechte Feindschaft gegenüber der bisherigen Familie erzeugt, im Extremfall wird der Kontakt mit der Außenwelt vollkommen abgeschnitten. Dies kann zu völligem Realitätsverlust und zum Verlust der Kritikfähigkeit führen. Ein System ständiger Kontrolle und Bespitzelung sorgt dafür, dass der Betroffene sich schließlich völlig den Zielen der Gruppe unterordnet und durch sie eine neue Identität bekommt. Von nun an wird er auch selber aktiv neue Mitglieder werben, also missionieren. Von außen betrachtet wirkt der Betroffene oft kindlich und in seinem Verhalten marionettenhaft; er selbst aber glaubt sich mit seinen „auserwählten Schwestern und Brüdern" allein der Wahrheit und dem Heil nahe. Seine Persönlichkeit ist nachhaltig gestört.

- Suche für jede der Phasen eine Überschrift und ordne ihr die entscheidenden Aspekte stichwortartig zu.
- Versetze dich in die Perspektive von Achim und beschreibe aus seiner Sicht seinen Weg in die Mun-Sekte.

Achim erzählt später:

„Schon nach sechs Wochen sah ich die Außenwelt wie durch eine Glasscheibe und suchte dann Schutz bei meinen ‚Geschwistern'. Als ich einmal mit meinem früheren Jugendleiter darüber sprach, war sein Rat, ich solle mich doch erst einmal von der Sekte absetzen, mir ein eigenes Zimmer nehmen und mich stabilisieren. Was für ein liebloser Rat! Natürlich tat ich das nicht, sondern kuschte."

- Versucht Achims Verhalten zu erklären. Bezieht dazu die folgende Äußerung eines ehemaligen führenden Mitglieds der Mun-Sekte ein.

„Trennen Sie einen Menschen von seinem Elternhaus und seinen Freunden. Schalten Sie mit einem durchorganisierten Programm ohne Freizeit, das von 7 Uhr morgens bis 1 Uhr nachts dauert und keinerlei Eigenbeschäftigung erlaubt – nicht einmal beim Waschen und Essen – sein eigenes Bewusstsein aus. Fügen Sie diesen Faktoren eine Flut religiöser Vorstellungen hinzu, die den Teilnehmer so verwirren und ermüden, dass er nicht mehr weiß, was gesagt wurde, mit Ausnahme der Tatsache, dass er böse ist, wenn er eine von ihnen anzweifelt oder wenn er es nicht schafft, den Vorträgen vollkommen zu folgen. Mangel an Schlaf und proteinarme Nahrung verstärken den Prozess, indem sie den Menschen körperlich auf Sparflamme setzen."

Ehemaliges führendes Mitglied der Mun-Sekte

Was ist eine Sekte?

Mit dem **Begriff Sekte** verbindet man meistens eine negative Bedeutung. Sekten sind oft Abspaltungen von größeren religiösen Gruppierungen (Kirchen) und verlangen, dass man ihnen und ihrer Lehre in besonderer Weise nachfolgt. Manchmal ist die Unterscheidung zwischen Kirchen bzw. Weltreligionen und Sekten nicht leicht, u. a. auch weil viele Weltreligionen oder Konfessionen ursprünglich Abspaltungen von gesellschaftlich* anerkannten Religionen waren.

Als **Kennzeichen heutiger Sekten** gelten die gezielte, oft aufdringliche Werbung, das rettende Rezept bzw. die rettende Gemeinschaft mit einem autoritären religiösen Führer an der Spitze sowie der absolute Wahrheitsanspruch der religiösen Vorstellungen und Glücksverheißungen. (Vgl. Ethik 7/8, Kap. 10) Meistens besteht ein Unterschied zwischen dem, was als offizielle Lehre verkündet wird, und den eigentlichen Zielen der Sekte. Der wichtigste Unterschied zu den Kirchen und Weltreligionen liegt darin, dass Sekten den Einzelnen in seiner Entscheidungsfreiheit besonders einschränken.

- Informiert euch genauer über religiöse Gruppen wie: Familie der Liebe, Mun („Vereinigungskirche"), Neuapostolische Kirche, Transzendentale Meditation, Scientology, Universelles Leben, Zeugen Jehovas usw. Entscheidet im Gespräch, ob es sich jeweils um Sekten handelt.
- Sekten versprechen Lebensglück und Lebenssinn. Was ist eure Meinung dazu?

Glück und Tod

Memento mori – Bedenke, dass du sterben musst

Nur ein Schilfrohr, das zerbrechlichste in der Welt, ist der Mensch, aber ein Schilfrohr, das denkt. Nicht ist es nötig, dass sich das All wappne, um ihn zu vernichten: ein Windhauch, ein Wassertropfen reichen hin, um ihn zu töten.

Blaise Pascal

„Das schauerlichste Übel, der Tod, geht uns nichts an; denn solange wir existieren, ist der Tod nicht da, und wenn der Tod da ist, existieren wir nicht mehr."

Epikur*

- Überlegt, in welchem Zusammenhang diese Äußerung des französischen Mathematikers und Philosophen Blaise Pascal (1623–1662) mit dem Handtuchhalter steht. Welches Verhältnis zum Tod wird im Bild und im Text deutlich?
- Diskutiert, ob ihr dem Zitat des römischen Philosophen Epikur (342–270 v. Chr.) zustimmen könnt.

Das Bewusstsein sterben zu müssen war den Menschen früherer Epochen sicher viel näher als uns heute. Starb man früher meistens zu Hause, begleitet und betreut von den Familienangehörigen, so findet das Sterben heute oft hinter verschlossenen Türen in Krankenhäusern oder in Sterbehospizen statt. Das macht es leicht, sich um den eigenen Tod nicht zu kümmern und in seiner Suche nach Glück so zu tun, als würde man ewig leben.

Kryonik – oder: Dem Tod ein Schnippchen schlagen?

„Zu sterben, darin kann ich keinen Sinn erkennen", sagt Klaus Reinhard. Der Diplominformatiker ist fünfunddreißig Jahre alt und wirkt mit seinen schlanken Ein-Meter-achtzig alles andere als gebrechlich. […] Die meisten Männer in seiner Situation würden sich statt aufs Sterben mehr aufs Leben konzentrieren. Doch Reinhard ist Kiels einziger Kryoniker. […] Er gedenkt dem Tod ein kühl kalkuliertes Schnippchen zu schlagen. „Kryos" ist griechisch und heißt kalt. Für rund sechzigtausend Mark will Klaus Reinhard sich von einer US-Organisation namens Alcor einfrieren lassen um unbehelligt von den Beschwernissen unserer rückständigen Gegenwart mit seinem Leben fortzufahren.

„Ich würde, wenn es irgendwie geht, in meinen letzten Lebenstagen nach Arizona fliegen", sagt Klaus

Reinhard. Und falls der Tod ohne jede Vorwarnung kommt? „Dafür habe ich hier in Kiel mit einem Bestattungsinstitut eine Vereinbarung geschlossen. Die legen mich sofort auf Eis um weitere Schäden zu verhindern und befördern mich in einem mit Trockeneis gefüllten Behälter in die USA."
[Dann] begänne dort, in Alcors Lager der lebenden Leichen, Klaus Reinhards „kryonische Suspension". Suspension heißt [...] „zeitweilige Aufhebung". Sie findet nach vorheriger Abkühlung des „Patienten" in einem Bad aus flüssigem Stickstoff statt. Kryoniker vergleichen die Suspension mit einer Rettungsaktion, die den Sterbenden statt ins Hospital um die Ecke, wo man ihm nach heutigem Wissensstand nicht mehr helfen kann, in die Zukunft transportiert.

In einer Werbebroschüre der Kryoniker wird beschrieben, wie Klaus Reinhards weiteres Schicksal während und nach seinem Tiefkühlzustand aussehen könnte.

Außerhalb der eisigen Heimstatt des Patienten läuft das Leben weiter. Jahre verstreichen, Jahrzehnte, vielleicht Jahrhunderte. Krankheiten, die heute noch unheilbar sind, werden heilbar. Den Genforschern gelingt es, das Wachstum von Zellen zu kontrollieren. Der Alterungsprozess kann angehalten werden. Nanotechniker entwickeln winzige Bioroboter. Sie vermögen beschädigte Zellen innerhalb des Körpers zu reparieren. Bereits vollzogene Alterung kann nun rückgängig gemacht werden. Forever young und unrettbar gesund, erinnern sich die Menschen der Zukunft – allen voran natürlich (über-)lebende Alcor-Mitglieder – [an die] kryonautischen Zeitreisenden aus unserer Gegenwart. Damit schlägt auch Klaus Reinhards Stunde.
Die Rekonstruktion seines Gehirns beginnt in der „Revival Unit", einer halb organischen, halb anorganischen Maschine. [...] Gleichzeitig liefern die Zellanalysen alle notwendigen Informationen um für Klaus Reinhard im Biolabor einen neuen Körper heranwachsen zu lassen, [der teilweise mit seinem alten Körper identisch, teilweise aber auch genetisch verbessert ist]. Sobald die Reparatur der Gehirnzellen abgeschlossen ist, wird der verjüngte Schädel mit dem rekonstruierten Körper vereinigt. In einem Raum, der weitgehend jenem Kieler Krankenzimmer gleicht, in dem Klaus Reinhard Jahrzehnte oder Jahrhunderte zuvor seine letzten Atemzüge tat, wacht er sanft wie aus einer Narkose auf. Die Rekonstruktion der vertrauten Vergangenheit soll den Zukunftsschock mindern. Im Bestfall erblicken die Augen des Reanimierten zuerst, wen sie vor ihrer Kryokonservierung zuletzt gesehen haben. [...] So erfährt der reanimierte Kryonaut, in dessen Bewusstsein nur Stunden vergangen sind, seit er in Kiel entschlief, wo und wann er sich befindet: am Ende des 21. Jahrhunderts und in einer Station, die um die Erde kreist.

In der gegenwärtigen Schulmedizin wird das Konzept der „kryonischen Zeitmaschine" überwiegend skeptisch beurteilt. Bis heute ist es noch nicht gelungen, komplette Organe wie Nieren oder Herzen so tiefzukühlen, dass sie nach dem Auftauen wieder funktionsfähig sind. Daher glauben viele Ärzte, dass die Kryoniker mit ihren Gefrierverfahren eher ein lebloses Gehirngewebe als eine winterschlafende Persönlichkeit mit Gedächtnis konservieren. Ihnen ginge es daher in erster Linie ums Geld.

„Wir werden kein hilfloses Vieh mehr sein, das sich von einem gleichgültigen Universum zur Schlachtbank führen lässt."

Aus einer Kryonik-Werbebroschüre

- Würdest du dich wie Klaus Reinhard nach dem Tod einfrieren lassen, wenn du genug Geld zur Verfügung hättest? Begründe deine Entscheidung.
- Welche Vorstellung hat Klaus Reinhard von einem glücklichen Leben? Vergleiche sie mit deiner eigenen Vorstellung.
- Lest die Ballade „Der Mann im Syrerland" von Friedrich Rückert (vgl. Literaturanhang). Was kritisiert sie? Trifft diese Kritik auch auf Klaus Reinhard zu?
- Was ist angesichts der Grundsituation des Menschen, die in der Ballade deutlich wird, von dem Werbespruch der Kryoniker zu halten?
- Gedankenexperiment: Was wäre, wenn die Menschen nicht mehr sterben würden?

Glück und Unglück

Einen Menschen verlieren

Stefanie ist 18 Jahre alt. Nach dem Realschulabschluss macht sie eine Lehre als Verlagskauffrau. Bis sie 16 wurde, führte sie ein glückliches und unbeschwertes Leben. Zwar fühlte sie sich öfter gegenüber ihrem 5-jährigen Bruder zurückgesetzt, denn er war aus ihrer Sicht begabter und beliebter als Stefanie. Dennoch hatte sie zu ihm eine enge Beziehung und liebte ihn sehr. Während einer Urlaubsreise mit den Eltern passierte Folgendes.

Wir waren an einer Tankstelle um meinem Bruder ein Eis zu kaufen. Nachdem er sein Eis bekommen hatte, ging er strahlend mit dem Eis in der Hand zwischen mir und meinen Eltern. [...] Dann geschah es, genau um 20.15 Uhr auf einem Zebrastreifen, 20 Meter vom Bus entfernt [...]. Dort überquerten wir die Straße. Mein Bruder wie immer vorneweg, dann folgte ich und ganz zum Schluss gingen meine Eltern. Weit und breit kein Auto zu sehen und vorsichtshalber hatten wir vorher alle nach links und rechts geschaut. Was konnte jetzt noch passieren? Doch als mein Bruder die Straße gerade halb überquert hatte, glitt ein schwarzer Strich auf ihn zu. Ich schrie! NEIN! NEIN! Das ist nicht mein Bruder, der wie eine Schlenkerpuppe über den Wagen fliegt. NEIN! Das ist ein Sack oder ein Ast, der auf der Straße liegt. Ein Lebewesen kann doch nie so wenig Gewalt über seinen Körper haben. Das Etwas, das da drüberfliegt, hat ja gar keine Gelenke. NEIN! Das kann er nicht sein. Er wird frech lachend auf der anderen Straßenseite stehen und fragen, was wir denn hätten. Anders kenne ich ihn ja nicht. Uns kann so etwas doch nicht passieren, warum denn gerade uns? Wie besoffen war mir zumute. Wie ein Fernseh- oder Kinofilm spielte sich alles vor mir ab.
Wackelnd schwenkte die Kamera über die Straße und visierte ein Kind an, das mit vollkommen verdrehten Gelenken auf der Straße lag. Ich erschrak, als ich merkte, dass mein Bruder die Leiche in diesem Film spielte. [...]

▶ Versetzt euch in Stefanies Lage und schreibt auf, was ihr wohl in den folgenden Wochen und Monaten empfunden und was ihr getan hättet.

Stefanie selbst beschreibt ihre weiteren Reaktionen so:
Die erste Zeit versuchte ich einfach alles zu verdrängen. Eine ganze Zeit lang ließ ich mich einfach hängen und zerfloss vor Selbstmitleid. War ja auch typisch für mich, wie ich damals war.
Aber irgendwann fing ich dann an mir meine Gedanken über alles zu machen, über das Leben und so. Dabei kam ich zu dem Schluss, dass ich so auf keinen Fall weitermachen konnte und wollte. Ich musste hart an mir arbeiten und mich ändern. Ich wollte in Zukunft so leben, dass mein Bruder stolz auf mich gewesen wäre. Und so, dass ich selbst glücklich bin. Ich arbeitete hart an mir. Viele Personen halfen mir dabei, andere wiederum haben mir Steine in den Weg gelegt. Es war bestimmt nicht leicht, mich zu ändern, aber ich habe es geschafft. Ich legte mir meine eigene Lebensphilosophie zu, kam aus mir heraus und baute mir nach und nach einen eigenen neuen Freundeskreis auf. Von den Leuten, mit denen ich vor dem Tod meines Bruders zusammen war, ist mir niemand geblieben. Ich fing an positiv zu denken und lebe inzwischen nur so, wie ich es für richtig halte.
Wenn ich mal sterbe, will ich nicht sagen müssen, ich war mir eine Qual, ich war anderen eine Qual, ich war überflüssig.
Man kann anderen Menschen nur helfen, wenn man mit sich selbst zufrieden ist. Alles, was man tut, muss aus einem selbst kommen. Das habe ich gelernt. Ich lebe jetzt sehr bewusst und *versuche* allem etwas Gutes abzugewinnen. [...]
Meinen Bruder werde ich nie vergessen. Alles, was ich tue, tut er mit mir. Er ist in mir drin. Da wird er auch immer bleiben. Bei allem, was ich tue, ist er dabei und begleitet mich. Es ist ein schönes Gefühl, das ich nicht missen will. Ich glaube, mein Bruder Marco wäre stolz auf mich.

▶ Vergleiche Stefanies Beschreibung mit deiner eigenen.
▶ Nehmt Stellung zu Stefanies Entwicklung nach dem Unfall: Hat sie eurer Meinung nach einen angemessenen Weg für ihr Leben eingeschlagen?

Glück und Leid gehören zusammen

▶ Die beiden Bilder stammen von einer Person, die eine lebensbedrohliche Krise durchgemacht und sie schließlich überwunden hat. Sucht für jedes Bild einen passenden Titel und einen Titel für beide Bilder gemeinsam.
▶ Vergleicht die beiden Bilder. Was kann man an ihnen über das Verhältnis von Glück und Unglück im Leben ablesen?

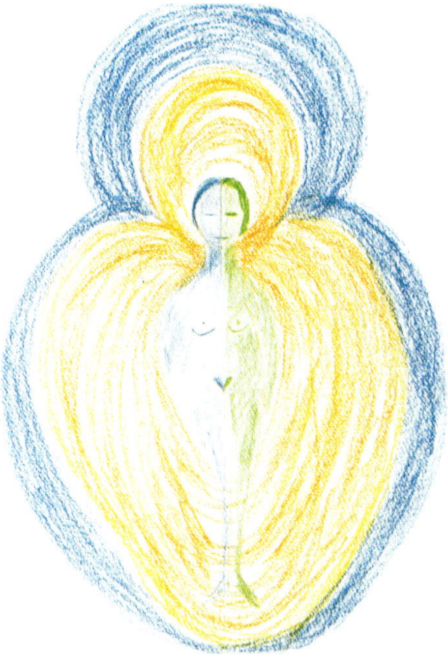

▶ Das Gedicht „Glück" schrieb Sandra zwei Wochen vor ihrem Tod. Hätte es auch von Stefanie sein können? Begründe deine Meinung.
▶ Welche Auffassung von Glück liegt dem Gedicht zugrunde? Könnt ihr dieser Auffassung aus eigener Erfahrung zustimmen?

Glück

Ich sehe gute wie schlechte Seiten
in meinem Leben,
versuche zu entdecken,
was sie bewirkt haben in mir,
wie sie mich verändert haben
und auch noch verändern.
Und so lerne ich dazu.
Ich wäge ab,
spüre Stolz über
durchstandene Tiefen,
fühle Glück
über solch Erlebtes.
... dann schaue ich auf,
lausche meiner
Umgebung,
sehe in die Zukunft
mit vermeintlich
großer Kraft.

Sandra Wagner, 17 Jahre

Wenn du glücklich sein willst ...

Das Modell vom Schlaraffenland

◀ Pieter Bruegel: Schlaraffenland

Wenn du eine Stunde glücklich sein willst,
dann betrinke dich.
Willst du drei Tage glücklich sein,
dann schlachte ein Schwein und iss es auf.
Willst du ein Jahr glücklich sein, dann heirate.
Willst du aber ein ganzes Leben glücklich sein,
dann befasse dich mit einem Garten.

Chinesisches Sprichwort

- Beschreibt die Einzelheiten des Bildes und informiert euch über das Märchen vom Schlaraffenland. Worauf legt Pieter Bruegel in seiner künstlerischen Darstellung dieses Motivs besonderen Wert?
- Vergleicht die Glücksvorstellungen vom Bild und vom Sprichwort.

Nach Glück kann man nicht suchen

Die Weisheit des chinesischen Sprichworts wird auch durch den folgenden Text des ungarisch-amerikanischen Psychologen Czikszentmihalyi bestätigt. Seine theoretischen Ausführungen zum Glück basieren auf Gesprächen mit Menschen, die sich bei ganz unterschiedlichen Tätigkeiten glücklich fühlten.

Momente des Glücks

Wir können das Glück nicht erreichen, indem wir bewusst danach suchen. „Frage dich, ob du glücklich bist“, schrieb J. S. Mill, „und du hörst auf es zu sein.“ Glück finden wir, wenn wir vollständig eins sind mit jeder Einzelheit unseres Lebens, gleich, ob gut oder schlecht, nicht, indem wir direkt danach suchen. [...] Es ist das, was ein Segler auf richtigem Kurs fühlt, wenn der Wind sein Haar peitscht und sein Boot wie ein junges Pferd durch die Wellen prescht – Segel, Kiel, Wind und Meer summen in Harmonie, die in den Adern des Mannes am Steuer vibriert. Es ist das, was der Maler fühlt, wenn die Farben auf der Leinwand eine magnetische Spannung zueinander aufbauen, und etwas Neues, ein lebendiges Wesen, nimmt vor den Augen seines erstaunten Schöpfers Gestalt an. [...]

Unser Anteil am Glück

Gegen unsere Überzeugung sind solche Momente, die besten Momente im Leben, nicht passiv, rezeptiv, entspannend – obwohl auch solche Erfahrungen nach schwerer Anstrengung erfreulich sein können. Die besten Momente ereignen sich gewöhnlich, wenn Körper und Seele eines Menschen bis an die Grenzen angespannt sind, in dem freiwilligen Bemühen etwas Schwieriges und etwas Wertvolles zu erreichen. Optimale Erfahrung ist daher etwas, das wir herbeiführen. Ein Kind etwa erlebt das, wenn es mit zitternden Fingern die letzten Klötze auf einen Turm legt, der höher als jeder andere ist, den es bislang gebaut hat; für einen Schwimmer ist es vielleicht der Versuch, den eigenen Rekord zu brechen, für einen Geiger eine komplizierte Passage zu beherrschen. Für jeden Menschen gibt es tausende von Gele-

genheiten – Herausforderungen –, über sich selbst hinauszugehen.
Solche Erlebnisse sind aber nicht notwendigerweise angenehm. Die Muskeln des Schwimmers haben vielleicht in dem denkwürdigen Rennen stark geschmerzt, seine Lungen fühlten sich der Explosion nahe und ihm war vielleicht schwindlig vor Erschöpfung – dennoch können dies die besten Momente seines Lebens sein. Es ist niemals leicht, Kontrolle über das Leben zu gewinnen und manchmal ist es sogar eindeutig schmerzhaft. Doch auf längere Sicht geben optimale Erfahrungen einem ein Gefühl von Kontrolle über sich selbst. [...]

Selbststeuerung als Grundlage des Glücks

Es gibt praktisch tausende solcher Rezeptbücher, in denen erklärt wird, wie man reich, mächtig, geliebt oder schlank wird. Wie Kochbücher geben sie Hinweise, wie man ein bestimmtes begrenztes Ziel erreicht und manch einer folgt diesen Rezepten tatsächlich. Doch selbst wenn alle diese Ratschläge Erfolg hätten, was erreicht man schon, wenn man sich anschließend in eine schlanke, geliebte, mächtige Millionärin verwandelt? Gewöhnlich findet sich der oder die Betreffende wieder am Anfang, mit einer neuen Wunschliste und ebenso unzufrieden wie zuvor. [...]
Alle Anzeichen deuten darauf hin, dass die meisten Menschen in der frustrierenden Tretmühle steigender Erwartungen gefangen werden, doch viele haben einen Ausweg daraus gefunden. Es handelt sich um Menschen, die unabhängig von ihren materiellen Voraussetzungen ihre Lebensqualität verbessern konnten, die zufrieden sind und auch die Personen in ihrer Umgebung ein wenig glücklicher machen können.
Solche Menschen führen ein anstrengendes Leben, das einer Reihe von Erfahrungen offen steht; sie lernen bis zur Stunde ihres Todes und haben enge Bindungen und Verpflichtungen an andere und an ihre Umwelt. Sie haben an allem, was sie tun, Spaß, gleich wie öde oder schwierig es ist; sie sind nur selten gelangweilt und werden mit allem fertig, was das Leben ihnen bietet. Ihre größte Stärke liegt vielleicht darin, dass sie ihr Leben selbst steuern.

▶ Ordnet diese Gedanken in Sinnabschnitte und erklärt sie mit euren eigenen Worten. In welchen Situationen habt ihr selbst passives oder aktives Glück erlebt?
▶ Diskutiert aufgrund eurer Erfahrungen die These von Csikszentmihalyi, die Selbststeuerung des Lebens sei die wichtigste Grundlage um Glück und Sinn zu erreichen.

Die Dichterin Marie-Luise Kaschnitz schrieb zehn Jahre vor ihrem Tod das folgende Gedicht. Es enthält eine Art Lebensvermächtnis.

Interview

Wenn er kommt, der Besucher,
Der Neugierige und dich fragt,
Dann bekenne ihm,
Daß du keine Briefmarken sammelst,
Keine farbigen Aufnahmen machst,
Keine Kakteen züchtest.
Daß du kein Haus hast,
Keinen Fernsehapparat,
Keine Zimmerlinde.
Daß du nicht weißt,
Warum du dich hinsetzt und schreibst,
Unwillig, weil es dir kein Vergnügen macht.
Daß du den Sinn deines Lebens immer noch nicht
Herausgefunden hast, obwohl du schon so alt bist.
Daß du geliebt hast, aber unzureichend,
Daß du gekämpft hast, aber mit zaghaften Armen.
Daß du an vielen Orten zu Hause warst,
Aber ein Heimatrecht hast an keinem.
Daß du dich nach dem Tode sehnst
Und ihn fürchtest.
Daß du kein Beispiel geben kannst als dieses:
Immer noch offen.

Marie-Luise Kaschnitz R

▶ Interviewt euch über eure Vorstellungen vom gelingenden Leben.
Ihr könnt das Interview auch so anlegen, dass sich einer 40 Jahre in die Zukunft denkt und von dort aus die Fragen des anderen beantwortet. Danach werden die Rollen getauscht.

7. Religion – (k)ein Thema?

Symbole*

Symbole spielen in unserem Leben eine große Rolle. Ein rotes Herz wird von jedem als Symbol der Liebe verstanden. Ein vierblättriges Kleeblatt gilt als Symbol für Glück. Ohne Verkehrssymbole würde vermutlich so manche Stadt im Chaos versinken. Symbole sind Zeichen, die eine besondere Bedeutung für diejenigen haben, die sie verwenden.

Firmensymbole oder Markenzeichen wie zum Beispiel der „Mercedes"-Stern oder die drei Streifen von „Adidas" sind für viele ein Statussymbol und Prestigeobjekt. Das Symbol des Hakenkreuzes wird sowohl von rechtsextremistischen Gruppierungen als auch von Punks gerne als politische Provokation eingesetzt.

Ein Symbol als Kettenanhänger, Ohrring, Schlüsselanhänger, Tätowierung, als Aufnäher an der Kleidung, als Aufkleber auf dem Auto oder der Schultasche sagt etwas über die Wünsche, Ziele und Wertvorstellungen desjenigen aus, der es trägt.

- Welche Bedeutung haben die hier abgebildeten Symbole?
- Könnte einer der Symbolträger zu deinem Freundeskreis gehören? Warum?
- Bist du selbst gerade „Symbolträger"? Welche Bedeutung hat das Symbol? Zeichne Symbole und Zeichen, die in deinem Leben wichtig sind oder wichtig waren und tausche dich mit einem Mitschüler oder einer Mitschülerin darüber aus.

Im religiösen Bereich gibt es sehr viele Symbole. Einige kennst du sicher auch aus nichtreligiösen Zusammenhängen. Das Kreuz ist das christliche Symbol.

- Welche Assoziationen weckt bei dir das Symbol des Kreuzes?
- Welche Bedeutung hat das Symbol der Weinrebe?
- Erläutere den Sinn dieses Symbols im Zusammenhang mit der Kreuzigung.

Volker Kreß, der 57-jährige Bischof der sächsischen Landeskirche, redet gern in Beispielen. Wird er gefragt, wie es um den christlichen Glauben in Ostdeutschland bestellt ist, nennt er keine Zahlen, sondern erzählt von der Begegnung in Dresden, als der Geistliche in einer Kirche von einem Schweriner Ehepaar zur Seite genommen wurde. Die beiden Besucher wunderten sich über das Kreuz im Altarraum: „Würden Sie uns mal sagen, was diese hängende Figur bedeutet?"

- Versucht die Frage der beiden Kirchenbesucher zu beantworten.
- Nenne weitere dir bekannte religiöse Symbole und versuche sie zu deuten.

Transzendenz* – was ist das?

Wie in einer anderen Welt …

Von außen betrachtet ist eine Kirche meistens ein interessantes Bauwerk, von innen ist der Kirchenraum aber manchmal ein Erlebnis, das nur schwer in Worte zu fassen ist.

„Man vergisst alles, was draußen ist …"
„… dieses Prickeln vor dem Altar „… vor allem in der Dämmerung …"
Aussagen von Jugendlichen nach dem Besuch eines Kirchengebäudes

Eintritt durch das Portal. Kühle, Dämmerlicht. Die Geräusche der Stadt bleiben zurück; eine Oase der Ruhe inmitten des geschäftigen Treibens. Innen. Durchbrochen von den Lichtinseln bunter Scheiben und einiger Kerzen, vielleicht etwas ausgeblichene, bröckelige Fresken[1], eine hohe, imposante Deckenwölbung und zugleich eine Vielzahl kleiner Nischen und Winkel, ein etwas muffig-dumpfer Geruch, manchmal Orgelmusik, meist aber Stille – beim Betreten einer Kirche taucht man in eine eigentümlich feierliche Atmosphäre ein, die so manchen unvermittelt flüstern lässt. „Da kommt man sich wirklich vor wie in einer anderen Welt …", meint ein Schüler. Und vielleicht drückt er damit das Gefühl aus, es könne sich über diese Sinneswahrnehmungen eine andere Dimension erahnen lassen.

1 Fresko: Wandmalerei

St.-Andreas-Kirche, Düsseldorf

▶ Was ist das Gemeinsame bei der Architektur und der Innenausstattung von Kirchengebäuden?
▶ Versuche dich an die Eindrücke zu erinnern, die du beim Betreten einer Kirche hattest und vergleiche sie mit den oben angesprochenen Erfahrungen.
▶ Nenne und beschreibe Orte, die für dich eine vergleichbar ruhige und erhabene, meditative Atmosphäre schaffen.

„Ich glaube nicht (mehr) an Gott, weil er den Tod meiner 18-jährigen Lieblingscousine nicht gewollt hätte. Sie war einfach die Beste. Hätte er es nicht verhindern können?“

„ICH BIN NICHT GLAUBENSLOS. ICH GLAUBE ZWAR NICHT AN EINE HÖHERE MACHT, ABER ICH GLAUBE AN MORALISCHE WERTE.“

„Der Glaube vertröstet auf die Zukunft und verhindert dadurch Aktionen zur Behebung gegenwärtiger Notstände!“

„Ich glaube nur, was ich sehe.“

„Ich wünsche mir manchmal zu glauben, weil das Kraft gibt.“

„Ich glaube, dass es vielleicht doch noch einen Sinn auf der Welt gibt . . . ich glaube an die Hoffnung, . . . ohne Hoffnung wären wir beschissen dran.“

„Die Religion ist der Seufzer der bedrängten Kreatur, das Gemüt einer herzlosen Welt, wie sie der Geist geistloser Zustände ist. Sie ist das Opium des Volkes.“

„Ja, ich glaube an Gott. Denn schließlich muss es ja irgendjemanden geben, der uns erschaffen hat und uns lenkt.“

▶ Wie stehst du zu diesen Aussagen?

Das religiöse „Bedürfnis“ entspringt dem Wunsch nach Ganzheitlichkeit, nach einem „Nicht-kaputt-Sein“ oder mit einem religiösen Begriff nach „Heil“ oder Erlösung („... und erlöse uns von dem Bösen!“ – aus dem Vaterunser). Die Sehnsucht nach einem Leben ohne Angst, Berechnung und Erfolgszwang sowie die Suche nach Glück sind hierbei zentrale Aspekte.

Religion bietet dem Einzelnen einen Orientierungspunkt für sein Denken und Handeln sowie ein „Objekt der Hingabe“, welches sinn- und zielstiftend wirkt.

Es stellt sich in diesem Zusammenhang die Frage, ob heute für viele Menschen das hingebungsvolle Streben nach Geld, Erfolg, Ansehen und Macht eine der Religion entsprechende Bedeutung hat.

40 Prozent der US-Forscher glauben an Gott

London (dpa) – Rund 40 von hundert amerikanischen Wissenschaftlern glauben an einen christlichen Gott. 60 sind „ungläubig“ oder zweifeln noch. Zu diesem Ergebnis sind zwei US-Historiker bei einer Umfrage unter Kollegen gekommen, die sie im britischen Wissenschaftsmagazin „Nature“ vom Donnerstag veröffentlichten. Das Ergebnis entspricht im Wesentlichen dem einer Befragung amerikanischer Wissenschaftler aus dem Jahr 1916. Auch Anfang des Jahrhunderts war das Glaubensverhältnis 40 zu 60. [...] Verringert hat sich laut Umfrage die Hoffnung auf ein Leben nach dem Tod. 1916 glaubten daran über die Hälfte der Befragten, 1996 nur noch 38 Prozent. Ob eine persönliche Auferstehung überhaupt erstrebenswert sei, wurde damals zu 73 Prozent mit „Ja“ beantwortet, jetzt nur noch zu 36 Prozent. Larson und Witham haben tausend Wissenschaftler angeschrieben – 50 Prozent Biologen, je ein Viertel Mathematiker und Physiker.

▶ Offensichtlich bilden Wissenschaft und Glaube für 40 % der Befragten keinen Widerspruch. Findest du die Ergebnisse der Umfrage überraschend? Begründe deine Meinung.

▶ Welche Bedeutung hat der Begriff „Glaube“ für dich?

▶ Zum Weiterdenken: Max Planck*, Physiker und Nobelpreisträger, meint: „Gott steht für den Gläubigen am Anfang, für den Physiker am Ende allen Denkens.“

Die Frage nach Gott

Die Blinden und der Elefant

Es war einmal, so erzählte Buddha*, ein König von Benares, der rief zu seiner Zerstreuung etliche Bettler zusammen, die von Geburt an blind waren und setzte einen Preis aus für denjenigen, der ihm die beste Beschreibung eines Elefanten geben würde. Zufällig geriet der erste Bettler, der den Elefanten untersuchte, an dessen Bein. Er betastete es von oben nach unten, überlegte lange und stellte dann fest: „Wie ein Baumstamm, groß und fest."
Der zweite, der den Rüssel erfasste, meinte: „Der Elefant ist wie eine große Wasserpfeife, aber warm und weich."
Der dritte, welcher ein Ohr ergriff, beteuerte, dass der Elefant einem Palmenblatt gleiche.
Der vierte, der die Hand auf den Rücken des Elefanten gelegt hatte, war überzeugt: „Er ist wie ein Thron, hoch und erhaben über dem Boden."
Da nun jeder der vier ganz sicher war begriffen zu haben, was der Elefant sei, begannen sie untereinander zu streiten. Der König aber war überaus belustigt.

- Auf welche Weise erfassen die Blinden, was ein Elefant ist?
- Keine dieser Aussagen ist falsch. Warum treffen die Beschreibungen dennoch nicht das Wesen des Elefanten?
- Angenommen ein fünfter blinder Bettler liefe unter dem Elefanten hindurch ohne ihn zu berühren und sagte: „Einen Elefanten gibt es gar nicht!" Vergleiche dessen Erfahrung mit der Erfahrung der anderen vier.
- Denkt einmal genauer darüber nach: Inwiefern sind unsere menschlichen Wahrnehmungs- und Erkenntnismöglichkeiten begrenzt?
- Übertrage das Gleichnis auf die Frage nach Gott.

Im Zentrum eines religiösen Weltverständnisses stehen meistens ein Gott (Monotheismus*) oder mehrere Götter (Polytheismus*), mit denen die Menschen in Beziehung treten. „Gott“ kann, so erleben es religiöse Menschen, ein dauerhafter Halt gebender Rahmen sein im Gegensatz zu eher brüchigen Instanzen wie Familie, Partner oder Beruf. Der Zweifel an der Existenz eines Gottes drückt sich in der Frage „Warum lässt Gott Unglück zu und greift nicht ein?“ aus. Diesen Einwand nennt man „Theodizee*“-Frage. Solange wir von Menschen und ihrer Vorstellungswelt wissen, steht die Frage nach Gott im Raum. Auf diese Frage gibt es keine verbindliche Antwort.

Der Titel dieses Bildes „Verbum“ bedeutet „Wort“ und bezieht sich auf den ersten Schöpfungsmythos des Alten Testaments*. Danach soll Gott die Welt durch sein Wort erschaffen haben.

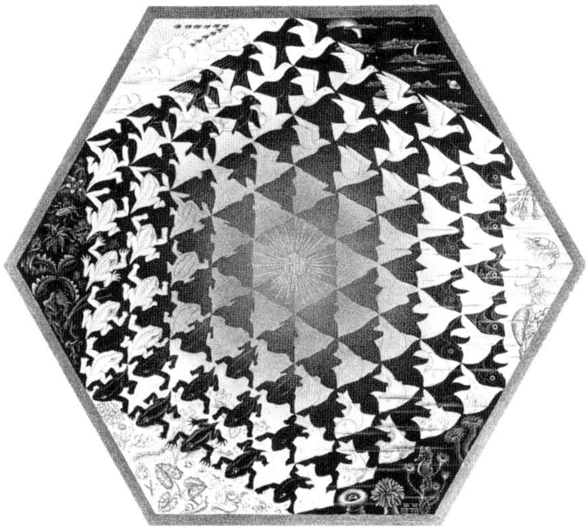

M. C. Escher, Verbum

- Beschreibe das Bild.
- Lies den Mythos* über die Weltschöpfung im Literaturanhang und beziehe ihn in deine Bilddeutung ein.

Parabel* vom Gärtner

Es waren einmal zwei Forschungsreisende, die kamen zu einer Lichtung im Dschungel, wo viele Blumen und Kräuter wuchsen. Da sagt der eine: „Irgendein Gärtner schaut wohl [nach] diesem Stück Land.“ Der andere ist nicht einverstanden und erwidert: „Es gibt keinen Gärtner.“ So schlagen sie ihre Zelte auf und halten Wache. Aber kein Gärtner lässt sich blicken. „Vielleicht ist der Gärtner unsichtbar.“ Da errichten sie einen Zaun aus Stacheldraht und setzen ihn unter Strom. Sie patrouillieren mit Spürhunden ... Aber keine Schreie lassen je erkennen, dass irgendein Eindringling einen Schlag bekommen hätte. Keine Bewegung des Drahtes verrät je einen unsichtbaren Kletterer. Nie geben die Spürhunde Laut. Aber noch immer ist der Gläubige nicht überzeugt. „Es gibt einen Gärtner, einen, der unsichtbar, unfühlbar, für elektrischen Schock unempfindlich ist, einen, der keinen Geruch hat und kein Geräusch macht, einen, der heimlich kommt um nach dem Garten zu sehen, den er liebt.“ Schließlich verliert der Skeptiker die Geduld und entgegnet: „Was bleibt denn aber von deiner ursprünglichen Behauptung noch übrig? Wie unterscheidet sich denn, was du einen unsichtbaren, unfühlbaren, ewig unkonstatierbaren[1] Gärtner nennst, von einem imaginären[2] oder von überhaupt keinem Gärtner?“

1 unkonstatierbar: nicht zu ermitteln, nicht feststellbar
2 imaginär: nur in der Vorstellung vorhanden

- Mit welchen Methoden versuchen die Forscher Gott nachzuweisen?
- Weshalb können sie damit keinen Erfolg haben?
- Versucht auf die Frage des Skeptikers eine Antwort zu finden.

Zwei Religionen im Dialog

Fadia Chebab-Schäfer und Marcella Schäfer gehören verschiedenen Religionen an. Fadia kam 1986 als Flüchtling des libanesischen Bürgerkriegs nach Berlin. Sie war fünfzehn Jahre alt. 1987 wurde sie Pflegetochter, später Adoptivkind der Eheleute Schäfer. Inzwischen ist sie deutsche Staatsbürgerin. Ihr Abitur bestand sie 1993. Sie ist die jüngste von zehn Geschwistern. Ihre libanesische Familie musste aus Ost-Beirut vor den „christlichen" Milizen um ihr Leben fliehen. Sie wurde in West-Beirut mehrmals ausgebombt und musste als Kriegsfolge an der Lunge operiert werden. Einer ihrer Onkel verlor seine Frau und fünf Kinder in dem Palästinenserlager Shatila. Dort töteten Juden und „christliche" Milizen tausende von Frauen und Kindern, indem sie mit Bomben und Massakern abwechselten. Einigen Leichen wurde dabei das Kreuzzeichen in die Haut geritzt. Fadia und Marcella Schäfer führten ein Gespräch über die Bedeutung, die ihre Religion in ihrem Leben hat.

Marcella: *Du kommst aus der islamischen Kultur. Was bedeutet das für deinen Alltag hier in Deutschland?*

Fadia: Ich bete am Morgen vor dem Aufstehen und abends vor dem Einschlafen. Dabei spreche ich Worte aus dem Koran*. In den arabischen Suren[1] drückt sich meine Verehrung Allahs aus und mein Vertrauen, dass ich von ihm abhängig bin und von ihm beschützt werde als ein Geschöpf dieser Erde und des Weltalls. Meine Sorgen und Ängste sage ich in Deutsch. In der neuen Sprache habe ich dafür inzwischen mehr Vokabeln. Ich knie nicht auf dem Boden, bete auch nicht fünfmal täglich und trage kein Kopftuch wie meine Mutter im Libanon. Für mich sind das Äußerlichkeiten, vor allem von Männern gemacht – glaube ich – um zu demonstrieren, wie fromm jemand ist …

Marcella: *Ihr habt als großes islamisches Fest den Ramadan*. Was ist dir daran wichtig?*

Fadia: Eigentlich an erster Stelle die Wochen des Fastens und Betens. Ich werde mir dabei meiner vielen überflüssigen Wünsche bewusst. Ich gewinne meine Zufriedenheit zurück mit meinem Leben, wie es ist, und danke Gott dafür. Ich vergleiche mich mit Menschen, denen es viel schlechter geht. Wer aus gesundheitlichen Gründen nicht fasten darf, kann intensiv meditieren und durch Spenden und soziale Hilfe für Bedürftige seiner inneren Einstellung Ausdruck geben.

Ramadan könnte für mich ein Schutz sein gegen die ständig anwachsende Gier mehr und mehr und immer mehr zu konsumieren, von der ich natürlich nicht frei bin, zu Hause in Beirut nicht und in diesem europäischen Überflussland erst recht nicht. Ich meine das nicht nur im Bezug auf Essen und Trinken. Der Ramadan bietet mir eine Denkpause in meinem Streben nach Erfolg und Wohlstand. Der Abschluss der Fastenzeit ist dann wie in Deutschland Weihnachten. Die Familie trifft sich, man freut sich, [weil man zusammengehört,] und beschenkt sich aus Liebe und Freundschaft.

Marcella: *Viele Menschen in Europa sagen mit einem gewissen Stolz: Sie leben in den Traditionen und [in] der*

Gott. Es gibt keinen Gott außer ihm, dem Lebendigen und Beständigen. Ihn überkommen weder Ermüdung noch Schlaf. Ihm gehört alles, was im Himmel und auf Erden ist. Wer könnte – außer mit seiner Erlaubnis – bei ihm Fürsprache einlegen? Er weiß, was vor ihnen und was hinter ihnen liegt. Sie aber wissen nichts davon – außer was er will. Sein Thron reicht weit über Himmel und Erde. Und es fällt ihm nicht schwer, sie zu bewahren. Er ist der Erhabene und Gewaltige.

Sure* 2,255 – so genannter Thronvers des Koran

geistigen Kultur des christlichen Abendlandes. Was, glaubst du, meinen sie damit und welche Unterschiede zu deiner morgenländischen Tradition fallen dir dabei ein?

Fadia: Ich glaube, die allgemeine Moral hier ist zumindest im Bewusstsein der Gesellschaft* nicht ganz so grausam und gnadenlos wie die vieler Araber. Im Islam spielen Rache und Vergeltung eine große Rolle. Kinder werden z. B. bei uns im Libanon hemmungslos geschlagen. Niemand verbietet es. Sie sind der Besitz ihrer Eltern. Christus lehrte die Vergebung und Versöhnung, das Mitgefühl und die Liebe als Grundlage des Zusammenlebens. Das gibt es bei uns auch in der Lehre Mohammeds, aber irgendwie ist es im Laufe der Geschichte verloren gegangen. Die Sehnsucht danach spüre ich auch bei meinen Landsleuten. Jesus ist ja in unserer Religion ein großer Prophet.

Allerdings habe ich in Deutschland nur wenige Menschen erlebt, die sich an die Lehre von Jesus Christus halten. Die Gebildeten reden von der christlichen Ethik und dann lese ich im Geschichtsbuch, was sie vor ein paar Jahrhunderten mit den Indianern gemacht haben und wie die Amerikaner in Vietnam vor [gar] nicht so langer Zeit das Land zerstört haben. In den arabischen Ländern versuchten die Kreuzritter des Mittelalters uns mit Waffengewalt auszuplündern und unseren Glauben zu unterdrücken. Leider kann man solche Aktionen,[die angeblich christlich sind,] auch mit der fundamentalistischen[2] Bewegung des Islam vergleichen, die heute vom Iran ausgeht. Mit Gottesglauben hat das für mich nichts zu tun, sondern mit einer verhängnisvollen Mischung aus Fanatismus und Machtbesessenheit. Ich hasse es und es ist mir peinlich, wenn ich davon höre oder darauf angesprochen werde. Der weit bekannte libanesische Dichter Khalil Gibran verkörpert in seiner Geisteshaltung die Verbindung zwischen Orient und Abendland.

Marcella: *Gibt es etwas, das dich als Muslimin mit den Christen verbindet, die du kennst?*

Fadia: Ich werde oft gefragt, ob ich Weihnachten mitfeiern kann, da ich eine andere Religion habe: Ich kann es, weil mein persönlicher Gott ein Gott der Liebe ist. Diese Liebe befähigt mich alle Unterschiede zu überbrücken, denn sie kennt keine Schranken und Verbote. Sie ermöglicht es mir, die Verbindung zwischen den Religionen herzustellen, die mich aus meiner Begrenzung herausführt. Sie bereichert mich und schenkt meinem Leben Intensität.

1 Sure: Kapitel des Korans
2 fundamentalistisch: kompromissloses Festhalten an ideologischen, religiösen Grundsätzen

- Welche Bedeutung hat die Religion für Marcella und Fadia?
- In welchen Lebensbereichen hat ihr Glaube Auswirkungen?

Zwei Bekenntnisse zu einem Gott:
- Vergleiche die Art, in der jeweils von Gott geredet wird.
- Beschreibe Einzelheiten der Gottesvorstellungen, die in diesen Texten ausgedrückt werden.
- Welches Selbstverständnis des Menschen wird in diesen Glaubensaussagen deutlich?

ICH GLAUBE AN GOTT, den Vater, den Allmächtigen, den Schöpfer des Himmels und der Erde, UND AN JESUS CHRISTUS, seinen eingeborenen Sohn, unsern Herrn, empfangen durch den Heiligen Geist, geboren von der Jungfrau Maria, gelitten unter Pontius Pilatus, gekreuzigt, gestorben und begraben, hinabgestiegen in das Reich des Todes, am dritten Tag auferstanden von den Toten, aufgefahren in den Himmel; er sitzt zur Rechten Gottes, des allmächtigen Vaters; von dort wird er kommen zu richten die Lebenden und die Toten. ICH GLAUBE AN DEN HEILIGEN GEIST, die heilige christliche Kirche, Gemeinschaft der Heiligen, Vergebung der Sünden, Auferstehung der Toten und das ewige Leben. Amen.

Christliches Glaubensbekenntnis

Meditation

Im Buddhismus steht nicht die Beziehung zu einem höheren Wesen im Vordergrund für den gläubigen Menschen, sondern das Ziel des Buddhisten ist es, seine eigene Begierde zu besiegen. Einen Weg dazu bietet die Meditation. Jan Willem de Wetering verbrachte mehrere Monate in einem buddhistischen Kloster und beschreibt seine Erfahrungen.*

Meditation – warum?

Klapp: ein trockener Laut. Jemand schlägt zwei Holzstücke gegeneinander, dachte ich. Ich zog an einer dünnen Schnur und eine schwache Glühbirne ging an. Drei Uhr nachts. Warum um alles in der Welt schlägt jemand um drei Uhr nachts zwei Holzstücke gegeneinander? Ach richtig, fiel mir ein, ich bin ja in einem Kloster; ich habe gelobt acht Monate lang jeden Morgen um drei Uhr aufzustehen. Verwirrung und Wut gingen in meinem Kopf durcheinander, während ich mich rasch anzog und dabei mit dem Kopf an einen Balken stieß. [...] Alles hatte schnell zu gehen; es blieb keine Zeit zum Zögern, schon gar nicht zum Umdrehen und Wiedereinschlafen: aufstehen, ankleiden, in die Meditationshalle eilen.

Die große Halle lag auf der anderen Seite des Gartens und war ein leerer Raum. Beiderseits hohe Bänke, darauf Strohmatten und Kissen, für jeden Mönch ein Kissenstapel. In der Mitte der Halle ein Altar mit einer Statue des Manjusri, des Bodhisattwa* der Meditation, der in der Hand ein Schwert zum Zerschneiden der Gedanken trägt. Weihrauch schwelt. Wenn man eintritt, muss man sich vor dem Manjusri verbeugen, dann vor dem Klostervorsteher, der nahe am Eingang sitzt, von wo aus er die ganze Halle überblicken kann. Dann geht man zu seinen Kissen und verbeugt sich wieder. Die Kissen sind heilig, denn auf ihnen wird man irgendwann die Erleuchtung, die Freiheit, das Ende aller Probleme finden.

Dann setzt man sich rasch nieder, die Beine ineinander geschlagen und den Rücken gestreckt. Mit offenen Augen sieht man geradeaus und die Meditation beginnt. Der Mönch schlägt seine Glocke an; fünfundzwanzig Minuten später schlägt er sie wieder. Wenn alles so verlaufen ist, wie es sollte, dann hat man fünfundzwanzig Minuten lang unbeweglich dagesessen, ruhig atmend und in tiefer Konzentration. Danach darf man nach draußen gehen, aber nach fünf Minuten muss man zurück sein, denn dann beginnt die zweite Meditationsperiode, wiederum fünfundzwanzig Minuten. Nach zwei Perioden gehen die Mönche einer nach dem anderen in das Häuschen des Meisters. Danach gibt es Frühstück, kochend heißen Reisbrei mit eingelegtem Gemüse, das man mit chinesischem Tee ohne Zucker hinunterspült.

Während Peter mir dies alles erklärte, ließ er mich auf dem Kissen in der Meditationshalle niedersitzen. „Leg deinen rechten Fuß auf deinen linken Schenkel", sagte er. Ich konnte es nicht. „Dann kreuz die Beine." Das ging eher, und ich brachte eine Art Schneidersitz zustande. „Versuch es noch einmal", sagte Peter. Es erwies sich als unmöglich; meine Beinmuskeln waren zu kurz und zu steif. Peter nickte bekümmert. „Es wird weh tun", prophezeite er. „Aber du wirst es lernen müssen."

„Kann ich denn nicht auf einem Stuhl meditieren?"

„Weshalb?", fragte er spöttisch. „Bist du ein alter Mann? Oder ein Invalide? Na also. Du bist jung, dein Körper ist biegsam, deine Muskeln werden sich mit der Zeit strecken. Wenn du die Beine kreuzt, werden deine Schenkel unter ihrem eigenen Gewicht nach unten sinken und deine Muskeln allmählich länger werden. Wenn du jeden Tag übst, wirst du in ein paar Monaten im halben Lotussitz sitzen können und in ein paar Jahren im vollen. Ich habe die gleichen Schwierigkeiten gehabt. Als ich anfing, war ich noch steifer als du."

„Aber was ist denn so wichtig an dieser Lotusgeschichte?"

„Um dich konzentrieren zu können muss dein Geist im Gleichgewicht sein und wenn dein Geist im Gleichgewicht ist, muss es auch dein Körper sein. Der doppelte Lotus ist eine Stellung von reinem Gleichgewicht, von vollkommener Balance." […]

Ein japanischer Arzt, der häufig an den abendlichen Meditationen der Mönche teilnahm, sagte mir einmal, dass es ihm immer schwer falle, nicht zu kichern, wenn er still dasaß und sich zu konzentrieren versuchte. Still sitzen ist eine Methode Abstand zu schaffen, uns zu isolieren – nicht allein gegen das Geschehen um uns herum, sondern auch gegen das, was in unserem Inneren vor sich geht. Als man mir später ein Koan* gab, auf das ich mich konzentrieren sollte, merkte ich, dass die belanglosesten Dinge die Konzentration durchbrechen können. Die Erinnerung an eine gute Suppe, vor Jahren in diesem oder jenem Restaurant gegessen, lieferte genug Stoff um zehn Minuten an die zusammenhanglosesten Tatsachen und Vorkommnisse zu denken. Meditieren heißt still sitzen in der richtigen Haltung und sich auf einen beliebigen Gegenstand konzentrieren: auf Buddha, Christus, einen Kieselstein, die leere blaue Luft, die Liebe oder was [auch] immer. […]

Besonders für den Anfänger ist es fast unmöglich, allein zu meditieren. Es geht nur in einer Gruppe, die vorher abspricht, wie lange die Meditation dauern soll. Unser Stolz oder unsere Scham zwingen uns dann dazu, vor dem Ende nicht aufzugeben. Wenn andere es können, kann ich es auch. Stolz ist nicht immer negativ; als Mittel zum Zweck kann er recht nützlich sein. […] Manchmal waren die Schmerzen so schlimm, dass ich das Gefühl hatte, ich säße auf einem brennenden Holzstoß; meine Zähne klapperten und ich musste schluchzen, unfähig mich zu beherrschen. Dann bemerkte der Vorsteher meine schlechte Verfassung und schickte mich für fünfundzwanzig Minuten nach draußen.

- Beschreibe Jan Willem de Weterings Erfahrungen mit Meditation.
- Worin könnte der Sinn der hier beschriebenen Meditation liegen (vgl. S. 137)?
- Auch bei uns werden Kurse und Handbücher zur Durchführung von Meditationen angeboten. Informiere dich darüber, welche Ziele hier die Menschen mit dem Meditieren verfolgen.
- Welche Unterschiede und Gemeinsamkeiten fallen dir dabei im Vergleich mit der buddhistischen Tradition auf?
- Versuche zu begründen, warum es einem westlichen Menschen so schwer fällt zu meditieren.

Wenn du wissen willst, welche weiteren Erfahrungen Jan Willem de Wetering in dem buddhistischen Kloster gemacht hat, kannst du in folgendem Buch weiterlesen:
J. W. de Wetering, Der leere Spiegel, Rowohlt-Taschenbuch, Hamburg 1995.

Sinnangebote im Konsum

◀ George Grosz,
Die Großstadt 1916/17
(Ausschnitt)

▶ Was hatte die Großstadt 1916/17, gemalt von George Grosz, ihren Einwohnern zu bieten?
▶ Mit welchen Erwartungen besuchst du heute eine City?

Ein persönliches Bekenntnis

Die Theologin Dorothee Sölle beschreibt anhand verschiedener Alltagswahrnehmungen ihre Weltsicht und ihr Verständnis von Religion.*

Mein Nachbar, ein älterer kinderloser Herr, der seine Frau vor einigen Wochen verloren hatte, rief mich heraus um mir zu zeigen, dass die Kinder ihre Fahrräder an sein frisch verputztes Haus gelehnt haben. „Sehen sie den Kratzer", sagte er, „sehen Sie nur, wo doch das Eigentum das Einzige ist, was wir noch haben." […]

Mein Nachbar hat gearbeitet für das Haus, er bewohnte es, er vermietete es, er renovierte es, er beschützte es, das Eigentum war „doch das Einzige, was wir haben", und ich sah und hörte, dass er tot war; der furchtbare Tod kein Verhältnis zu haben und in keiner Beziehung mehr zu stehen.

Das ist der Tod, von dem die Bibel* spricht; der Mensch, für den die anderen nicht Reichtum bedeuten, Herausforderung, Glück, sondern Angst, Bedrohung, Konkurrenz. […]

Wenn das Interesse, dem alles andere untergeordnet wird, die Erhöhung des Profits ist, so zerfallen alle anderen Lebensinteressen zu Belanglosigkeiten: Man kann sie haben, man kann sie lassen; man kann dafür sein, man kann dagegen sein; der eine interessiert sich mehr für Obdachlose, der andere für Motorsport; einer mag Tiere, ein anderer Kinder gern; einer mag die Adria, einer die Nordsee […] Das Leben ist ein großer Supermarkt, man kann alles haben, aber es gibt keine Begründungen mehr, sich für bestimmte Dinge besonders zu interessieren. […]

An Gott glauben bedeutet auf die Seite des Lebens übergehen und aufhören ein Komplize des Todes zu sein, den Mordwunsch lassen und die ihm so ähnliche Gleichgültigkeit, die Angst davor, zu sterben und die Angst davor, zu kurz zu kommen, zwei Ängste, die sich zum Verwechseln ähnlich sehen. Auf die Seite des Lebens übergehen bedeutet sich nicht neutral halten zwischen den Mördern und den Opfern und aufhören die Welt als einen Supermarkt zu sehen, wo man dieses und jenes und alles kaufen kann, wenn nur die Kasse stimmt und die Ordnung erhalten bleibt.

▶ Beschreibe, was D. Sölle als „Tod" empfindet.
▶ Was stellt sie dem als „Seite des Lebens" gegenüber?
▶ Inwiefern hältst du ihre kritische Einschätzung für berechtigt? In welchen Punkten möchtest du aufgrund deiner Erfahrungen widersprechen?

Lebenswert

Dies ist die Hitliste der Gründe, warum es sich diese Woche zu leben lohnt. Sie ist zusammengestellt aus Statements, Kommentaren und Listen von Leserinnen und Lesern eines Jugendmagazins.

1. es kommen sehen
2. Sommersonnen sammeln
3. **Heuduft**
4. jünger sein, als man sich fühlt
5. den Unkrautjätrekord brechen
6. der blasse Schimmer
7. aufblasbare Brillenetuis
8. **der Countdown**
9. sich vornehmen auf dem nächsten Klassenfoto besser auszusehen
10. umziehen
11. Ethan Hawke
12. den „Baader-Meinhof-Komplex" lesen
13. zwei Katzen aus dem Tierheim holen
14. **barfuß**
15. wenn man vor Glück nicht weiß, ob man lachen oder weinen soll
16. reife Mangos
17. Zettel finden, auf denen der eigene Name steht und die nicht von einem selbst stammen
18. Papierschiffchen mit Jungennamen im See versenken
19. der ganz normale Wahnsinn der Familie O.
20. Traumbeziehungen (weil es da keine Grenzen gibt)
21. Blütenstaub, der am Fenster klebt
22. der Spruch „sei dir selbst Droge genug"
23. **mein lila Kamm**
24. wohnen im Grasgartenweg
25. dass bei uns im Sommer so viele Leute auf dem Pausenhof sitzen und liegen, dass man kaum durchkommt

„Dieses Ritual eignet sich immer, wenn ich oder meine Freundin uns einen Jungen aus dem Kopf schlagen wollen. Dann basteln wir ein kleines Papierschiff, schreiben den Namen und ein paar wichtige Stichpunkte zu dem Jungen auf und gehen zum Waldsee, wo es dann feierlich zu Wasser gelassen wird. Erst wenn wir das Schiff später nicht mehr am Ufer finden und sicher sind, dass es untergegangen ist, können wir den Jungen vergessen."

Sandra Ziegenhagen, 15, Berlin

„Mir gefällt die Vorstellung, dass etwas von mir in den Räumen meiner alten Wohnung bestehen bleibt. Ich glaube, dass etwas von uns ausstrahlt, wenn wir lieben und leiden und lachen. Und dass ein Teil davon in die Räume übergeht, die wir beleben, unmerklich wie Zigarettenrauch in eine Tapete. Bald werden die neuen Bewohner die Räume mit ihrem Leben füllen, ihren Möbeln, ihrem Geruch und ihren Erinnerungsstücken. Wenn sie etwas finden, das ich vergessen habe, eine alte Kerze, eine Tasse, nichts von Bedeutung. Dann werden sie es betrachten wie etwas, das hier nun keinen Platz mehr haben kann. Sie werden sich nur noch die Mühe machen, es in den Müll zu werfen."

Christian Keller, 24, Münster

- Zu den Stichworten 10. „umziehen" und 18. „Papierschiffchen …" sind die Erläuterungen der Verfasser angegeben. Überlege, welche Geschichten hinter einigen anderen Punkten stehen könnten.
- Worin besteht für dich ein lebenswertes, lebendiges, sinnvolles Leben? Schreibe dazu eine Tagebuchnotiz oder einen Freundschaftsbrief.

8. Lebendiges vom Tod

Sterben und Tod sind immer mehr aus dem Leben verdrängt und tabuisiert worden. Um das Sterben in unser Leben zu „re-integrieren" müssen wir dem Tod, der unabänderlich jedem von uns bevorsteht, seinen ihm angemessenen – und in unserer Gesellschaft verloren gegangenen – Platz zurückgeben. Max Frisch* unternimmt hierzu einen Versuch mit seinem Fragebogen.*

FRAGEBOGEN

1. Haben Sie Angst vor dem Tod und seit welchem Lebensjahr?
2. Was tun Sie dagegen?
3. Haben Sie keine Angst vor dem Tod, aber Angst vor dem Sterben?
4. Möchten Sie unsterblich sein?
5. Haben Sie schon einmal gemeint, daß Sie sterben, und was ist Ihnen dabei eingefallen:
   a. was Sie hinterlassen?
   b. die Weltlage?
   c. eine Landschaft?
   d. daß alles eitel[1] war?
   e. was ohne Sie nie zustande kommen wird?
   f. die Unordnung in den Schubladen?
8. Möchten Sie wissen, wie Sterben ist?
10. Wem gönnen Sie manchmal Ihren eigenen Tod?
12. Was stört Sie an Begräbnissen?
14. Haben Sie Freunde unter den Toten?
18. Möchten Sie lieber mit Bewußtsein sterben oder überrascht werden von einem fallenden Ziegel, von einem Herzschlag, von einer Explosion usw.?
19. Wissen Sie, wo Sie begraben sein möchten?
20. Wenn der Atem aussetzt und der Arzt es bestätigt: Sind Sie sicher, daß man in diesem Augenblick keine Träume mehr hat?
22. Wenn Sie an ein Reich der Toten (Hades) glauben: Beruhigt Sie die Vorstellung, daß wir uns alle wiedersehen auf Ewigkeit, oder haben Sie deshalb Angst vor dem Tod?
23. Können Sie sich ein leichtes Sterben denken?
24. Wenn Sie jemand lieben: warum möchten Sie nicht der überlebende Teil sein, sondern das Leid dem andern überlassen?
25. Wieso weinen die Sterbenden nie?

1 eitel: hier: vergänglich

gekürzt R

▶ Beantwortet den Fragebogen und besprecht in Zweiergruppen eure Antworten.

▶ Kopiert den Fragebogen und gebt ihn mit der Bitte um Beantwortung an eure Familie weiter. Vielleicht könnt ihr über die Fragen ein „Roundtablegespräch" in eurer Familie und/oder mit Freunden führen.

Abschied – mitten im Leben

Leben bedeutet immer auch Abschied zu nehmen. Ohne Abschiede gibt es kein inneres Wachstum. Jede menschliche Entwicklung bedeutet, dass sich etwas verändert, sich wandelt, und mit jeder Wandlung lassen wir etwas hinter uns, von dem wir Abschied nehmen. Abschied von der Kindheit, Abschied vom Elternhaus, Abschied von Hoffnungen und Träumen, die sich nicht erfüllt haben, Abschied vom Jungsein, Abschied von Freunden und von der vertrauten Umgebung, Abschied von Gesundheit, Abschied vom Partner und von den Eltern …

Das menschliche Leben beinhaltet eine Summe von Trennungen: gewollten und ungewollten, verschuldeten und erzwungenen, heilsamen und tragischen. Fast jede Trennung löst eine Krise aus, die, wenn sie bearbeitet und in das Leben integriert wird, zu neuer Identität, zu innerem Wachstum und Reife verhilft. Krisen sind Zeiten, in denen Menschen in ganz besonderer Weise geöffnet sind um sich auf Wesentliches zu konzentrieren, Neues zu wagen, Herausforderungen anzunehmen und in Veränderungen – innerlich und äußerlich – hineinzuwachsen.

▶ Beschreibt die Gemeinsamkeiten und Unterschiede von Abschied, Trennung und Sterben.

▶ Stellt ein Trennungsmosaik her. Schreibt jeder auf ein farbiges Blatt, was euch zum Thema „Trennung – Verlust – Trauern" einfällt. Heftet dann die bunten Blätter wie ein Mosaik an eine Pinnwand.

Ein neues Jahr beginnt …

Ariane … 19 Jahre, Abiturientin, Kunstturnerin, lebenslustig – manchmal lebens-ängstlich, begabt, hübsch, auffallend, verliebt, motivierend – manchmal launisch, in Kürze wollte sie Sprachen studieren. **Ariane** … stirbt in der Silvesternacht, am Neujahrsmorgen 1997 – zusammen mit drei Freunden durch einen Verkehrsunfall. Für ihre Eltern stirbt ein Stück ihrer selbst, sterben Zukunft und Hoffnung … Für ihren Bruder Boris sterben Gemeinsamkeit und Konfrontation, sterben Fröhlichkeit und Konfliktpotential …

Der Unfall

Nur noch ein, zwei Minuten, dann wären Anthony, 20, Suryanto, 21, Nils, 19, und Ariane, 19, zu Hause bei ihren Eltern gewesen. Die vier Hamburger hatten gemeinsam Silvester gefeiert […] und sich ein erfolgreiches neues Jahr gewünscht. Für sie wurde es nur sechs Stunden alt. […]
Auf den Straßen lag eine dünne Eisschicht, als sich die vier Freunde gegen halb sechs Uhr morgens mit dem dunkelblauen Golf von Suryanto auf den Heimweg machten. Weil der getrunken hatte und müde war, setzte sich Anthony hinters Steuer. […] Nils und Ariane stiegen hinten ein. Auch sie waren müde vom Feiern und dösten sofort ein. […] Es war sechs Uhr, als der Wagen nach einer langen Linkskurve urplötzlich nach links quer über die Mittellinie auf die Gegenfahrbahn driftete. Der entgegenkommende Taxifahrer Klaus E., 42, hatte keine Chance auszuweichen. […] Nils und Ariane, die sich hinten nicht angeschnallt hatten, wurden durch die Wucht des Aufpralls aus der Heckscheibe vier Meter weit in eine Grundstückseinfahrt geschleudert. […] Fahrzeugteile, Glassplitter und ein Parfümfläschchen von Ariane lagen weit verstreut im Schnee. Gegen 6.25 Uhr, es war noch stockfinster, konnten die Rettungssanitäter bei Nils und Ariane nur noch den Tod feststellen. Anthony starb an der Unfallstelle, Suryanto am Nachmittag im Krankenhaus. Der Taxifahrer überlebte mit einem Brustbeinbruch.

▶ Kennt ihr ähnliche Situationen, in denen ihr mit diesen Gefahren konfrontiert worden seid? Kam es dabei zu Unfällen? Wurde jemand aus eurem Freundes- oder Familienkreis verletzt oder getötet?

Die Trauerbegleiterin Anja Wiese sprach mit Boris, dem 23-jährigen Bruder von Ariane.

A. Wiese: *Wer hat dir die Nachricht vom Tod deiner Schwester übermittelt und wie hast du darauf reagiert – konntest du überhaupt reagieren?*

Boris: Ich wurde am Neujahrsmorgen, drei Stunden nach Arianes Unfall, von meinem Vater aus dem Schlaf gerissen. Er stand plötzlich in meiner Tür und sagte etwas, wie „Komm schnell, Ariane ist tot" und ging sofort zu meiner Mutter. Er hatte selbst erst in dem Moment von Arianes Tod gehört, die Polizei war noch da.
Ich reagierte wie in Trance. Aus dem Tiefschlaf gerissen stand ich auf und versuchte den Polizisten klarzumachen, dass wir alles im Griff hätten. Es war, als stünde ich auf einer Theaterbühne und müsste mich in dieser Situation spielen. Ein Seelsorger der Polizei blieb bei uns. Ich stellte ihm Fragen über den Unfall, doch es war, als redete man über einen Film oder ein Buch. Nach einer Stunde setzte ich mich ins Auto und fuhr zur Unfallstelle. Das Auto, in dem Ariane gesessen hatte, war schon abgeholt worden, aber das Taxi, in das sie hineingefahren waren, lag noch am Straßenrand und im Schnee sah ich Blut-

lachen. Dort verstand ich zum ersten Mal, was passiert war.

A. Wiese: *Hattest du die Möglichkeit dich von deiner toten Schwester zu verabschieden?*

Boris: Ja, ich hatte die Möglichkeit. Zwei oder drei Tage nach ihrem Tod konnten wir Ariane in der Gerichtsmedizin sehen. Wir standen zu viert in einem kleinen Raum und sahen Ariane dort liegen. Sie sah aus, als ob sie schliefe. Jeder von uns verbrachte ein paar Minuten alleine mit ihr. Wenn man jemanden sieht, der nicht atmet und eiskalt ist, wenn man ihn anfasst, ist das schon sehr hart. Aber die Gelegenheit zu haben Arianes Hand zu halten, ihr noch einige Dinge sagen zu können und auf diese Weise von ihr Abschied zu nehmen war eine große Erleichterung für mich. Ich denke, dieses nicht zu tun ist ein Fehler, den man unter Umständen sein Leben lang bereuen könnte.

A. Wiese: *Wie sind deine Freunde nach diesem schweren Verlust mit dir umgegangen? Hattest du Gelegenheit, mit ihnen über deine Gefühle zu sprechen oder sind sie dir eher hilflos begegnet?*

Boris: Bei meinen Freunden war es sehr unterschiedlich. Einige, mit denen ich schon länger nichts mehr zu tun hatte, riefen an oder kamen vorbei, obwohl sie nicht wussten, wie man sich in dieser Situation richtig verhält. Einige meiner besten Freunde wiederum konnten nicht damit umgehen, wollten sich auch nicht auf ein so unangenehmes Thema einlassen. Mein Verhältnis zu denen, die in der Zeit nicht meine Trauer akzeptierten, sondern versuchten mich so schnell wie möglich wieder in das tägliche Leben zu zwingen, ist dadurch wesentlich unpersönlicher geworden.

A. Wiese: *Wenn du dir wünschen könntest, wie deine Freunde sich verhalten sollten – was wäre das?*

Boris: Ich würde mich freuen, wenn meine Freunde die Angst davor verlieren würden, mit mir über Ariane zu reden. Es wäre wichtig für mich zu wissen, dass ich meine Gefühle auch meinen Freunden gegenüber zeigen könnte, ohne dass sie sich dadurch verunsichert oder hilflos fühlten.

A. Wiese: *Was hat sich seit dem Tod von Ariane für dich verändert?*

Boris: Man liest von solchen Autounfällen häufig in der Zeitung, kann sich aber nie vorstellen, dass es mal einen selber treffen kann. Für mich ist der Tod jetzt viel näher, viel realer geworden. Ich habe mich nach Arianes Tod mit allen möglichen Religionen und Philosophien beschäftigt um eine Antwort auf die Frage, was nach dem Tod kommt, zu erhalten und dadurch auch einen „Sinn des Lebens" zu finden. Ich konnte aber an keine dieser Theorien über den Tod wirklich glauben. Das Einzige, was man meiner Meinung nach sagen kann, ist, dass das Leben kurz ist und man versuchen sollte immer bewusst und ehrlich sich selbst gegenüber zu leben. Wenn ich sterbe, möchte ich auf ein Leben zurückblicken, mit dem ich zufrieden sein kann.

A. Wiese: *Fühlst du dich mit deiner Schwester auch nach ihrem Tod verbunden?*

Boris: Für mich ist Ariane immer noch hier. Wenn es mir schlecht geht, fahre ich häufig zum Friedhof und erzähle ihr, was los ist. Ich rede dann ganz normal mit ihr, wie früher.

A. Wiese: *Was hilft dir mit dem Tod von Ariane zu leben?*

Boris: Ich denke, dass es Ariane jetzt besser geht als uns. Außerdem habe ich die Hoffnung sie irgendwann einmal wiederzusehen.

A. Wiese: *Du versenkst dich gern in Musik …*

Boris: Ich höre kaum Musik, da ich jede freie Minute selbst komponiere. Die Musik, die ich mache, benutze ich als Ventil für meine Emotionen. Wenn ich also traurig bin, mache ich traurige Musik. Dadurch verbrauche ich wohl so etwas wie „negative Energie". Nach einigen Stunden dieser Musik geht es mir wieder besser. Das gilt in Teilen auch für das Musikhören. Wenn ich depressiv bin, höre ich entsprechende Musik, lasse mich fallen. Ich denke nur wer Angst vor dem Traurigsein oder Weinen hat fängt in traurigen Momenten an sich mit fröhlicher Musik aufzuheitern.

▶ Was hat sich für Boris durch den Tod von Ariane geändert?

▶ Wie würdet ihr euch in der Begleitung einer trauernden Schwester oder eines trauernden Bruders verhalten?

▶ Welche Musik würdet ihr hören oder spielen, wenn ein euch nahe stehender Mensch gestorben ist? Spielt sie euch gegenseitig vor und erklärt, warum gerade diese Musik für euch hilfreich ist.

Warum?

Und warum?

Wir kannten uns seit Jahren,
sind zusammen abgefahren.
Uns gehörte die Welt, […]
es war völlig klar –
ich konnte immer auf dich bauen
keine Party ohne uns, immer mittenrein, da zu
sein, wo das Leben tobt – ohne jedes Verbot,
sie war geil, diese Zeit, wir waren zu allem bereit.
Und wenn ich heute daran denke
und es tief in mir schreit,
tut es mir leid, dass ich nicht härter zu dir war,
denn ich ahnte die Gefahr – sie war da, sie war da
sie war kaum zu übersehen,
doch ich wollte nicht verstehen,
der Wind hat sich gedreht – es ist zu spät …
Ich sah dir in die Augen –
sie waren tot, sie waren leer,
sie konnten nicht mehr lachen.
Sie waren müde, sie waren schwer,
du hattest nicht mehr viel zu geben. […]
Und warum? Und warum? Und warum?
Nur für den Kick, für den Augenblick?
Und warum? Und warum? Und warum?
Nur für ein Stück vom falschen Glück?
Und warum? Und warum? Und warum?
Du kommst nie mehr zurück –
komm zurück!

Wenn …

… Boris nach dem Tod von Ariane fragt: „Warum? Warum gerade Ariane? Warum gerade meine Schwester?“
… ein Freund fragt: „Warum? Warum gerade meine Freundin?“
… die Eltern, die um ihre Tochter trauern, fragen: „Warum? Warum musste unsere Tochter, die so gerne leben wollte, sterben?“
… ein junger Patient, der sterben wird, verzweifelt fragt: „Warum? Warum ich? Und warum so früh?“
… Schülerinnen und Schüler nach dem Suizid eines Mitschülers fragen:* „Warum? Warum hat er nicht um Hilfe gefragt? Warum haben wir nicht gemerkt, dass er nicht mehr leben wollte?“
… dann
wissen wir im Grunde, dass von uns keine Antworten auf diese letzten, endgültigen Fragen des Lebens erwartet werden, sondern dass das Aushalten dieser Fragen eine Antwort sein kann.

▶ Sammelt weitere „Warum-Fragen“, die (noch) nicht beantwortet werden können.

Trotz Weltraumforschung, Computertechnik, Naturwissenschaft, Religion, Philosophie und vielfältiger Lebensweisheiten wissen wir heute, am Ende des zwanzigsten Jahrhunderts, über den Tod und das, was nach ihm sein wird, nicht mehr als unsere Vorfahren vor tausenden von Jahren.
In einem Zeitalter des Machbaren und der Macher besteht die große Anforderung darin, mit diesen unbeantworteten Fragen zu leben. Franz Kafka hat diesen Zustand mit seinen eigenen Worten so beschrieben:

„Wer die Antwort nicht weiß, hat die Prüfung bestanden."

▶ Überlegt im Zusammenhang mit den „Warum-Fragen", was Franz Kafka mit seinem Zitat gemeint haben könnte.

Immer, wenn ich nach dem „Warum" fragte ...

Rainer Maria Rilke schrieb an einen Freund, der sich mit ungelösten Warum-Fragen (vgl. S. 124) herumschlug, er müsse mit diesen Fragen Geduld haben. Es brauche seine Zeit um Antworten zu finden, in die man durch das Leben hineinwachsen müsse. Was meinte Rilke damit und wie kann so etwas aussehen? Im folgenden Text erzählt Kirsten Hoyer, wie sich für sie nach einem Unglücksfall während eines langen Zeitraumes unbeantwortete Warum-Fragen veränderten.

Meine Tochter Caren starb im Alter von 17 Monaten am 23. Juni 1988 im Kinderkrankenhaus. Trotz einer Muskelerkrankung kam der Tod nach einer guten Entwicklung des Kindes unerwartet. Der plötzliche Tod meiner Tochter glich einer Amputation. [...] Es war ein Gefühl des „Nichts-tun-Könnens", der ohnmächtigen Hilflosigkeit. Seit dieser Zeit hat meine Traurigkeit eine Entwicklung durchgemacht und ich versuche sie mit einem Bild zu beschreiben.

„Würde ich dich malen, Trauer, wärst du eine schattenhafte schwarze Gestalt. Ich habe mit dir gelebt, seit ich geboren bin, aber in den letzten zweieinhalb Jahren haben wir miteinander gerungen und du hast deine Gestalt verändert.

Immer wenn ich nach dem WARUM fragte:

- WARUM nicht ich, sondern Caren?
- WARUM so und nicht anders?
- WARUM nicht noch ein paar Jahre?
- WARUM, warum, warum ...?

dann wurdest du groß, größer als ich – übermächtig!

Aber wenn ich nach dem WAS fragte:

- WAS ist an Intensität geblieben, an Erinnerung, an Wachstum?
- WAS hat das Geschehene, was hat Caren mir sagen wollen?
- WAS bedeutet es für mein zukünftiges Leben?
- WAS ist an den abgebrochenen Stellen an neuen Trieben gewachsen?

... dann wurdest du kleiner, fassbarer, verhandlungsbereiter. Wir haben manchmal gekämpft und verhandelt – bis heute. Manchmal mehr und manchmal weniger.

Du kommst immer noch unangemeldet, überraschend. Aber wir haben uns angefreundet und Kompromisse geschlossen. Ich habe dich akzeptiert als meinen Wegbegleiter. [...] Mein Weg aus der Erstarrung in den Prozess des Wachstums war mir nur möglich, indem ich mich nach dir umdrehte, dich ansah, mich dir stellte und so versuchte, dich zu begreifen."

Kirsten Hoyer

▶ Beschreibt die verschiedenen Stufen der Trauer, von denen Kirsten Hoyer hier erzählt.
▶ Inwiefern ist sie in eine Antwort hineingewachsen?
▶ Wie würdest du Trauer beschreiben oder malen (vgl. Z. 10)? Zeichne ein Bild dazu oder schreibe ein Gedicht.

When sunshine gets cold

Sterbende Kinder und Jugendliche geben ihrer Umwelt Signale über ihr Wissen um den bevorstehenden Tod: Durch Sprache, durch ihre Zeichnungen und durch die Musik, die sie in diesem Lebens-, Krankheits- und Sterbensabschnitt bevorzugt hören oder auch komponieren. Den folgenden Song hat Dirk Käthner geschrieben und komponiert, der als Jugendlicher an Krebs erkrankte.

You see
you feel
you know
you don't need
to go very far
when sunshine gets cold
and worlds fall apart

You cannot catch the thougt
it is born dead
You see pictures growing in your head
there is pulsating blood
but where is the life
pulsating blood without life?

You are fully aware of your own inconsciousness
the faint[1] inside of your internal helplessness
and there is none, there is only you
and resounding words in an hollow statue

Some dreams get lost, others hold tight
Doors are opened, come and go outside,
let your thoughts play,
let stones grow and see there is
more than that rivers only flow.

1 faint: Ohnmacht

CD: When sunshine gets cold, Texte und Musik von krebskranken Kindern und Jugendlichen, Edition Unite World by Kontakte, LC 8764

▶ Versuche die „Bilder" in diesem Song zu erklären, z. B. „sunshine gets cold", „the thought is born dead", „pulsating blood without life", „resounding words in a hollow statue".

▶ „Haben Sie Angst vor dem Tod?", fragt Max Frisch* in seinem Fragebogen (S. 120). Welche Widerstände tauchen auf, wenn man an seinen eigenen Tod denkt? Im Literaturanhang findet ihr einen Text, der beschreibt, wie Menschen auf die Nachricht von ihrem bevorstehenden Tod durch Krankheit reagiert haben. Es sind Beobachtungen der Ärztin Dr. Kübler-Ross.

„Pflanzt du Butterblumen auf mein Grab, wenn ich vor dir sterbe, Mama?"

Der siebenjährige Malte gab seiner Mutter mit dieser Frage ein ganz deutliches Signal dafür, dass er um seinen bevorstehenden Tod wusste. Er malte einen Himmel mit vielen Wolken, auf denen er mit seiner Familie samt dazugehörigem Auto saß und erklärte: „Ihr werdet euch wundern, was ich im Himmel alles für euch vorbereitet habe, wenn ihr kommt." Es war nicht zu überhören, dass Malte sicher war, dass er vor seinen Eltern und Geschwistern „dort" sein würde.
Fast alle Kinder, die dem Sterben nahe sind, geben Hinweise, dass sie um ihren Zustand wissen und den bevorstehenden Tod spüren, auch wenn Eltern und behandelnde Ärzte der festen Überzeugung sind, dass die Kinder nicht wüssten, wie es um sie steht.
Viele Kinder drücken ihre Todesahnung nonverbal aus und fordern ihre Umwelt durch Zeichnungen auf das Thema ihres bevorstehenden Todes aufzunehmen, die damit verbundenen Fragen wahrzunehmen und mit ihnen in einen Dialog zu treten.
Der amerikanische Psychologe und Therapeut Gregg Furth beschäftigte sich im Zusammenhang mit seiner Doktorarbeit mit spontanen Zeichnungen. Viele Jahre arbeitete er mit kranken und sterbenden Kindern und stellte fest, dass in den Zeichnungen der Kinder wichtige unbewusste seelische Inhalte mitgeteilt wurden.

Ungewöhnliche Bilder

Bild von Malte, drei Monate vor seinem Tod gemalt.

Das ganze Bild ist ausgemalt, es gibt keinen weißen Fleck. Das bedeutet: Das ganze Leben ist gelebt, ist ausgefüllt und vollendet. Diese große Menge blau zu malen hat viel Kraft und Energie gekostet. Blau bedeutet, dass etwas stirbt und sich in Neues verwandelt – das kann für den ganzen Menschen gelten (wie hier) oder für Teile der Psyche. So, wie das Bild gemalt ist, zeigt das Kind, dass alles in Ordnung ist – auch das Sterben. Was ist ungewöhnlich an dem Bild? Es fehlen alle Anzeichen von Leben, wie Kinder sie normalerweise zeichnen: Blumen, Vögel, Bäume. Malte wusste ganz sicher in seinem Unterbewusstsein, dass er sterben wird. Ganz außergewöhnlich ist, dass Malte das Kreuz mit Perspektiven gemalt hat. Das machen Kinder in diesem Alter sonst noch nicht. Es ist ein Zeichen für große Reife und Vollendung. Die Farben auf dem Kreuz sind ganz ausbalanciert. Das bedeutet: große Ruhe und Sicherheit, Einklang mit Psyche und Körper sowie mit sich, der Familie und der Umwelt. Der braune Hügel unter dem Kreuz steht für „Mutter Erde", in diesem Fall symbolisch* für die zuverlässige Unterstützung der Familie, der Mutter. Malte wird getragen. Die Perspektiven des Kreuzes bedeuten auch eine besondere Perspektive für neues Leben, verwandeltes Leben nach dem Tod. Malte starb mit sieben Jahren. Die Zahl findet sich in den Strahlen (die das Kreuz nicht erreichen, d. h.: es ist kein Weiterleben möglich) und auf beiden Seiten des Kreuzes.

Bild von Clairchen, die im Alter von 10 Jahren starb.

Das Bild ist durch den braunen Weg deutlich unterteilt. Der Weg (Lebensweg) steht im Brennpunkt der Zeichnung. Er verläuft zunächst für einige Zeit – einige Jahre – gleichmäßig. Mit viel Energie wurde im mittleren Teil ganz kräftig mit der Farbe gemalt. Dies kennzeichnet wahrscheinlich den Wendepunkt in Clairchens Leben, den Zeitpunkt ihrer Erkrankung. Danach führt der Weg in breiter Form in den Himmel. Unbewusst scheint es dem Kind ganz klar zu sein, dass es in „ein anderes Leben" gehen wird.
Die linke Bildseite spiegelt das „Hier und Jetzt", in dem sich das Mädchen in einem Erkenntnisprozess befindet: der Gesichtsausdruck ist erstaunt, überrascht. Wahrscheinlich hat Clairchen den Ernst und die Todesbedrohung ihrer Krankheit erkannt. Die sieben roten Herzen können für sieben Menschen und Tiere stehen, die das Kind verlassen muss. Der aufsteigende Luftballon symbolisiert das Verlassen der Erde, das Loslassen von dieser Welt.
Die rechte Bildseite zeigt, wohin das Mädchen gehen wird und dass das Mädchen keine Angst hat vor dem verwandelten Leben. Alles, was Kinder glücklich macht und was ihren inneren Frieden zeigt, ist auf dem Bild vorhanden: Himmel, Sonne, Bäume, Blumen, Wiese – ein Paradies. Die rechte Bildseite strahlt innere Ruhe und Harmonie aus. Die Blumen sind durch die Blütenstängel in zehn Abschnitte unterteilt.

- Wie sehen die Kinder ihr bisheriges Leben und welche Vorstellung haben sie von einem Leben nach dem Tod?
- Was hindert eurer Meinung nach Eltern, Ärzte und die Krankenschwestern bzw. Krankenpfleger daran, mit sterbenden Kindern und Jugendlichen über ihren bevorstehenden Tod zu sprechen?

Verdirb mir meine gute Laune nicht!

Ein wenig einfühlsamer Arzt fragte einmal eine trauernde Mutter, der es eineinhalb Jahre nach dem Tod ihres einzigen Kindes „immer noch nicht gut ging“: „Ja, sagen Sie mal, denken Sie denn immer noch an Ihren verstorbenen Sohn?“ Die Mutter antwortete: „Natürlich, er ist ja auch immer noch tot!“

Ein trauernder Mensch ist unbequem, passt nicht in unsere leistungs- und genussorientierte Gesellschaft. Trauernde werden gemieden, ihre Gefühle ignoriert, sie werden dazu gedrängt, Fassung, „Haltung“ zu bewahren und – nach meist viel zu kurzer Zeit – wieder „normal“ zu sein. Die Begegnung mit Menschen in tiefer Trauer macht Angst, löst Gefühle von Rat- und Hilflosigkeit aus, weil plötzlich deutlich wird: Das könnte auch mir passieren … dass mein Partner stirbt, dass meine Schwester getötet wird, dass ein Kind vor den Eltern sterben kann …*
Trauer ist keine Krankheit, aber Trauer kann krank machen, wenn sie nicht durchlebt werden darf und kann. In unserer „Keepsmilinggesellschaft“ hat das Traurigsein keinen Platz – deshalb nehmen die Depressionen zu. Wie heilsam ein Trauerprozess mit Unterstützung der Umwelt verlaufen kann, zeigt ein Beispiel.*

Maltes Familie

Maltes Eltern sind glücklich, gefordert und liebevoll beschäftigt mit ihren drei Söhnen – sie sind dankbar, dass sie eine fröhliche Familie bilden, mit allen Freuden und Konflikten, mit allen Fähigkeiten und Begrenzungen. Sie haben den Wunsch, dass sich zu den Brüdern noch eine Schwester „anmelden“ möge.
Kurz vor Antritt des Sommerurlaubs kränkelt Malte, er wird dem Kinderarzt vorgestellt und noch am selben Tag erhalten die Eltern die Diagnose: Der fünfjährige Junge hat Leukämie*.
Der Familie wird „der Boden unter den Füßen weggerissen“, eine Zeit des Hoffens und Bangens beginnt, eine Zeit der Auseinandersetzung mit den Möglichkeiten und Chancen der Behandlung – aber auch mit der Frage und der Suche nach dem Sinn des Lebens, mit der Auseinandersetzung aller ambivalenten[1] Gefühle. Mit Unterstützung der Großeltern, Freunde und Nachbarn können sie sich behutsam und – natürlich – unter einem großen seelischen Schmerz auch mit dem möglichen Tod von Malte auseinander setzen. Als Zeichen ihrer Lebensbejahung – trotz der existenziellen Krise, die sie durchleiden müssen – und als Zeichen dafür, dass Leben und Tod – Anfang und Ende – Freude und Leid nebeneinander Raum und Platz finden können erleben sie die vierte Schwangerschaft in der Familie.
Malte (vgl. S. 127) stirbt zweieinhalb Jahre nach der Diagnose in den Armen der Mutter, drei Tage vor seinem Tod wird die Tochter Mascha geboren.
Ein langer Weg durch die Trauer beginnt. Hilfreich auf diesem Weg ist für die Familie

- dass Freunde und Nachbarn ihre Trauer, ihre Klage und Ohnmacht, ihre Tränen und Verzweiflung aushalten ohne vorschnell zu trösten;
- dass Eltern und Geschwister sie dort begleiten, wo sie gerade in ihrer Trauer stehen, und sie nicht unter Druck setzen, dass sie den Verlust ihres Sohnes nun endlich verarbeitet haben müssten;
- dass sie gemeinsames Schweigen zulassen können ohne diese tiefe Dimension des Verstehens durch Worte verkürzen zu wollen;
- dass sie die Erinnerungen an das verstorbene Kind und die Freude über die Geburt der Tochter teilen und mit ihnen darüber sprechen;

1 ambivalent: zweiseitig, doppelwertig

- dass sie die Geschwisterkinder betreuen, sie zum Gespräch und zum Spielen abholen;
- dass sie an praktische Hilfen denken, der Familie z. B. ein Mittagessen bringen oder einen Kuchen backen;
- dass sie über eine sehr lange Zeit Blumen zum Grab von Malte bringen und die Familie an seinem Geburts- und Sterbetag besuchen.

Maltes Familie gewinnt durch unterstützende Begleitung Stück für Stück, Schritt für Schritt neuen Boden unter den Füßen – es ist nicht mehr der Boden, auf dem sie einst standen, ein neuer – mühsam gewonnener – erweist sich als tragfähig.

In einem gesunden Trauerprozess geht es nicht darum, einen Verstorbenen möglichst schnell zu vergessen, sondern darum, die Erinnerung an ihn in das eigene Leben zu integrieren.

Sprechen zu
dürfen
von dir
mit denen
die dich kannten
dich liebten

Sprechen zu
können
von dir
wie du warst
dich in Worten
wiedererleben
nur ein paar
Stunden lang

▶ Erstellt an der Tafel eine Pro-und contra-Tabelle: Was hilft Menschen, die mit einem Todesfall leben müssen, und was ist hinderlich?

▶ Habt ihr selbst Verlust und Trauererfahrungen erlebt, z. B. eine schwere Trennung? Was war hilfreich, was hat euch blockiert?

▶ Beschreibe die Haltung dieser beiden Personen und stelle einen Zusammenhang zur Trauerarbeit her.

▶ Schreibe ein Gespräch zwischen der Familie von Malte und einer Freundin oder einem Freund, die bzw. der sie besucht. Beziehe dabei die im Text genannten Hinweise ein.

Walk beside me

Don't walk in front of me –
I may not follow.
Don't walk behind me –
I may not lead.
Walk beside me –
and just be my friend.

Albert Camus

Dieser Ausspruch beschreibt genau das, um was es in der Sterbebegleitung gehen sollte. „Regie" hat immer der Betroffene, d. h. die Menschen, die einen Sterbenden begleiten, sollten akzeptieren, dass der Sterbende eine tiefere Wirklichkeit sieht und berührt als die, die diesen Weg noch nicht gegangen sind. Die Begleitung sterbender Menschen ist – ebenso wie die Begleitung Trauernder – eine sehr anspruchsvolle Aufgabe unserer menschlichen Gemeinschaft und setzt voraus, dass die Menschen, die begleiten, sich mit ihrer eigenen Endlichkeit auseinander gesetzt und „angefreundet" haben.

Ängste auf beiden Seiten

Sterbende müssen Abschied nehmen von allem, was in unserer Gesellschaft* „zählt": von ihrer Gesundheit und Leistungsfähigkeit, von ihrer Schönheit und Anerkennung und von ihrem Besitz. Übrig bleibt die Frage: Wer sind wir, wenn wir all das ablegen müssen?
„Ein Mensch wird kein Mensch, ein Mensch ist ein Mensch" – auch und besonders ohne all diese von unserer Gesellschaft so positiv besetzten Statussymbole*. Sterbende begleiten heißt: in jedem Menschen – unabhängig von Alter und Hautfarbe, von Titel und Besitz – den Mitmenschen zu sehen und seine Würde zu schützen.
Die Qualität der Pflege und eine optimale Schmerztherapie sind entscheidende Voraussetzungen um die Würde des sterbenden Menschen zu gewährleisten. Was Sterbende darüber hinaus benötigen ist ein Arzt, der sein Mitempfinden zeigen kann und bereit ist auf technische Geräte zu verzichten, wenn der oder die Sterbende darum bittet.
Eine junge Krankenschwester hat ihre Wünsche und Bedürfnisse im Krankenhaus beschrieben, als sie selber im Sterben lag: „Ich weiß, Sie fühlen sich unsicher und wissen nicht, was Sie sagen sollen. [...] Geben Sie einfach zu, dass Sie mitfühlen. Das ist es, was wir suchen. Wir fragen vielleicht nach dem Warum und Wofür, aber wir erwarten keine wirklichen Antworten. Laufen Sie nicht weg, warten Sie – ich möchte ja nur wissen, dass jemand da sein wird, der meine Hand hält, wenn es nötig ist. Ich habe Angst. Vielleicht ist für Sie der Tod allmählich Routine, aber für mich ist er neu.
Sie sehen in mir sicher keinen einzigartigen Fall, aber ich bin noch nie gestorben und das erste Mal ist für mich durchaus einzigartig. Sie sprechen flüsternd von meiner Jugend, aber wenn jemand im Sterben liegt, ist er dann wirklich noch so jung? [...] Wenn wir nur ehrlich miteinander sein und beide unsere Ängste zugeben könnten. Wenn Sie wirklich mit mir fühlen [...] Würden Sie wirklich so viel von Ihrer kostbaren Professionalität verlieren, wenn Sie [Ihre Gefühle zeigen würden]? Nur so von Mensch zu Mensch? Dann wäre es vielleicht nicht so schwer zu sterben ... in einem Krankenhaus ... wenn ein Freund in der Nähe wäre."

- ▶ Welche Eigenschaften und Fähigkeiten sollte ein Mensch deiner Meinung nach haben, der Sterbende begleitet?
- ▶ Fragt in euren Familien nach, ob jemand schon einmal einen Sterbenden begleitet hat.
- ▶ Warum ist es wichtig, Sterbende zu begleiten?
- ▶ Informiert euch über die Hospizbewegung* in Europa und in den USA.

Hospiz Stuttgart –
Begleitung Sterbender und ihrer Angehörigen,
Stafflenbergstr. 22, 70184 Stuttgart, Tel. 07 11/2 37 41 53

Die Nähe eines Menschen

Wusstest du schon ...?

Wusstest du schon
dass die nähe eines menschen
gesund machen
krank machen
tot oder lebendig machen kann

wusstest du schon
dass die nähe eines menschen
gut machen
böse machen
traurig und froh machen kann

wusstest du schon
dass das wegbleiben
eines menschen
sterben lassen kann
dass das kommen
eines menschen
wieder leben lässt

wusstest du schon
dass die stimme eines menschen
einen anderen menschen
wieder aufhorchen lässt
der für alles taub war

wusstest du schon
dass das wort oder
das tun eines menschen
wieder sehend machen kann
einen
der für alles blind war
der nichts mehr sah
der keinen sinn mehr sah
in dieser welt
und in seinem leben

wusstest du schon
dass das zeithaben
für einen menschen
mehr ist als geld
mehr als medikamente
unter umständen mehr
als eine geniale operation

wusstest du schon
dass das anhören eines menschen
wunder wirkt
dass das wohlwollen zinsen trägt
dass ein vorschuss an vertrauen
hundertfach
auf uns zurückkommt

wusstest du schon
dass tun mehr ist als reden
wusstest du das alles schon
wusstest du auch schon
dass der weg vom wissen
über das reden
zum tun
unendlich weit ist?

Wilhelm Willms

- Suche dir eine Strophe aus diesem Gedicht aus und schreibe eine Geschichte, die die Situation aus dieser Strophe darstellt.
- Wie erklärst du dir die unterschiedlichen Auswirkungen, die die Gegenwart eines Menschen auslösen kann?
- Stelle einen Zusammenhang her zwischen dem Gedicht und dem Bild.

Marc Chagall ▶

Letzte Ruhe im Weltraum?

Zu Haus

Eine kleine Kirche auf einem Hügel
mit einem einsamen Kirchhof
winkt dir zu.
Du wägst ihren Gruß
wie eine Einladung,
die man eines Tages
– noch ungewiss, wann –
vielleicht gerne annehmen möchte.

Und daran erkennst du,
dass du
hier ein wenig mehr
als an andern Stätten
zu Haus bist.

Hilde Domin

▶ Wovon „erzählt" dieser Grabstein? Von wem könnten die abgebildeten Motive sein?

Erste Bestattung im All **Star-Trek-Erfinder: Letzte Ruhe im Weltraum**

dpa **Houston** – Zwei tote Stars kommen in den Himmel. Die letzte Reise des legendären TV-Autors Gene Roddenberry („Star-Trek") und des LSD-Gurus der 60er-Jahre, Timothy Leary, führt in den Weltraum! Jeweils sieben Gramm ihrer Asche werden heute mit einer Pegasus XL-Rakete ins All geschossen.

Der Countdown für diese erste Weltraumbestattung erfolgt von den Kanarischen Inseln aus. Neben der Asche der beiden 1991 und 1996 gestorbenen Kultstars sollen auch die Überreste von 22 weiteren Toten auf die Weltraumreise gehen, unter ihnen ein Raumforscher, ein Gastwirt, ein fünfjähriger Junge, ein Handelsvertreter und ein Lastwagenfahrer.

Die Angehörigen zahlen 4800 Dollar (8250 Mark) für die lippenstiftförmige Urne und den Transport – nicht mehr als für eine gewöhnliche Beisetzung. Nach Angaben des Bestattungsinstituts wird der Flugkörper mit den 24 Miniurnen zwischen 18 Monaten und zehn Jahren in einer Umlaufbahn um die Erde kreisen. Als „letzte Ehre" werde die Rakete bei ihrem Wiedereintritt in die Erdatmosphäre schließlich wie eine Sternschnuppe verglühen.

▶ Vergleicht das Gedicht und den Zeitungsartikel. Was kann der Ort der Bestattung über den Menschen aussagen?

Erde, Feuer oder Meer?

Bestattungsriten und Gräber gehören unaufgebbar zur menschlichen Kultur. Die Bestattung der Toten ist seit der mittleren Altsteinzeit nachweisbar. Nahezu alle Gesellschaften kennen bestimmte feststehende Beerdigungsrituale.*

Die Entwicklung der Bestattungskultur

Über viele Jahrhunderte christlicher Kultur hinweg wurden festgelegte Rituale von der Familie, von Verwandten, Freunden und Nachbarn akzeptiert. Der mittelalterliche Kirchhof im Zentrum eines Dorfes war mit seiner geweihten Erde die letzte Ruhestätte, die Heimat der Menschen.

Alte Friedhöfe legen mit ihren unterschiedlichen, individuellen Grabstätten Zeugnis ab, „erzählen" geradezu von einer eindrucksvollen Trauer- und Bestattungskultur. Jedes Grab hält das Andenken an eine bestimmte Person fest gegen Vergänglichkeit und Vergessen.

Das 20. Jahrhundert machte dann – parallel zur Tabuisierung des Todes in unserer Gesellschaft – den Friedhof zur Begräbnisanstalt. Auf unseren neueren Friedhöfen sind hauptsächlich genormte Gräber zu sehen.

Nur noch selten sieht man Grabsteine, die vom Leben, von den Sehnsüchten und Hoffnungen der Verstorbenen erzählen.

Die Erdbestattung

Grundsätzlich besteht eine Entscheidungsmöglichkeit zwischen Wahl- und Einzelgrab. Beim Kauf eines Einzelgrabes erwirbt man lediglich die Nutzungsrechte für einen bestimmten Zeitraum. Nach Ablauf dieses Zeitraumes besteht die Möglichkeit die Nutzungsdauer zu verlängern.

Wer sich für ein Wahlgrab entscheidet, kann die Lage und Größe (die Zahl der Grabstellen) des Grabes bestimmen. Grabfelder ohne Gestaltungsvorschriften bieten im Rahmen einer persönlichen Gestaltung die größten Freiheiten bei der Auswahl von Stein und Bepflanzung. Ausgefallene Wünsche wird man bei Feldern mit Gestaltungsvorschriften nicht immer durchsetzen können.

Die Feuerbestattung

Mit Feuerbestattung bezeichnet man die Verbrennung (Einäscherung) des Verstorbenen im Sarg und spätere Beisetzung der Asche in einer Urne. Auch in diesem Fall kann eine Grabstätte ausgewählt werden. Für die Feuerbestattung muss eine schriftliche Willenserklärung des nächsten Angehörigen oder eine Verfügung, die der Verstorbene frühzeitig erstellt hatte, vorgelegt werden.

Die Seebestattung

Bei der Seebestattung wird nach der Einäscherung eine Urne mit der Asche dem Meer übergeben. Die Urnen für eine Seebestattung müssen aus Materialien gefertigt sein, die sich später im Meerwasser auflösen um ein Wiederauffangen der beigesetzten Urnen zu verhindern. Die Seebestattung, früher nur bei Seeleuten möglich, ist heute eine Bestattungsform, für die sich jeder entscheiden kann. Die Urnen werden nach einer kurzen Zeremonie außerhalb der Dreimeilenzone ins Meer versenkt. Die Stelle, an der die Beisetzung erfolgte, wird schriftlich festgehalten. Die Angehörigen bekommen später einen Ausschnitt der Seekarte, auf der der genaue Ort markiert ist.

Die anonyme Bestattung

Die anonyme Bestattung ist eine Feuerbestattung mit anschließender Urnenbeisetzung auf einem Gemeinschaftsfeld, ohne dass Einzelgrabstätten und Grabbeete auf die Verstorbenen hinweisen.

Der Zeitpunkt und die Stelle der Beisetzung wird in der Regel selbst den nächsten Angehörigen nicht bekannt gegeben, da hierin ein Widerspruch zum Prinzip der anonymen Bestattung gesehen wird. Nur die Friedhofsverwaltungen halten zur Kontrolle die notwendigen Daten in ihrem Archiv fest.

▶ Vergleicht diese unterschiedlichen Bestattungsformen. Was können die Bestattungsart und die Trauerfeier über den Menschen aussagen, der gestorben ist? Bezieht zur Beantwortung dieser Frage den Bericht über die Trauerfeier für ein Kind im Literaturanhang mit ein (Abschied von Luca).

Leben – auch nach dem Tod?

Eine große Zahl ganz alltäglicher Menschen, die am Rande des Todes gestanden haben, berichten von wundersamen Einblicken in eine jenseitige Welt; eine Welt, die von Liebe und gegenseitigem Verstehen erfüllt ist und die man erst nach einer aufregenden Reise durch einen Tunnel oder Durchgang erreicht.
In dieser Welt trifft der Mensch bereits verstorbene Verwandte wieder, die in ein herrliches Licht gehüllt sind. Sie werden von einem höheren Wesen geleitet, das dem Neuankömmling sein bisheriges Leben in einer Rückschau vorführt, bevor es ihn auf die Erde zurückschiebt, damit er dort weiterlebt.

Nahtoderlebnis

Eine Person, die klinisch tot war und dann doch weiterlebte, erzählte von ihrem Erlebnis.

„Ich wusste, dass ich starb und dass es nichts gab, was ich dagegen hätte tun können, weil mich doch keiner mehr hörte … Ich befand mich außerhalb meines Körpers, ganz ohne Zweifel. Ich konnte ihn da auf dem Operationstisch liegen sehen. […] Zunächst drückte mich all das furchtbar nieder, aber dann erschien dieses gewaltig helle Licht. Am Anfang war es wohl ein bisschen matt, aber dann schwoll es zu einem Riesenstrahl – es war einfach eine enorme Lichtfülle, mit einem großen hellen Scheinwerfer überhaupt nicht zu vergleichen, wirklich ungeheuer viel Licht. Außerdem strahlte es Wärme aus; ich konnte sie deutlich spüren.
Als das Licht erschien, wusste ich zuerst nicht, was vorging. Aber dann – dann fragte es mich, es fragte mich irgendwie, ob ich bereit sei zu sterben. Es war als spräche ich mit einem Menschen – nur dass eben kein Mensch da war. Es war wahrhaftig das Licht, das mit mir sprach, und zwar mit einer Stimme.
Inzwischen glaube ich, dass die Stimme, die mit mir gesprochen hatte, tatsächlich merkte, dass ich noch nicht zum Sterben bereit war. Wissen Sie, es ging ihm wohl vor allem darum, mich zu prüfen. Dennoch habe ich mich von dem Augenblick an, in dem das Licht zu sprechen begann, unendlich wohl gefühlt, geborgen und geliebt."

▶ Unterscheide bei dieser Darstellung, wo die Person ihr Erlebnis beschreibt und wo sie es deutet.
▶ Informiert euch über weitere Nahtoderlebnisse und beschreibt die Gemeinsamkeiten.
▶ Diskutiert, ob diese Nahtoderlebnisse Hinweise auf ein Leben nach dem Tod sein können. Bezieht dabei die folgenden Einwände von Skeptikern ein.

Die Nahtoderlebnisse entstehen durch rauschgiftähnliche Stoffe, die der Körper in Extremsituationen ausschüttet.

Keine von diesen vorübergehend klinisch toten Personen hat die Schwelle zum Jenseits endgültig überschritten, sodass diese Erlebnisse nichts über ein Leben nach dem Tod aussagen können, sondern nur etwas über die Fantasien des Unbewussten.

Materialtipps:

R. A. Moody, Leben nach dem Tod, Rowohlt, Reinbek 1977.
J. C. Hampe, Sterben ist doch ganz anders, Kreuz Verlag, Stuttgart 1995.
Video: FLATLINERS, Columbia Pictures, 40129 09061088

Knockin' On Heaven's Door

Der Mensch ist das einzige Lebewesen, das sein eigenes Ende denken und sich dementsprechend damit auseinander setzen kann. Grenzenlos sind daher auch die menschlichen Fantasien, die sich um das Ende des Lebens ranken. Und auch die seit der Zeit der Aufklärung* einsetzenden Versuche einer rationalen Todesbewältigung haben die früheren Deutungen vom jenseitigen Leben in Mythen und Bildern nicht auslöschen können. Weltweit gesehen findet sich kein Volk damit ab, dass der Tod das Leben endgültig beendet. In Deutschland z. B. bejahen 50 % der Bürger in den alten Bundesländern die Frage: „Gibt es ein Leben nach dem Tod?"

Repräsentative Spiegelumfrage.

Die Antwort auf diese Frage ist letztlich eine Sache des persönlichen Glaubens. Die Fantasien darüber, wie ein Leben nach dem Tod aussehen könnte, sind bis in unsere Zeit lebendig. Ein Beispiel findet ihr in dem Film „Knockin' On Heaven's Door".

▶ Bildet zwei Arbeitsgruppen zu dieser und zu der folgenden Vorstellung vom Leben nach dem Tod. Sammelt Pro-und contra-Argumente und gestaltet ein eigenes Bild oder/und einen eigenen Text von eurer jeweiligen Überzeugung, Vorstellung, Hoffnung …

**Weißt du denn nicht, wie das ist,
wenn du in den Himmel kommst?
Im Himmel – da reden die über nichts anderes als über das Meer. Und darüber, wie wunder-wunderschön es ist.
Sie reden über den Sonnenuntergang,
den sie gesehen haben.
Sie reden darüber, wie die Sonne blutrot wurde,
bevor sie ins Meer eintauchte.
Und sie reden darüber, wie sie spüren konnten, wie die Sonne ihre Kraft verlor und die Kühle vom Meer heraufzog und das Feuer nur noch in ihrem Inneren glühte.**

CD: The Original Soundtrack
„Knockin' On Heaven's Door",
Original-Filmdialog Til Schweiger 06301 78502

Die Toten bei den Lebenden?

Karsten Falk verlor seinen Bruder und schrieb seine Gedanken darüber auf, ob er auch nach dem Tod als Teil seiner Familie „lebendig" ist.

Leben ist Teil eines Systems zu sein, aktiv an großen und kleinen, an globalen und individuellen Prozessen teilzunehmen. […]
Auch Totes ist Teil eines oder mehrerer Systeme, jedoch nimmt Totes passiv an Prozessen teil, ob an großen oder kleinen. […]
So wie mein Bruder nicht mehr körperlich und aktiv an Prozessen im System Familie und vielleicht auch im System Erde teilnimmt, so ist er doch Teil einiger Prozesse in der Familie. Das Erinnern an ihn und das Wissen, das er zuvor einbrachte, fördern die aktiven Prozesse im System Familie und in anderen Systemen, eventuell auch im System Erde. Ich selbst kann daran Weiteres lernen, ich kann daran wachsen. Auch wenn diese Prozesse um seinen Verlust schmerzen, aber vielleicht wachse ich daran umso mehr.

Karsten Falk

▶ Lest die beiden Gedichte „Gegen Verführung" im Literaturanhang und diskutiert eure Vorstellungen über ein Leben nach dem Tod.

Jenseitsvorstellungen in den Religionen

Das Christentum

Marie Luise Kaschnitz hat als Christin im 20. Jahrhundert ihre Vorstellung über das Leben nach dem Tod beschrieben.

Ein Leben nach dem Tode

Glauben Sie fragte man mich
An ein Leben nach dem Tode
Und ich antwortete: ja
Aber dann wußte ich
Keine Auskunft zu geben
Wie das aussehen sollte [...]

Ich wußte nur eines
Keine Hierarchie
Von Heiligen auf goldenen Stühlen
Sitzend
Kein Niedersturz
Verdammter Seelen [...]

Nur Liebe frei gewordne
Niemals aufgezehrte
Mich überflutend [...]

Ein spinnwebenleichtes Gewand
Ein Hauch
Mir um die Schultern
Liebkosung schöne Bewegung [...]

Schmerzweb mit Tränen besetzt
Berg-und-Tal-Fahrt
Und deine Hand
Wieder in meiner

So lagen wir lasest du vor
Schlief ich ein
Wachte auf
Schlief ein
Wache auf
Deine Stimme empfängt mich
Entläßt mich und immer
So fort

Mehr also, fragen die Frager
Erwarten Sie nicht nach dem Tode?
Und ich antworte
Weniger nicht. R

▶ Stelle die „Bilder" aus diesem Gedicht zusammen und interpretiere sie.
▶ Vergleicht die biblischen Jenseitsvorstellungen (Literaturanhang) mit der folgenden Darstellung über die christliche Jenseitsvorstellung, die sich über zwei Jahrtausende hin entwickelt hat.

Die christliche Tradition

Im christlichen Glauben ist grundsätzlich zwischen dem Schicksal des Einzelnen nach seinem Tod und dem Schicksal der gesamten Menschheit am Ende aller Zeiten zu unterscheiden.

Dabei wird das Ende der Menschheit als Gericht Gottes gesehen, das für die Gläubigen und Gerechten eine endgültige Erlösung bringt. Dieses Ende ist mit einem Weltgericht für die dann Lebenden ebenso wie für die schon Gestorbenen verbunden. Am Abschluss dieses Gerichtes steht das ewige Leben *aller* Menschen – nah oder fern von Gott –, symbolisiert* durch die Bilder von Himmel und Hölle.

Was bedeutet diese allgemeine Vorstellung für den Einzelnen?

Weil nach der Bibel* Gott Jesus von den Toten auferweckt hat, entwickelte sich im Christentum der Glaube, dass jeder einzelne Mensch nach seinem Tod ebenfalls aufersteht und – nach einem Gericht – direkt zu Gott gelangen kann. Dabei ist die Annahme einer zwischenzeitlichen Trennung der Seele vom Leib durch die griechischen Philosophen ins Christentum hineingekommen. Für Platon* ist der Körper das Gefängnis der Seele, aus dem der Tod befreit. Die aus dem Judentum übernommene christliche Grundüberzeugung bleibt aber, dass das ewige Leben schließlich den ganzen Menschen mit Seele und Leib umfasst, wobei der Leib von Gott neu geschaffen wird. Diese Vorstellung ergibt sich aus dem Glauben an den unaufhebbaren Wert jedes Menschen, der in seiner gesamten Individualität, zu der auch sein Körper gehört, im Jenseits erhalten bleibt.

Der Buddhismus*

Nirwana – was ist das?

Das Wort Nirwana bedeutet eigentlich „Verwehen, Verlöschen", z. B. einer Flamme. Es wird im Buddhismus zur Charakterisierung eines Zustandes unerschütterlicher Ruhe gebraucht. Bereits in der Meditation ist in der Vernichtung von Hass, Gier und Wahn ein Vorgriff auf das Nirwana möglich (vgl. S. 116/17). Ist die karmisch bedingte Lebenszeit eines Heiligen (Buddha) abgelaufen, so geht er in das „volle Nirwana" (parinirwana) ein. In diesem Zustand sind seine Triebkräfte und sein Bewusstsein mit der Wurzel ausgerissen und unfähig wieder zu entstehen. Wie ein Wassertropfen im Meer vergeht und doch bestehen bleibt, so besteht die Seele des Buddha im Nirwana weiter und ist doch nicht mehr sie selbst. „Darin besteht die Wonne des Nirwana, dass dort nichts empfunden wird."

Als der Begründer des Buddhismus, der Buddha Siddharta Gautama (ca. 560–480 v. Chr.), starb, versammelten sich seine Anhänger bei ihm. In den heiligen Texten des Buddhismus wird überliefert, was er ihnen in seinen letzten Stunden über das Leben und über das Nirwana gesagt haben soll.

„Das Leben ist ein langer Todeskampf, es ist nichts als Leid. […] „Die zweite Wahrheit ist, dass das Leid aus dem Durst, der Begehrlichkeit, entsteht. Der Mensch hängt sich an Schatten. Er stützt sich auf ein falsches Ich[1] und richtet sich in einer bloß eingebildeten Welt ein. Wenn er stirbt, ist er gesättigt von einem vergifteten Trank und wird wiedergeboren um von neuem von diesem Trank zu trinken." – „Die dritte Wahrheit sagt, dass es ein Ende des Leids gibt. Du wirst dieses Ende aber nicht finden, wenn du nicht alle Wünsche und Leidenschaften aus deinem Herzen verjagst … Nun höre die vierte Wahrheit vom achtfachen Pfad zum Heil. Achte zuerst auf das Karma, von dem deine künftige Existenz abhängt[2]. Sodann sorge dafür, dass du nur gute Gefühle hegst und deinen Zorn überwindest, endlich bewache deine Lippen, […] damit nichts Unreines über sie komme. Danach richte deine Handlungen so ein, dass das Übel bekämpft, das Gute gefördert wird. Hast du in Befolgung dieser vier Wege den Egoismus ausgerottet, den falschen Glauben, den Hass und die Verblendung, so wirst du in der nächsten Existenz fähig sein, die vier übrigen Stufen des achtfachen Pfades zu durchlaufen: rechtes Leben, rechtes Denken, rechtes Streben, rechte Versenkung. So wirst du ganz von selbst […] dem Nirwana nahe kommen …"

1 Nach buddhistischer Auffassung ist das Ich, das individuelle Selbstbewusstsein, eine Illusion, die an das irdische Leben kettet und zu überwinden ist.
2 So wie der Mensch jetzt lebt, so wird es ihm nach dem Gesetz des Karma im nächsten Leben vergolten werden. Der Buddhismus geht davon aus, dass sich die menschliche Seele nach dem Tod vom Körper löst und in einem neuen Körper wiedergeboren wird. Dabei meint Seele nicht das Ich oder die Persönlichkeit, sondern eher den Drang zu leben. Erst wenn die Lebensgier ganz überwunden ist, kann der Mensch den Kreislauf der Wiedergeburten verlassen und ins Nirwana gelangen.

- Informiert euch über das Leben des Buddhas Siddharta Gautama und über die Verbreitung des Buddhismus heute. (Vgl. Ethik 7/8, S. 192–197, 210–211)
- Stellt die vier von Buddha angesprochenen Wahrheiten zusammen. Auf welche Weise kann man nach dieser Auffassung dem Leid des Lebens entkommen?
- Tragt zusammen, was ihr über das Nirwana erfahrt und vergleicht es mit der christlichen Vorstellung vom ewigen Leben im Himmel (vgl. Literaturanhang).

9. Moral – kritisch betrachtet

Mensch,
hast du
mal darüber
nachgedacht,
was deine
Handlungen
bestimmt?

RECHT

LUST

WERTE

MORAL

VORTEILE

KONVENTION

NUTZEN

ZWÄNGE

Recht, Konvention, Moral – ein und dasselbe?

> Ich bin damit einverstanden, dass sich mein Sohn/meine Tochter während des Klassenausflugs nach Berlin abends in Gruppen von mindestens drei Personen bis 23.00 Uhr außerhalb der Jugendherberge aufhält.
>
> ______________________________
>
> Unterschrift eines Erziehungsberechtigten

Fee zögert noch einen Moment. Dann setzt sie die Unterschrift schwungvoll unter das Formular. Die Klassenlehrerin hatte gesagt, wer den Zettel bis heute immer noch nicht unterschrieben zurückgäbe, könne an der Fahrt nicht teilnehmen. Fee hatte sich schon so auf die Woche in Berlin gefreut. Das soll sie jetzt aufs Spiel setzen, wenn sie schon wieder mal ihre „Schlampigkeit und Unzuverlässigkeit" eingestehen muss? Nein! Fee gibt sich einen Ruck und reicht ihrer Lehrerin das Blatt.

▶ Wie hättest du dich entschieden? Diskutiere mit deinen Mitschülern und Mitschülerinnen.

▶ Welche Gedanken gehen Fee durch den Kopf? Welche Argumente findet sie für ihre Entscheidung?

▶ Stell dir vor, die Lehrerin könnte Gedanken lesen. Wie würde sie über Fees Entscheidung denken?

Fee ist wie vor den Kopf gestoßen, als nachmittags Frau Meyer-Ehrlich zu Hause vor der Tür steht. Ihr war die Unterschrift merkwürdig vorgekommen und jetzt wird der Betrug von Fees Mutter aufgedeckt. Fees Mutter ist sehr aufgebracht: *„Weißt du eigentlich, was du gemacht hast? Unterschriftenfälschung nennt man so etwas – und die ist strafbar! Überleg dir mal, welche Konsequenzen das haben kann!"*

„Wieso Konsequenzen? Ich bin schließlich erst 15 und noch nicht strafmündig. Und außerdem fälschen alle aus meiner Klasse Unterschriften – wenn sie sich vom Sport befreien lassen wollen zum Beispiel – oder einfach mal so! Das ist doch heute kein Tabu mehr! Und schadet doch niemandem! Oder?"

„Das ist doch unfassbar! Dass meine Tochter … Und so etwas sagst du einfach so dahin. Haben denn Ehrlichkeit und Vertrauen gar keine Bedeutung für dich? Noch nicht einmal ein schlechtes Gewissen hast du. Dir fehlen wohl alle moralischen Grundsätze!"

▶ Unterscheide die Verhaltensmaßstäbe von der Mutter und von Fee.

▶ Ordne die Aussagen den Positionen des Rechts, der Konvention und der Moral zu.

▶ Menschen orientieren ihr Verhalten an unterschiedlichen Maßstäben. Welche treffen auf dich persönlich zu?

Recht	Konventionen	Moral
Staatlich* verankerte Gesetze, deren Übertretung Strafe nach sich zieht. Gesetze müssen nicht unbedingt mit moralischen Normen übereinstimmen.	Gruppenverhaltensmuster, die nicht gut sein müssen, aber praktische Funktionen erfüllen.	Alle in einer Gemeinschaft gültigen Regeln, Werte und Normen, die sich an einer Vorstellung des Guten orientieren – es gibt in einer Gesellschaft* unterschiedliche Moralvorstellungen.

Die Geschichte von Fee macht deutlich, dass Menschen ihre Handlungsweise unterschiedlich begründen: Die einen richten sich nach dem geltenden Recht, andere passen sich den Konventionen an, die in ihrer sozialen Gruppe üblich sind. Wieder andere beanspruchen bestimmte sittliche Maßstäbe. Sie begründen ihr Handeln mit moralischen Grundsätzen. Diese drei Formen Handlungen zu rechtfertigen müssen auseinander gehalten werden: Das folgende Kapitel beschäftigt sich nur mit moralischen Grundsätzen und ihrer Begründung.

DIE Moral: Gibt es sie wirklich?

Eine Moral ist ein System von Vorstellungen und Prinzipien für gutes Handeln. Aber was ist eigentlich gutes Handeln? Darunter versteht der Pfarrer aus der Nachbarschaft etwas ganz anderes als der Fabrikant, der arbeitslose Frührentner etwas anderes als der Unternehmensberater, die Umweltschützerin von Greenpeace etwas anderes als der Interessenvertreter der Verpackungsindustrie.
In anderen Kulturen gibt es moralische Vorstellungen, die teilweise völlig anders sind als im europäischen Kulturkreis. In einem der großen Weisheitsbücher des alten China wird über die Pflichten und Rechte von Mann und Frau berichtet.

Mann (Nan Dsi) bedeutet der „Verantwortliche" (Jen); Sohn (Dsi) bedeutet der „Nachwuchs" (Dsi). Ein Mann heißt der, der dem Weltsinn von Himmel und Erde gegenüber die Verantwortung übernimmt und allen Dingen als Führer zu dem für sie Rechten vorsteht. Darum heißt er der männliche Führer (Dschang Fu). Führen (Dschang) bedeutet walten (Dschang); männlich (Fu) bedeutet tragen (Fu). Das heißt: Er waltet über allen Dingen.
Er weiß, was man tun darf, und weiß, was man nicht tun darf; er weiß, was man reden darf, und weiß, was man nicht reden darf; er weiß, wie man handeln darf, und weiß, wie man nicht handeln darf. Wenn er irgendeine Theorie untersucht, so ist er über ihre Besonderheiten klar. Das nennt man Wissen. Dadurch bringt er seine Geisteskräfte in Ordnung.
Frau (Nü Dsi) bedeutet die „Ähnliche" (Ju); Sohn bedeutet der „Nachwuchs". Die Frau ist die, die durch Belehrung dem Mann „ähnlich" wird, der über dem Aufbau ihrer Pflichten waltet. Darum heißt sie Ehefrau (Fu Jen). Ehefrau (Fu Jen) ist die dem Manne Unterworfene (Fu Yü Jen). Darum hat sie nicht das Recht auf selbstständige Entscheidung, sondern die Pflicht zu dreifachem Gehorsam. Zu Hause ist sie dem Vater unterworfen, in der Ehe dem Gatten und nach dem Tode des Gatten dem ältesten Sohn. Sie wagt in nichts ihrem eigenen Kopf zu folgen. Ihre Befehle dringen nicht über die inneren Gemächer hinaus. Ihre Beschäftigung beschränkt sich auf Zubereitung des Essens. Darum hält sich die Frau den ganzen Tag innerhalb der Tore der Innengemächer auf. Sie begibt sich zu keiner Beerdigung, die über hundert Li weit ist (damit sie nicht auswärts übernachten muss). In ihrer Arbeit kennt sie kein eigenmächtiges Handeln, in ihrem Tun kein eigenmächtiges Werk. Sie berät sich, ehe sie sich bewegt, und prüft, ob es richtig ist, ehe sie redet. Bei Nacht geht sie nur mit Laterne. Die Seidenraupenzucht und das Spinnen und Weben besorgt sie und die Haustiere zieht sie innerhalb des Hauses auf. Das heißt ihre Zuverlässigkeit. Dadurch bringt sie die weiblichen Geisteskräfte in Ordnung.

An anderer Stelle wird der Umgang zwischen den Geschlechtern und den Generationen beschrieben.
Ein Sohn und seine Frau, die pietätvoll und ehrfürchtig sind, werden die Befehle der Eltern des Mannes ohne Widerspruch und Nachlässigkeit erfüllen. Wenn die Eltern ihnen etwas zu essen geben und sie mögen es nicht, so werden sie es doch kosten und warten (ob sie es wegtun dürfen); wenn sie ihnen Kleider schenken, die ihnen nicht gefallen, so werden sie sie doch anziehen und ihnen so aufwarten. Wenn sie ihnen eine Arbeit zuweisen und nachher jemand anderes schicken um sie zu vertreten, so werden sie, auch wenn es ihnen nicht angenehm ist, ihn die Arbeit machen lassen und erst wenn er es nicht kann, sie selber wieder aufnehmen [...]

Noch drastischere Abweichungen von den Moralvorstellungen unseres Kulturkreises zeigt folgende Beobachtung über das Verhalten der Inuit.*
Eine Frau der Inuit erstickt ihr eben geborenes Kind in den Fellen ihres Lagers. Sie weiß, dass auf ihrer Insel schon jetzt die Mädchen in der Überzahl sind und mancher Knabe wird noch auf der Jagd zwischen tückischem Treibeis zugrunde gehen. Ihre Tochter aber müsste [später] einen Mann finden, der für sie jagt. Indem sie ihr Kind tötet, trägt sie dazu bei, dass die andern Mädchen der Insel später Ernährer finden. Für uns eine Kindsmörderin ist sie für die Inuit-Gemeinschaft eine Wohltäterin.

▶ Erkläre, was im folgenden Beispiel der Papuamoral unter gutem Verhalten verstanden wird. Wie lassen sich diese Regeln aus dem Lebensumfeld der Papuaindianer verstehen?

Die zehn Gebote der Papuas

1. Du sollst dich fürchten! Am Tag sollst du dich besonders vor den Geisterplätzen, Geisterhöhlen, Geisterwassern, Geisterbäumen, Geisterfelsen und Geistertieren und überhaupt vor allem, was mit Geistern zusammenhängt, fürchten. Noch viel mehr sollst du dich aber in der Nacht fürchten, wo die Geister umgehen.
2. Du sollst niemals und in keiner Weise den Pfad der Ahnen verlassen, sondern alles genauso halten und weiterführen, wie es von ihnen überliefert worden ist.
3. Du sollst dich vor den Zauberern hüten. Lass nie einen Speiserest liegen, spucke nur ins Feuer oder Wasser aus, deinen Nasenschleim schmiere ans Bein, damit niemand deiner Seele habhaft werde. Wenn du in einem Dorf zu Besuch bist und es wieder verlässt, dann vergiss nicht deinen Sitzplatz mit dem Knochendolch zu stechen; nur so wird nichts von deiner Seele zurückbleiben und der Zauberer kann dir nichts anhaben. Vor allen Dingen aber musst du für jeden Menschen, der aus deiner Verwandtschaft stirbt, jemand von der Sippe des Zauberers totschlagen.
4. Du sollst dich vor allem Fremden, insbesondere vor jedem fremden Menschen, hüten, denn jeder Fremde ist ein Feind, der dir gefährlich werden kann. Die Berührung mit ihm schadet immer. Freund ist nur der Sippengenosse.
5. Du sollst die Alten und Großen, die Häuptlinge und Krieger ehren und ihnen nie widersprechen, denn sie haben die Macht dir zu schaden.
6. Du sollst deinem Sippengenossen in jeder Lage und in jedem Falle helfen und für ihn Partei ergreifen, ob er Recht oder Unrecht hat; aber deinem Feind und jedem Fremden sollst du jederzeit und in jeder Weise schaden.
7. Alles, was dir gehört, was du erwirbst oder erbeutest, sollst du mit deinem Sippengenossen teilen und nichts für dich allein behalten, sei es auch nur eine Maus oder ein Vogelei.
8. Du sollst stets deiner Sippe Nutzen im Auge haben; denn er kommt auch dir zugute. Als Glied deiner Sippe bis du für sie verantwortlich und haftbar, wie auch deine Sippe für dich verantwortlich und haftbar ist.
9. Du sollst dir dein Weib durch Kauf ehrlich erwerben oder es bei den Feinden rauben, nicht aber deinen Sippengenossen entführen, denn daraus folgt Sippenstreit und Blutvergießen.
10. Du, Mann, wenn dir deine Frau nicht folgt oder dir nichts zu essen kocht, dann schlage sie; denn ihr Sinn steht gewiss nach einem anderen Mann.
Du, Frau, folge deinem Mann und koche ihm stets das Essen, sonst schlägt er dich und es kommt zu Unfrieden und Sippenstreit."

▶ Vergleiche diese moralischen Grundsätze aus dem alten China, von den Eskimos und von den Papuas mit den Normen, die in unserer Gesellschaft* vorherrschen. Welche Unterschiede und welche Gemeinsamkeiten gibt es?

Bestimmte moralische Normen aus dem europäischen Kulturkreis werden von einigen Naturvölkern als Schwäche ausgelegt.

Ich marschierte im Busch meist vor oder hinter der Hängematte her, in der ich mich nach Landesbrauch hätte tragen lassen sollen, und selbstverständlich stieg ich aus, wenn es bergan ging. Aber eines Tages priesen mir meine Sänftenträger den verstorbenen Großhäuptling Utompe. Der hatte sie an diesem Berg immer gepeitscht, damit sie im Laufschritt mit ihm den steilen Hang hinaufrannten – ja, der hatte ein starkes Herz! Eine nicht giftige Schlange, die wir als „harmlos" oder „gut" bezeichnen, nennen die Afrikaner „schwach".

▶ Kannst du die Verwunderung des Erzählers teilen?
▶ Treffen die vom Verfasser genannten „europäischen Tugendmaßstäbe" deine gesellschaftliche Wirklichkeit?
▶ Welche Schlussfolgerungen könnte ein Vergleich der zur Zeit des Verfassers geltenden Normen und der heute geltenden über den Stellenwert der Moral in einem bestimmten Kulturkreis erlauben?

Where have our morals gone?

Was unter Moral verstanden wird, ist nicht nur abhängig von der jeweiligen Kultur, sondern auch innerhalb einer Kulturgemeinschaft ändern sich die Wertvorstellungen mit der Zeit. Für das heutige Zeitgefühl macht diesen Wandel die Rockgruppe „Die Toten Hosen“ im folgenden Lied deutlich.

Die Zehn Gebote

Einmal hat Gott der Welt erklärt:
Nur ich allein bin der Herr!
Ich dulde keine Götter neben mir
Du sollst immer nur mich verehren [...]

Du sollst nicht töten und du sollst nicht stehlen,
und du sollst in der Ehe nicht fremdgehen.
Du sollst nicht lügen und nichts Falsches erzählen,
ein ehrliches, redliches Leben wählen,
das Haus und die Frau deines Nächsten
nicht begehren,
und nichts von dem, was deinem Nächsten gehört.

Wenn ich du wär, lieber Gott,
und wenn du ich wärst, lieber Gott,
glaubst du, ich wäre auch auch so streng mit dir?
Wenn ich du wär, lieber Gott
und wenn du ich wärst, lieber Gott,
würdest du die Gebote befolgen, nur wegen mir?

Die Toten Hosen

Der Mensch ist gut

Der Mensch ist gut! Da gibt es nichts zu lachen!
In Lesebüchern schmeckt das wie Kompott.
Der Mensch ist gut. Da kann man gar nichts machen.
Er hat das, wie man hört, vom lieben Gott.

Einschränkungshalber spricht man
zwar von Kriegen.
Wohl weil der letzte Krieg erst neulich war ...
Doch: Ließ man denn die Krüppel draußen liegen?
Die Witwen kriegten sogar Honorar!

Der Mensch ist gut! Wenn er besser wäre,
Wär er zu gut für die bescheid'ne Welt.
Auch die Moral hat ihr Gesetz der Schwere:
Der schlechte Kerl kommt hoch – der Gute fällt.

Das ist so, wie es ist, geschickt gemacht.
Gott will es so. Not lehrt bekanntlich beten.
Er hat sich das nicht übel ausgedacht
Und lässt uns um des Himmels willen treten.

Der Mensch ist gut. Und darum geht's ihm schlecht.
Denn wenns ihm besser ginge, wär er böse.
Drum betet: „Herr Direktor, quäl uns recht.“
Gott will es so. Und sein System hat Größe.

Drum seid so gut und seid so schlecht, wies geht!
Drückt Löhne! Zelebriert die Leipziger Messe!
Der Himmel hat für so was immer Interesse. —
Der Mensch bleibt gut, weil er den Kram versteht.

Erich Kästner

Die Zehn Gebote könnt ihr nachlesen in Ethik 7/8, S. 183, und in der Bibel* in 2. Mose, Kap. 20.

- Wie lautet im Song der „Toten Hosen“ das Hauptargument gegen die Zehn Gebote der Bibel?
- Suche nach weiteren gesellschaftlichen* Ursachen für die Ablehnung moralischer Gebote.
- Diskutiere, inwiefern das Lied der „Toten Hosen“ auf die heutige Zeit zutrifft.
- Formuliere deine eigenen Zehn Gebote.
- Erich Kästner schrieb sein Gedicht „Der Mensch ist gut“ zu Beginn dieses Jahrhunderts. Kannst du Gemeinsamkeiten mit dem Lied der „Toten Hosen“ feststellen? Inwiefern kann das Gedicht die Position der „Toten Hosen“ erklären?

Auch das Bekenntnis zu einem lustbetonten Leben entspricht zunehmend den heute üblichen Vorstellungen. Die nebenstehenden sechs „Gebote" machen das lustvolle Leben zu ihrem Programm.

1. Sei dir selbst der Nächste, so wird auch dein Nächster er selbst.
2. Tu dir so viel Gutes an wie möglich, rate deiner Umwelt ebenso.
3. Übernimm keine Aufgaben, die dir Zwang und Unlust abverlangen.
4. Liebe die, die du wirklich liebst. Hasse die, die du wirklich hasst. Lasse die in Ruhe, die dir gleichgültig sind.
5. Wenn Erfolg dir Spaß macht, sei erfolgreich. Wenn dein Erfolg andere verletzt, überlege, ob die Verletzung dir mehr Unlust macht als dein möglicher Erfolg Spaß.
6. Arbeite nicht um zu leben und lebe nicht um zu arbeiten. Sondern lebe und arbeite, wie es dir Spaß macht. Das rate auch anderen. Macht dir deine Aufgabe keinen Spaß, dann räume den Platz für einen anderen. Denke nie, es wird etwas nur deshalb schlechter gehen, weil du weg bist. Du bist unwichtig. Aber du hast das Recht zur Lust, dein einziges.

▶ Was hältst du davon? Setze dich mit den einzelnen Geboten auseinander.

▶ Die rund 15 000 000 Jugendlichen zwischen 13 und 25 Jahren in Deutschland splittern sich in viele verschiedene Gruppen auf. Experten versuchten vergeblich ein einheitliches Bild einer Jugendkultur zu zeichnen. Gemeinsamkeiten zeigten sich jedoch bei den persönlichen Einstellungen, z. B. hielten 90 % der 14- bis 18-Jährigen Moral für eine wichtige Eigenschaft und 80 % fühlten sich für die Umwelt mitverantwortlich. Zählst du dich zu den 90 % bzw. zu den 80 %? Wenn ja – warum? Wenn nein – warum? Begründe und beziehe dich dabei auch auf die Texte auf dieser Seite.

Aktuelle deutsche Jugendstudien bestätigen übereinstimmend, dass Jugendliche heute der Meinung sind moralisches Verhalten würde sich in unserer Gesellschaft nicht lohnen. Im Westen glauben nur 22 %, im Osten nur 11 % der jungen Leute, dass man mit Werten wie Uneigennützigkeit, Förderung des Nächsten, Hilfsbereitschaft und Friedensstiftung gut angesehen wird. Andererseits wird in denselben Untersuchungen deutlich, dass die Jugendlichen eine starke Sehnsucht nach Werten entwickeln. Für sich persönlich und in ihrem unmittelbaren Umfeld bauen sie an einer „Gegenwelt" zu der Welt, wie sie sich ihnen zeigt. Folgende Grafik gibt einen Überblick über ethische Grundsätze heutiger Jugendlicher.

▶ Ist die Zusammenstellung dieser Werte von Jugendlichen vollständig oder muss sie ergänzt werden?

▶ Stelle eine eigene Wertetafel auf.

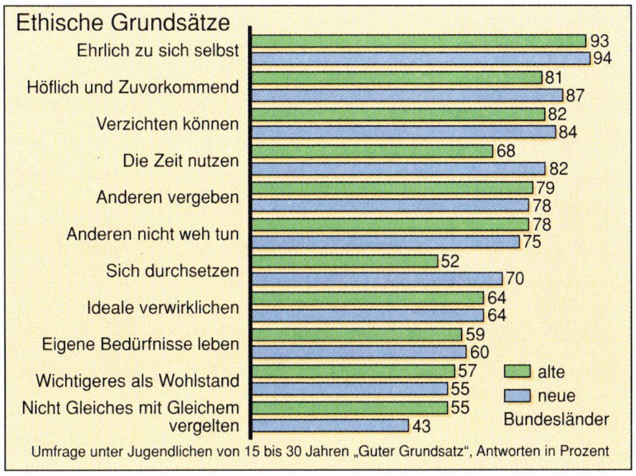

Gutes als allgemein gültiger Wert – noch aktuell?

Fred Perkins hat die Frage, ob es eine allgemein gültige Moral gibt (vgl. S. 140), für sich beantwortet: Die unterschiedlichen nebeneinander existierenden moralischen Ansichten und Maßstäbe erfordern es seiner Meinung nach, allgemein verbindliche oder gültige Normen (moralische Vorschriften) grundsätzlich abzulehnen. Fred nimmt die Haltung des ethischen Relativismus ein: Die bloße Existenz moralischer Vorstellungen begründet schon deren relative Gültigkeit. Fred stellt sich vor, dass unterschiedliche Moralvorstellungen mit gleichem Recht nebeneinander bestehen können. Er fordert also größtmögliche Toleranz für unterschiedliche Denkweisen im Gegensatz zu einem erstarrten Moralkodex.

Kurz nachdem Fred Perkins mit dem Studium begonnen hatte, hatte er das Gefühl, er hätte alle Fesseln seiner früheren Erziehung in einem kleinen Dorf von sich geworfen. Vor allen Dingen fühlte er sich moralisch befreit. Richtig und falsch, so meinte er nun, seien für jeden Menschen verschieden. Halte jemand etwas für richtig, so sei es auch für ihn richtig. Niemand könne einem anderen sagen, was er zu tun habe. Dies gelte vornehmlich für alle sexualethischen Normen und Fred glaubte, er sei nun endgültig der prüden, selbstgerechten und heuchlerischen Sexualmoral seiner heimatlichen Umgebung entwachsen. Nicht dass Fred seine Theorien auch in die Praxis umgesetzt hätte – er war eher zurückhaltend und die wenigen „flotten“ Mädchen, mit denen er im College zusammenkam, fand er wenig anziehend oder sogar abstoßend. Doch in der Theorie war er der Meinung, jeder solle im sexuellen Bereich so handeln, wie es ihm beliebe.

Als ihm die ersten Gerüchte von Vergewaltigungen in dem kleinen Wäldchen nahe dem College zu Ohren kamen, machte sich Fred kaum Gedanken darüber.

Als er aber erfuhr, dass Sue vergewaltigt worden war, war er fassungslos.

Nicht dass Sue seine Freundin gewesen wäre – nein, er war mit ihr nur einige Male ausgegangen. Doch als er sie wenige Tage später sah, war irgendetwas in ihrem Blick und eine unausgesprochene Angst in ihren Augen, die ihn verwirrte. Sie sah krank aus und schämte sich. Fred fragte sich, wie sie mit dieser Erfahrung fertig und inwieweit ihr weiteres Leben davon berührt werden würde. Plötzlich fand er die Gespräche im Aufenthaltsraum seines Wohnheims geradezu abstoßend, in denen man sich darüber unterhielt.

Zum ersten Mal war Fred mit einer Handlung konfrontiert, von der er innerlich fühlte, sie sei einfachhin schlecht – und davon hatte er nicht in einem Buch oder in der Zeitung gelesen, auch war er mit ihr nicht über den Bildschirm konfrontiert worden, sondern sie berührte ihn ganz persönlich. Und er begann, über seine eigenen moralischen Theorien nachzudenken. Seine Eltern und die Menschen in seinem Dorf, so wusste er, würden ohne Zögern sagen, Vergewaltigung sei schlecht und der Täter verdiene bestraft zu werden. Doch angenommen, dieser hielte sein Tun für richtig? Fred dachte an die Demonstrationen, bei denen er mit seinen Freunden gegen den Krieg protestiert hatte. Die meisten seiner Freunde waren sich darüber einig, dass jeder für sich selbst entscheiden müsse, was für ihn richtig sei. Dennoch aber zögerten sie nicht andere als Mörder, Heuchler, Unterdrücker und Ausbeuter zu verurteilen. Wie kann man sagen, nichts sei falsch, solange jemand es nicht für falsch halte, und zugleich andere Menschen verurteilen? Hält nicht jeder sein Verhalten für richtig? Wie kann dann aber irgendetwas falsch sein?

Fred kam bei diesem ersten Nachdenken zu keinem endgültigen Urteil. Er dachte, vielleicht müsse er sein moralisches Prinzip: „Nichts ist falsch, es sei denn, der Handelnde selbst hält es für falsch“ abändern in: „Nichts ist falsch, es sei denn, andere werden dadurch verletzt“.

- Vergleiche Freds Denkansatz mit den moralischen Vorstellungen in seinem Heimatdorf. Was hat Fred dort gestört?
- Erkläre mit deinen eigenen Worten, was Freds moralische Überzeugungen ins Wanken bringt und worin sein Konflikt besteht.
- Diskutiert an Beispielen, ob der von Fred neu gefundene Grundsatz im alltäglichen Leben anwendbar ist.

Doch man kann andere auf vielfältige Weise verletzen. Joe im unteren Block war geradezu davon krank geworden, dass man Fred das Staatsstipendium zuerkannte, um das sich beide beworben hatten. Und dann gab es diese [Vergewaltigung]. Fred fühlte, dass der Täter bestraft werden sollte. Schließlich kam er zu dem Urteil, das ihn einigermaßen befriedigte, dieser müsse krank sein und könne deshalb nicht bestraft werden.

[Kurze Zeit später gab sich Harry, ein Student aus Freds Seminar, als Täter zu erkennen. Er prahlte damit, als er betrunken war. Ausgerechnet Harry! Fred hatte Harry schon oft mit verschiedenen Mädchen gesehen. Auch wenn ihn viele nach kurzer Zeit wieder verließen, weil sie die Art, wie er mit ihnen umging, nicht gut fanden. Und – davon war Fred überzeugt – Harry war nicht krank. Dies veränderte die Situation für ihn grundlegend.]

- Wie würdest du an Freds Stelle reagieren? Schreibe den Text weiter, indem du auf Freds Gedanken eingehst, nachdem er wusste, dass Harry der Täter war.
- „Nichts ist falsch, es sei denn, andere werden dadurch verletzt." Diesen Grundsatz hatte sich Fred überlegt, bevor er über verschiedene Arten der Verletzung nachgedacht hatte und bevor er wusste, dass der Täter nicht krank war. Formuliere einen neuen moralischen Grundsatz, der diese beiden neuen Gedanken von Fred mit einbezieht.
- Mit welchen praktischen Konsequenzen müsste man rechnen, wenn Freds ursprüngliche Moralvorstellung (Z. 5–8, S. 144) Gültigkeit hätte?

Freds Problem lässt ihn zu dem Schluss kommen, dass dem ethischen Relativismus Grenzen gesetzt sind. Es gibt also offenbar Werte und Normen, die übergeordneten und allgemeinen Charakter haben und durch die vielfältigen moralischen Überzeugungen nicht verletzt werden dürfen.

Jeder Einzelne kann seine moralischen Grundsätze daraufhin überprüfen, ob sie mit diesen allgemeinen Normen in Einklang stehen. Aus unseren vorläufigen Überlegungen wird die Notwendigkeit der Ethik als philosophischer Wissenschaft deutlich. Aufgabe der philosophischen Ethik ist es, moralische Überzeugungen auf ihre Voraussetzungen zurückzuführen und zu rechtfertigen, über allgemeine Prinzipien nachzudenken und moralische Systeme miteinander zu vergleichen. Unter Ethik versteht man also Moralphilosophie, d. h. die kritische Auseinandersetzung mit bestehenden Moralvorstellungen.

Ethisches Argumentieren

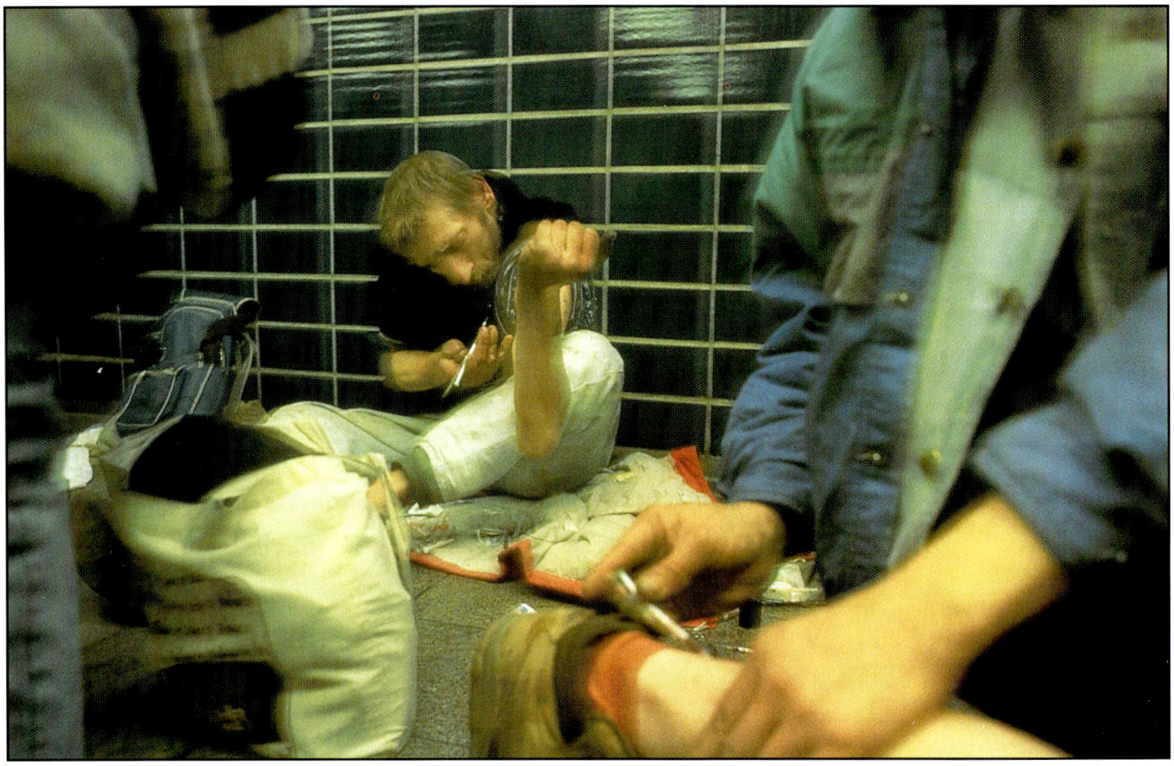

Der Tote war violett verfärbt und lag inmitten von Unrat, schmutziger Wäsche und Essensresten.
Als ein Freund Markus, 32, am Samstag in seiner Wohnung in der Bremer Nietzschestraße findet, ist sein ausgemergelter Oberarm noch mit einem Bademantelgürtel abgebunden. Zwischen den Beinen liegt eine blutige Spritze, auf einem Regal ein schmutzverkrusteter Esslöffel, an dem Reste eines weißen Pulvers kleben – Heroin.
Markus ist einer von rund 1500 Junkies, die jedes Jahr in Deutschland elend krepieren.

Das Bonner Gesundheitsministerium hat ermittelt, dass 72% der Abhängigen aufgrund unbeabsichtigter Dosierung gestorben sind. Die überwältigende Mehrheit der Drogentoten ist demnach auf die Risiken des Schwarzmarkts zurückzuführen und könnte mit Stoff, dessen Qualität berechenbar ist, noch leben.
Deshalb fordern die meisten Polizeipräsidenten deutscher Drogenmetropolen kontrollierte Heroinabgabe durch den Staat*.

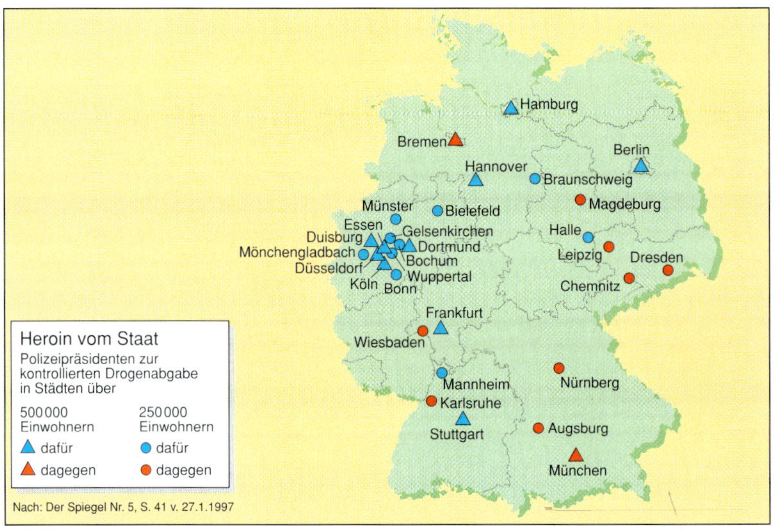

Nach: Der Spiegel Nr. 5, S. 41 v. 27.1.1997

Die Forderungen der Polizei und vieler Politiker bedeuten einen radikalen Umschwung in der Drogenpolitik und sind sehr umstritten.

Heroin vom Staat ist schon aus ethischen und moralischen Gründen nicht verantwortbar. Der Staat darf niemals zum Dealer werden. Er verliert seine Glaubwürdigkeit, wenn er die gleichen Drogen verteilt, vor denen er die Bürger warnt und schützt.

Es hilft nichts, wenn ich mich hinter der Ethik verstecke. Das kann mein Handeln auch lähmen. Ich muss sehen, wie ich den Schaden klein halte – für den Einzelnen wie für das gesamte soziale und öffentliche Umfeld.

Wer mich bei der Ethik packen will, dem sage ich: für mich ist oberstes Gebot Menschen in der Not zu helfen anstatt sie weiter verelenden zu lassen. Da bin ich meiner Kirche verbunden. Deshalb Ja zur kontrollierten Freigabe.

Der Kampf gegen Drogen durch striktes Verbot kostet die Gesellschaft* jährlich 13 Milliarden Mark. Eine kontrollierte Abgabe würde sowohl die Beschaffungskriminalität wie die Sterblichkeitsrate senken. Somit ergäbe sich eine erhebliche Kostenersparnis.

Das Drogenverbot ist eine Erfolgsgarantie für die Drogenmafia. Eine kontrollierte Abgabe würde Dealer und Mafia schwächen.

Seit 15 Jahren bin ich abhängig. Heroin vom Staat – dann wär ich nicht mehr illegal. Dann könnte ich endlich ein menschenwürdiges Leben führen.*

Waſ? Dieſe Nichtſnutze ſollen auch noch belohnt werden! Und daſ von unſeren Steuergeldern. Keinen Pfennig mach ich dafür locker!

- Diese Diskussionsbeiträge sind sich ähnlich oder unterscheiden sich vor allem durch ihren Argumentationsansatz. Stelle fest, welche Beiträge von denselben bzw. von unterschiedlichen Ansätzen ausgehen und ordne sie zu Gruppen.
- Führt eine Pro-und-contra-Diskussion über die Forderung nach kontrollierter Heroinabgabe.

Wer wie die obigen Diskussionsteilnehmer moralische Urteile abgibt, muss sie normalerweise auch begründen. Ein unbegründetes moralisches Urteil – „Das ist eben gut bzw. schlecht“ – hat wenig Überzeugungskraft, da es unverbindlich wie ein bloßes Geschmacksurteil wirkt. Der moralisch Urteilende argumentiert – oft ohne es zu wissen – entweder ausgehend von einem bestimmten, für ihn gültigen und nicht hinterfragbaren Prinzip, z.B. dem Prinzip der Gerechtigkeit, oder er misst umgekehrt den Wert einer Handlung an deren Folgen. Während der eine sich eher an einem grundlegenden Ideal orientiert, interessiert sich der andere hauptsächlich für die realen Konsequenzen. Man unterscheidet demgemäß zwischen einer deontologischen und einer teleologischen Begründung des menschlichen Handelns.

deontologisch (von griech.: deon = Pflicht): Ein Prinzip wird zur moralischen Verpflichtung. Die Folgen einer Handlung sind für moralische Beurteilung unwichtig.

teleologisch (von griech.: telos = Ziel): Einziges Kriterium für das moralische Urteil ist das Handlungsziel. Die Folgen einer Handlung bestimmen ihren Wert.

- Welche der Argumente zur Drogenpolitik sind deontologisch und welche sind teleologisch?

Du oder ich!

Marco hat Aids. Er hasst seine Krankheit, weil sie sich zwischen ihn und seine Wünsche stellt. Und weil sie ihn ausgrenzt. Von den anderen, den Spontanen, Lebenslustigen trennt. Am liebsten würde er die Krankheit vergessen, aber das geht nicht. Auch jetzt – als er die Verabredung mit Inga platzen ließ – mit Inga, die er schon lange heimlich bewundert und nach der sich alle Jungen aus der Nachbarschaft umdrehen. Marco hat Aids. Er hat es weder fertig gebracht, Inga die Wahrheit über sich zu erzählen noch sie ihr zu verheimlichen. Marcos Fall wird Thema beim wöchentlichen Gruppentreff im ortsansässigen Aids-Hilfe-Verein. Kevin, Ronnie und Torsten diskutieren aufgeregt.*

Ronnie: Der Marco müsste viel egoistischer sein! Bringt doch nichts, wie der jetzt total abgestürzt rumhängt. Mir wär das nicht passiert.

Torsten: Wie meinst du das: egoistischer?

Ronnie: Na, der hätte die Gelegenheit ergreifen sollen. Romantisches Treffen im Mondschein beim Teich. Glück zu zweit. Wieso denn die Wahrheit sagen? Was ich nicht weiß …

Ist ja gut! Starrt mich nicht so vorwurfsvoll an! Klar! Nicht ohne Kondom! Fällt ja heute auch gar nicht auf, benutzt ja sowieso jeder. Wirkt höchstens noch besonders verantwortungsbewusst.

Kevin: Quatsch! Das wäre keine Lösung. Auf Dauer hätte er Inga doch nicht verheimlichen können, was mit ihm ist. Die wäre dann nicht bloß durch seine Krankheit abgeschreckt, sondern mehr noch durch sein Verhalten. Stattdessen hätte er von Anfang an offen sein sollen. Das wäre zwar ein gewisses Risiko, aber für ihn sehr wahrscheinlich besser gewesen. Denn durch seinen Mut zur Wahrheit hätte sie gleich 'ne hohe Meinung von ihm bekommen und Vertrauen gehabt. Dein totaler Egoismus, Ronnie, ist völlig unmoralisch!

Ronnie: Aha, Kevin, der Vertreter einer neuen Moral! Ich erstarre in Ehrfurcht! Tu doch nicht so, als ob es dir nicht genauso um deine eigenen Interessen geht.

Torsten: Im Grunde vertretet ihr beide eine egoistische Moral. Kevin stellt es nur klüger an.

- Kannst du dich Torstens Meinung anschließen? Wo siehst du Gemeinsamkeiten zwischen Kevins und Ronnies Vorstellungen?
- Wieso hält Kevin seine Überlegungen nicht für egoistisch?
- Formuliere eine allgemeine Verhaltensregel, die von Ronnies und Kevins Thesen ausgeht.

Die Düsseldorfer Rockgruppe „Die Toten Hosen" beschreibt in ihrem Lied „Zehn kleine Jägermeister" bestimmte soziale Mechanismen unserer Gesellschaft.*

Zehn kleine Jägermeister

Ein kleiner Jägermeister war nicht gern allein,
drum lud er sich zum Weihnachtsfest
neun Jägermeister ein …
Zehn kleine Jägermeister rauchten einen Joint,
den einen hat es umgehaun, da waren's nur noch neun.
Neun kleine Jägermeiser wollten gerne erben,
damit es was zu erben gab, musste einer sterben.
Acht kleine Jägermeister fuhren gerne schnell,
sieben fuhren nach Düsseldorf
und einer fuhr nach Köln.

Einer für alle, alle für einen,
wenn einer fort ist, wer wird denn gleich weinen,
einmal trifft's jeden, ärger dich nicht,
so geht's im Leben, du oder ich.

Sieben kleine Jägermeister war'n beim Rendezvous,
bei einem kam, ganz unverhofft
der Ehemann hinzu.
Sechs kleine Jägermeister
wollten Steuern sparen,
einer wurde eingelocht, fünf durften nachbezahlen.
Fünf kleine Jägermeister wurden kontrolliert,
ein Polizist nahm's zu genau, da war'n sie noch zu viert.

Einmal muss jeder gehn
und wenn dein Herz zerbricht,
davon wird die Welt nicht untergeh'n,
Mensch, ärger dich nicht.

Vier kleine Jägermeister bei der Bundeswehr,
sie tranken um die Wette, den Besten gibt's nicht mehr.
Drei kleine Jägermeister gingen ins Lokal,
dort gab's zwei Steaks mit Bohnen
und eins mit Rinderwahn.
Zwei kleine Jägermeister baten um Asyl,
einer wurde angenommen, der andre war zu viel.
Ein kleiner Jägermeister war nicht gern allein,
drum lud er sich zum Osterfest
neun neue Meister ein.

- Um welche Mechanismen handelt es sich hierbei?
- Wie deutest du den Refrain? Kann man ihn wörtlich verstehen?
- Das Lied war sehr erfolgreich und in den Charts zeitweilig auf Platz eins. Wie erklärst du dir den Erfolg?

- Beschreibe die Situation der auf der Abbildung dargestellten Menschen.
- Lässt sich eine Verwandtschaft zum Song von den „Toten Hosen" feststellen?
- Vor 150 Jahren schrieb der politische Philosoph Alexis de Tocquevillle in seiner Schrift „Über die Demokratie in Amerika": „Jeder steht in seiner Vereinzelung dem Schicksal aller anderen fremd gegenüber; […] was die übrigen Mitbürger angeht, so steht er neben ihnen, aber er sieht sie nicht; er berührt sie und er fühlt sie nicht; er ist nur in sich und nur für sich allein vorhanden." Ist dieser Text deiner Meinung nach noch aktuell?

Den hier beschriebenen Haltungen liegt eine ethische Position zugrunde: der **ethische Egoismus**. Der ethische Egoismus vertritt die These, man solle stets tun, was für einen selbst am besten sei. Allerdings muss daraus nicht folgen, dass ein ethischer Egoist im Alltag egoistisch oder egozentrisch handelt. Seine Ziele sind mit selbstlosem Verhalten in der Praxis durchaus vereinbar. Maßstab eines jeden Verhaltens ist für den ethischen Egoisten, ob es ihm nützen wird – entweder unmittelbar oder auf lange Sicht.

- Diskutiere die Folgen für ein Gesellschaftsmodell, in dem der ethische Egoismus anerkanntes moralisches Gebot wäre.
- Beurteile von hier aus das Bekenntnis zur Lust auf Seite 143. Welcher ethische Grundsatz wird dort vertreten?

Oder wir?

Torsten liest viel und nimmt jede Gelegenheit wahr um seine Leseerfahrungen in den Alltag einzubringen. Kürzlich hat er etwas von einem Philosophen aus dem 18. Jahrhundert gelesen.

Nicht egoistische Selbstverwirklichung führt zu moralischem Handeln. Ich habe kürzlich von einem Philosophen aus dem 18. Jahrhundert gelesen: von Jeremy Bentham, dessen ausgepolstertes und bekleidetes Skelett in der Londoner Universität aufbewahrt wird. Er sagt, gut und nützlich sei nur eine Handlung, die das Glück der Gemeinschaft fördert. Moralisch falsch sei ein Verhalten, das der Gemeinschaft Schaden und Leid bringt.

Bentham verlangt also von mir bei jeder Handlung die Folgen für die Gemeinschaft mit zu berücksichtigen.

> Man bezeichnet Benthams moralische Theorie als **Utilitarismus*** (von lat.: utilis = nützlich) oder als **ethischen Universalismus** (von lat.: universus = ganz, allgemein).

Das Prinzip des Utilitarismus gelangte seit Bentham zu immer größerer Bedeutung in der philosophischen Ethik, aber auch in der gesellschaftlichen* Praxis. Die Vertreter des Utilitarismus messen den Wert von Handlungen immer an ihren **Folgen für die Gesellschaft**. Sind diese positiv, dann sind auch die vorausliegenden Handlungen nützlich und gut. Dieser ethische Begründungsansatz führte insbesondere in diesem Jahrhundert zu der Ausbildung der Verantwortungsethik, die untersucht, ob die wirklichen, aber auch die möglichen Folgen von Handlungen zu rechtfertigen sind. Dahinter steht die Auffassung, dass der Mensch nicht nur für sich selbst, sondern auch immer für die Gemeinschaft mitverantwortlich ist. Deshalb soll jeder Mensch nicht nur seine persönlichen Interessen in seinen Handlungen verwirklichen, sondern auch diejenigen der Gemeinschaft mit berücksichtigen. Dies verlangt ein engagiertes Interesse am Mitmenschen, das Wohlwollen.

Allerdings ist der Maßstab der Nützlichkeit nicht immer eindeutig.

Ein mittelständischer Betrieb in einer Kleinstadt in den neuen Bundesländern produziert nach veralteten Methoden elektrische Kleingeräte – vor allem Schallplattenspieler. Damit wurde ein großer Teil der Arbeitsplätze in der Umgebung gesichert. Da die Produktion aber nicht konkurrenzfähig ist, soll der Betrieb aufgelöst werden. Ein finanzkräftiger Bürger unterstützt den Betrieb aus reiner Anhänglichkeit, sodass die Produktion gerade aufrechterhalten werden kann – im Endeffekt jedoch keinen Gewinn erbringt.

▶ Diskutiert, ob man das Verhalten des Mannes aus utilitaristischen Gründen als moralisch gut bezeichnen kann.

Die Vertreter des Utilitarismus würden hier geteilter Meinung sein, je nachdem ob sie eher die Folgen dieser einmaligen Handlung für die Gemeinschaft beurteilen oder ob sie fragen, welche Folgen es hat, wenn jeder in ähnlichen Situationen so handelte. Die Vertreter der ersten Gruppe bezeichnen sich als Handlungsutilitaristen, die der letzteren als Regelutilitaristen.

Utilitarismus:
ethische Position, die den Wert von Handlungen immer an deren Folgen für eine Gemeinschaft misst

Handlungsutilitarismus:
ethische Position, die die Handlung nach ihren einmaligen Folgen beurteilt

Regelutilitarismus:
ethische Position, die die Handlung danach beurteilt, welche Folgen sie hervorbringt, wenn sie verallgemeinert wird

Erklärung zur Organspende

Name, Vorname — Geburtsdatum

Straße — PLZ, Wohnort

☐ **Ich bin Organspender:** Ich möchte kranken Menschen dadurch helfen, daß mir nach meinem Tod Organe/Gewebe zur Transplantation entnommen werden.

☐ **Ich bin Organspender,** ausgenommen folgende Organe / Gewebe:

☐ **Ich bin kein Organspender:** Ich widerspreche einer Entnahme von Organen/Gewebe.

Im Falle meines Todes bitte umgehend Nachricht geben an die Organisationszentrale Telefon (Tag und Nacht): (0 61 02) 3 99 99

☐ Ich übertrage die Entscheidung über eine Organspende nach meinem Tod auf:

☐ Falls mir etwas zustößt, sollen folgende Personen benachrichtigt werden:

Name, Vorname — Telefon

Straße — PLZ, Wohnort

Anmerkungen/Besondere Hinweise

Datum — Unterschrift

Diesen Ausweis überreicht Ihre AOK Die Gesundheitskasse.

Die utilitaristische Ethik führt aber auch zu Problemen, die im folgenden Beispiel deutlich werden.

Auf der Intensivstation warten zwei Patienten auf die lebensrettende Nierentransplantation: Der hochtalentierte Wissenschaftler Felix und der gleichaltrige Maschinenbauschlosser Hugo. Felix forscht seit Jahren an einem Impfstoff gegen Aids* und hat schon beachtliche Teilerfolge erzielt. Beide befinden sich in einem vergleichbar kritischen Zustand und ihre Überlebenschancen sind ohne baldige Organspende schlecht. Plötzlich überschlagen sich die Ereignisse. Infolge eines Verkehrsunfalls wird ein 20-jähriger Motorradfahrer schwer verletzt eingeliefert und stirbt noch auf der Intensivstation. Da er einen Organspenderausweis bei sich trägt, kommt er für eine Transplantation in Frage. Die verantwortlichen Ärzte und Ärztinnen haben jetzt das Schicksal von Felix und Hugo in ihren Händen. Für die Entscheidung bleibt nicht viel Zeit ...

- ▶ Spielt die Entscheidungsfindung des Ärzteteams in einer Diskussion nach.
- ▶ Diskutiert die Entscheidung in der gesamten Klasse. Welche Probleme werden deutlich?
- ▶ Inwieweit kann das Prinzip des allgemeinen Nutzens zu ethischen Problemen führen?

Informiere dich in diesem Zusammenhang über die deutschen Ausländergesetze und Abschiebeverfahren oder über die Maßnahmen der Atommüllendlagerung.

Teleologische Moralphilosophen, Egoisten und Utilitaristen, stimmen darin überein, den moralischen Wert von Handlungen an deren Folgen abzulesen. Unterschiedliche Ansichten haben sie aber darüber, wem die Folgen der Handlung dienen sollen. Während der ethische Egoist fordert, man solle das tun, was für einen selbst von Vorteil ist, geht es für den Utilitaristen um das allgemeine Wohl. Kleinen Kindern wird oft – wenn sie etwas „Böses" tun, z. B. andere Kinder schlagen oder ihnen Spielzeug wegnehmen – entgegengehalten: Du möchtest doch auch nicht, dass dir dasselbe angetan wird. Diese pädagogische Maßnahme ist verallgemeinert in der weit verbreiteten moralischen Regel: Was du nicht willst, dass man dir tu, das füg auch keinem andern zu – die so genannte goldene Regel.

- ▶ Ist die goldene Regel eher der egoistischen oder der utilitaristischen Ethik zuzurechnen?
- ▶ Im Folgenden findest du als Hilfe einige Stellungnahmen zur goldenen Regel. Kläre, welche der beiden ethischen Positionen sie jeweils unterstützen und ob sie zutreffen.

„Die goldene Regel verlangt von mir den weitsichtigen Blick auf die Folgen meiner Handlung für andere."
„Die goldene Regel nimmt den anderen nur in den Blick um negative Folgen für mich zu verhindern."
„Die goldene Regel zwingt mich mich engagiert in den Mitmenschen hineinzuversetzen."
„Der goldenen Regel geht es um einen Ausgleich von persönlichen und allgemeinen Interessen."

Nur um des Guten willen

Der griechische Philosoph Sokrates (469–399 v. Chr.) war berühmt für seine öffentlichen philosophischen Gespräche auf dem Marktplatz, durch die er eine große Anhängerschaft beeinflusste. Er wurde angeklagt, dass er nicht an die Staatsgötter glauben und die Jugend deshalb verführen würde. Das Athener Gericht verurteilte ihn zum Tod und ließ ihn durch Gift mit dem Schierlingsbecher hinrichten. Näheres dazu findest du in Kap. 3, S. 44.*

Einer seiner bekanntesten Schüler, der griechische Philosoph Platon (427–347 v. Chr.), beschreibt in seinem Dialog „Kriton", weshalb Sokrates sich dem ungerechten Urteil unterwirft anstatt sich durch Flucht der Strafe zu entziehen. Kriton – einer der Freunde des Sokrates – meldete ihm im Kerker seine unmittelbar bevorstehende Hinrichtung und forderte ihn dringend auf zu fliehen. Alle Mittel standen bereit, die Zeit drängte. Kriton brachte vier zwingende Gründe für die Flucht vor.*

Sokrates

Kriton: „Sokrates, folge mir und rette dich. Denn für mich ist es nicht ein Unglück nur, wenn du stirbst. Sondern außer dem, dass ich eines solchen Freundes beraubt werde, werden auch viele glauben, dass ich es versäumt hätte, dich zu retten, obwohl ich dazu imstande gewesen wäre. Ferner, Sokrates, dünkt es mich auch nicht recht zu sein, dass du dich selbst preisgibst, obwohl du dich retten kannst, da du so nichts anderes als deine Feinde betreibst und ihnen damit Recht gibst. Überdies scheinst du mir deinen eigenen Söhnen untreu zu sein, die du ja aufziehen und ausbilden solltest. Und zu allem Überfluss wird es wie Feigheit und Unmännlichkeit wirken, dass weder wir noch du dich selbst gerettet haben, da es gar wohl möglich gewesen wäre. Dies alles, o Sokrates, bedenke und achte, dass es nicht außer zum Unglück auch zur Schande gereiche, dir wie uns.

Sokrates: Betrachte, ob für uns noch gilt oder nicht, dass man nämlich nicht das Leben am höchsten achten muss, sondern das gute Leben. Und dass das Gute mit dem gerechten und sittlichen Leben eins ist. Auf dieser Grundlage müssen wir erwägen, ob es gerecht ist, dass ich versuche von hier gegen den Willen der Athener fortzugehen. Und wenn es sich als gerecht zeigt, wollen wir es versuchen, wenn nicht, unterlassen. Sagten wir nicht, auf „keine Weise soll man Unrecht tun?"

Kriton: „Nein, freilich."

Sokrates: „Also auch nicht der, dem Unrecht geschehen ist, darf wieder Unrecht tun?"

Kriton: „Es scheint so."

Sokrates: „Darf man misshandeln?"

Kriton: „Wohl nicht, Sokrates."

Sokrates: „Aber wieder misshandeln, nachdem man schlecht behandelt worden, ist das gerecht?"

Kriton: „Auf keine Weise."

Sokrates: „Ich frage, ob jemand, wenn er ein Versprechen gegeben hat, es auch halten müsse."

Kriton: „Halten muss er es."

▶ Untersuche die ethische Argumentation Kritons, als er Sokrates zur Flucht auffordert. Welcher Argumentation, die in diesem Kapitel dargestellt wurde, lässt sie sich zuordnen? Wie unterscheidet sie sich von der Argumentation des Sokrates?

Im Folgenden beantwortet Sokrates die Ausgangsfrage, indem er die Perspektive der Gesetze einnimmt. In einem fiktiven Gespräch zeigen die Gesetze Sokrates auf, dass seine Flucht sich staatszerrüttend auswirke, da Gesetze geschwächt werden, wenn sie von Einzelnen umgestoßen werden können. Außerdem erinnern sie Sokrates daran, dass gerade er, obwohl er die Freiheit gehabt habe sich den Gesetzen der Stadt zu entziehen und sie zu verlassen, sich ausdrücklich dazu bekannt habe. Zusammenfassend sagt Sokrates:

Wenn ich jetzt in den Tod gehe, so gehe ich hin als einer, der Unrecht erlitten hat, zwar nicht von den Gesetzen, sondern von den Menschen. Entfliehe ich aber so schmählich, Unrecht und Böses mit Gleichem vergeltend, meine eigenen Versprechen und Verträge verletzend und allen denen Übles zufügend, denen ich es am wenigsten sollte, mir selbst nämlich, meinen Freunden, dem Vaterland und den Gesetzen: so werden nicht nur diese mir zürnen, solange ich lebe, sondern auch die Gesetze der Unterwelt. – Wohlan denn, Kriton, so lass uns auf diese Art handeln, da uns hierin der Gott leitet.

- Welches ist das zentrale Argument gegen die Flucht?
- Wie ist es gemeint, dass Sokrates mit seiner Flucht nicht nur dem Vaterland, sondern auch den Freunden und sogar sich selbst Übles tut?

Sokrates gilt als einer der ersten **Deontologen.** Die deontologischen Moralphilosophen argumentieren ganz anders als die Teleologen. Sie beurteilen menschliches Handeln ausschließlich nach der ihm innewohnenden Gesinnung, den Absichten oder Motiven, also nach dem Handlungs**prinzip**. Teleologische Begründungen sittlicher Gebote sind für Deontologen nicht gültig. Stattdessen gelten Handlungen als moralisch gut, wenn ihre Maximen (Grundsätze) in sich gut sind. Deshalb sind moralische Normen (z. B. das Tötungsverbot) ungeachtet ihrer Folgen in sich selbst gültig und verpflichtend.
Sokrates begründet seine Ethik mit einer zentralen moralischen Regel (Man darf nicht Unrecht tun) und mit seinem Gewissen, das ihn auf diese Regel verpflichtet. Diese ethische Tradition setzt der Philosoph Immanuel Kant* (1724–1804) fort.

Einzige Voraussetzung für das moralisch gute Handeln ist für Kant der gute Wille. Dieser macht sich das Gute zur Pflicht. Der moralisch gute handelnde Mensch handelt nicht aus Neigung, weder aus egoistischer noch aus menschenfreundlicher Neigung, sondern nur aus der Einsicht in die Notwendigkeit des Guten.

Immanuel Kant

DEONTOLOGISCHE ETHIK

Zum Guten verpflichtet

Woran erkenne ich das? An den Folgen? **?** **Und wenn nicht? Woran dann?**

Kann ich wirklich wollen …?

Kant* geht über Sokrates* hinaus, indem er moralisches Handeln nicht durch persönliche Gefühle, durch Traditionen oder durch das Gewissen begründet. Er bestimmt das Gute weder inhaltlich als einen bestimmten Wert oder Handlungsgegenstand noch ist das Gute abhängig von den Folgen der Handlung. Es äußert sich hingegen eher formal als handlungsleitende Maxime[1]. Kant formuliert eine verbindliche Handlungsregel, den berühmten kategorischen Imperativ, von der alle konkreten Pflichten abgeleitet werden können.

Handle nur nach derjenigen Maxime, durch die du zugleich wollen kannst, dass sie ein allgemeines Gesetz werde.

Jeder Mensch muss sich in jeder Situation an dieser Regel orientieren. Wer sich von ihr eine konkrete Handlungsanleitung erhofft, wird jedoch enttäuscht. Stattdessen fordert der kategorische Imperativ den Menschen heraus. Er verlangt von jedem Einzelnen stets eine selbstständige und kritische Überprüfung des eigenen Verhaltens.

An Beispielen erläutert Kant den kategorischen Imperativ:
Jemand ist gezwungen sich Geld zu leihen. Obwohl er weiß, dass er seine Vereinbarung nicht halten kann, verspricht er das Geld in einer bestimmten Frist zurückzuzahlen – aus der berechtigten Angst sonst nichts geliehen zu bekommen. Würde seine Handlungsmaxime zum allgemeinen Gesetz, ergäbe sich deren Unsinnigkeit. Denn die Allgemeinheit eines Gesetzes, dass jeder, nachdem er in Not zu sein glaubt, versprechen könne, was ihm einfällt, mit dem Vorsatz, es nicht zu halten, würde das Versprechen und dessen Zweck selbst unmöglich machen, da niemand ihm mehr Glauben schenken würde.
Jemand, der in guten Verhältnissen lebt, bleibt von der Not anderer unbeeindruckt, obwohl er ihnen helfen könnte. Er denkt: Was geht's mich an? Mag doch ein jeder so glücklich sein, wie der Himmel will … Es ist aber unmöglich zu wollen, dass diese Maxime[1] allgemeines Gesetz würde, denn ein solcher Wille würde sich selbst widerstreiten, da es möglich ist, dass er selbst in anderen Situationen der Liebe und Teilnahme anderer bedarf. Durch ein solches Gesetz würde er sich demgegenüber aber aller Hoffnungen berauben.

Immanuel Kant

[1] Maxime: Grundsatz

- Welche Handlungsmotive liegen in den Beispielen vor?
- Mit welchen Argumenten werden die Verhaltensweisen jeweils moralisch beurteilt? Gibt es ein zugrunde liegendes Prinzip?
- Worüber muss sich nach Kant eine Person klar werden, wenn sie ihr eigenes oder das Verhalten eines anderen moralisch beurteilen will?
- Vergleiche die Zehn Gebote der Bibel* (Ethik 7/8, S. 183; 2. Mose, Kap. 20) mit Kants kategorischem Imperativ. Welche Besonderheit besitzt der kategorische Imperativ im Vergleich?

Du sollst nicht …!

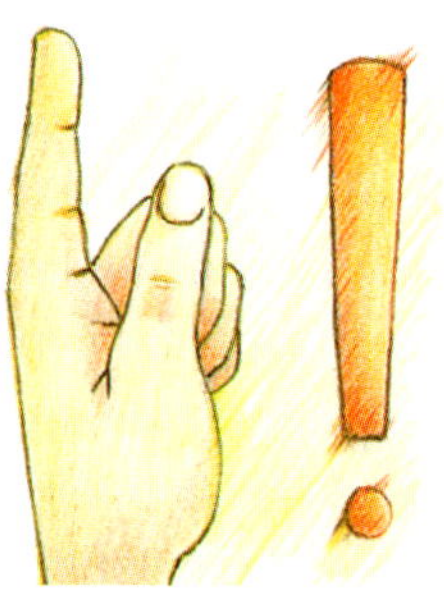

Kann ich wirklich wollen …?

- Inwiefern stellt der kategorische Imperativ im konkreten Fall eine Orientierungshilfe dar?
- Welche Fragen müssten sich für Kevin, Ronnie (S. 148) oder Fee (S. 139) stellen, wenn sie Kants Grundsätze übernehmen würden? Formuliere ein Selbstgespräch, das beginnt mit: Kann ich wirklich wollen, dass …

Mit der Forderung des kategorischen Imperativs stellt Kant nur die Vernunft als Prüfstein für moralisches Handeln auf. Ob eine Handlung moralisch gut oder schlecht sei, lässt sich mithilfe des kategorischen Imperativs ganz rational begründen, indem ich mich frage, ob ich diese Handlung auch dann gut finde, wenn sie von jedem Menschen in jeder Situation begangen werden kann. Damit verlieren Moralforderungen und -urteile ihren teilweise willkürlichen und zufälligen Charakter.

In einer anderen berühmt gewordenen Formulierung Kants lautet der kategorische Imperativ so:

Handle so, dass du die Menschheit, sowohl in deiner Person als in der Person eines jeden anderen, jederzeit zugleich als Zweck, niemals bloß als Mittel brauchst.

Hier spricht Kant das Prinzip der Menschenwürde aus, das in der Folge bis heute weltweit immer größere Anerkennung und Bedeutung gefunden hat. Auf Kants Gedanken berufen bzw. beziehen sich die Verfassungen der meisten freiheitlich-demokratischen Staaten wie auch die allgemeine Erklärung der Menschenrechte* der UNO*.

▶ Geht die zweite Fassung des kategorischen Imperativs über die erste hinaus?

▶ Erläutere die folgende Aussage des Philosophen Karl Popper.

„Die Verteidigungsrede und der Tod des Sokrates haben die Idee des freien Menschen zu einer lebendigen Wirklichkeit gemacht. Sokrates war frei, weil sein Geist nicht unterjocht werden konnte; er war frei, weil er wusste, dass man ihm nichts anhaben konnte. Dieser Sokratischen Idee des freien Menschen, die ein Erbgut unseres Abendlandes ist, hat Kant auf dem Gebiete des Wissens wie auf dem der Ethik eine neue Bedeutung gegeben. Und weiter hat er ihr die Idee einer Gesellschaft* freier Menschen hinzugefügt – einer Gesellschaft ALLER Menschen."

▶ Was verstehst du unter Freiheit?
▶ Welche Bedeutung hat Freiheit für Sokrates und Kant?
▶ Vergleiche Kants Moralgesetz und die Prinzipien des Sokrates (S. 152).
Welche Gemeinsamkeiten und welche Unterschiede gibt es?
▶ Vor dir geht die Tochter oder der Sohn eines prominenten Multimillionärs. Sie bzw. er verliert das Portmonee. Wie verhältst du dich spontan?
▶ Wie verhältst du dich als Kantianer, als Handlungsutilitarist, als Regelutilitarist oder als Egoist? Suche dir eine Position aus und schreibe einen inneren Monolog.

Sven hat Probleme mit dem kategorischen Imperativ

Svens Vater ist in der vergangenen Woche operiert worden und von dem komplizierten Eingriff noch sehr geschwächt. Die Operationsergebnisse sind schlecht: Svens Vater leidet an einem bösartigen Krebstumor, der nicht zu operieren ist. Die Prognosen sind nicht sehr günstig, auch wenn eine Einkapselung oder sogar Rückentwicklung des Tumors durch eine gezielte Therapie von den Ärzten nicht ausgeschlossen wird. Um die für die folgende anstrengende Chemotherapie notwendige nachoperative Erholungs- und Aufbauphase nicht zu gefährden haben sich Svens Mutter, Sven und die Ärzte entschieden dem Vater die deprimierende Diagnose zu verschweigen, obwohl Svens Vater immer den Standpunkt vertreten hat, er wolle in jedem Fall über sich und seinen Zustand die Wahrheit erfahren. Das fordere seine Würde als Mensch. Sven bereut ihre Entscheidung trotzdem nicht. Er findet: Es muss auch Ausnahmen geben.

▶ Nimm Stellung zu dieser Entscheidung. Versetze dich auch in die Situation des Vaters.

▶ Formuliere, was du unter Lüge verstehst. Diskutiere, welchen Stellenwert die Lüge oder das Lügen in deinem Lebensumfeld hat und welche Meinung du zum Lügen hast.

Immanuel Kant bezieht gegenüber dem Lügen eine eindeutige Position.*

Um indessen mich in Ansehung der Beantwortung, ob ein lügenhaftes Versprechen pflichtmäßig sei, zu belehren, frage ich mich selbst: Würde ich wohl damit zufrieden sein, dass meine Maxime[1] (mich durch ein unwahres Versprechen aus der Verlegenheit zu ziehen) als ein allgemeines Gesetz (sowohl für mich als auch für andere) gelten solle und würde ich wohl zu mir sagen können: Es mag jedermann ein unwahres Versprechen tun, wenn er sich in Verlegenheit befindet, daraus er sich auf andere Art nicht ziehen kann? So werde ich bald inne, dass ich zwar die Lüge, aber ein allgemeines Gesetz zu lügen gar nicht wollen könne; denn nach einem solchen würde es eigentlich gar kein Versprechen geben, weil es vergeblich wäre, meinen Willen in Ansehung meiner künftigen Handlungen andern vorzugeben, die diesem Vorgeben doch nicht glauben oder, wenn sie es übereilterweise täten, mich doch mit gleicher Münze bezahlen würden, mithin meine Maxime, sobald sie zum allgemeinen Gesetz gemacht würde, sich selbst zerstören müsse.

1 Maxime: Grundsatz

▶ Ist für Kant die Lüge berechtigt?

▶ Vollziehe die Argumentation Kants nach und erkläre die Bedeutung des Kategorischen Imperativs für diese Fragestellung.

▶ Spielt ein Streitgespräch zwischen Kant und Sven nach. Helft Sven ein überzeugendes Argument gegen Kant zu finden.

Ähnlich wie Sven argumentiert der Theologe Dietrich Bonhoeffer.*

Ein Kind wird von seinem Lehrer vor der Klasse gefragt, ob es wahr sein, dass sein Vater oft betrunken nach Hause komme. Es ist wahr, aber das Kind verneint es. Es empfindet, dass hier ein unberechtigter Einbruch in die Ordnung der Familie erfolgt, den es abwehren muss. Was in der Familie vorgeht, gehört nicht vor die Ohren der Schulklasse. Der Lehrer hat die Wirklichkeit dieser Ordnung missachtet. Das Kind müsste nun in seiner Antwort einen Weg finden, auf dem die Ordnung der Familie und der Schule in gleicher Weise gewahrt bliebe. Es kann das noch nicht, es fehlt ihm an Erfahrung, die Erkenntnis und die Fähigkeit des rechten Ausdrucks. Indem es die Frage des Lehrers einfach verneint, wird die Antwort zwar unwahr, aber sie gibt doch zugleich der Wahrheit Ausdruck, dass die Familie eine Ordnung ist, in die der Lehrer nicht berechtigt war, einzudringen. Man kann nun zwar die Anwort des Kindes eine Lüge nennen; trotzdem enthält diese Lüge mehr Wahheit, d. h. sie ist der Wirklichkeit gemäßer als wenn das Kind die Schwäche seines Vaters vor der Schulklasse preisgegeben hätte. Dem Maße seiner Erkenntnis nach hat das Kind richtig gehandelt. Die Schuld an der Lüge fällt allein auf den Lehrer zurück. Es ist daher fraglich, ob es sinnvoll ist, den Begriff der Lüge, die als etwas schlechthin Verwerfliches verstanden wird und werden soll, so zu verallgemeinern und auszudehnen, dass er mit dem Begriff der formalen wahrheitswidrigen Aussage zusammenfällt.

- Wieso ist es nach Bonhoeffer im Einzelfall problematisch, den Begriff der Lüge anzuwenden?
- Welche Gesichtspunkte müssen für Bonhoeffer in die sittliche Beurteilung einfließen?
- Welche Motive führen im Beispiel Svens, des Doktor Jakob und des Kindes zur Lüge?

Berlin. Montag, 23. Februar 1942 Seit heute Morgen um sechs Uhr fahren Lastautos durch Berlin. Eskortiert von bewaffneten SS-Männern. Halten vor Fabriktoren, halten vor Privathäusern. Laden Menschenfracht ein. Männer, Kinder, Frauen. Unter den grauen Planverdecken drängen sich verstörte Gesichter. Elendsgestalten, wie Schlachtvieh zusammengepfercht und durcheinander gewürfelt. Immer neue kommen hinzu, werden mit Kolbenhieben in die überfüllten Wagen gestoßen. In sechs Wochen soll Deutschland „judenrein" sein, […]

Vor uns sitzt Doktor Jakob. Unser Zahnarzt aus besseren Tagen. Jetzt ist er Sternträger und seit drei Monaten bemüht seine „jüdischen Großeltern zu taufen". „Arisierungsverfahren" nennt man den Vorgang, wenn ein Jude nachzuweisen versucht, dass seine Eltern eigentlich gar nicht seine Eltern sind. Dass zumindest sein Vater …
Nie zuvor hat es so viele eheliche Fehltritte gegeben. Und so viele Töchter und Söhne, die bereit sind einen Seitensprung ihrer Mutter eidesstattlich zu bezeugen.

- Ist deiner Meinung nach das Verhalten des Doktor Jakob und seiner Leidensgefährten unmoralisch? Begründe deine Meinung.
- Versetze dich an die Stelle eines überzeugten Deontologen, der in eine ähnliche Situation gerät. In welchen moralischen Konflikt kann er geraten? Schreibe ein inneres Zwiegespräch.
- Fallen dir andere Beispiele von „berechtigten" Lügen ein?
- Versuche von hier aus einen allgemeinen Einwand gegen Kants Lügenverbot zu formulieren.
- Wo liegen deiner Meinung nach die Vorteile der deontologischen Ethik, wo ihre Schwächen?

Was wäre, wenn alle Menschen immer die Wahrheit sagen würden?
a. nur auf Nachfrage
b. ohne Nachfrage

10. Schule – Arbeit – Freizeit

FREIZEIT
Sozial-
arbeiter
UNI

Schule – unser Lebensraum

Ein Schüler verbringt im Laufe seiner neunjährigen Schulzeit

360	Schulwochen
1 800	Schultage
10 800	Schulstunden

in der Schule.

▶ Welche Idealvorstellungen habt ihr von Schule? Wie würdet ihr als Architekten eine Schule bauen und wie würdet ihr den Schulalltag organisieren?

▶ Vergleiche diese Traumschule mit deinen eigenen Erfahrungen in der Schule.

▶ Warum sind Schulen entstanden? Welche Aufgaben haben Schulen heute?

Christian, 18 Jahre

- Mitbestimmung bei den Unterrichtsthemen
- keine Pflichtstunden
- eigenständiges Zusammenstellen des Stundenplans
- Schule soll mit Arbeitsmaterial bestens versorgt sein
- Abbau der Bürokratie

Steffi, 17 Jahre

- mehr Berufsorientierung
- viele Betriebsbesichtigungen
- engagierte und interessierte Lehrer mit guter pädagogischer Ausbildung
- mehr Wahlmöglichkeiten
- mehr praktische Fächer, die einem im Leben weiterhelfen (Rhetorik, Allgemeinbildung)
- Verantwortung lernen
- eigene Aktionen
- selbstständig werden

Karin, 16 Jahre

- Schule, in der man moderne, aktuelle Dinge lernt
- Schule, in der man auf das wirkliche Leben vorbereitet wird
- Schule, die aus kleinen Gruppen besteht
- Schule, in der jede und jeder ihre bzw. seine Stärken voll entfalten kann
- individuelle Betreuung der Schüler (abhängig von der Auffassungsgabe und der Lerngeschwindigkeit)
- Lehrmethoden, die zum selbstständigen Lernen anregen und nicht zum Auswendiglernen

Alex, 15 Jahre

- das Schulgebäude soll freundlich sein
- viele gemütliche Sitzecken und Aufenthaltsräume
- Schulhof mit Bäumen und einer Wiese
- Pflanzen im Gebäude
- Klassenräume, die persönlich gestaltet werden
- eine Stunde in der Woche, in der man mit den anderen über Probleme reden kann
- Lehrer als Freund und nicht nur als Wissensvermittler
- mehr Freizeitangebote in der Schule

▶ Die Schüler setzen mit ihren Idealschulen jeweils unterschiedliche Schwerpunkte: Beschreibe diese mit deinen eigenen Worten.

▶ Welche Äußerungen der Schülerinnen und Schüler beziehen sich auf Schule als Lebensraum und welche auf Schule als Institution?

▶ Diskutiert, welchen Schwerpunkten ihr zustimmen könnt. Begründet eure Meinung.

▶ Welche Ideen könnt ihr in eurer Schule und in eurem Klassenraum realisieren?

Schule gestern – Schule heute

Wer die Anfänge der Schule aufspüren will, muss in der Geschichte weit zurückgehen. Schon in den frühen Hochkulturen war es notwendig, besondere Einrichtungen zu gründen, in denen den Kindern und Jugendlichen Fähigkeiten vermittelt wurden, die im alltäglichen Leben nicht von selbst gelernt wurden.

In den Schulen der römischen Antike gehörte nicht nur Lesen und Schreiben, sondern auch die Rhetorik zum Lehr- und Lernstoff. Dadurch wurden die Jungen darauf vorbereitet, später politische Ämter zu übernehmen. Der Unterricht war jedoch ein Privileg für Kinder aus wohlhabenden Familien.

In Mitteleuropa wurde die christliche Religion und Kultur ab 600 n. Chr. fast überall verbreitet. Lesen und Schreiben wurde im Mittelalter hauptsächlich in den Klöstern unterrichtet. In der Neuzeit richtete der Staat* öffentliche Schulen ein, in denen der Einfluss der Kirche lange erhalten blieb.

Stunden	1. Haufen Lesekinder	2. Haufen Buchstabieren	3. Haufen ABC-Schüler
8.00– 9.00	Üben des Kirchenliedes (alle vier Wochen ein neues); Gebet; Lesung des monatlichen Psalms; Üben eines Stückes aus dem Katechismus (alle sechs Wochen von vorne)		
9.00– 9.30	Lesen und Buchstabieren aus der Bibel*		
9.30–10.00	Aufschlagen üben in Bibel und Gesangbuch; Lernen der Wochensprüche	Buchstabieren	ABC-Übungen (täglich zwei Buchstaben)
10.00–11.00	Schreiben; Lehrer korrigiert schriftlich	Buchstabieren; erstes Lesen	Unterscheiden von lauten und stummen Buchstaben
13.00–14.00	Singen einiger Kirchenlieder; Lesung des monatlichen Psalms; Lernen des Hauptinhalts der biblischen Bücher; Lesen aus dem „Lehrbüchlein zum Unterricht der Kinder auf dem Lande in allerhand nötigen und nützlichen Dingen"		
14.00–14.30	Lernen des neuen Stücks aus dem Katechismus		
14.30–15.00	Lesen	Buchstabieren	ABC-Übungen
15.00–16.00	Schreiben und Rechnen	Buchstabieren	ABC-Übungen

Normalplan für die preußische Landschule 1763

Privatunterricht im 18. Jh.

- Vergleicht diesen Stundenplan mit eurem. Was hat sich geändert?
- Vergleiche diese Unterrichtsszene mit den verschiedenen Möglichkeiten der Kommunikation im modernen Unterricht. Was könnte die Ursache dafür sein, dass sich die Kommunikation geändert hat?
- Diskutiert, ob die Kommunikationsformen etwas über das Menschenbild der Gesprächspartner aussagen.

Die Schulpflicht wurde 1717 in Preußen eingeführt, was jedoch nicht bedeutete, dass alle Schüler in öffentlichen oder privaten Schulen unterrichtet wurden, wie es heute üblich ist. Viele Kinder und Jugendliche erhielten zu Hause von Eltern und Hauslehrern ihre Schulausbildung.

▶ Informiert euch über unterschiedliche Schulmodelle in Europa, in den USA und in anderen Ländern. Welche Ziele und welches Menschenbild sind in den verschiedenen Modellen erkennbar?

Vorschläge zur Veränderung von Schule zu einem gemeinsamen Lebensraum von Lehrern und Schülern kann man in der letzten Zeit in den Medien verfolgen. Dabei geht es um das gemeinsame Miteinander und in diesem Zusammenhang um die Frage: Gleiches Recht für alle?
Was die Verwirklichung dieses Grundsatzes bedeuten kann, zeigt folgender Fragebogen. Unterscheidet für jede Antwort zwischen: ❑ Ja/❑ Nein/❑ eventuell

Habe ich als Lehrer/in das Recht,

- unvorbereitet zu sein?
  ❑ ja ❑ nein ❑ eventuell
- mich so zu kleiden, wie ich das möchte?
  ❑ ja ❑ nein ❑ eventuell
- Schülerinnen und Schüler anzubrüllen?
  ❑ ja ❑ nein ❑ eventuell
- zu spät zu kommen?
  ❑ ja ❑ nein ❑ eventuell
- dass sich Kinder bei mir entschuldigen?
  ❑ ja ❑ nein ❑ eventuell
- Schülerinnen und Schüler vor der Klasse zu kritisieren?
  ❑ ja ❑ nein ❑ eventuell
- das Verhalten der Kinder zu bewerten?
  ❑ ja ❑ nein ❑ eventuell
- außerhalb der Schule von Schülern in Ruhe gelassen zu werden?
  ❑ ja ❑ nein ❑ eventuell
- von meinem privaten Leben zu erzählen?
  ❑ ja ❑ nein ❑ eventuell
- in aller Ruhe ausreden zu können und nicht unterbrochen zu werden?
  ❑ ja ❑ nein ❑ eventuell
- Kinder zu zwingen sich mit bestimmten Fragestellungen und Aufgaben auseinander zu setzen?
  ❑ ja ❑ nein ❑ eventuell

Habe ich als Schüler/in das Recht,

- unvorbereitet zu sein?
  ❑ ja ❑ nein ❑ eventuell
- mich so zu kleiden, wie ich das möchte?
  ❑ ja ❑ nein ❑ eventuell
- Lehrerinnen und Lehrer anzubrüllen?
  ❑ ja ❑ nein ❑ eventuell
- zu spät zu kommen?
  ❑ ja ❑ nein ❑ eventuell
- dass sich Lehrerinnen und Lehrer bei mir entschuldigen?
  ❑ ja ❑ nein ❑ eventuell
- Lehrerinnen und Lehrer vor der Klasse zu kritisieren?
  ❑ ja ❑ nein ❑ eventuell
- das Verhalten von Lehrerinnen und Lehrern zu bewerten?
  ❑ ja ❑ nein ❑ eventuell
- außerhalb der Schule von Lehrerinnen und Lehrern in Ruhe gelassen zu werden?
  ❑ ja ❑ nein ❑ eventuell
- von meinem privaten Leben zu erzählen?
  ❑ ja ❑ nein ❑ eventuell
- in aller Ruhe ausreden zu können und nicht unterbrochen zu werden?
  ❑ ja ❑ nein ❑ eventuell
- Lehrerinnen und Lehrer zu zwingen sich mit bestimmten Fragestellungen und Aufgaben auseinander zu setzen?
  ❑ ja ❑ nein ❑ eventuell

▶ Überprüft, ob die Fragen für eure Schule sinnvoll formuliert sind. Ihr könnt Fragen ändern, Fragen streichen und neue Fragen einfügen.

▶ Lasst die Fragebögen in eurer Klasse und eventuell auch in anderen Klassen ausfüllen und bittet auch eure Lehrer um Mitarbeit bei dem Projekt.

▶ Gestaltet mit dem Ergebnis eurer Umfrage eine Wandzeitung mit dem Thema: Lehrerrechte – Schülerrechte.

▶ Diskutiert über den Sinn und über die Grenzen des Grundsatzes „Gleiches Recht für alle" in der Schule.

Warum arbeiten?

Arbeiten – was ist das?

Der Begriff der Arbeit hat im Laufe seiner Geschichte einen grundlegenden Wandel durchgemacht. In der Antike und im Mittelalter verstand man unter Arbeit eine körperliche Tätigkeit, die der Selbsterhaltung dient. Es blieb den arbeitenden Menschen keine andere Möglichkeit, als ihre körperliche Arbeitskraft zu verkaufen. Im ausgehenden Mittelalter wurde der Arbeitsbegriff aufgewertet: Arbeit ernährt nicht nur notdürftig, sie wirft auch einen Überschuss ab, über den der arbeitende Mensch selbstständig verfügen kann.

▶ Sucht Beispiele, z. B. aus eurem Geschichtsbuch, die diese Beschreibung belegen.

Mit der fortschreitenden industriellen Revolution* bekommt Arbeit für den Menschen eine neue Bedeutung. Die fortschreitende Automatisierung* hat direkte Auswirkungen auf den Menschen selbst und auf das Produkt seiner Arbeit.

Der Philosoph Karl Marx* (1818–1883) hat sich intensiv mit dieser Situation auseinander gesetzt. Für Karl Marx ist die Arbeit ein Wesensmerkmal des Menschen, durch das er sich vom Tier unterscheidet: „Zwar produziert auch das Tier. Es baut sich ein Nest, Wohnungen, wie die Biene, Biber, Ameise etc. Allein es produziert nur, was es unmittelbar für sich oder sein Junges bedarf, während der Mensch universell produziert; es produziert nur unter der Herrschaft des umittelbaren physischen Bedürfnisses, während der Mensch frei vom physischen Bedürfnis produziert ..."

▶ Beschreibe am Beispiel des Wohnungsbaus den Unterschied zwischen der Arbeit des Menschen und des Tieres.

▶ Die „Bearbeitung der gegenständlichen Welt" (d. h. der Natur) ist nach Karl Marx ein typisierendes Wesensmerkmal der Gattung Mensch. Erkläre diese Formulierung mit deinen eigenen Worten.

Der Mensch als arbeitendes Wesen wird bei fortschreitender Automatisierung und Arbeitsteilung jedoch vom Produkt seiner Arbeit getrennt. Seine Arbeit ist dann nicht mehr sein eigenes Werk, bei dessen Herstellung er die einzelnen Arbeitsschritte selber vollzieht oder wenigstens nachvollzieht, sondern der Industriearbeiter führt im Extremfall nur noch eine einzige Bewegung tausende Male am Tag aus. Außerdem gehört das Produkt seiner Arbeit nicht ihm selbst, sondern einem anderen, der darüber verfügt und es verkaufen kann.

Der Schriftsteller Günter Wallraff hat das Problem eines Akkordarbeiters in seinen Industriereportagen einmal so beschrieben: „Die Arbeit erscheint mir fremd und sinnlos, weil ich das fertige ‚ganze Stück' nicht kenne. [...] Ich frage den Meister, worauf es bei der Arbeit ankommt. [...] Meine Frage hat den Meister verwirrt. Er weiß auch nicht, wo Sinn und Zweck der Arbeit liegen."

▶ Karl Marx nennt die hier beschriebene Form der Arbeit *entfremdete* Arbeit*. Versucht, den Begriff der entfremdeten Arbeit an einem Beispiel mit eigenen Worten zu beschreiben (vgl. Literaturanhang).

Erste Schritte in den Beruf – das Berufspraktikum

Schülerinnen und Schüler machen meistens in einem Berufspraktikum ihre ersten Erfahrungen mit dem Berufsalltag. Christiane erzählt von ihrem Praktikum in einer Theaterwerkstatt.

Meine Arbeitszeit war auf acht Stunden von 8 bis 17 Uhr mit einer Stunde Pause festgelegt.
In den ersten Tagen standen vor allem Hilfsarbeiten und Botengänge an. Wenn ich unbeschäftigt war, sah ich Kollegen bei der Arbeit zu. Sie erklärten mir bereitwillig vieles, wonach ich fragte. So konnte ich bereits gegen Ende meiner ersten Arbeitswoche einige Arbeiten eines Auszubildenden in eigener Verantwortung übernehmen. Darauf war ich stolz.
Ich erlernte schon nach einer Woche den vorschriftsmäßigen Umgang mit Lacken und Lösungsmitteln und war nicht mehr auf die Hilfe anderer angewiesen. Ich konnte aktiv meine eigenen Ideen einbringen.
In der Mitte der zweiten Woche wurde mir erlaubt in der Zeit, in der keine Arbeit anfiel, ein Bild nach meinen Vorstellungen zu malen. Es ist schon ein gutes Gefühl, ein fertiges Stück eigener Arbeit vorweisen zu können.
[...]
Insgesamt haben meine Kollegen mir das Gefühl gegeben ihren Anforderungen gerecht zu werden, auch wenn sie mir hin und wieder deutlich sagten, was man besser machen könnte. Ich selber war damit zufrieden, da mir immer klar war, dass ich dieses Praktikum machte um etwas zu lernen, was nichts mit Schule zu tun hat. Mir war bewusst, dass ich ganz unten anfangen musste. …
Da meine Arbeitszeit gegenüber der Schulzeit deutlich länger war, fiel es mir zuerst schwer, mich daran zu gewöhnen und nicht innerlich unwillig zu werden über die geringe Freizeit, die nach einem langen Arbeitstag übrig blieb.
Es ist eine große Umstellung, sich aus dem Schulrhythmus in den Arbeitsprozess einzufinden.
Während der drei Wochen ging ich abends kaum aus, weil ich am nächsten Tag handwerklich und körperlich wieder voll gefordert war. Ich war teilweise so müde, dass ich freiwillig früh zu Bett ging. …

▶ Vergleiche die Arbeit in der Schule mit der Arbeit von Christiane in der Theaterwerkstatt. Welche Bedeutung hatte die Arbeit für sie?

▶ Welche Erfahrungen habt ihr selbst gemacht bzw. welche Erwartungen habt ihr an einen Praktikumsplatz?

▶ Vergleicht Christianes Arbeit in der Theaterwerkstatt mit der entfremdeten Arbeit, die Karl Marx, Günter Wallraff und Simone Weil (Literaturanhang) beschreiben.

Welcher Weg führt mich zum Ziel?

▶ Was will der Zeichner mit dieser Karikatur deutlich machen?

Früher war die Wahl des Berufs relativ einfach – die Eltern bestimmten ihn und das Kind hatte sich dem […] zu fügen. Auf Fähigkeiten, Interessen und Wünsche wurde meist wenig Rücksicht genommen. Oft gab der Beruf des Vaters für Jungen den Ausschlag; für Mädchen standen ohnehin kaum Berufe zur Selbstverwirklichung zur Verfügung. Später wurde man bei der Berufswahl dann viel sensibler und versuchte den Wünschen und Vorstellungen der Berufsanfänger weitgehend entgegenzukommen. […] Inzwischen müssen sich wieder immer mehr Menschen – insbesondere jugendliche Berufsanfänger – mit einer Arbeit bescheiden, die ihren Erwartungen, Fähigkeiten und Vorstellungen kaum entspricht, weil sie andernfalls arbeitslos auf der Straße stehen.

Um so wichtiger ist es, herauszufinden, welche Berufe den persönlichen Fähigkeiten und Interessen entgegenkommen und welchen Ausbildungsweg man einschlagen könnte.

Was will ich?

Bei der Klärung dieser Frage geben die Mitarbeiter des Arbeitsamtes und der Berufsinformationszentren weiterführende Informationen. Adressen der BIZ findet ihr im Anhang. Sie erstellen im Vorfeld der eigentlichen Berufsberatung ein Persönlichkeitsprofil, das die allgemeinen Fähigkeiten, Interessen ebenso wie Charaktereigenschaften und Persönlichkeitsmerkmale berücksichtigt. Das Ergebnis gibt dem fragenden Jugendlichen einen ersten Überblick, ist jedoch noch keine Einengung auf konkrete Berufsfelder. Zuerst muss man sich jedoch selbst über seine eigenen Fähigkeiten klar werden.

Was kann ich?

In Informatik habe ich gesehen, was man mit einem Computer alles machen kann. Ich habe Lust mir einen Beruf zu suchen, bei dem ich mit dem Computer Probleme lösen kann.

Mathe macht mir Spaß. Ich hoffe, dass ich später als Betriebswirt damit gut zurechtkommen werde.

In der Schule gefällt es mir gut und mit Kindern arbeite ich auch in der Jugendgruppe. Vielleicht werde ich Lehrerin.

Ulrike, 16 Jahre

Felix, 16 Jahre

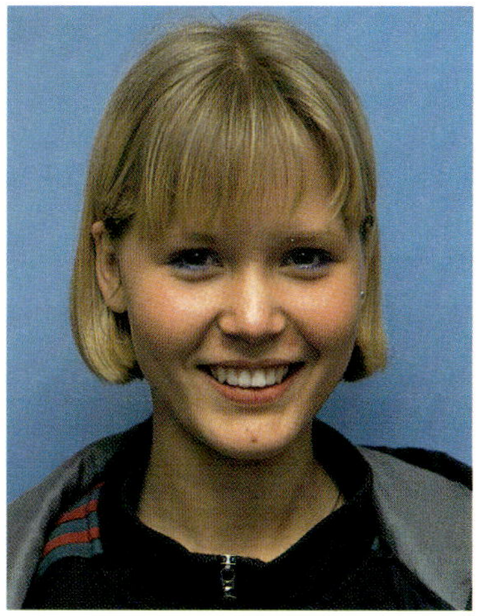

Tanja, 15 Jahre

- ▶ Wo liegen deine Stärken?
- ▶ Stelle eine Liste mit deinen Fähigkeiten zusammen. Folgende Checkliste kann dir dabei vielleicht helfen:
- – Welche Schulfächer machen dir am meisten Spaß?
- – Welche Fächer würdest du am liebsten abgeben?
- – Womit beschäftigst du dich in der Freizeit am liebsten allein?
- – Was machst du zusammen mit Freunden am liebsten?
- – Wofür hättest du gerne mehr Zeit?
- – Was würdest du gerne lernen?
- – Was tust du nicht gern?
- ▶ Versucht in Gruppen jeweils die Stärken der anderen Gruppenmitglieder zu beschreiben.

Was erwartet mich?

▶ Vergleiche die beiden Hindernisläufer in der Karikatur. Um welchen Test könnte es sich bei dem jeweiligen Hindernis handeln?

▶ Welche Möglichkeiten seht ihr die weiteren Hindernisse erfolgreich zu nehmen?

▶ Was kann die Ursache für Prüfungsangst sein und was kann man dagegen tun? Überlegt euch Fragen, die in der Sprechblase stehen könnten und schreibt einen Dialog, in dem die beiden Läufer über den Umgang mit Problemen beim „Hürdenlauf" während der Berufssuche sprechen.

Stefan

„Für einen Zweiradmechaniker wie mich ist es am wichtigsten, mit meinen Händen ruhig und ganz genau zu arbeiten. Beim Reparieren und Warten von Fahrrädern sind immer wieder andere Dinge zu tun: ein verbogenes Rad neu zentrieren, die Schaltung einstellen, Probleme an den Bremsen lösen. Dafür muss man mit Werkzeug gut umgehen können.

Die meisten Arbeiten erledige ich im Stehen, aber ich muss mich auch oft bücken. Das schafft nicht jeder sich jeden Tag so anzustrengen. Abends bin ich manchmal ziemlich erledigt, wenn ich tagsüber feilen und angerostete oder verklemmte Teile erst mal mit viel Kraft auseinander bekommen musste.

In einem so kleinen Fahrradladen stehe ich auch hinter der Verkaufstheke und bediene die Kunden. Da kommt es darauf an, freundlich zu sein und sie gut zu beraten."

Silke

„Ich muss absolut zuverlässig arbeiten. Schließlich gehe ich als Chemikerin in einem großen Chemieunternehmen mit Stoffen um, die gefährlich werden können, wenn etwas schief läuft. Sollte eine Störung auftreten, und das kann bei den komplizierten Produktionsanlagen passieren, muss ich schnell eingreifen. Denn für die Sicherheit in einem Chemiebetrieb ist jeder Einzelne verantwortlich.

Um zum Beispiel Grundstoffe für ein Medikament herzustellen müssen alle Stoffe in der richtigen Menge in die Produktionsanlagen hineingegeben werden. Außerdem rechne ich nach, ob die Maschinen auf die richtigen Werte eingestellt sind. Wer sich mit Zahlen schwer tut, bekommt Probleme. Wichtig ist auch Teamgeist: Viele Anlagen laufen rund um die Uhr. Da ist es nötig, sich nicht nur mit Kollegen in derselben Schicht abzustimmen, sondern auch mit denen, die vor mir arbeiten und die nach mir kommen."

▶ Welche Fähigkeiten sind in den vorgestellten Berufen jeweils besonders wichtig?

▶ Überprüfe aufgrund der hier genannten Fähigkeiten noch einmal deine persönliche Hitliste auf Vollständigkeit.

Was wird von mir erwartet?

Sekretär/in / Assistent/in
Niederlassung Magdeburg[1]

Teamarbeit ist bei uns kein Schlagwort – wir praktizieren sie. Als **Sekretär/in / Assistent/in** für unsere Niederlassung Magdeburg werden Sie nicht nur unsere Consultingmannschaft unterstützen, sondern sind auch Anlaufstelle für unsere Kunden in der Region Magdeburg. Die Erstellung von Angeboten sowie der gesamte Rechnungslauf gehören zu Ihren Aufgaben. Darüber hinaus machen Ihnen allgemeine Sekretariatstätigkeiten wie Büroorganisation, Terminplanung, eigenständige Korrespondenz und Koordination von Meetings Spaß. Auch in hektischen Situationen bewahren Sie einen kühlen Kopf und haben das notwendige Gespür für den Umgang mit Ihren Kollegen und unseren Kunden. Die Arbeit mit moderner Büro-EDV sowie Bedienungskenntnisse unserer MS-Produkte (Windows, Office) sind Ihnen aufgrund einer entsprechenden Ausbildung als **Sekretär/in oder Bürokaufmann/frau und mindestens 2–4 Jahre Berufserfahrung** vertraut. Sie verfügen über eine gute Allgemeinbildung, können sich gut in Deutsch und Englisch ausdrücken und sind gewandt im Umgang mit Gesprächspartnern unterschiedlichster Ebenen.
Sie passen gut zu uns, wenn Sie ein freundlicher, aufgeschlossener Typ mit Durchsetzungsvermögen sind, gerne Verantwortung übernehmen und hartes Arbeiten bei gleichzeitig viel persönlichem Freiraum eine Motivation für Sie ist. Interessiert? Dann senden Sie bitte Ihre aussagefähigen Unterlagen mit Angabe Ihrer Gehaltsvorstellung und des frühestmöglichen Eintrittstermins unter Kennziffer 100/17 an: ...

Ev. Verein für Jugend- und Familienhilfe e. V.

Die Pädagogische Ambulanz des ev. Vereins für Jugend- und Familienhilfe e. V. in Dresden[1] sucht zum nächstmöglichen Zeitpunkt für den gruppenübergreifenden Dienst eine Fachkraft in Vollzeitanstellung (BAT IVb/IVa) mit den Schwerpunkten

Krisenintervention
Ambulante Erziehungshilfe

Die Teilnahme am Rufbereitschaftsdienst sowie eine vorhandene Zusatzausbildung (für Bewerberinnen aus dem pädagogischen Bereich) sind Voraussetzung.

Zum 01.09.97 suchen wir eine pädagogische Fachkraft (BAT Vb/IVb) für den

Gruppendienst

Die Bereitschaft zum Schichtdienst, zur Nachtarbeit und zu regelmäßigen Wochenenddiensten ist Einstellungvoraussetzung.

Wir wünschen uns Bewerberinnen mit Einfühlungsvermögen, Verantwortungsbewusstsein, Konfliktbereitschaft und Kreativität.
Bewerbungen richten Sie bitte an Herrn Stefan Meyer[1], Pädagogische Ambulanz, Dresden[1]

1 Namen wurden geändert

- Sucht weitere Stellenanzeigen in der örtlichen Presse und auch in überregionalen Zeitungen.
- Analysiert die Stellenanzeigen anhand der Frage: Welche Qualifikationen werden von mir erwartet?
- Sucht eine Stellenanzeige, die zu euren Stärken und zu eurem Berufsziel passt und schreibt eine fiktive Bewerbung, in der ihr erklärt, warum ihr gerade diesen Berufswunsch habt.
- Erstellt eine Tabelle mit den beiden Spalten: Berufsabhängige Qualifikationen/berufsunabhängige Qualifikationen.
- Die Qualifikationen der rechten Spalte sind in sehr unterschiedlichen Berufsbildern zu finden – man nennt sie auch Schlüsselqualifikationen. Welche Qualifikationen hältst du für besonders wichtig? Begründe deine Meinung.
- Welche Schlüsselqualifikationen sind für eure Klassengemeinschaft wichtig?
- Durch die bisherigen Überlegungen habt ihr schon erste Vorbereitungen für einen Besuch im BIZ getroffen. Informiert euch, ob ihr eine Exkursion ins BIZ unternehmen könnt oder ob ein Mitarbeiter zu euch in die Klasse oder Schule kommen kann.

Mobilität – pro und contra

▶ Beschreibt mit eigenen Worten die Aussage der Karikatur.

Stellt euch vor, eine der Jugendlichen ist Anja. Über ihre Stellensuche wird in diesem Zeitungsartikel berichtet.

„Warum gibt mir keiner eine Chance?“

Halle – Seit einem Dreivierteljahr schreibt sich Anja Muche aus Halle die Finger wund: Bei fast allen Modehäusern in der Saalestadt hat sie sich schon als Verkäuferin beworben. Jedes Mal eine Absage. Ihren Traumberuf Designerin hat die 17-Jährige schon nach dem ersten Besuch in der Berufsberatung des Arbeitsmarktbezirkes Halle abgehakt: kein Bedarf, ihre Träume zerplatzten wie eine Seifenblase.

Gestern dann der dritte Anlauf in der Beratungsstelle in Halle-Neustadt, 12. Stock, im Arbeitszimmer von Berufsberaterin Barbara Noack. Sie sagt: „Ich hab hier noch zwei Angebote von Kaufhof und Karstadt“ und schiebt Anja die Adressen zu. „Du hast in Deutsch und Mathe 'ne zwei, Realschulabschluss hast du sowieso und Ehrlichkeit, das weißt du ja, ist im Verkäuferberuf das wichtigste Kriterium.“

Anja hat beste Voraussetzungen, eigentlich. Sie wundert sich: „Bei denen hab ich mich doch schon mal beworben, warum gibt mir keiner 'ne Chance?“ Barbara Noack kann da nicht helfen. Sie weiß: Einstellen kann letztlich nur die Firma und sie sagt: „Das liegt nicht in unserem Ermessen, das ist eben die freie Marktwirtschaft.“ Anja steckt die Adressen in ihre Jackentasche und sagt: „Wenn's diesmal nicht klappt, bleibt mir nichts anderes übrig: dann muss ich in den Westen gehen.“

▶ Wie würdest du dich entscheiden?

▶ Schreibt einen Dialog, in dem ihr die Situation mit Anja besprecht. Welche Vor- und Nachteile haben die unterschiedlichen Entscheidungsmöglichkeiten?

Anja hat sich entschieden nach Düsseldorf zu gehen. Nach vier Wochen schreibt sie einen Brief an ihre Freundin Marion in Halle.

Hallo, Marion,
am Anfang war es gar nicht so schlimm. Ich hatte sehr viel zu tun. Die Umzugskisten mussten ausgepackt werden und ich konnte meine neue Wohnung einrichten. Außerdem habe ich viele neue Leute kennen gelernt.
Jetzt aber vermisse ich unsere Teestunde, unsere gemeinsamen Radtouren, unsere Clique.
Hier in Düsseldorf habe ich noch keine neuen Freundinnen gefunden. In den ersten Tagen haben mich alle mit Fragen überschüttet, wie es denn zu Hause in Halle war. Jetzt machen sie sich über mich lustig, nur weil ich eine andere Aussprache habe.
Ich fühle mich einsam. Am liebsten würde ich sofort meine Koffer packen und nach Halle zurückfahren.
Ganz allein in einer fremden Stadt, ohne Freunde, niemand, mit dem man abends mal ins Kino gehen könnte … es ist schrecklich … Wann besuchst du mich mal?
Mach's gut deine Anja

▶ Führt in der Klasse eine Pro-und-contra-Diskussion zum Thema: Mobilität bei der Suche nach einem Ausbildungsplatz. Bezieht eure Argumente jeweils auf das Beispiel von Anja.
▶ Sammelt die Pro-und-contra-Argumente und fertigt dazu ein Plakat an, das das Ergebnis der Diskussion widerspiegelt. Überlegt dabei, welche anderen Stichworte ihr noch dem Thema Mobilität zuordnen könnt. Berücksichtigt an dieser Stelle die Argumente aus dem Dialog mit Anja, den ihr geschrieben habt.

Im Laufe des Berufslebens werden jedoch vielfach noch andere Formen von Mobilität gefordert als bei der Suche nach dem ersten Arbeitsplatz.

Ich war gerade mit meiner Ausbildung zum Metallbauer fertig, als sich herausgestellt hat, dass ich auf Nickel allergisch reagiere. Das hätte kein Mensch vorher wissen können. Es blieb mir nichts anderes übrig, als umzuschulen.
Stefan, 21 Jahre

Im Außendienst war ich oft unterwegs und habe die Maschinen verkauft, die unser Unternehmen herstellt. Ständig auf Achse zu sein fand ich damals toll. Als ich dann aber meine Frau kennen lernte, wollte ich öfter zu Hause sein. Aber im Unternehmen war keine Stelle im Innendienst frei. Deshalb habe ich mir einen anderen Arbeitsplatz gesucht.
Ralf, 27 Jahre

Es ist mir nicht leicht gefallen, so weit wegzugehen. Aber als vor zwei Jahren das Angebot kam für die Firma im Ausland zu arbeiten, habe ich die Chance ergriffen. Ich musste zwar noch mal auf die Schulbank um mich in der Fremdsprache fit zu machen. Aber bisher habe ich es nicht bereut …
Susanne, 25 Jahre

▶ Welche Gründe für berufliche Mobilität beschreiben diese Beispiele?

▶ Fallen dir noch andere Situationen ein, in denen man mobil sein muss? Diskutiert die Gründe in der Klasse. Vervollständigt gegebenenfalls das Mobilitätsplakat in eurer Klasse.

Arbeitslos – was nun?

Ein Arbeitsloser beschrieb in der Wochenzeitung DIE ZEIT, wie er die Kündigung und die Arbeitslosigkeit erlebte.

Im Sommer sprach man vom Sommerloch, die Kollegen von einer leichten Absatzflaute. Im August noch wollte man gemeinsam den Karren aus dem Dreck ziehen. [...] Im September wussten wenige schon mehr als andere und der Betriebsrat verhandelte hinter verschlossenen Türen. Firmenzugehörigkeit, Ablösesummen, Kündigungsfristen, Entschädigungen, Auflösungsverträge waren die geflüsterten Worte, kaum einer ging in Urlaub.

Dann war alles klar. Mitte Dezember war Schluss, einige durften schon vorher, andere mussten bleiben bis zum Ende um den Restkollegen die Arbeitsplätze zu sichern. Letzter Tag, du hattest schon dreimal dein Büro gewechselt, Büromiete sparen, kein eigenes Zimmer mehr, kein eigener Schreibtisch, kein eigenes Telefon, umso schneller war alles eingepackt, die letzte Runde durch den Betrieb, Feierabend.

Überstunden abfeiern, Resturlaub, Weihnachten, endlich etwas Ruhe, nachdenken.

2. Januar, der erste Tag arbeitslos, die Kinder haben Schulferien, die Frau noch Resturlaub, endlich hat man Zeit, kann auf Familie machen, schöne Tage.

Der erste Montag, allein, die Wohnung ist leer, das Haus wird leer, keine Arbeit, Aktivität ist gefragt. Einkaufen, Essen machen, Hausaufgaben, telefonieren, Bewerbungen schreiben, telefonieren, Abendessen. Wie war dein Tag im Büro? Schlafen. Aufstehen, allein, die Ruhe genießen, lesen, Zeit haben, entspannen.

Du wolltest doch noch, der Flur muss neu tapeziert werden, die Küche gestrichen, mein Gott, wie die Zeit vergeht, abends Muskelkater, ein bißchen körperliche Arbeit tut ganz gut. Mal wieder auf dem Arbeitsamt sehen lassen, Sie wissen doch, dass ich für Sie nichts habe, Geisteswissenschaftler, aber hier, EDV-Kurs, programmieren, die Zukunft, eine echte Alternative, machen jetzt viele, ja eben, danke, nicht in die nächste Arbeitslosigkeit programmieren, einmal reicht.

Bis in drei Monaten.

Bewerbungen schreiben, Absagen, für den weiteren Lebenslauf wünschen wir Ihnen alles Gute, interne Gründe, tut uns leid, nicht persönlich nehmen, hausintern besetzt, laden wir Sie ein zu unserer Vorstellungsrunde, möchten Sie kennen lernen, lernen Sie uns kennen, Fahrtkosten werden gestellt, haben uns doch für die hausinterne Bewerbung entschieden, Stelle aus Kostengründen nicht besetzt, überqualifiziert, unterqualifiziert, zu wenig Berufserfahrung, zu jung.

Qualifikation, Weiterbildung, Arbeitsförderungsmaßnahmen, passt für mich, gefällt mir, Weiterqualifikation möglich, Arbeitsamt stimmt zu, zwar erst im April, dafür aber genügend Zeit um sein Englisch aufzufrischen, VHS-Kurse zu belegen, Aktivität zeigen, gut für weitere Bewerbungen. Ein Ziel, jeden Tag lernen, Englisch, BWL, VWL, kaufmännisches Rechnen, Schreibmaschine schreiben, Wissen auf Halde legen, abrufbereit, hoffentlich ruft einer an.

Die Tage gehen wieder schneller vorbei, man kann wieder besser schlafen.

Montag, erster „Schultag", die Nacht vorher sogar schlecht geschlafen, wie vor einer Prüfung, Durchfall, überpünktlich ist eine vornehme Umschreibung, viel zu früh passt viel besser, nervös, sogar etwas hektisch, freudig erregt, neue Leute kennen lernen, [...].

Leider muss ich Ihnen mitteilen, dass die Maßnahme auf Ende Mai verschoben ist

Ins Auto, schnell nach Hause, Frau auf der Arbeit anrufen, durch die Wohnung laufen, Aktivität, nicht nachdenken, nicht denken, abschalten, ruhig werden, es ist nicht deine Schuld, ruhig werden. Die Stütze, Arbeitsamt anrufen, Kurs fällt aus, denkt daran, mein Arbeitslosengeld zu zahlen, geht in Ordnung. Wieder ruhig werden, ein neuer Orientierungspunkt muss her, wofür hast du eigentlich die ganze Zeit am Schreibtisch gesessen und gelernt, na ja, im Notfall für die Allgemeinbildung, du musst Essen machen, die Kinder kommen gleich aus der Schule, wofür bist du eigentlich in die Kurse gerannt, nicht darüber nachdenken, ruhig bleiben.

Das Geld wird knapp, ging wohl doch nicht so schnell mit der Umstellung wieder auf Stütze. [...]

Fang wieder an zu lernen, es fällt dir schwerer, die Konzentration lässt nach und abends denkst du, was hast du eigentlich den ganzen Tag gemacht, gespart, hoffentlich wird das keine Manie, du musst doch auch noch leben, und später?

Etwas gelernt, Essen gemacht, Wohnung aufgeräumt, Bewerbungen geschrieben, Schreibtisch, Post, besonders montags und donnerstags ganz wichtig, glaubt man, bis du die Post in Händen hast, du verlierst den Außenkontakt, Freunde, Arbeitskollegen besuchen dich seltener, zu viel Arbeit, du gehst nicht raus, sparen für später, aber die Post, du hast doch noch die Post, ja, Zweckpost, das ist alles, doch ein Besuch, Mensch, die Arbeit frisst mich auf, du hast es gut, bist ja arbeitslos, gib doch Arbeit ab, wie denn, geht doch nicht, ach so.

Es besteht die Möglichkeit, es ist sehr wahrscheinlich, dass die Maßnahme mangels Nachfrage ganz ausfallen muss und auf Oktober verschoben werden muss, Sie werden informiert, frohe Ostern. Die Feiertage, die Familie, du bist nicht allein, du bist abgelenkt, die Kinder freuen sich, alle haben Zeit, nicht nur du, schnell sind die Feiertage um, die Kinder spielen draußen, das Wetter spielt mit, du bist wieder allein, Pfingsten, die Maßnahme wieder verschoben, Sommeranfang, sechs Monate ist es schon her.

▶ Beschreibt die Folgen der Arbeitslosigkeit für den Betroffenen.

▶ Welche Entwicklungen zeigen sich bei seinen Aktivitäten für die Stellensuche, seiner Selbsteinschätzung, bei der Einschätzung seiner täglichen Aktivitäten, seinen Konsumeigenschaften, seiner sozialen Situation (Familie, Freunde, ...) und bei seiner Stimmung? Versucht jeweils Schlüsselworte aus dem Text zu übernehmen, wenn ihr die Fragen beantwortet.

▶ Schreibt eine Fortsetzung der Geschichte mit folgendem Ende: Die Maßnahme findet im Oktober statt und im Anschluss bekommt der Mann eine gute Arbeitsstelle – allerdings in einer 300 km entfernten Stadt.

▶ Es wird diskutiert, das Recht auf Arbeit* ins Grundgesetz* aufzunehmen, sodass man es einklagen könnte. Führt eine Pro-und-contra-Diskussion über die Vor- und Nachteile.

Arbeit (gerechter) verteilen?

Arbeitslosigkeit ist heute ein Phänomen, das einige betrifft und vor dem sich viele fürchten. Für wie viele ist es morgen ein Problem?

Das Ende der Arbeit?

Die Arbeit selbst verschwindet demnächst – jedenfalls in den hoch entwickelten Industriestaaten und in der Form der bisherigen Erwerbsarbeit. Das Kapital in Gestalt hochtechnologischer Maschinen, Roboter oder Computer verdrängt die Arbeiter aus den Fabrikhallen, die Angestellten aus den Büros. Immer mehr Wissen wird zu Macht, sind Ideen das Kapital der Zukunft. Es gibt viel zu tun und zu verdienen mit dieser neuen Wissensarbeit, aber längst nicht für alle. Nur ein Drittel der bisherigen Erwerbstätigen, schätzen manche Experten, werden dort künftig noch Arbeit finden.

Und was macht der Rest? […]

Irgendwann im 21. Jahrhundert könnte „Das Ende der Arbeit", das der amerikanische Journalist Jeremy Rifkin in seinem Bestseller von 1995 schon ausrief, tatsächlich anfangen. Dann gibt es ein Problem: „Wir brauchen Alternativen zur Erwerbsarbeit um die Kraft und das Talent zukünftiger Generationen nicht brachliegen zu lassen."

Der bisher besonders in Deutschland so beliebte Ausweg der Arbeitszeitverkürzungen ist dann wahrscheinlich ohnehin an seinem Ende angekommen. „Es geht längst nicht mehr um die Umverteilung von Arbeit", stellt schon jetzt der Soziologe Beck fest, „sondern um die Umverteilung von Arbeitslosigkeit." […]

Viele Tätigkeiten in […] sozialen und kulturellen Ehrenämtern sind sinnvoller als so mancher McJob. Intelligent organisiert und mit der Arbeit von Profis kombiniert könnte hier das wirkliche Wachstumsfeld für neue Beschäftigung liegen – wenn denn auch ein Einkommen damit zu erzielen wäre und nicht bloß ein Ehrensold. […]

Die Mobilisierung der […] Helfer kann professionell gesteuert werden, wie es nach niederländischem Vorbild dutzende von „Freiwilligen-Agenturen" nun auch in Deutschland versuchen. Ihre Devise lautet […]: „Ohne Geld, aber nicht umsonst."

Das Ziel ist freiwillige Tätigkeiten als Anspruch für zusätzliche Rentenzahlungen oder Sozialleistungen aufzuwerten.

- Vergleicht die Aussagen der Karikatur und des Textes.
- Welche Gründe nennt der Artikel für „Das Ende der Arbeit"?
- Was haltet ihr von der Lösung, die hier vorgeschlagen wird?
- Überlegt, welche weiteren Lösungsmöglichkeiten es geben könnte.

Welche Auswege gibt es aus der Arbeitslosigkeit?

Ihr könnt eine Umfrage starten zum Thema: Welche Auswege gibt es aus der Arbeitslosigkeit? Der folgende Fragebogen kann euch als Orientierung dienen. Ihr könnt ihn jederzeit ergänzen und verändern.

Befragung am .... in ....

1. Welche Aussage sagt Ihnen am meisten zu?
   - ❍ Arbeit ist wichtig für das Selbstwertgefühl
   - ❍ Arbeit muss halt sein, damit die Existenz gesichert ist
   - ❍ Arbeit mit Menschen ist interessanter als die mit Maschinen
   - ❍ Arbeit finden kann jeder, der will

2. Kennen Sie jemanden, der/die seine/ihre Arbeit verloren hat?
   ❍ ja ❍ Nein

3. Wie können Freunde einem Arbeitslosen helfen?
   ❍ Gar nicht ❍ Auf diese Weise:
   ....
   ....
   ....

4. Wer ist an der hohen Zahl der Arbeitslosen schuld? Bitte nur eine Antwort ankreuzen.
   - ❍ Die Unternehmer, weil sie immer mehr Gewinne machen wollen.
   - ❍ Die Arbeitnehmer, weil sie mangelnde Bereitschaft zeigen, flexibel zu sein.
   - ❍ Die hohen Löhne, weil andere in der Welt billiger produzieren.
   - ❍ Die Politiker, weil sie der Wirtschaft nicht mehr Auflagen machen.
   - ❍ Oder: ....

5. Glauben Sie, dass es in Zukunft weniger Arbeitslose geben wird?
   ❍ Ja ❍ Nein ❍ Weiß nicht

6. Wie kann das Problem der Arbeitslosigkeit gelöst werden?
   ....
   ....
   ....

7. ❍ Männlich ❍ Weiblich ❍ Alter: ....

Für die Auswertung könnt ihr im Literaturanhang bei Kap. 10 unter TIPPS nachsehen.

▶ Wertet eure Umfrage so aus, dass ihr eure Ergebnisse in Form einer Wandzeitung präsentieren könnt. Vielleicht organisiert ihr auch eine kleine Ausstellung in der Schule.

▶ Schreibt einen Leitartikel für eure Wandzeitung, in dem ihr zu der Frage Stellung nehmt: Welche Auswege gibt es aus der Arbeitslosigkeit?

Arbeitszeit und Freizeit

▶ Wie sollte deiner Meinung nach das Verhältnis von Arbeitszeit und Freizeit verteilt sein?

Das Verhältnis von Arbeitszeit und Freizeit hat sich im Laufe der Geschichte gravierend geändert. Vor 150 Jahren betrug die tägliche Arbeitszeit 15 Stunden pro Tag, und zwar für Frauen, Männer und Kinder gleichermaßen – das sind 90 Stunden pro Woche. Inzwischen ist die wöchentliche Arbeitszeit in vielen Bereichen auf 36 bis 38 Stunden gesenkt worden. Wir haben also mehr freie Zeit für uns selbst. Wie können wir sie sinnvoll gestalten?

Der Fragebogen auf der nächsten Seite ist in Anlehnung an eine Untersuchung der zwölften Shell-Jugendstudie entstanden.

▶ Füllt diesen Fragebogen in eurer Klasse und eventuell auch in anderen Klassen aus.
Im ersten Durchgang könnt ihr die Auswertung so vornehmen, dass ihr unabhängig von der Angabe männlich/weiblich die jeweiligen Angaben in Prozenten ermittelt. In einem zweiten Auswertungsschritt könnt ihr die Prozentangaben in Abhängigkeit vom Geschlecht errechnen.(Vgl. TIPPS im Literaturanhang.)

Freizeitbeschäftigung	sehr oft	oft	selten	nie
Fernsehen				
Videos anschauen				
Sport treiben/Fitnesscenter/Sauna				
Auto/Motorrad/Moped / Fahrrad reparieren oder damit in der Gegend herumfahren				
Am Computer spielen				
An Spielautomaten spielen				
Sich beruflich weiterbilden, sich auf den Beruf vorbereiten				
Mit meiner festen Freundin/meinem festen Freund zusammen sein				
Mit der Familie zusammen sein				
Einkaufs-, Schaufensterbummel machen				
Mal ganz für sich allein sein und ausspannen				
Bücher lesen				
In die Disko gehen/tanzen				
Zeichnen/Malen/Fotografieren/Filmen				
Briefe/Tagebuch schreiben				
Theater/Museen, Ausstellungen, klassische Musikkonzerte besuchen				

- Diskutiert das Ergebnis der Umfrage in der Klasse.
- Vergleicht das Ergebnis eurer eigenen Fragebögen mit den Ergebnissen der Shell-Studie (Literaturanhang). Wo treten Gemeinsamkeiten und wo Unterschiede auf? Versucht Gründe für die Übereinstimmung oder Abweichung anzugeben.
- Habt ihr bestimmte Freizeitaktivitäten in der Umfrage vermisst? Wenn ja, welche?
- Was ist für euch eine sinnvolle Freizeitbeschäftigung und Freizeitgestaltung?

Frei für freie Zeit?

Wie gestalten wir unsere freie Zeit?

Anna hat Glück gehabt. Sie hat sofort einen Ausbildungsplatz bekommen bei einer In- und Exportfirma und ihre Arbeit macht ihr Spaß – vor allem der Kontakt mit Kollegen und Geschäftspartnern.

Immer öfter wird sie ans Telefon gerufen, wenn Auslandsgespräche ankommen.

Anfangs hatte Anna Herzklopfen und sich gefragt: Sind meine Englischkenntnisse wohl ausreichend? Dann hat sie sich für Sprachkurse entschieden. Die ersten Kurse waren rein zweckgebunden. Heute macht sie weiter, weil es ihr Spaß macht, über die Sprache Land und Leute immer besser zu verstehen. Die nächsten Ferien will sie nutzen um ihre Englischkenntnisse im Land zu erproben.

Udo, 20 Jahre alt, verbringt den größten Teil seiner Freizeit bei der freiwilligen Feuerwehr. Wöchentlich übt die Einsatzabteilung und 30-mal pro Jahr wird seine Gruppe zu einem Einsatz gerufen. Wenn Udo seine Aktivitäten pro Jahr zusammenrechnet, kommen schnell 500 Stunden dabei herum, aber das tut Udo gerne. Die freiwillige Feuerwehr ist für ihn ein Stück Heimat.

▶ Haltet ihr eine solche Freizeitgestaltung für sinnvoll? Begründet eure Meinung.

Michael geht in den letzten Monaten selten zum Fußballspiel. Vor fünf Monaten ist eine Aussiedlerfamilie in die Wohnung neben ihnen eingezogen. Die drei Kinder sprachen fast kein Deutsch. In der Schule gab es sofort Schwierigkeiten. Am Anfang wollte Michael nur aushelfen. Ein- oder zweimal hatte er sich angeboten den drei Jungen zu helfen, dann würde es schon klappen.

Nach 14 Tagen hatte er sich mit den Kindern angefreundet – und Freunde lässt man nicht im Stich. Heute macht es ihm Spaß zu sehen, wie gut seine neuen Freunde sich schon im Unterricht zurechtfinden – und Fußballspielen kann man anschließend auch gemeinsam.

Kerstin liest gerne. Kaum hat sie ihre Hausaufgaben erledigt, greift sie zum Buch. Lesen bedeutet für sie Abenteuer im Kopf zu erleben. Manchmal legt sie sich jedoch auch einfach auf ihr Bett und geht ihren eigenen Gedanken nach oder hört Musik. Einfach faulenzen und nichts tun tut ihr gut. Kerstin will in ihrer Freizeit in Ruhe gelassen werden. Diese Zeit gehört nur ihr selbst.

▶ Welche weiteren Möglichkeiten der Freizeitgestaltung kennt ihr, die so ähnlich sind wie die von Michael?

Freizeit – Leistungsgesellschaft*?

Freizeit wird subjektiv als Muße- und Eigenzeit empfunden, als frei verfügbare Zeit und Zeit für sich selbst. [...] Freizeit ist für viele Ego-Zeit. Für drei Viertel der Bevölkerung wirkt Freizeit heute wie ein Zauberwort. Freizeit erzeugt eine Fülle von Wunschvorstellungen, die mehr von traumhaft-schönen Sehnsüchten als von der Realität des [Freizeitalltags] verraten.

▶ Beschreibe die Aussage der Grafik mit deinen eigenen Worten.

Dreimal so viel Zeit für sich selbst, wie sie tatsächlich haben, wünschen sich die Bundesbürger. *Das Zur-Ruhe-kommen-Wollen ist derzeit der größte Defizitposten in der Freizeit.* Einfach mal nichts tun, faul sein, frei sein von Stress und Hektik, von nervlicher Belastung und ständiger Anforderung, relaxen und sich gehen lassen, sich Zeit nehmen und seinen Gedanken nachgehen, Ruhe finden und rumflenzen und gammeln – dies sind notwendige Lebensbedürfnisse in einer *arbeitsorientierten Leistungsgesellschaft* ebenso wie in einer zukünftig immer mehr *freizeitorientierten Erlebnisgesellschaft*, in der man sich dem pausenlosen Aktivsein und Erleben kaum mehr entziehen kann. Vorübergehend nicht gefordert und beansprucht sein, ungestört bleiben und Ruhe genießen. Mut zur Muße nach Maß haben und ohne Schuldgefühle und Gewissensbisse auch faulenzen können werden zur persönlichen Herausforderung und Aufgabe für jeden Einzelnen, [...]. Wer zeit seines Lebens hart arbeiten musste wird sich automatisch langweilen, wenn er plötzlich untätig und müßig sein soll.

▶ Wie erklärt der Autor Horst Opaschowski den Wunsch nach immer mehr Freizeit bei den meisten Bundesbürgern? Wie ist eure Meinung dazu?

▶ Welche Herausforderungen sieht Horst Opaschowski für eine erfüllte Freizeit?

11. Risiko Mensch und Natur?

▶ Die Bilder auf den Gewichten symbolisieren* den Umgang des Menschen mit der Natur und mit sich selbst. Diskutiert, ob der Mensch so verantwortlich mit der Natur umgeht, dass ein Gleichgewicht besteht. Begründet eure Meinung.

Ehrfurcht vor dem Leben?

Täglich sterben in Deutschland 25 000 Tiere im Versuchslabor.
Weltweit werden rund 100 Millionen Tiere jährlich von Industrie, Universitäten und Behörden verbraucht.

Bundesverband der Tierversuchsgegner, 1994

▶ Was wisst ihr über Tierversuche? Informiert euch beim Tierschutzbund (vgl. Adressen).
▶ Welche Tiere werden bei Tierversuchen eingesetzt? Versucht ein Plakat für eure Klasse zu gestalten mit Informationen und mit Bildern zu Tierversuchen.
▶ Was hältst du von Tierversuchen? Begründe deine Meinung.

Aus dem Tierschutzgesetz der Bundesrepublik Deutschland:

§ 1 „Zweck dieses Gesetzes ist es, aus der Verantwortung des Menschen für das Tier als Mitgeschöpf dessen Leben und Wohlbefinden zu schützen. Niemand darf einem Tier ohne vernünftigen Grund Schmerzen, Leiden oder Schäden zufügen."

▶ Was will das Tierschutzgesetz verhindern?
▶ Sucht Gründe, die im Sinne des Tierschutzgesetzes als vernünftige Gründe für Tierversuche angesehen werden könnten.
▶ Hältst du das Gesetz für ausreichend? Formuliere ein Tierschutzgesetz, das alle Punkte enthält, die deiner Meinung nach wichtig sind.

Das Great Ape Project*

Das Great Ape Project ist eine Bewegung, die versucht die Gültigkeit einiger Menschenrechte auf die Tierarten zu erweitern, die dem Menschen biologisch ähnlich sind.*

Wir sind Menschen und zugleich große Menschenaffen. Dass wir der menschlichen Spezies angehören, verleiht uns einen hohen moralischen Status: die Zugehörigkeit zum Kreis der moralisch Gleichen. [...] Wir fordern, dass die Gemeinschaft der Gleichen so erweitert wird, dass sie alle großen Menschenaffen mit einschließt: [...] Die Gemeinschaft der Gleichen ist die moralische Gemeinschaft, innerhalb derer wir bestimmte moralische Grundsätze oder Rechte anerkennen, [...]. Zu diesen [...] Rechten gehören die folgenden:

1. Das Recht auf Leben
Das Leben der Mitglieder der Gemeinschaft der Gleichen ist zu schützen. [...]

2. Der Schutz der individuellen Freiheit
Mitglieder der Gemeinschaft der Gleichen dürfen nicht willkürlich ihrer Freiheit beraubt werden; [...].

3. Das Verbot der Folter
Einem Mitglied der Gemeinschaft der Gleichen entweder böswillig oder für einen angeblichen Nutzen anderer wissentlich ernsthaften Schmerz zuzufügen gilt als Folter und ist Unrecht. [...]

Derzeit gelten nur Angehörige der Spezies Homo sapiens* als Mitglieder der Gemeinschaft der Gleichen. Der Schimpanse, [...] der Gorilla und der Orang-Utan [...] sind die nächsten Verwandten unserer Spezies. Auch sie haben geistige Fähigkeiten und ein emotionales Leben, die hinreichend sind ihre Einbeziehung in die Gemeinschaft der Gleichen zu rechtfertigen.

▶ Vergleicht die Forderung der Deklaration über die großen Menschenaffen mit den Menschenrechten (Kap. 13).
▶ Weshalb begrenzen die Initiatoren des Great Ape Projects ihre Forderungen auf drei zentrale Menschenrechte?
▶ Welche Folgen hätte die Durchsetzung des Great Ape Projects für die Affen, die zurzeit von den Menschen gefangen gehalten werden?

„Es geht nicht darum, ob sie denken können! Oder ob sie sprechen können! Es geht einzig und allein darum, ob sie leiden können!“

Jeremy Bentham*

▶ Sind die Forderungen des Great Ape Projects sinnvoll? Führt eine Pro-und-contra-Diskussion (vgl. Ethik 7/8, S. 41) durch.

▶ Einige Vertreter des Great Ape Projects teilen die Überzeugung von Jeremy Bentham (1748–1832). Als Konsequenz fordern sie die genannten Menschenrechte auf alle Tiere auszudehnen. Findet ihr diese Forderung sinnvoll? Begründet eure Meinung.

Ehrfurcht vor der Natur?

Der Arzt und Theologe Albert Schweitzer (1875–1965) hat sich sein Leben lang mit der Frage beschäftigt, ob und wie das Leben und die Natur erhalten werden können. Seine Theorie, die er entwickelte, fasste er mit der Bezeichnung „Erfurcht vor dem Leben" zusammen. Bei seinen Forschungen interessierte er sich sowohl für die Ordnung in der Natur als auch für die konkreten Vorgänge in ihr. Seine Erfahrungen beschreibt er in folgendem Text.*

Es ist für mich schmerzvoll und bleibt mir ein Rätsel: Einerseits habe ich Ehrfurcht vor dem Leben, andererseits lebe ich in einer Welt, in der die Natur sich teilweise selbst zerstört. Es ist schwer einzusehen, dass dies der Wille des Schöpfers sein soll, der diese Tiere und die ganze Natur erschaffen hat. …

Aber es gibt auch das Schöne in der Natur, durch das unser Wille zum Leben gestärkt wird. Ich freue mich über die morgendliche Sonne, über den Frühling mit den vielen Blüten, über das Wachsen und Reifen im Sommer und Herbst und ebenso über den Frieden eines stillen Wintertages. Ich freue mich auch über Vögel, die ihre Jungen füttern und über Falter, die im Sonnenschein umhergaukeln - diese Bilder in der Natur können ein glückliches Gefühl der Verbundenheit erzeugen. Es ist eine Verbundenheit mit dem starken Willen zum Leben, der in der Natur deutlich wird.

Viele Tiere erhalten ihr eigenes Leben durch Vernichtung von anderem Leben. Mit raffinierter Grausamkeit, die sie als Erbgut in ihrem Instinkt haben, legen Insekten ihre Eier in bestimmte Lebewesen ab, damit diese nachher ihrer Brut als Nahrung dienen. Grauen vor dem Dasein erfasst uns, wenn wir in das, was um uns vorgeht, Einblick nehmen.

nach Albert Schweitzer

- Albert Schweitzer beschreibt die widersprüchliche Art der Natur. Nennt Beispiele für seine Beobachtungen.
- Formuliert mit eigenen Worten, welche zwei Möglichkeiten Albert Schweitzer im Umgang mit der Natur sieht.

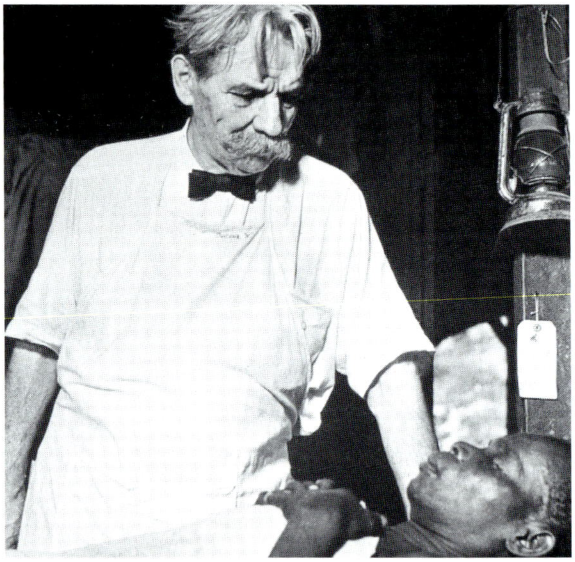

- Sucht für beide Möglichkeiten jeweils ein treffendes Beispiel.
- Welcher Umgang mit der Natur ist für Albert Schweitzer sinnvoll?
  Wie sollten die Menschen eurer Meinung nach mit der Natur umgehen? Diskutiert darüber und begründet eure Gesprächsbeiträge.
- Lest 1. Mose, Kap. 1, 26–28 (Literaturanhang, Kap. 7). Vergleicht den Umgang des Menschen mit der Natur, wie er an dieser Stelle beschrieben wird, mit den Aussagen von Albert Schweitzer.

Weitere Informationen über das Leben von Albert Schweitzer findet ihr in dem Film: Albert Schweitzer in seinem Urwaldhospital in Afrika, 42 01148. Beim Albert Schweitzer-Zentrum können weitere Informationen angefordert werden. (Vgl. Adressen)

„Ziel aller Philosophie ist es, uns […] begreiflich zu machen, wie wir […] zu wirken haben.
Die erste Philosophie vermag den Menschen mit dem Universum zusammenzubringen, indem sie Natur und Welt vergewaltigt und den Menschen mit einer seinem Denken gebeugten Welt in Verbindung setzt. Die andere, die unscheinbare Naturphilosophie lässt die Welt und Natur, wie sie sind, und zwingt den Menschen sich in sie hineinzufinden […]."

Kritische Stimmen

SPIEGEL special führte ein Interview mit dem Philosophen Andreas Brenner. Sie sprachen über zwei gegensätzliche Theorien, die sich mit dem Verhalten des Menschen gegenüber Tieren befassen.

special: In der Frage des ethischen Verhaltens Tieren gegenüber gibt es seit langem zwei Extrempositionen. Die eine wurde wohl am krassesten von Albert Schweitzer formuliert, der sagte: „Jedes Leben ist Leben, das leben will, inmitten von Leben, das leben will."

Brenner: Daraus [folgerte] er die absolute Achtung vor allen Arten von Leben, dem menschlichen, dem tierischen, dem pflanzlichen. Diese Position mag manchem Tierschützer sehr sympathisch erscheinen, ist jedoch nicht widerspruchsfrei zu denken.
Das hat Schweitzer selbst gemerkt. Er hatte als Arzt in Afrika natürlich vor allem mit der Krankheitsübertragung durch Tiere zu kämpfen. Das heisst er musste Tiere töten, wenn er Menschenleben retten wollte. [...]

special: Dem Biozentrismus* von Schweitzer stehen die Verfechter des Anthropozentrismus* gegenüber: Der Mensch als Krone der Schöpfung könne frei über den Rest der Natur verfügen.

Brenner: Der Anthropozentrismus hat in unserer Kultur spätestens mit den großen Aufklärern [...] sein theoretisches Fundament erhalten. Das hat dazu geführt, dass die Tiere als zu vernachlässigende Größen angesehen wurden. [...] Personen sind alle [...] Wesen [die Bewusstsein haben], also Menschen, und der Rest sind Sachen, also Stühle, Tische, Tiere und so weiter. [...]

special: Nun gibt es eine weitere Position, [...]. Die sogenannten Utilitaristen* [vgl. Kap. 9, S. 150] sagen, entscheidend sei, ob ein Wesen Schmerz empfinden könne – und nicht, ob es sich um Mensch oder Tier handele. [...]

Brenner: Tiere werden durch diesen Ansatz in die Rechtssphäre integriert. Die Position [...], die [...] die Leidensfähigkeit eines Wesens zum entscheidenden Kriterium macht, lässt keinerlei markante, relevante Unterschiede zwischen Mensch und Tier gelten. Diese Reduktion[1] auf die Leidensfähigkeit hat die unakzeptable Folge, dass menschliches mit tierischem Leiden verrechnet werden kann. [...] Ich denke, wir dürfen bei dem Vorhaben Tiere in die Rechtssphäre zu integrieren nicht in denselben Fehler verfallen wie bereits beim Ausschluss der Tiere, nämlich in Entweder-oder-Kategorien zu denken: entweder nur der Mensch oder nur das Tier. [...] Es geht darum, eine Ethik zu finden für Mensch und Natur. Wir müssen – um an einem alten Begriff der Philosophie anzuknüpfen – ein „gutes" Leben führen, nicht auf Kosten anderer, nicht auf eigene Kosten, sondern im Gesamtzusammenhang mit der Mitwelt.

1 Reduktion: Verringerung

- ▶ Das Interview mit Andreas Brenner nennt zwei unterschiedliche Grundeinstellungen für ethisches Verhalten Tieren gegenüber: Biozentrismus und Anthropozentrismus. Versucht die beiden Begriffe mit euren eigenen Worten zu erklären.
- ▶ Erläutert, was der Utilitarismus* an dieser Stelle fordert und ob man ihn dem Biozentrismus oder dem Anthropozentrismus zuordnen kann. Vergleicht diese Forderung auch mit der Aussage von Jeremy Bentham* auf dem Hintergrund der Informationen aus Kap. 9, S. 150.
- ▶ Welche Position vertritt demgegenüber Andreas Brenner? Erklärt, was er unter einem „guten" Leben versteht.
- ▶ Alle genannten Positionen haben für das Verhalten Tieren gegenüber Konsequenzen in der Praxis. Sucht Beispiele, die dies deutlich machen.
- ▶ In einem Streitgespräch müsst ihr andere Gesprächsteilnehmer von der Richtigkeit einer der beiden Grundpositionen überzeugen: Sammelt Argumente für diese beiden Theorien und führt das Streitgespräch mit zwei Gruppen: den Vertretern der Biozentrismus und den Vertretern des Anthropozentrismus. Sammelt Argumente und führt dann ein solches Streitgespräch mit zwei Interessengruppen.

Naturwissenschaft in der Antike

Die Natur gab den Menschen schon immer Rätsel auf, die sie dazu veranlassten, diese Rätsel zu lösen und ihre Neugier zu befriedigen. Dabei waren die Menschen im Laufe der Geschichte sehr erfinderisch bei der Auswahl ihrer Mittel. Sie reichten von der reinen Beobachtung oder Überlegung bis hin zu irreversiblen[1] Eingriffen in das System der Natur.

1 irreversibel: nicht wieder rückgängig zu machen

Der griechische Philosoph Platon* (427–347 v. Chr.), der im vierten Jahrhundert vor Christus in Athen lehrte, hat mit seinen Überlegungen zur Natur ein Fundament für die abendländische Naturphilosophie geschaffen. In seinem Dialog „Timaios" schildert Platon die Erschaffung der Welt. Ein Weltbaumeister formt die Welt aus Urmaterie, indem er die **Idee** des lebenden Wesens zum Vorbild nimmt. Nach der Fertigstellung ist die Natur ein Abbild der idealen Ordnung. Platon interessiert sich für das, was in der Natur ewig und unveränderlich ist. In dem Buch „Sofies Welt" erklärt der Philosophielehrer von Sofie ihr diese Theorie von Platon anhand eines Beispiels aus dem täglichen Leben.

Absolut alles, was der „Sinnenwelt" angehört, besteht aus einem Material, an dem die Zeit zehrt. Aber gleichzeitig ist alles nach einer zeitlosen Form gebildet, die ewig und unveränderlich ist. […]
Wir stellen uns jetzt vor, du fällst aus dem Weltraum auf die Erde und hast noch nie eine Bäckerei gesehen. Also stolperst du in eine verlockende Bäckerei – und da siehst du fünfzig genau gleiche Pfefferkuchenmänner auf einem Tablett. Ich nehme an, du würdest dich am Kopf kratzen und dich fragen, wieso die alle ganz gleich sein können. Dabei ist es gut vorstellbar, dass einem ein Arm fehlt, ein anderer hat vielleicht ein Stück vom Kopf verloren und der Dritte hat einen zu dicken Bauch. Aber nach gründlichem Nachdenken kommst du zu dem Schluss, dass alle Pfefferkuchenmänner einen gemeinsamen Nenner haben. Obwohl keiner von ihnen ganz vollkommen ist, ahnst du, dass sie einen gemeinsamen Ursprung haben müssen. Du begreifst, dass alle Pfefferkuchenmänner nach ein und derselben Form gebacken sind. […]
Diese Form nannte Platon* Ideen. […]
Platon glaubt an eine eigene Wirklichkeit hinter der „Sinnenwelt". Diese Wirklichkeit nannte er die Welt der Ideen. […]

Wenn ihr mehr darüber wissen wollt, könnt ihr in folgendem Buch weiterlesen:
Jostein Gaarder, Sofies Welt, Carl Hanser Verlag, München 1993, S. 103.

Aristoteles (384–322 v. Chr.), der bekannteste Schüler Platons, löste sich von den Vorstellungen seines Lehrers und suchte einen neuen, eigenen Denkansatz:*

Als glühender Realist war er vor allem an der genauen Naturbeobachtung interessiert. Entsprechend organisierte er die Arbeit in seiner Schule. Botanik, Zoologie, Geologie, Astronomie: All diese Bereiche wurden systematisch und in allen Einzelheiten untersucht. Tiere wurden seziert und gesammelt und katalogisiert. [...] Dass er diese praktischen Studien als wichtige Methode bei der Suche nach Wissen einführen [...] konnte, [...] war eine beachtliche Leistung. [...] Aristoteles wies durch sein Werk darauf hin, wie wichtig die Sammlung und Klassifizierung[1] von Daten sind. Er war jedoch nicht daran interessiert, Tatsachen genauso wie ein moderner Wissenschaftler miteinander in Verbindung zu setzen. Außerdem unternahm er keinen Versuch Experimente zur Überprüfung von Hypothesen* durchzuführen. Aristoteles suchte nicht nach Naturgesetzen, die Veränderungen verschlüsseln oder Ordnungen in der Kette von Ursache und Wirkung beschreiben. [...]

1 Klassifizierung: etwas (z. B. Tiere, Pflanzen) in Klassen einteilen, einordnen

- Beschreibt die Methode des Aristoteles mit den im Text genannten Schlüsselbegriffen.
- Vergleicht das Vorgehen des Aristoteles mit euren eigenen Erfahrungen im Biologie-, Chemie- und Physik-Unterricht.
- Sucht Beispiele dafür, dass man durch Experimente Informationen bekommen kann, die durch Naturbeobachtung nicht zu erkennen sind.

Im Vatikan in Rom kann man das berühmte Gemälde „Die Schule von Athen" besichtigen. Im Zentrum dieses Gemäldes stehen die beiden großen Philosophen Platon und Aristoteles. Der Maler Raffael wollte mit der Haltung des rechten Arms der beiden Philosophen auf die Unterschiede in der philosophischen Überzeugung bei Platon und Aristoteles hinweisen.

- Kannst du aufgrund der Texte über Platon und Aristoteles erklären, was die Armhaltung jeweils bedeutet?

Folgendes Beispiel zeigt euch, dass die Methode des Aristoteles auch Fehlschlüsse zuließ:

Aristoteles nahm an, dass sich Ungeziefer aus Unrat entwickelt.

- Sucht Gründe dafür, weshalb Aristoteles zu dieser Schlussfolgerung kam.
- Wie kann man heute diesen Irrtum vermeiden?

Moderne Naturforschung

Galileo Galilei (1564–1642 n. Chr.), Universitätsprofessor aus Padua, ist anders als die meisten Universitätsprofessoren des 17. Jahrhunderts. Für die meisten seiner Kollegen hat die Welt der Arbeit, der Handwerker oder der Seeleute nichts mit der Welt von Forschung und Lehre zu tun. In ihren Vorlesungen kommentieren die Professoren nur die Werke antiker Autoren, vor allem die des Aristoteles*, der im vierten Jahrhundert v. Chr. lebte.*

Doch Galilei denkt anders: Er ist der Meinung, dass die physikalischen Gesetze durch Experimente begründet werden müssen. Und wenn die Experimente, die er unternimmt, Aristoteles widersprechen, zögert er nicht die Lehre [...] infrage zu stellen. Schließlich ist die Tatsache, dass die Wissenschaft seit 2000 Jahren kaum Fortschritte gemacht hat, kein Grund auf neue Ideen und Methoden zu verzichten.

An einem Abend im Mai 1609 ist Galilei zu einem Empfang in Venedig geladen. Dort erfährt er eine wichtige Nachricht: In Holland hat ein Optiker das Fernrohr erfunden. Es wurde aus zwei Brillengläsern hergestellt und konnte Gegenstände, wenn auch unscharf und verzerrt, zwei- bis dreifach vergrößern.

Die Leute verlieren schnell das Interesse daran. Doch wie kommt es, dass die holländischen und französischen Wissenschaftler, die von dem Fernrohr gehört haben, nicht vorhersehen, welche Möglichkeiten es bietet? Die Antwort ist verblüffend: Für sie ist ein optisches Instrument nicht von Interesse. Es gilt sogar als schädlich, da es nur „Illusionen", „Täuschungen ohne Bezug zur Wirklichkeit" hervorrufen würde.

Galilei kennt nur eine vage Beschreibung des Fernrohrs, als er beginnt, selbst eins zu bauen. Einerseits ist für ihn das Experiment das erste Mittel um physikalische Gesetze zu entdecken und zu überprüfen, andererseits interessiert er sich für die Technik. Deshalb hat er nicht dieselben Vorurteile wie seine Kollegen. [...]

Wenn das Fernrohr so viel einbringen würde, dass er aufhören könnte Privatstunden zu geben, hätte er endlich Zeit um zu forschen und zu schreiben. Aber er hat noch einen anderen, wichtigeren Grund: Er will damit den Himmel beobachten.

Zu Beginn des 17. Jahrhunderts schwelt in den wissenschaftlichen Kreisen ein großer Streit. Dabei geht es um den Himmel: Die alten, seit 2000 Jahren unangetasteten Ideen werden durch eine neue Theorie infrage gestellt, durch das heliozentrische Weltbild des Kopernikus.*

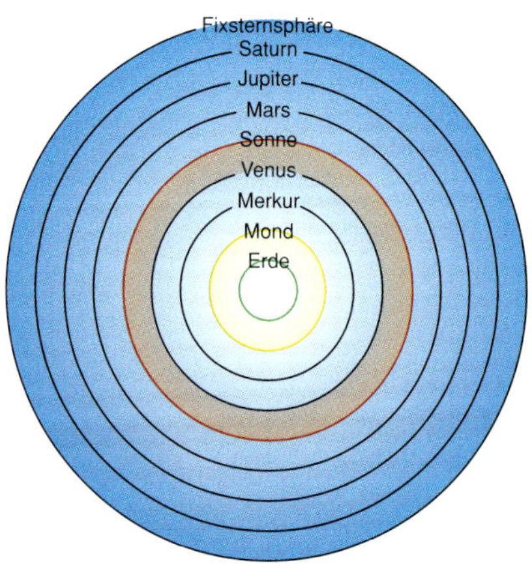

Weltbild des Aristoteles (384–322 v. Chr.)

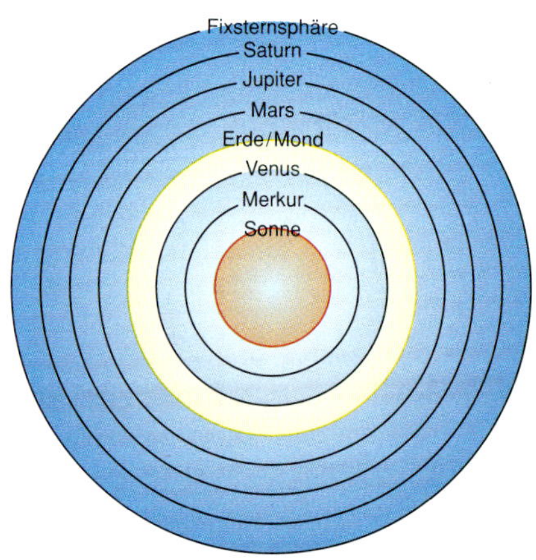

Weltbild des Kopernikus (1473–1543)

▶ Informiert euch genauer über die Kosmologien* des Aristoteles und des Kopernikus.

▶ Formuliert die wesentlichen Aussagen in Stichpunkten. Worin unterscheiden sich die beiden Modelle?

Galilei wird sich schnell darüber klar, dass Fernrohre, die aus Brillengläsern hergestellt werden, noch keinen Nutzen haben. [...] Daher muss Galilei seine Linsen selbst zuschneiden und schleifen. [...]

Inzwischen beobachtet Galilei jede Nacht den Himmel, während er tagsüber an einem noch besseren Fernrohr [...] arbeitet. [...] Damit macht er seine wichtigste Entdeckung. „Am 7. Januar dieses Jahres 1610, zur ersten Nachtstunde, als ich die Sterne mit dem Fernrohr ansah, zeigte sich mir Jupiter; und weil ich ein wirklich ausgezeichnetes Instrument gebaut hatte, sah ich nahe bei dem Planeten drei Sterne, zwar klein, aber sehr hell (die ich früher nicht bemerkt hatte, weil mein vorhergehendes Fernrohr weniger gut war“). [...]

Einige Tage später entdeckt Galilei, dass es nicht drei, sondern vier Monde sind, die Jupiter umkreisen. [...]. Es gelingt ihm, zweifelsfrei zu beweisen, dass sie Jupiter wirklich bei seiner Bewegung durch den Himmel folgen.

Nun ist einer der Einwände, die gegen die kopernikanische Lehre angeführt werden, dass der Mond der Erde in ihrer Bewegung nicht folgen könne, wenn diese sich um die Sonne drehe. Für Galilei ist es der beste Beweis, wenn man etwas mit seinen Augen beobachten kann. Er ahnt noch nicht, wie schwierig es sein wird, seine Gegner dazu zu bringen, zu glauben, was sie mit ihren eigenen Augen sehen.

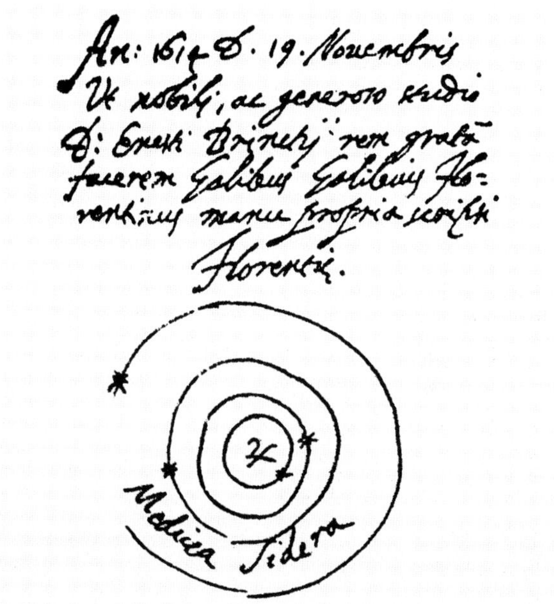

▶ Warum waren die Beobachtungen des Galilei von großer Bedeutung für das Weltbild des Kopernikus?

▶ Vergleicht die Methoden von Aristoteles und Galilei. Worin unterscheiden sich die beiden Forscher?

▶ Wenn ihr eine Vorstellung davon bekommen wollt, wie schwierig es für Galilei gewesen sein musste, seine neuen Methoden und Erkenntnisse durchzusetzen, könnt ihr die vierte Szene aus Brechts Drama „Leben des Galilei" im Unterricht lesen oder nachspielen. Bertolt Brecht, Leben des Galilei, Suhrkamp Basisbibliothek I, Frankfurt/Main 1998. CD vgl. S. 287 f.

▶ Welche Rolle spielte die Entdeckung und die Konstruktion des neuen technischen Hilfsmittels für die weitere Forschung und für unser heutiges Weltbild?

Weitere Informationen über das Weltbild des Aristoteles und des Kopernikus könnt ihr im Deutschen Museum in München erhalten. Dort sind die Modelle maßstabsgetreu nachgebildet und ihr könnt den Lauf der einzelnen Planeten am Modell simulieren. Die Bausätze einzelner Modelle gibt es im Museumsladen, die auch verschickt werden. Museumsladen Deutsches Museum, Postfach 260252, 80075 München.

Mensch und Natur

Francis Bacon und der Beginn der modernen Naturwissenschaft

Francis Bacon (1561–1626), ein englischer Wissenschaftler und ein Zeitgenosse Galileis*, legt ebenso wie dieser großen Wert auf die Erfahrung. Sammeln, Ordnen, Auswerten und Interpretieren von Beobachtungsdaten sind für Bacon grundlegende Merkmale einer organisierten Wissenschaft. Die Instrumente des Experimentierens richten sich bei ihm jedoch wie Waffen gegen die Natur.

Man muss die Natur nur auf die Folter des Experiments spannen
um ihr ihre Geheimnisse zu entreißen
und sie dem Menschen dienstbar zu machen.

Francis Bacon

- Welche Aufgabe hat die Naturwissenschaft nach der Meinung von Francis Bacon?
- Welche Bedeutung hat die Natur für Francis Bacon?
- Francis Bacon will mithilfe seiner Forschungsergebnisse die Natur beherrschen. Haltet ihr ein solches Ziel für realistisch?
- Glaubt ihr, dass der Naturwissenschaftler das Recht hat die Rätsel der Natur „auf der Folterbank" zu lösen? Führt eine Pro-und-contra-Diskussion zur Lösung dieser Frage. Vier Schüler oder Schülerinnen vertreten die Position der Natur und vier Schüler oder Schülerinnen vertreten die Position der Naturwissenschaftler. Der Rest der Klasse übernimmt im Anschluss an die Diskussion die Position der Jury, die beurteilen muss, welches die überzeugendsten Argumente sind.
- Formuliert ethische Richtlinien, die eurer Meinung nach berücksichtigt werden müssen, wenn Experimente in der biologischen und medizinischen Forschung gemacht werden. Bezieht dazu auch die Aussagen zu den Tierversuchen zu Beginn dieses Kapitels ein.

Im Gleichgewicht mit allen Lebewesen

Die Indianer hatten eine völlig andere Art und Weise mit der Natur umzugehen als die Europäer.

Wenn ein Indianer die Natur anschaut, dann tut er es nicht mit dem Gedanken, ein Fernglas darauf zu richten oder sie von sich fortzuschieben, sodass er sich aus der Entfernung auf sie konzentrieren kann.
In seinem Verständnis ist die Natur nicht etwas, [das von ihm getrennt ist]. Er begreift sie mehr als ein Element, in dem er existiert [und in das er sich als Mensch einordnet].

Kiowa

Unser Anliegen ist es,
nach Frieden,
Harmonie
und dem Leben im Gleichgewicht
mit allen Lebewesen dieser Erde zu streben.
Wir definieren in unseren Sprachen die Welt
als eine ganze Familie
und unsere Beziehung zum Universum ist
verwandtschaftlicher Art.

- Beschreibt mit eigenen Worten, wie der Kiowaindianer die Natur sieht.
- Vergleicht dieses Bild der Indianer mit dem Bild, das Francis Bacon sich von der Natur gemacht hat. Beschreibt den zentralen Unterschied.
- Welche Aspekte dieses indianischen Naturbildes sollten deiner Meinung nach auch in unser Naturverständnis eingehen? Begründe deine Antwort.
- Was würde sich in deinem täglichen Umgang mit der Natur verändern, wenn du etwas von dem indianischen Verständnis übernimmst?

Naturwissenschaften – nein, danke?

Können wir auf die Naturwissenschaften verzichten?

Stellen wir uns vor, die Naturwissenschaften würden das Opfer der Auswirkungen einer Katastrophe. Die Öffentlichkeit lastet den Wissenschaftlern mehrere verheerende Umweltpannen an. Es kommt verbreitet zu Unruhen. Labors werden niedergebrannt, Physiker gelyncht, Bücher und Geräte vernichtet. Schließlich übernimmt eine politische Bewegung des Nichtwissens die Macht und schafft mit Erfolg den naturwissenschaftlichen Unterricht an Schulen und Universitäten ab, indem sie die noch lebenden Wissenschaftler ins Gefängnis wirft und liquidiert. Später setzt eine Gegenströmung gegen diese zerstörerische Bewegung ein und einige aufgeklärte Menschen versuchen die Wissenschaften wiederzubeleben, wenngleich sie weitgehend vergessen haben, was das einmal war. Sie besitzen nur noch Bruchstücke: ein Wissen um Experimente ohne Kenntnis des theoretischen Zusammenhangs, der diesen Experimenten erst ihre Bedeutung verlieh; Teile von Theorien, die entweder zu den anderen Theoriefragmenten, die noch bekannt sind, oder zu den Experimenten keinen Bezug haben; Geräte, deren Verwendungszweck man vergessen hat; halbe Kapitel aus Büchern, einzelne Seiten von Artikeln, die nicht immer ganz lesbar sind, weil sie zerrissen wurden oder angekohlt sind.

Alaisdair MacIntyre

- Entwerft die Vision von einer Gesellschaft* ohne Naturwissenschaften.
- Welche Vorteile und welche Nachteile hat die Kenntnis der naturwissenschaftlichen Forschungsergebnisse?

- Auf welchen physikalischen Gesetzen beruht die Funktion dieser Brücke und welche Vorteile hatte die Bevölkerung durch den Bau der Brückenkonstruktion?
- Ihr könnt eine Collage anfertigen zum Thema: Physik im täglichen Leben.

Kann oder darf die Naturwissenschaft alle Rätsel der Natur lösen?

Eine industrialisierte und technisierte Welt ohne die Gesetze der Naturwissenschaften scheint kaum realistisch zu sein. Wie sollten wir zum Mond fliegen, wenn die Bewegungen von Körpern und Planeten nicht berechenbar wären?
Die Physik des 18. Jahrhunderts war seit den bahnbrechenden Methoden und Erkenntnissen von Galilei in einem Entdeckerfieber. Es schien nur noch eine Frage der Zeit zu sein, bis alle Naturgesetze entdeckt und alle Probleme lösbar waren. Auf diesem Hintergrund beschrieb der französische Physiker und Mathematiker Pierre Simon de Laplace (1749–1827) seine Vision eines* ***Superhirns****, das die scheinbar momentanen Schwierigkeiten schon überwunden hatte.*

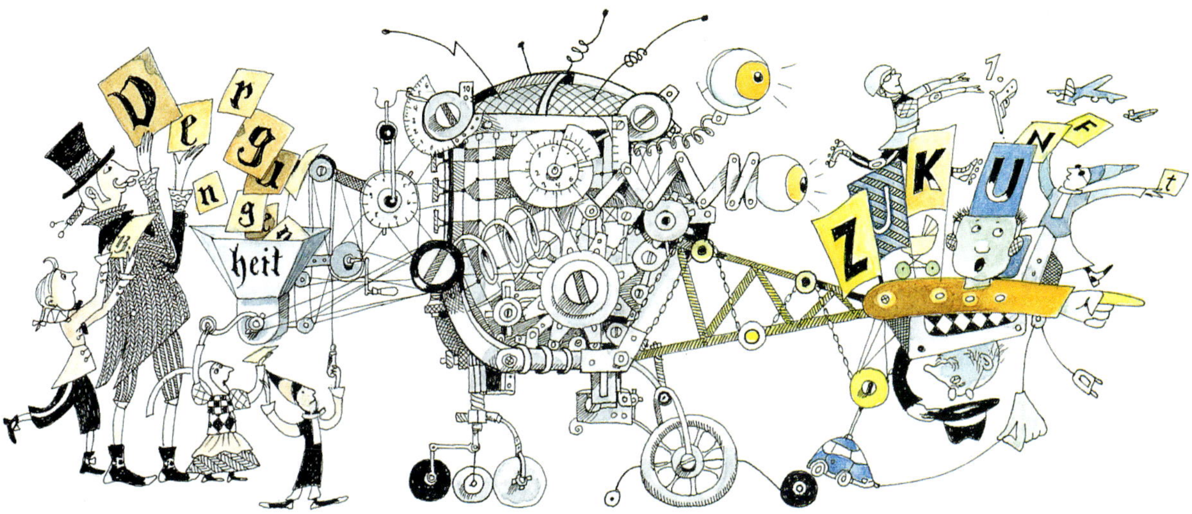

Der Zustand der Natur ist immer eine Folge dessen, was vorher war. D. h. die Natur entwickelt sich immer aus bestimmten Vorgängen in der Vergangenheit. Wenn wir uns eine Intelligenz vorstellen, z. B. einen Computer, der zu einem bestimmten Zeitpunkt alle Ereignisse der Vergangenheit verarbeiten kann, so könnte dieser Computer die Entwicklung in der Zukunft in allen Einzelheiten vorhersagen.

nach Pierre Simon de Laplace

Die Vision von Laplace bezog sich auf die Physik – die Lehre von der unbelebten Natur. In ihr schien Ende des 18. Jahrhunderts alles berechenbar.

▶ Was ist jedoch mit der belebten Natur und dem Menschen mit seiner Zukunft – ist auch er durch den Laplaceschen Dämon berechenbar?
Was haltet ihr von der Idee, dass der Laplacesche Dämon, der eure Vergangenheit kennt, schon heute weiß, wie eure Zukunft aussehen wird?

▶ Begründet, warum man eine solche Vision den Laplaceschen DÄMON nennt.

▶ Diskutiert darüber, ob ihr euch – wenn Laplace Recht hätte – noch frei entscheiden könntet heute lieber ein Buch zu lesen oder ins Kino zu gehen.

▶ Könntet ihr zur Verantwortung gezogen werden für eine Fensterscheibe, die ihr beim Fußballspielen zerbrochen habt? Begründet eure Antwort.

Die Wissenschaft kann die letzten Rätsel der Natur nicht lösen. Und das ist so, weil wir letztlich selbst ein Teil des Rätsels sind, das wir zu lösen haben.

Max Planck*

▶ Erklärt mit euren eigenen Worten, wie Max Planck das Verhältnis von Wissenschaft, Natur und Mensch beschreibt.

▶ Welche Antwort kannst du auf die Frage geben: Kann oder darf Naturwissenschaft alle Rätsel der Natur lösen?

12. Technik und (k)ein Ende?

Dädalos und Ikaros – ein Problem unserer Zeit?

Dädalos, ein Baumeister und Bildhauer aus Athen, tötete seinen Neffen Thalos aus Eifersucht. Als der hinterlistige Mord entdeckt wurde, floh Dädalos mit seinem Sohn Ikaros auf die Insel Kreta.

Indessen wurde dem Dädalos die lange Verbannung aus der geliebten Heimat doch allmählich zur Last und es quälte ihn, bei einem tyrannischen und selbst gegen seinen Freund misstrauischen König sein ganzes Leben auf einer vom Meer umschlossenen Insel verbringen zu müssen. Sein erfinderischer Geist sann auf Rettung. Nach langem Brüten rief er endlich freudig aus: „Ich habe den Weg gefunden ..."

Dädalos bezwang mit seinem Erfindergeist selbst die Natur. Er fing an Vogelfedern von verschiedener Größe zu ordnen, indem er mit der kleinsten begann und zu der kürzeren Feder stets eine längere fügte, sodass man glauben konnte, sie seien von selbst ansteigend gewachsen. Diese Federn verknüpfte er in der Mitte mit Leinfäden, unten mit Wachs. Dann krümmte er das Gebilde kaum merklich, so, dass es ganz das Ansehen von Flügeln bekam.

Dädalos hatte einen Sohn namens Ikaros. Der stand gern neben ihm und half mit seinen kindlichen Händen der künstlichen Arbeit des Vaters: Bald griff er nach dem Gefieder, dessen Flaum vom Luftzug bewegt wurde, bald knetete er mit Daumen und Zeigefinger das gelbe Wachs, dessen der Künstler sich bediente.

Der Vater ließ es sorglos geschehen und lächelte zu dem unbeholfenen Bemühen seines Kindes.

Nachdem er die letzte Hand an seine Arbeit gelegt hatte, passte sich Dädalos selbst die Flügel an den Leib und schwebte leicht wie ein Vogel empor in die Lüfte.

Dann senkte er sich wieder zu Boden und belehrte auch seinen Sohn Ikaros, für den ein kleineres Flügelpaar bereitlag. „Flieg immer, lieber Sohn", sprach er, „in der Mitte, damit nicht, wenn du den Flug zu sehr nach unten senkst, die Fittiche ans Meerwasser streifen und von Feuchtigkeit schwer dich in die Tiefe ziehen oder, wenn du zu hoch in die Lüfte steigst, dein Gefieder den Sonnenstrahlen zu nahe kommt und plötzlich Feuer fängt. Zwischen Wasser und Sonne fliege dahin und folge immer nur meinem Pfade durch die Luft."

Unter solchen Ermahnungen knüpfte Dädalos auch dem Sohne das Flügelpaar an die Schultern, doch zitterte seine Hand dabei und eine bange Träne tropfte herab. Dann umarmte er den Knaben und gab ihm einen Kuss, der auch sein letzter sein sollte.

Jetzt erhoben sich beide mit ihren Flügeln. Der Vater flog voraus, sorgenvoll wie ein Vogel, der seine zarte Brut zum ersten Mal aus dem Nest in die Luft führt. Doch schwang er besonnen und kunst-

voll das Gefieder, damit der Sohn es ihm nachzutun lerne, und blickte von Zeit zu Zeit rückwärts um zu sehen, wie es diesem gelänge. Anfangs ging es ganz gut. Bald hatten sie die Insel Samos zur Linken, bald Delos und Paros, die Eilande, zur Rechten hinter sich gelassen.

Da verließ der Knabe Ikaros, voll Zuversicht durch den glücklichen Flug, seinen väterlichen Führer und steuerte in verwegenem Übermute mit seinem Flügelpaar einer höheren Zone zu.

Aber die Strafe blieb nicht aus. Die Sonne erweichte mit ihren heißen Strahlen das Wachs, das die Fittiche zusammenhielt, und ehe es Ikaros nur bemerkte, waren die Flügel aufgelöst und fielen auf beiden Seiten von seinen Schultern.

▶ Stellt einen Zusammenhang her zwischen dieser Geschichte und dem Umgang mit Technik.

Wie viel Technik brauchen wir wirklich?

Der Mythos von Dädalos und Ikaros ist schon mehr als 2000 Jahre alt. Trotzdem ist die Frage, die er an Dädalos stellt, eine aktuelle Frage. Sie betrifft uns alle und unseren Umgang mit der modernen Technik.*

Wie viel Technik benutzen wir täglich?

▶ Macht eine Aufstellung, welche technischen Geräte ihr im Laufe eures Tages benutzt.

▶ Kennzeichnet die technischen Geräte, die euch unverzichtbar erscheinen und diejenigen, auf die ihr ohne besondere Mühe verzichten könntet.

▶ Begründet eure Entscheidung.

Wie sähe eine Welt ohne Technik aus?

▶ Entwerft eine Vision, wie eine Welt ohne Technik heute aussehen könnte.

▶ Sammelt Argumente, was in einer solchen Welt positiv und negativ wäre. Stellt in der Tabelle eure Pro- und-contra-Argumente einander gegenüber.

▶ Führt auf der Grundlage eurer eigenen Argumente eine Pro- und-contra-Diskussion mit radikalen Technikgegnern auf der einen Seite und Technikbefürwortern auf der anderen Seite. (Zur Pro- und-contra-Diskussion vgl. Ethik 7/8, S. 41.)

▶ Verfasst einen Zeitungsartikel, der die Ergebnisse dieser Diskussion einem breiten Publikum vermittelt.

Lieber Tim,

heute hat es endlich geklappt. Papa ist heute Morgen operiert worden. Die Ärzte haben Mama und mir gesagt, es gehe ihm den Umständen entsprechend gut. Mama hat schon mit Papa reden können. [...]

Stell dir vor, diese Nacht um 2 Uhr hat man uns angerufen. Man hatte eine Spenderniere gefunden. Papa musste sofort ins Krankenhaus um auf die Operation vorbereitet werden zu können.

Du weißt ja, dass er in den letzten acht Jahren in jeder Woche dreimal an die Dialysemaschine angeschlossen wurde, die sein Blut gefiltert hat. Seit zwei Jahren steht er auf der Warteliste und wir haben auf ein Wunder gehofft.

Schon zweimal haben wir gedacht, wir hätten Glück gehabt, aber immer wieder gab es Komplikationen.

Heute Morgen war es dann endlich so weit. Nach der Operation kann Papa fast ganz normal leben. Er muss nicht mehr ständig ins Krankenhaus.

Der Arzt hat mir gesagt, dass man erst seit 35 Jahren Nieren transplantieren kann.

Hätten wir vor 50 Jahren gelebt, hätte Papa sterben müssen. Du kannst dir gar nicht vorstellen, wie froh ich bin, dass wir heute leben.

Mach's gut Arno

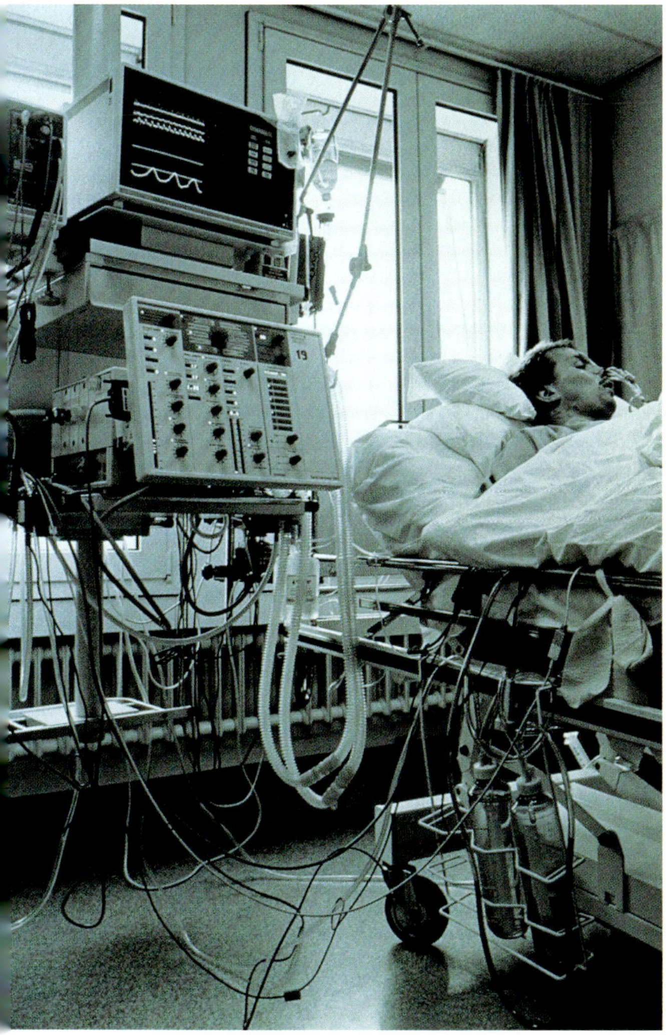

Medizinische Technik

- Welche technischen Hilfsmittel in der Medizin kennt ihr, die eingesetzt werden um Leben zu retten?
- Informiert euch über die durchschnittliche Lebenserwartung der Menschen vor 500 Jahren.
- Sammelt aus der Perspektive Arnos Argumente für den Einsatz von technischen Hilfsmitteln in Krankenhäusern und in der medizinischen Forschung.

Arnos Vater liegt auf der Intensivstation. Er ist froh über die geglückte Operation und denkt daran, dass er Arno versprochen hat bald wieder mit ihm Fußball zu spielen. Man hat ihm auf seine Frage hin mitgeteilt, dass seine neue Niere von einem 18-jährigen Mädchen stammt, das bei einem Autounfall tödlich verunglückt ist. Arnos Vater möchte an die Familie dieses Mädchens schreiben.

- Sammelt Ideen für einen solchen Brief und schreibt ihn selber.
- In unserem Beispiel werden die positiven Aspekte der Medizintechnik in den Vordergrund gestellt. Kennt ihr auch Nachteile, die die Technisierung der Medizin für uns als Nutzer hat? Sammelt Argumente.

Seit wann gibt es Technik?

Antike

Ein Leben ohne Technik ist für uns heute unvorstellbar. Schon im alten Ägypten setzten die Menschen Technik ein um sich die Arbeit zu erleichtern.

Ein Wandbild aus dem Grab des Sebenekht in al-Kab zeigt, wie 1800 v. Chr. in Ägypten ein Transportproblem gelöst wurde. Vor den Wagen wird eine Flüssigkeit auf den Weg geschüttet.

▶ Beschreibt den Einsatz von technischen Hilfsmitteln, die ihr auf der Darstellung erkennen könnt.

Beginn der Neuzeit

Andere Beispiele für den Einsatz der Technik vor der industriellen Revolution* finden wir bei Leonardo da Vinci (1452–1519).

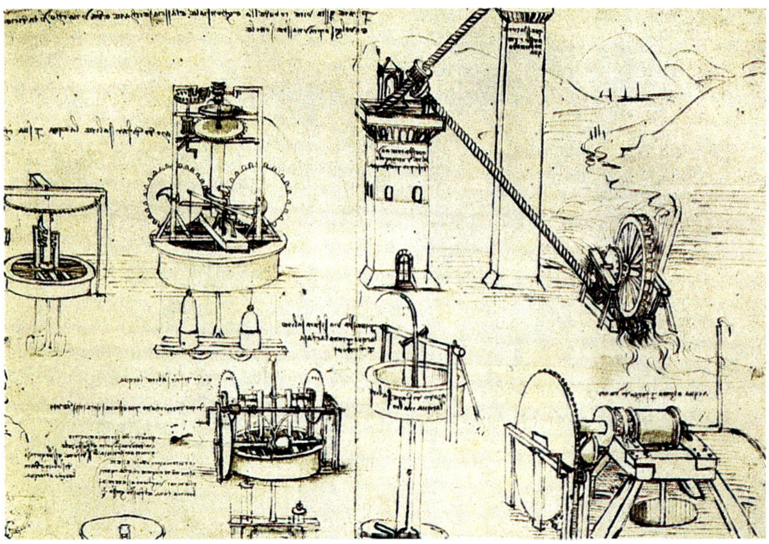

▶ Beschreibt die verschiedenen Teilskizzen im Hinblick auf ihren Zweck.
▶ Welche Bedeutung haben die Naturgesetze bei diesen Konstruktionen?
▶ Welche Vorteile ergaben sich durch den Einsatz der technischen Konstruktionen von Leonardo da Vinci für die Menschen?
▶ Schreibt einen Lexikonartikel zu der Frage: Was ist Technik?

Die Ambivalenz technischer Erfindungen*

Fortschritt durch Technik – dies war eins der Ziele der industriellen Revolution. Eine Karikatur aus dem Jahre 1845 zeigt eine Vision, wie man sich die Zukunft bei entsprechender Unterstützung durch die Technik vorstellte.

- Was erhoffte sich der Karikaturist vom technischen Fortschritt?
- Informiert euch über die industrielle Revolution und erstellt eine Liste mit typischen Merkmalen.

Von der Industrialisierung erwarteten optimistisch gesinnte Zeitgenossen vor allem Wachstum: [...] Die tatsächlich eintretenden Wachstumsprozesse gingen aber auch mit einem tief greifenden ökonomischen Strukturwandel einher. Dieser setzte große gesellschaftliche* Umwälzungen und schmerzhafte Anpassungsprozeduren in Gang und veränderte die Lebenswelt des Menschen innerhalb weniger Generationen bis zur Unkenntlichkeit.

- Welche Argumente sprechen für den Fortschritt durch technische Erfindungen und welche dagegen? Erstellt ein Poster, auf dem ihr die Pro- und-contra-Argumente aufführt und eure Argumente gleichzeitig mit Bildmaterial ergänzt.
- Die Situation im Zeitalter der industriellen Revolution beschreibt man heute mit dem Begriff Ambivalenz technischer Erfindungen. Informiert euch über die Bedeutung des Begriffs und erklärt ihn anhand der Informationen auf dieser Seite.
- Wie beurteilt ihr die Argumente für und gegen den technischen Fortschritt? Formuliert eure eigene Meinung und begründet sie.

Risikogesellschaft?

▶ Informiert euch über den Zauberlehrling in Goethes Gedicht (vgl. Literaturanhang).

▶ Beschreibe, was der Künstler Ernst Barlach mit diesem Bild besonders hervorheben wollte.

Der Verhaltensforscher Konrad Lorenz hat in einem Interview Bilanz gezogen über die Situation von Wissenschaft und Technik in diesem Jahrhundert.*

Zauberlehrlinge mit Tunnelblick – unerfüllte Heilversprechen in Wissenschaft und Technik

Der Mensch […] ist im Begriff sich selbst zu vernichten. […] Damals, in der Startphase des Industriezeitalters, einte ein gemeinsames Ethos die europäische Forschungselite. Die Wissenschaftler, so ihr Credo[1], haben dem Wohlergehen der Menschheit zu dienen. Wissenschaft und sozialer Fortschritt sollten sich im Gleichschritt voranbewegen. […] Zur allgemeinen Verbesserung der Lebensverhältnisse wollten auch die Erfinder und Techniker beitragen. Ein riesiges Arsenal neuer Maschinen sollte die Menschen vom Fluch Knochen brechender Schwerarbeit erlösen. […] Vom Polioimpfstoff bis zur Antibabypille, von der Herz-Lungen-Maschine bis zum Dialysegerät reichten allein die medizinischen Errungenschaften der Fünfziger und Sechzigerjahre. […] Die Monderoberung, vom Fernsehen live in alle Welt übertragen, wurde zu einem Massenerlebnis, das die Ehrfurcht vor den Wundern der Technik vorübergehend fast ins Rauschhafte steigerte. […]

Dass der wissenschaftlich-technische Fortschritt ein Selbstgänger sei, sowieso nicht aufzuhalten und im Grunde ja auch wünschenswert, davon waren, Mitte der Sechzigerjahre, noch die […] Studenten überzeugt.

1 Credo: Glaubensüberzeugung

▶ Fasse jede der beiden Positionen jeweils in einer These zusammen.

▶ Im Titel dieses Artikels werden die Wissenschaftler der letzten 50 Jahre mit Zauberlehrlingen verglichen. Weshalb hat Klaus Franke, der Autor des Artikels, diesen Vergleich gewählt? Wie ist eure Meinung dazu?

Beherrscht der Mensch die Technik oder beherrscht die Technik den Menschen?

Der Physiker Werner Heisenberg (1901–1976) erzählte in einem Vortrag, der sich mit dieser Frage beschäftigte, folgende Geschichte.*

Als Dsi Gung durch die Gegend nördlich des Han-Flusses kam, sah er einen alten Mann, der in seinem Gemüsegarten beschäftigt war. Er hatte Gräben gezogen zur Bewässerung. Er stieg selbst in den Brunnen hinunter und brachte in seinen Armen ein Gefäß voll Wasser herauf, das er ausgoss. Er mühte sich aufs Äußerste ab und brachte doch wenig zustande. Dsi Gung sprach: „Da gibt es eine Einrichtung, mit der man an einem Tag hundert Gräben bewässern kann. Mit wenig Mühe wird viel erreicht. Möchtet ihr die nicht anwenden?"

Der Gärtner richtete sich auf, sah ihn an und sprach: „Und was wäre das?"

Dsi Gung sprach: „Man nimmt einen hölzernen Hebelarm, der hinten beschwert und vorne leicht ist. Auf diese Weise kann man das Wasser schöpfen, dass es nur so sprudelt. Man nennt das Ziehbrunnen."

Da stieg dem Alten der Ärger ins Gesicht und er sagte lachend: „Ich habe meinen Lehrer sagen hören: ‚Wenn einer Maschinen benutzt, so betreibt er alle seine Geschäfte maschinenmäßig; wer seine Geschäfte maschinenmäßig betreibt, der bekommt ein Maschinenherz. Wenn aber einer ein Maschinenherz in der Brust hat, dem geht die reine Einfalt verloren. Bei wem die reine Einfalt hin ist, der wird ungewiss in den Regungen des Geistes. Ungewissheit in den Regungen des Geistes ist etwas, das sich mit dem wahren Sinn nicht verträgt.' Nicht, dass ich solche Dinge nicht kenne, ich schäme mich sie anzuwenden."

- Formuliert mit euren eigenen Worten: Was will die Geschichte verdeutlichen?
- Was meint der Alte, wenn er sagt „Ungewissheit in den Regungen des Geistes ist etwas, das sich mit dem wahren Sinn nicht verträgt"?
- Kannst du der Ansicht des Alten zustimmen? Begründe deine Meinung.

- Bezieht die Aussage der Geschichte auf dieses Bild.
- Vielleicht könnt ihr euch den Film „Moderne Zeiten" ansehen und dann die Frage diskutieren: Beherrscht der Mensch die Technik oder beherrscht die Technik den Menschen?

Charles Chaplin, Moderne Zeiten, USA 1936, Taurus-Film 540 1352

In Bangladesh

Nach uns die Sintflut?

Die Überschwemmungen in Bangladesh werden höher und häufiger. Ist das Zufall oder sind es erste Auswirkungen der sich erwärmenden Atmosphäre?

Der Begriff der Sint-Flut, der allgemeinen Flut, ist in den Sagen vieler Völker zu finden. Die Sintflut wird dabei verstanden als eine durch göttlichen Zorn verursachte Flutkatastrophe, durch die das Leben auf der Erde vernichtet werden soll. Die Geschichte um die Sintflut soll warnen vor verantwortungsloser Sorglosigkeit und die Menschen zu Wachsamkeit anhalten.

In der Bibel* wird von einer Sintflut in 1. Mose, Kap. 7 erzählt.

▶ Interpretiere das Sprichwort „Nach uns die Sintflut" und beziehe es auf die Überschwemmung in Bangladesh

▶ Bei der Frage nach Ursachen für die moderne „Sintflut" stößt man immer wieder auf den Begriff der Klimaveränderung. Welchen Zusammenhang will die Karikatur herstellen?

2100 n. Chr. …

Eingriffe des Menschen in die Natur und nicht natürliche Entwicklungen sind nach Erkenntnissen der Meteorologen Ursache für die Erwärmung des Erdklimas.

PROGNOSEN: Bei weiterer Untätigkeit der verantwortlichen Industriestaaten könnte es nach einem im Dezember 1995 vorgelegten Bericht des Intergovernmental Panel on Climate Change (zwischenstaatlicher Ausschuss über Klimawandel) im Jahr 2100 wie folgt aussehen: Die Temperatur wird um bis zu 3,5 °C gestiegen sein, der Meeresspiegel um bis zu einem Meter. Dadurch würden große Mengen Salzwasser in die Flüsse und das Grundwasser gelangen.
Regenwälder würden sich zu Steppen, Steppen sich zu Wüsten entwickeln, einstige Küstenlandschaften und Inseln würden überflutet. Außerdem stiege die Zahl der von Überschwemmungen bedrohten Menschen von 1996 ca. 46 Millionen auf 92 Millionen …

AUSWIRKUNGEN: Die Folgen der Erwärmung der Erdatmosphäre sind bereits spürbar: Die globale Durchschnittstemperatur hat sich seit Ende des 19. Jahrhunderts zwischen 0,3 und 0,6 °C erhöht, der Meeresspiegel stieg um 10–25 cm an. Die vergangenen acht Jahre [seit 1989] zählen zu den wärmsten seit Beginn der Wetteraufzeichnungen im Jahr 1861; 1995 wurde ein vorläufiger Höchststand erreicht. Gletscher verschwinden, Schneegrenzen weichen zurück und vielerorts regnet es statt zu schneien. Allein in den vergangenen zehn Jahren ist in den Alpen die Gletschermasse um 25 % geschrumpft.

▶ Welche Konsequenzen hat diese Prognose?

▶ Welche Konsequenzen hat diese Prognose für die küstennahen Städte an Nord- und Ostseeküste und für die Urlaubsgebiete?

▶ Informiert euch darüber, z. B. im Erdkundeunterricht, welche Möglichkeiten es gibt, den Klimawandel und seine Auswirkungen zu bekämpfen.

▶ Diskutiert über die Verantwortung, die sich daraus ableitet.

Technik total?

Fortschritt oder Gefahr – Probleme der Risikogesellschaft

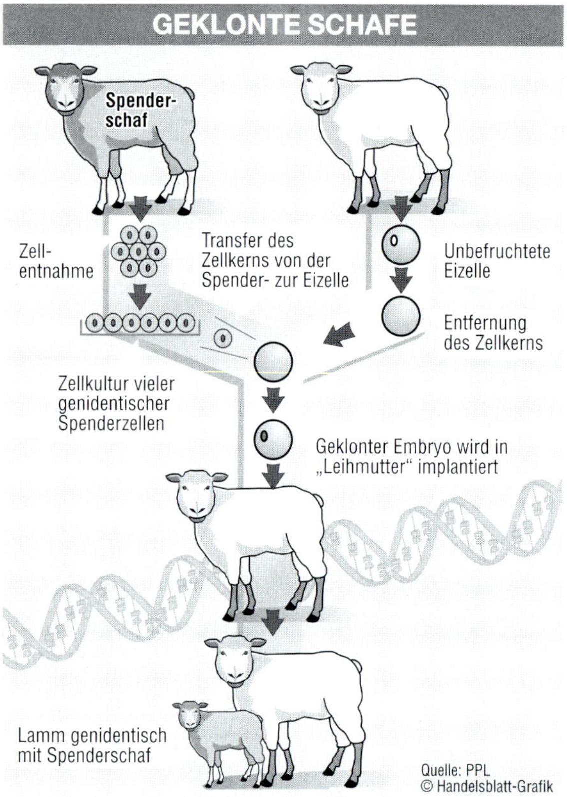

Im Februar 1997 berichteten die Medien über das geklonte Schaf Dolly. Dem Embryologen Ian Wilmut vom Roslin-Institut in Edinburgh ist es gelungen, aus gewöhnlichen Körperzellen eines erwachsenen Schafes eine exakte Kopie dieses Schafes zu züchten.

Klonen

Als Klonen bezeichnen Wissenschaftler die Herstellung genetisch identischer Lebewesen mit biologischen Methoden. Grundsätzlich kommen diese Methoden, die die ungeschlechtliche Vermehrung einer Ausgangszelle ermöglichen, für Pflanzen, Tiere und Menschen gleichermaßen in Betracht.

RP 26. 2. 1997 – Torsten Casimir: Das geklonte Lamm aus Edinburgh weckt die alte Angst vor Menschenkopien
Dolly, das Schaf aus Edinburgh, ist kein Monster. Auch kein Wunder. Dolly ist ein weiterer Etappensieg auf dem Weg der Wissenschaft zu immer komplexerer künstlicher Reproduktion von Leben.

Börse online 11/1997 – Klon Dolly hebt Börsenlaune
Das Blöken eines Schafs war der Börsianerherde genug um sich gemeinschaftlich auf eine Aktie […] zu stürzen und deren Kurs mal eben um rund 65 Prozent in die Höhe zu treiben.

Handelsblatt, 25. 2. 1997 –
Thomas Schmitt: Geklontes Schaf löst Ängste aus
Sowohl das Roslin Institute als auch PPL betonen in ihren Erklärungen den Nutzen der Erfindung. Dadurch könnten in wirtschaftlicherer Form als bislang bestimmte Medikamente oder Organe hergestellt werden. […] leidende Kinder könnten dadurch gesund, Krebskranke geheilt werden.

Handelsblatt 25. 2. 1997 – Andreas Bohne:
Ein Fanal wie die erste Kernexplosion
Mit dem Klonen eines erwachsenen Lebewesens kann die Menschheit der Evolution ein Ende setzen. Wir haben eine Grenze überschritten, vor der wir besser Halt gemacht hätten. Die Geburt des Schafs Dolly ist ein Fanal wie die erste Kernexplosion. Den geklonten Menschen darf es nicht geben.

DIE ZEIT 28. 2. 1997 – Hans Schuh: Null Bock
Wie lange also wird es noch dauern, bis geklonte Einsteins, Lollobrigidas oder gar Hitlers die „Schöne Neue Welt" bevölkern?

▶ Sortiert die Argumente in den Artikeln in einer Tabelle mit den Spalten: Forschung fortsetzen/Forschung stoppen.

▶ Welchen Argumenten schließt du dich an? Begründe deine Meinung.

▶ Stellt euch vor, man könnte von jedem von euch eine jüngere Kopie herstellen. Entwerft eine Vision, wie das Leben in eurer Familie, in eurer Schule und in eurem Freundeskreis dann aussehen würde.

▶ Interpretiert diese Karikatur auf dem Hintergrund der heutigen Informationen.

▶ Wenn ihr die Möglichkeit hättet ein Gesetz zu formulieren, das die Forschung im Bereich Genbiologie regelt, welche Forderungen müssten dann eurer Meinung nach auf jeden Fall aufgenommen werden?

▶ Unsere heutige Gesellschaft* wird oft als RISIKOGESELLSCHAFT bezeichnet. Sammelt typische Eigenschaften einer Risikogesellschaft.

▶ Schreibt einen Lexikonartikel zum Stichwort Risikogesellschaft.

Der Schatten

In Hiroshima zeigt man einen Brückenbogen,
Daran der Schatten eines Menschen ist.
Der diesen Schatten warf, der fehlt, und wisst:
Seitdem die Überbombe kam geflogen.

Sie barst. Und einer Sonne Hitzewogen
Verdampften jenen schnell und ohne Frist
Für Abschiedsworte, die die Welt vergisst,
Und von ihm blieb, was in den Stein gezogen.

Doch wer der Unbekannte einmal war,
Weiß keiner, denn in seiner Todesstunde
Starb ebenfalls die Stadt mit Haut und Haar.

Dass nicht gleich ihm wir gehen so zugrunde,
spricht uns sein stummer Schatten von Gefahr:
Wir sind das Fleisch. Er ist die offne Wunde.

- Vergleicht diese Figur mit den Figuren in dem Bild „Guernica“ von Pablo Picasso, S. 219, und stellt eine Verbindung zwischen beiden Bildern her.
- Schreibt aus eurer Perspektive einen fiktiven Brief an die verantwortlichen Wissenschaftler, in dem ihr aus eurer Perspektive gegen den Abwurf der Atombombe argumentiert.
- Ist die Atombombe aus eurer Sicht ein geeignetes Mittel, das Ende aller Kriege herbeizuführen? Begründet eure Meinung.

In folgendem Jugendbuch wird die Auswirkung von Atomexplosionen auf den einzelnen Menschen beschrieben:
Gudrun Pausewang, Die Wolke, Otto Maier Verlag, Ravensburg 1987.

Verantwortung der Wissenschaftler

Ein Gespräch zwischen Werner Heisenberg und Carl Friedrich von Weizsäcker* nach dem Abwurf der Atombombe über Hiroshima am 6. August 1945.*

v. Weizsäcker: Man kann ja verstehen, dass Otto Hahn* darüber verzweifelt ist, dass seine grösste wissenschaftliche Entdeckung jetzt mit dem Makel dieser unvorstellbaren Katastrophe behaftet ist. Aber hat er Grund sich in irgendeiner Weise schuldig zu fühlen? [...] Sind wir alle an diesem Unglück mit schuld und worin besteht diese Schuld?

Heisenberg: Ich glaube nicht, [...]. Otto Hahn und wir alle haben an der Entwicklung der modernen Naturwissenschaft teilgenommen. [...] Wir wissen aus Erfahrung, dass dieser Prozess zum Guten und zum Schlechten führen kann. Aber wir waren überzeugt, dass mit wachsender Kenntnis das Gute überwiegen werde und dass man die möglichen schlechten Folgen in der Gewalt behalten könne. An die Möglichkeit von Atombomben hat vor der hahnschen Entdeckung weder Hahn noch irgendein anderer von uns ernstlich denken können, da die damalige Physik keinen Weg dahin sichtbar machte: An diesem Lebensprozess der Entwicklung der Wissenschaft teilzunehmen kann nicht als Schuld angesehen werden ...

v. Weizsäcker: Die Aufgabe muss daher [...] darin bestehen, diesen Entwicklungsprozess zum Guten zu lenken, die Erweiterung des Wissens nur zum Wohl der Menschen auszunutzen, nicht aber diese Entwicklung selbst zu verhindern. Die Frage lautet also: Was kann der Einzelne dafür tun? Welche Verpflichtung entsteht hier für den, der in der Forschung tätig mitwirkt? [...] Man wird hier [...] wohl einen grundsätzlichen Unterschied machen müssen zwischen dem Entdecker und dem Erfinder. Der Entdecker kann in der Regel vor der Entdeckung nichts über die Anwendungsmöglichkeiten wissen und nachher kann der Weg bis zur praktischen Ausnutzung noch so weit sein, dass Voraussagen unmöglich sind. [...] Der Erfinder – und so will ich das Wort verwenden – hat ja ein bestimmtes praktisches Ziel vor Augen. Er muss überzeugt sein, dass die Erreichung dieses Ziels einen Wert darstellt und man wird ihn mit Recht mit der Verantwortung dafür belasten. [...] An den Einzelnen wird man also nur die Forderung stellen können, dass er sein Ziel im grossen Zusammenhang sehen müsse; dass er nicht um des Interesses irgendeiner kleinen Gruppe willen andere, viel weitere Gemeinschaften unbedacht in Gefahr bringt. Was verlangt wird ist also im Grunde nur die sorgfältige und gewissenhafte Berücksichtigung des großen Zusammenhangs, in dem sich der technisch-wissenschaftliche Fortschritt vollzieht. Dieser Zusammenhang muss auch dort beachtet werden, wo er dem eigenen Interesse nicht unmittelbar entgegenkommt.

Heisenberg: Wenn du in dieser Weise zwischen Entdecker und Erfinder unterscheidest, wohin stellst du dann dieses neueste und schrecklichste Ergebnis des technischen Fortschritts, die Atombombe?

- Formuliere eine prägnante Überschrift.
- Informiere dich, z. B. für ein Referat, über die Arbeit Otto Hahns und vergleiche sie mit der Arbeit Enrico Fermis*.
- Carl Friedrich von Weizsäcker unterscheidet bei der Frage nach der Schuld des Wissenschaftlers zwischen Erfinder und Entdecker. Ist diese Unterscheidung deiner Meinung nach sinnvoll?
- Stell dir vor, Otto Hahn und Enrico Fermi stehen vor Gericht und du bist der Ankläger von Otto Hahn oder Enrico Fermi. Formuliere eine Anklageschrift für Fermi und für Hahn. Worin müssen die beiden Anklageschriften sich nach Werner Heisenberg unterscheiden?
- Halte eine Verteidigungsrede für beide Wissenschaftler. Benutze dabei auch die Argumente, die Werner Heisenberg und Carl Friedrich von Weizsäcker dir zur Verfügung stellen.
- Spielt die Gerichtsverhandlung so nach, dass die Unterschiede in den Positionen gut zum Ausdruck kommen.

Der Sieg

Mit der Natur rechnen

▶ Beschreibe die Situation der Männer auf dem Floß und interpretiere die Karikatur.

„Mit der Natur rechnen“ – ein feiner Doppelsinn. Erstens sollten die Menschen bei ihren Entscheidungen auch den Interessen der Natur Rechnung tragen und zweitens die Auswirkungen auf die Natur berücksichtigen, wenn sie sich über ihr Handeln Rechenschaft ablegen. Das klingt fast selbstverständlich – geschieht aber nicht. Trotz intensiver Diskussion über den notwendigen ökologischen Umbau der Gesellschaft* und trotz immer wieder ausgemalter Schreckensszenarien für die Zukunft der Menschheit werden die Umweltprobleme bis heute häufig nur wie Plagegeister behandelt, die man durch Alibimaßnahmen beschwichtigen könne. [...] Die globalen Verflechtungen von menschlichen Aktivitäten und Natur treten immer stärker in den Vordergrund.

▶ Beschreibe mit eigenen Worten den inhaltlichen Zusammenhang zwischen der Karikatur und dem Text.

„Handle so, dass die Wirkungen deiner Handlung nicht zerstörerisch sind für die künftige Möglichkeit echten menschlichen Lebens auf der Welt.“

Hans Jonas*

▶ Interpretiere diese Forderung von Hans Jonas in Hinblick auf die Karikatur.

▶ Welche Konsequenzen hältst du für sinnvoll? Begründe deine Antwort.

Wissen und Verantwortung sind aneinander gekoppelt

- Beschreibt die Aussage dieser Karikatur.
- In diesem Kapitel geht es um die Frage: Darf der Mensch alles versuchen, was machbar erscheint? Schreibe eine Stellungnahme dazu.
- Diskutiert über die Behauptung „Wissen und Verantwortung sind aneinander gekoppelt". Begründet eure Meinung.

13. Wozu brauchen wir Menschenrechte?

Kinder haben das Recht von den Eltern so akzeptiert zu werden, wie sie sind.
Klasse 7

Kinder müssen das Recht haben bei der Stadtplanung mitzubestimmen.
Klasse 5

Kinder sollen das Recht haben zu wählen, z. B. den Bundeskanzler.
Klasse 6

Lasst die Kinder an die Macht!
Klasse 9

Kinder müssen in der Politik ein Mitspracherecht haben.
Klasse 9

Die Rechte der Kinder sind alle schön und gut, aber wo stehen die Pflichten, wie z. B. die Pflicht andere zu achten?
Klasse 12

Kinder haben das Recht alles zu wissen, was sie wissen wollen.
Klasse 6

Kinder haben das Recht den Erziehungsberechtigten zu wechseln, wenn sie sich schlecht behandelt fühlen.
Klasse 8

Kinder sollen ihre Meinungen und Vorschläge frei äußern dürfen. Diese müssen dann aber auch beachtet werden.
Klasse 9

Kinder haben das Recht Bruder und Schwester zu haben.
Klasse 1

Kinder haben das Recht beachtet zu werden.
Klasse 5

Aus einer Umfrage zur Kinderrechtswahl in den Klassen 1–12 in Sachsen-Anhalt 1997

Angst und Faszination

Angst – Faszination – Hass

Art 6
Jedes Kind hat das Recht zu leben. Die Regierungen unternehmen alles, damit die Kinder überleben und Kinder sein können.

UNO*-Konvention über die Rechte des Kindes

Ein Fünfzehnjähriger aus Neuwiedenthal erzählt

In der Nacht nach Mircos Tod brannten in Neuwiedenthal die Mülltonnen. Die Jugendlichen in „seiner Straße", im Luhering, hatten das Papier in den Containern angezündet. Hilfloses Fanal, Zeichen des Gedenkens an den toten Freund und Hilferuf zugleich.

Einer von denen, die dieses Zeichen gesetzt haben, ist Mario (15). Wenn er von dem Tag erzählt, an dem sein Freund Mirco sich im S-Bahnhof Neuwiedenthal vor einen Zug warf, wird das Gesicht des eher unbeschwerten Jugendlichen ernst. „Als mich damals ein polnischer Freund angerufen hat und gesagt hat, Mirco ist tot, habe ich es nicht geglaubt", sagt er, „als ich mich draußen mit den anderen getroffen hab und die haben das Gleiche erzählt, habe ich es immer noch nicht geglaubt. Erst als wir zum S-Bahnhof gingen, da musste ich es glauben." [...]

Im „Kampf der Straßen" hatten die Jugendlichen vom Stubbenhof zuletzt immer mehr die Oberhand gewonnen. „Wir haben nachgelassen, sind ruhiger geworden", sagt Mario, „das hat dazu geführt, dass immer mehr erpresst und abgezogen worden sind."

Was das Wort „abziehen" bedeutet wissen inzwischen viele: jemandem Schläge androhen, damit er Jacke, Zigaretten oder Geld aushändigt. Wobei purer Materialismus eine Rolle spielt: Wenn man auf der Straße was gelten will, muss man schon Markenkleidung tragen – Levi's-Jeans, Kapuzenjacke und Sportschuhe von Reebok, Adidas oder Nike, am besten für 250 Mark.

Für Polizei und Justiz ist das Abziehen räuberische Erpressung, für die Jugendlichen eine Art Sport. „Jeder Jugendliche, der hier rumläuft, hat schon mal jemanden abgezogen", sagt Mario. Dabei geht es nach den „Gesetzen" der Straße – so behauptet Mario jedenfalls – nur um Zigaretten oder kleine Geldbeträge.

Doch bei Mirco war es mehr: Er musste über Monate seinen ganzen Lohn, den er als Auszubildender bekam, abgeben. „Alle hatten Schiss", sagt Mario. Offenbar hatte das, was der Jugendliche die „Regeln" nennt, nicht mehr funktioniert: also dass man jemandem zum Beispiel keine größeren Beträge wegnimmt, dass man keine Kinder abzieht, dass die Gruppe diejenigen schützt, die sich nicht selbst durchsetzen können.

Hamburger Abendblatt, 05. 03. 1997

- Diskutiert über die Ursachen, die zu Mircos Tod geführt haben.
- Warum haben die Regeln der sozialen Verhaltensweisen in Neuwiedenthal nicht mehr funktioniert? Was müsste sich ändern, damit sie wieder funktionieren? (Vgl. Kap. 4, S. 54)
- Welche Umstände erschweren oder verhindern es, dass Kinder Kinder sein (Art. 6) können?
- Wird Art. 6 der UNO*-Konvention eurer Meinung nach in eurer Umgebung (Schule, Stadtteil) verwirklicht?

Gibt es verschiedene Formen von Gewalt?

Das Beispiel von Mirco aus Neuwiedenthal zeigt, dass sich Gewalt nicht im luftleeren Raum entwickelt. Sie steht im Zusammenhang mit den Lebensbedingungen von Menschen. Dabei spielen z. B. Ohnmachtserfahrungen gegenüber Eltern oder Lehrern, Einsamkeit, beengte Wohnverhältnisse und fehlende Jugend- und Freizeiteinrichtungen eine große Rolle.

Die Ursache von Gewalt ist, dass jemand mit einem bestimmten Problem nicht fertig wird. Wir können drei verschiedene Formen der Gewalt unterscheiden.

▶ Nennt zu jeder Form von Gewalt ein Beispiel aus eurem Erfahrungsbereich.

Warum sind viele Jugendliche immer wieder von Gewalt fasziniert?

Alle Leute reden über die Gewalt. Keiner will sie eigentlich so richtig. Trotzdem tritt sie immer wieder auf.
Lest die folgenden Gründe, die einige Jugendliche aus einer neunten Klasse in Magdeburg für das Auftreten von Gewalt genannt haben. Diskutiert in Arbeitsgruppen darüber und versucht die Liste zu vervollständigen. Überlegt, ob es einen Unterschied zwischen Gewaltanwendung und Gewaltakzeptanz gibt.

1. Gewalt schafft Eindeutigkeit in Konfliktsituationen: Wer am Boden liegt, ist der Schuldige.
2. Gewalt hilft ein Gefühl der Ohnmacht zu überwinden: Man fühlt sich plötzlich überlegen und stark.
3. Gewalt garantiert Anerkennung in der Gruppe: Ich habe das Problem aus der Welt geschafft.
4. Gewalt . . . .

Gewalt und Hass

Berechtigte Gewalt oder nicht?

▶ Entscheidet, ob bzw. welche Formen von Gewalt in den folgenden Beispielen auftreten. Begründet eure Meinung.

- Boxkampf zwischen Dariusz Michalczewski und Virgil Hill
- eine Mutter gibt ihrem Kind eine Ohrfeige, weil es aus Wut Saft auf den Fußboden geschüttet hat
- Atomkraftgegner errichten eine Straßensperre in Gorleben
- ein Lehrer macht einen Witz über die mangelhafte Leistung eines Schülers
- eine Autofahrerin beschimpft einen Fußgänger, der bei Rot über die Straße geht
- ein Soldat der IFOR*-Friedenstruppen in Bosnien hindert mit gezogener Waffe eine Menschenmenge daran, ein Lebensmitteldepot zu stürmen
- ein Arbeitgeber kündigt einer Mutter die Arbeitsstelle, weil sie wegen ihrer drei Kinder ständig unpünktlich zur Arbeit kommt
- ein Bauer aus Lüchow-Dannenberg vertritt in einer Diskussion über den Sinn und Zweck von Atomkraftwerken die Ansicht, dass die Bundesrepublik Strom aus Russland kaufen sollte, weil dort genug Platz ist den Atommüll „irgendwo in Sibirien“ zu entsorgen
- eine Frau schaut zum Fenster hinaus, als ein junges Mädchen in der U-Bahn von betrunkenen Jugendlichen belästigt wird

▶ Könnte unsere Liste auf S. 215 über vier Formen der Gewalt durch weitere Formen ergänzt werden?

Den Feind wehrlos machen

Carl von Clausewitz (1780–1831) war General in der preußischen Armee, die gegen Napoleon kämpfte, und Militärschriftsteller. Mit seinem Buch „Vom Kriege", aus dem der folgende Auszug stammt, wurde er zum Begründer der modernen Kriegstheorie.

Wir wollen hier nicht eine komplizierte Definition des Krieges liefern, sondern nur über ein Element des Krieges nachdenken, über den Zweikampf. Der Krieg ist nichts anderes als ein erweiterter Zweikampf. Wenn wir uns die unzähligen Zweikämpfe, aus denen er besteht, als Einheit vorstellen, so können wir sie mit zwei Ringenden vergleichen. Jeder versucht erstens den anderen durch physische Gewalt zur Erfüllung seines Willens zu zwingen. Zweitens versucht er den Gegner niederzuwerfen und dadurch unfähig zum Widerstand zu machen.

Der Krieg ist also ein Akt der Gewalt, um den Gegner zur Erfüllung seines Willens zu zwingen. Die Gewalt rüstet sich mit den Erfindungen der Wissenschaft aus, um der gegnerischen Gewalt zu begegnen. Unmerkliche, kaum nennenswerte Beschränkungen, die sie sich selbst im Namen des Völkerrechts setzt, begleiten sie, ohne ihre Kraft wesentlich zu schwächen. Der Zweck dieser physischen Gewalt ist es, dem Feind unseren Willen aufzuzwingen. Um diesen Zweck sicher zu erreichen, müssen wir den Feind wehrlos machen. Dies ist das eigentliche Ziel des Krieges.

nach Carl von Clausewitz

- Fasse mit eigenen Worten zusammen, welche Funktion Kriege haben.
- Was meint Carl v. Clausewitz damit, dass der Krieg ein „erweiterter Zweikampf" (Z. 4) ist? Lässt sich diese These angesichts der modernen Massenvernichtungswaffen (vgl. Kap. 12, S. 206) heute noch aufrechterhalten?

Pablo Picasso, Guernica. Picasso malte dieses Bild nach der Bombardierung und der totalen Zerstörung der Stadt Guernica im spanischen Bürgerkrieg 1937.

- Informiert euch darüber, was damals in der baskischen Stadt Guernica geschah.
- Welche Rolle spielen die Tiere (Stier, Pferd, Pegasus) in Picassos Darstellung?
- In welchem Zusammenhang steht das Bild „Guernica" mit dem Text von Carl v. Clausewitz?

Welche Wege führen zum Frieden?

Paul Klee, Haupt- und Nebenwege

Ist Frieden möglich?

Von den zwei Wegen

Behandelt die Menschen so, wie ihr selbst von ihnen behandelt werden wollt [...]. Geht durch das enge Tor! Denn das Tor, das ins Verderben führt, ist breit und die Straße dorthin ist es auch. Viele sind auf ihr unterwegs. Aber das Tor, das zum Leben führt, ist eng und der Weg dorthin schmal! Nur wenige finden ihn.

Auszug aus der Bergpredigt*, Matthäus Kap. 7, Vers 12–14

- Der Text „Von den zwei Wegen" stammt aus einer Rede von Jesus. Er beschreibt hier seine eigentliche Aussage mit einem Bild. Zeichnet dieses Bild und schreibt dann eine kurze Interpretation des Textes.
- Betrachtet das Bild von Paul Klee und überlegt, was es mit Jesu Rat zu tun haben könnte.
- Welcher Weg zum Frieden wäre für euch ein Hauptweg, welcher Weg wäre ein Nebenweg?

Von der Liebe zu den Feinden

Ihr habt gehört, dass gesagt worden ist: Du sollst deinen Nächsten lieben und deinen Feind hassen. Ich aber sage euch: Liebet eure Feinde und betet für die, die euch verfolgen [...]; denn er lässt seine Sonne aufgehen über die Bösen und die Guten und er lässt regnen über Gerechte und Ungerechte. Wenn ihr nämlich nur die liebt, die euch lieben, welchen Lohn könnt ihr dafür erwarten?

Auszug aus der Bergpredigt, Matthäus Kap. 5, Vers 43–46

Streitet, aber bringt euch nicht um!

Das halten wir oft im Kopf nicht aus. Aber Jesus sagt es tatsächlich: Christen seid ihr erst, wenn die Nächstenliebe die Feindesliebe mit einschließt.

„Bei aller Liebe – irgendwo ist doch Schluss", reagiert normalerweise unser Verstand. Dagegen Jesus: Nein, das Wesen der Liebe ist ihre Grenzenlosigkeit. Nur Liebe, die vor keinem Bereich unserer Existenz Halt macht, ist Liebe. Also muss die Liebe auch die Politik durchdringen. Schon das Wort Feindesliebe wäre ein Widerspruch in sich, wenn Jesus seine Vorstellung von Liebe unpolitisch gemeint hätte. Jesus war nicht schizophren. Wir können Gott nicht lieben, wenn wir ihn nicht in den Menschen lieben. Wer aber Menschen wirklich liebt und Gott in ihnen liebt, darf der seinen Schwestern und Brüdern millionenfach mit atomarer Vernichtung drohen?

Gerade bei seiner Forderung nach Feindesliebe erweist sich Jesus als der große Realist. [...] Jesus erkennt zunächst an, dass wir immer Feinde haben werden. An Feinden wird man niemals Freude haben. Vor ihnen muss man auf der Hut sein. Ganz unchristlich ist mit Sicherheit jener sentimentale Pazifismus*, der das Böse als Tatsache leugnet. Hier wird Pazifismus mit Trottelhaftigkeit verwechselt, die mit Jesus nicht das Geringste zu tun hat. Genau diese ewige Verwechslung ist es, die vielen Menschen Jesus als eine unwirkliche Kitsch- und Kultfigur erscheinen lässt. Wer nicht von den Realitäten ausgeht, sollte sich besser nicht auf Jesus berufen. Pazifismus, der sich auf Jesus beruft, meint: Erkenne auch in deinem Feind deinen Bruder – aber es kann dennoch sein, dass er dein Feind bleibt. Streitet, aber bringt euch nicht um! Und vergiss nicht: Dein größter Feind sitzt in dir. Auch ihn sollst du lieben, das heißt annehmen und nicht verdrängen. Das Böse ist ein Teil von dir. Sei realistisch zu dir selbst. Feindesliebe heißt: Geh immer von den Realitäten aus, aber bleib niemals bei ihnen stehen!

Franz Alt, Fernsehjournalist

Zeichnung von Pablo Picasso
für amnesty international*

▶ Beschreibe mit eigenen Worten das Prinzip der Feindesliebe.

▶ „Dein größter Feind sitzt in dir" (Z. 33): Wie ist das zu verstehen?

▶ Gedankenexperiment: Carl von Clausewitz beabsichtigt den Feind wehrlos machen. Diskutiert darüber, ob auch die Feindesliebe den Feind wehrlos machen kann.

Wie können wir gewaltlos handeln?

Nicht nur im Christentum, sondern auch in anderen Religionen gelten Liebe und Gewaltfreiheit als Prinzipien moralischen Handelns. Der indische Politiker Mahatma Gandhi organisierte in der 30er-Jahren die indische Unabhängigkeitsbewegung gegen die britische Kolonialpolitik.*

Der friedliche Salzmarsch

Vom 12. März bis zum 4. April 1930 marschierte Gandhi mit 78 Gleichgesinnten 241 Meilen von Ahmedabad nach Dandi. Er wollte mit diesem Marsch, dem sich tausende Inder anschlossen, gegen eine von den britischen Behörden erhobene Salzsteuer protestieren, die von jedem Bürger Indiens im Jahr drei Tageseinkommen forderte. Gandhi kritisierte, dass diese Steuer vor allem die Ärmsten träfe, weil sie einen höheren Salzbedarf als die Reichen hätten, die nicht unter der dörrenden Sonne auf den Reisfeldern arbeiten müssten. Die britische Verwaltung blieb hart und so begann der Marsch, begleitet von unzähligen Journalisten.

In vollständigem Schweigen marschierten die Gandhileute auf und hielten etwa hundert Yards von der Einfriedung entfernt. Eine ausgewählte Schar löste sich aus der Menge, watete durch den Graben und näherte sich dem Stacheldrahtzaun … Plötzlich ein Kommando und Haufen von indischen Polizisten stürzten sich auf die herandrängenden Demonstranten und ließen Schläge mit ihren stahlbeschlagenen Lathis auf ihre Köpfe regnen. Nicht einer der Demonstranten erhob auch nur einen Arm um die Schläge abzuwehren. Sie fielen um wie die Kegel. Dort, wo ich stand, hörte ich die krank machenden Schläge der Keulen auf ungeschützte Schädel. […] Die Niedergeschlagenen fielen mit ausgebreiteten Armen hin, bewusstlos oder sich krümmend mit gebrochenen Schädeln oder Schultern … Da gab es keinen Kampf, kein Handgemenge, die Demonstranten marschierten einfach vorwärts, bis sie niedergeschlagen wurden.

United Press

Das dauerte stundenlang, das dauerte tagelang. Hierbei verlor England das Gesicht. Es zeigte sich, dass seine Macht nicht unüberwindlich war und dass der Tag kommen würde, wo es die Regierung in die Hände derer würde abgeben müssen, die sich ohne Widerstand zu leisten seinen Stockschlägen stellten. Die Geschlagenen wurden die Sieger.

- Warum haben sich Gandhis Anhänger nicht gewehrt?
- Projekt: Gestaltet eine Wandzeitung über Gandhi.

Tipps für weitere Informationen:
- Volker Lange: Mahatma Gandhi – Der gewaltlose Rebell, dtv junior, München 1995.
- Video: Gandhi, auszuleihen bei Medienzentralen, 4300066.
- Gandhi-Informations-Zentrum, Lübecker Straße 44, 10559 Berlin. Tel. + Fax: 0 30/3 94 14 20. e-mail: mkgandhi@berlin.snafu.de Internet: http://www.snafu.de/~mkgandhi.

Im politischen Kampf wurden gewaltsame Mittel seit jeher als legitim akzeptiert. Gandhi war bemüht diese Tradition mit Wort und Tat zu durchbrechen.

Gewaltlosigkeit als moralische Stärke

Die Idee des gewaltfreien Widerstandes (oft ziviler Ungehorsam genannt) hat ein starkes Echo in der Welt gefunden und wird heute auch von Menschen vertreten, die sich nicht mit Gandhi beschäftigt haben und die sich nicht auf Gandhi berufen. Verzicht auf Gewalt ist allmählich zum Postulat[1] vieler Einzelpersonen und Bewegungen geworden.

Meistens wird erwartet, dass Verzicht auf Gewalt im politischen Kampf auf irgendeine Weise gerechtfertigt wird, obwohl doch eigentlich das Umgekehrte richtig wäre: Die Anwendung von Gewalt, insbesondere das Töten und Verletzen von Menschen, müsste als etwas Ungeheures empfunden werden, das in jedem einzelnen Fall der Rechtfertigung bedarf …

Es soll auch dann auf Gewalt verzichtet werden, wenn der Gegner zu Gewaltmaßnahmen greift und wenn Menschen in der Lage wären, die Gewalt des Gegners mit überlegener Gewalt zu vergelten und einen Sieg über ihn zu erreichen. Der prinzipielle Gewaltverzicht soll ein Ausdruck der moralischen Stärke, nicht aber der Feigheit oder der taktischen Schwäche sein.

Beim prinzipiellen Gewaltverzicht kann das Motiv der Selbstvervollkommnung, des Reinbleibens von Schuld und Sünde sowie der eigenen personalen Integrität eine Rolle spielen. Motive dieser Art sollten nicht unterschätzt werden. Beim prinzipiellen Gewaltverzicht handelt es sich aber in erster Linie um die Einstellung zum anderen Menschen, zum politischen Gegner.

In diesem Fall haben wir es mit [der] folgenden ethischen Idee zu tun. Jeder Mensch, auch der Opponent, der Gegner, der Feind (Gandhi würde sagen „der sogenannte Feind", weil er niemanden zum Feind abwerten wollte) ist als Mitmensch unser Nächster. Er darf uns nie [so] dermaßen fremd werden, dass wir auf sein Schicksal keine Rücksicht nehmen. Sogar im Falle des schärfsten Konflikts dürfen wir das Gefühl einer ganz elementaren Verbundenheit mit dem politischen Gegner nicht verlieren. Auch sein Leben [hat] einen hohen Wert. In unserer Handlungsstrategie berücksichtigen wir demnach nicht nur das Wohl und Wehe unserer eigenen Gemeinschaft, sondern auch die des Gegners. Wir sind bereit auf gewisse technisch vohandene und eventuellen Erfolg versprechende Mittel zu verzichten, wenn sie zur physischen Vernichtung des Gegners oder sogar nur zu seiner psychischen Degradierung führen sollten.

Ija Lazari-Pawlowska, polnische Philosophin

1 Postulat: unbedingte (sittliche) Forderung

- Warum bedeutet Gewaltlosigkeit moralische Stärke?

Gewaltlosigkeit und ziviler Ungehorsam

Gewaltlosigkeit in jeder Situation?

Die relativ günstigen [politischen] Umstände [zur Zeit] seines Wirkens wurden von vielen besonders stark hervorgehoben, als Gandhi sich 1938 an Juden in Deutschland mit dem Rat wandte, sie sollten gegen die Nationalsozialisten einen ähnlichen Widerstand leisten wie die Inder gegen die britische Regierung. In einem offenen Brief an Gandhi versuchte Martin Buber 1939 die wirkliche Situation der Juden darzustellen.*

An Mahatma Gandhi

Juden werden verfolgt, beraubt, misshandelt, gepeinigt, umgebracht. Und Sie, Mahatma Gandhi, sagen, ihre Lage in dem Lande, in dem ihnen dies widerfährt, entspräche genau der Lage der Inder in Südafrika zur Zeit, als Sie dort Ihre berühmte Kampagne des gewaltlosen Widerstandes eröffneten. [...] Aber wissen Sie, oder wissen Sie nicht, Mahatma, was ein Konzentrationslager* ist und wie es darin zugeht, [...] welches seine Methoden des langsamen und des schnellen Umbringens sind? [...] Die Inder wurden in Südafrika verachtet und verächtlich behandelt, aber rechtlos waren sie nicht, vogelfrei waren sie nicht. Und meinen Sie etwa, ein Jude könnte in Deutschland auch nur einen einzigen Satz eines Vortrags wie jenes von Ihnen öffentlich aussprechen ohne niedergeschlagen zu werden?

Martin Buber

Über die Unmöglichkeit von Gewaltlosigkeit

Nein, wenn einer meine linke Wange schlägt
halt ich ihm nicht noch die rechte hin
und es hat mich immer wieder aufgeregt,
wenn ich irgendwann erniedrigt worden bin.

Und ich seh nicht ein, dass ich
meinen Feind noch lieben soll,
wenn der seine Waffe auf mich richtet.
Und ich halte es durchaus für würdevoll,
wenn ein Sklave seinen Peiniger vernichtet.

Mensch, solange wir die Welt
mit unsern Feinden teilen
darf man nicht mit bloßen Händen stehn,
dass die Wunden der Erfahrung uns nicht heilen
und nicht schlimmre Wunden uns entstehn.

Wenn du glaubst, Verzicht auf Kampf
wär höhere Gerechtigkeit
und du trägst dies alles mit Geduld,
sollst du wissen, an der schlimmsten Grausamkeit
trägst du selber ja die größte Schuld.

Bettina Wegner, Liedermacherin

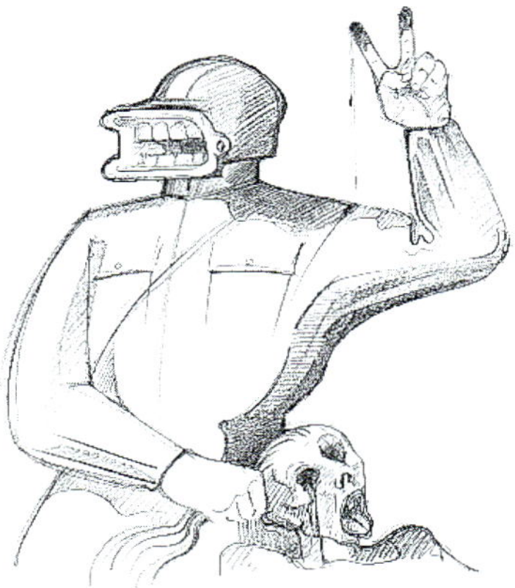

- Was kritisieren Martin Buber und Bettina Wegner am Prinzip der Gewaltlosigkeit?
- Führt eine Pro-und-contra-Diskussion über den gewaltlosen Widerstand (vgl. Ethik 7/8, S. 41).
- Vorschlag für ein Referat: Informiert euch über die öffentliche Diskussion um das gewaltsame Eingreifen einer europäischen Friedenstruppe im Bürgerkrieg im ehemaligen Jugoslawien.
- Projekt: Schreibt an die demokratischen Parteien, die im Bundestag vertreten sind, und bittet um Informationsmaterial zu diesem Thema. Wertet dieses Material in Arbeitsgruppen aus und tragt es vor.

Deutscher Bundestag,
Bundeshaus, Görresstr. 15, 53113 Bonn

Was ist ziviler Ungehorsam?

Der amerikanische Philosoph John Rawls hat 1974 ein Buch mit dem Titel „Eine Theorie der Gerechtigkeit" geschrieben. Darin entwickelt er verschiedene Vorstellungen, wie eine gerechte Gesellschaft verwirklicht werden kann, von der auch die sozial Schwachen profitieren. Der zivile Ungehorsam ist für John Rawls ein Mittel um mehr Gerechtigkeit zu erreichen.*

Der zivile Ungehorsam ist eine öffentliche, gewaltlose und gewissensbestimmte Handlung. Politisch ist sie jedoch gesetzeswidrig. Sie soll eine Änderung der Gesetze oder der Regierungspolitik herbeiführen. Mit solchen Handlungen wendet man sich an die Mehrheit der Gesellschaft und erklärt, dass die Grundsätze der gesellschaftlichen Zusammenarbeit zwischen freien und gleichen Menschen (vgl. S. 61) nicht beachtet worden sind. Zur Rechtfertigung des zivilen Ungehorsams beruft man sich nicht auf die Grundsätze der persönlichen Moral oder auf religiöse Lehren. Dies wird auch dann nicht getan, wenn die persönliche Moral und die religiösen Lehren mit den aktuellen Forderungen übereinstimmen. Es ist selbstverständlich, dass sich ziviler Ungehorsam nicht allein mit Gruppen- oder Eigeninteressen begründen lässt. Man beruft sich stattdessen auf die gemeinsame Gerechtigkeitsvorstellung, die der politischen Ordnung zugrunde liegt. Ich nehme an, dass es in einem gerechten demokratischen System eine öffentliche Gerechtigkeitsvorstellung gibt, von der sich die Bürger in politischen Angelegenheiten leiten lassen und nach der sie die Verfassung interpretieren.

Ziviler Ungehorsam ist eine öffentliche Handlung. Sie bezieht sich nicht nur auf öffentliche Grundsätze, sondern sie findet auch in der Öffentlichkeit statt. Sie muss von vielen Menschen wahrgenommen werden. Man kann den zivilen Ungehorsam mit einer öffentlichen Rede vergleichen, mit einem Appell, der tiefe und gewissenhafte politische Überzeugungen ausdrückt. Deshalb findet der zivile Ungehorsam in der Öffentlichkeit statt und ist aus diesem Grunde gewaltlos.

nach John Rawls, amerikanischer Philosoph

- ▶ Was ist ziviler Ungehorsam? Schreibt in Stichpunkten seine Merkmale heraus.
- ▶ Wann sollte nach der Meinung von John Rawls ziviler Ungehorsam angewendet werden? Was hältst du davon?

Gewaltlosigkeit als Kompass politischer Entscheidungen

▶ Vergleicht dieses Bild mit Picassos Darstellung von Guernica, S. 219. Welche Unterschiede und welche Gemeinsamkeiten könnt ihr entdecken?

Pablo Picasso,
Der Frieden

Ein Händedruck als Chance zum Frieden?

Am 17. September 1993 trafen sich der Präsident des Palästinensischen Autonomietrates Yassir Arafat und der israelische Ministerpräsident Jitzhak Rabin im Weißen Haus in Washington um eine Grundsatzerklärung zu unterzeichnen. Sie sollte der erste Schritt zum Frieden zwischen Israel und den Palästinensern sein. Die Enkelin des israelischen Ministerpräsidenten Rabin beschrieb diese Begegnung zwischen ihrem Großvater und Arafat.

An jenem Tag aber hing nach der Unterzeichnung der Dokumente die unausgesprochene Frage in der Luft: Wird Rabin Arafat die Hand reichen? […]
Einige Sekunden lang schien die Welt stillzustehen. Clinton machte eine Körperbewegung, als wollte er Großpapa ermutigen. Arafat wartete – er wusste, dass er durch den einen Händedruck in den Augen eines Großteils der Welt vom Terroristen zum Friedensstifter würde. Doch das ganze Gewicht von Israels leidvoller Geschichte schien plötzlich auf Großvaters Schultern zu lasten. […] Es kostete ihn eine enorme Anstrengung zu glauben, dass Israels Geschichte sich ändern könnte.
Schließlich streckte Großvater die Hand aus und ergriff Arafats Hand. Eigentlich kann ich nicht sagen, er „streckte" sie aus, denn sein Arm blieb leicht angewinkelt, als könnte er sich immer noch nicht richtig durchringen. Aber es reichte. Der hinter Großvater und Arafat stehende Clinton riss die Arme hoch wie ein siegreicher Boxchampion, wie ein stolzer Vater. Wir zu Hause in Herzliya[1], tausende von Kilometern entfernt, wurden von Freude und Erleichterung überwältigt. Selbst diejenigen, die gegen das Abkommen waren, wussten, dass der Frieden jetzt eine Chance hatte.

1 Herzliya: Vorort von Tel Aviv

In dem Buch „Trauer und Hoffnung" könnt ihr in dem Kapitel „Alles unter dem Himmel hat seine Stunde" mehr über diese Situation lesen. Noa Ben Artzi-Pelossof, Trauer und Hoffnung, Rowohlt Taschenbuch Verlag, Reinbek, 1997.

▶ Überlegt, was Menschen daran hindert, einem anderen die Hand zu geben.

▶ Druckt mit Wasserfarben eure Hände auf Packpapier.

a. Überlegt euch dann, in welchen Situationen Politiker und Politikerinnen sich offiziell die Hand geben. Wie wirkt der jeweilige Händedruck in den verschiedenen Situationen auf euch? Ihr könnt auch unter dieser Fragestellung Zeitungen und Nachrichtensendungen ansehen.

b. Schreibt eure Eindrücke von verschiedenen Situationen in Stichworten in die aufgedruckten Handflächen.

Eine Kultur des Streitens entwickeln

▶ Nennt Gründe für diese Schwierigkeit.

Regeln für einen gewaltfreien Dialog

Seit der Antike versuchen Philosophen Streitgespräche zu führen, in denen sie wichtige Lebensfragen, wie z. B. Probleme der Gerechtigkeit zwischen den Menschen oder auch Entscheidungen über Krieg und Frieden, miteinander diskutieren. Und damit diese Diskussionen nicht in endlosen Streitereien enden, wurden bestimmte Regeln dafür entwickelt, wie die Gesprächsteilnehmer ohne Streit und ohne Eskalation auch bei gegensätzlichen Meinungen miteinander reden können.

- Jeder hat das Recht, in einer Diskussion seine Meinung zu äußern.
- Keiner, der an einer Diskussion teilnehmen möchte, darf ausgeschlossen werden.
- Jede Meinung ist gleich viel wert und wird ernst genommen.
- Jeder darf nur das behaupten, was er selbst glaubt.
- Jeder muss seine Meinung begründen und die Gründe der anderen anhören.
- Keiner, der frei seine Meinung äußert, darf mit Strafen belegt werden.
- ....

▶ Welche Regel findet ihr am wichtigsten? Bildet Arbeitsgruppen und formuliert selbst Regeln für ein gutes Streitgespräch.

Wie lässt sich der Konflikt entschärfen?

Lehrer

Ihr schreit schon wieder alle durcheinander.
Wie oft habe ich euch gesagt, dass ihr ruhiger werden sollt.
Bei diesem Krach lässt sich doch überhaupt nicht arbeiten.
Nehmt einen Zettel heraus und schreibt auf, wie ihr in Zukunft ruhiger werden wollt.

Schüler

Das ist gemein! Ich habe überhaupt nicht geschrien.
Ich war ganz ruhig.
Das haben Sie doch gesehen.
Und deshalb werde ich auch nichts aufschreiben!

Die Grenze ist offen

Auf dieser Doppelseite berichten eine Schülerin aus den alten Bundesländern und ein Schüler aus den neuen Bundesländern von ihren Erfahrungen vor und nach der Grenzöffnung. Im folgenden Text erzählt die zwölfjährige Cornelia aus ihrer Sicht, wie sie persönlich die Situation in einem hessischen Grenzort erlebt hat.

Minenfelder und Wachtürme

Seit 1986 fahren wir jedes Jahr im Osterurlaub nach Tann. Das ist ein Luftkurort in der hessischen Rhön. Tann war [in] drei Himmelsrichtungen von der DDR umgeben. Jedes Jahr fuhren wir mehr als einmal an die Grenze. Ich weiß noch, wie meine Eltern mich und meine vier Jahre jüngere Schwester oft ermahnt hatten: „Passt bloß auf und geht nicht hinter das Geländer und nicht hinter die rotweißen Pfosten!" und „Spielt hier lieber nicht Fangen. Es könnte sein, dass eine von euch aus Versehen in die DDR läuft!"
Mein Vater zeigte uns die Absperrung des Flüsschens Ulster: Ein Gitter mit Stäben im Abstand von etwa zehn Zentimetern, 60 Zentimeter tief in den Grund eingelassen. Wir hatten auch öfter eine Grenzinformationsfahrt mitgemacht. Da erfuhren wir, dass der Grenzzaun drei Meter hoch ist und 60 Zentimeter in den Boden eingelassen ist. Wir erfuhren viel über die Minenfelder und sahen die Wachtürme. In Informationsfilmen sahen und hörten wir von den strengen Regeln und der ebenso strengen Bewachung im Sperrgebiet. [...] Ich konnte das alles nicht glauben und fand es übertrieben. Ich konnte mir das gar nicht vorstellen. Das versteht ja auch kein gesunder Menschenverstand! Einmal, ich glaube es war 1989, hatte ich ein unglaubliches Erlebnis: Drei Grenzbeamte der DDR waren bis vor den ersten Zaun gekommen und starrten drei westdeutsche Grenzbeamte aus einem Meter Entfernung durch ihre Ferngläser an und machten sich Notizen. Die Beobachteten stierten nun ebenfalls durch ihre Ferngläser die „Feinde" an und machten sich Notizen. Die sechs waren einander so nah, dass sie sich die Hand hätten geben können. Aber sie durften ja nicht.
Als wir 1990 wieder nach Tann fuhren, sind wir oft in die DDR gefahren und haben uns die Dörfer angesehen, die wir jahrelang nur von weitem sehen konnten. [...]
Wir haben uns natürlich wie jedes Jahr die Grenze angesehen.
Der von Westen aus erste Zaun stand nur noch halb, der zweite war bis auf die Pfähle ganz weg. Da, wo früher die Ulsterabsperrung gewesen war, waren jetzt zwei Brücken, die über die Ulster führten. Wir gingen über den Grenzkontrollweg und erinnerten uns daran, wie vor einigen Jahren die Eltern uns Kindern hier vor der scharfen Grenzkontrolle noch eingeschärft hatten: „Kinder, seid ganz still! Wehe, ihr sagt ein Wort!" Nun gingen wir alle ganz furchtlos daher.
Wir bestiegen sogar die Wachtürme. Von innen war alles, was nicht niet- und nagelfest war, abmontiert und eingehauen. [...]
In den Vororten von Tann entdeckten wir zahllose Gärten, die mit Grenzzaun umrandet waren. Wir haben einen Trabi-Fahrer gesehen, der sich Zaun von der Grenze holte. Vor eineinhalb Jahren durfte er sich diesem Zaun nur auf einige hundert Meter nähern und jetzt kommt er mit seinem Trabi in das früher verminte Feld und baut eigenhändig den Grenzzaun ab.

Cornelia Nawroth, 12 Jahre

- Informiert euch darüber, wie die Einwohner der grenznahen Orte selbst ihre Situation erlebt haben.
- Macht mit euren Eltern oder Großeltern ein Interview darüber, wie sie den 9. November 1989 erlebt haben.
- Besprecht anhand der beiden Erlebnisberichte, welche Bedeutung der Artikel 13 der Allgemeinen Erklärung der Menschenrechte* für euch hat.

Toll war es, über die Grenze zu gehen!

Ich ging wie fast jeden Tag mit meiner Mutter durch die Stadt. Und wie es zu jener Zeit üblich war, musste man von einem Geschäft ins andere um etwas Ordentliches zu bekommen. Es war trostlos, immer wieder dasselbe zu erleben.

Dann kam der 9. November 1989. Schnell verbreitete sich die Nachricht, dass die Grenze offen sei. Wir waren alle überrascht. Alle fragten sich, ob die Meldung stimmt. Viele Leute bestiegen ihr Fahrzeug oder die vollgestopften Züge und fuhren gen Westen um das Wunder mitzuerleben. Auch wir nutzten diese Gelegenheit und begaben uns nach Westberlin.

Toll war es, über die Grenze zu gehen ohne Angst zu haben. Alle, und auch wir, waren beeindruckt von dem großen Angebot. Jeder sagte zu sich: „Dass man das noch erleben kann!“ Zu Hause wurde viel über das jetzt Mögliche erzählt und Zukunftspläne geschmiedet. Auf allen Sendern wurden die Nachrichten verfolgt um ja nichts zu verpassen.

Viele sprachen offener und sagten ihre Meinung zu Angelegenheiten, die sie vorher bedrückten. Wie wurde man bespitzelt? Warum hat man uns so belogen? Wieso durfte man nicht über die Grenze?

Im Frühjahr warteten wir alle auf den Moment des Geldumtausches. Hiermit wurde aus dem Ostgeld die vielversprechende D-Mark. Die Frage ging herum: Kann man sich nun alles kaufen? Denn nach der am 3. Oktober 1990 vollzogenen Einheit wurde eine Menge Leute arbeitslos.

Wenige Tage nach diesem Ereignis unternahmen wir eine Reise. Wir waren in Österreich und in der Schweiz. Außerdem in Westdeutschland und in Liechtenstein. Mir hat es dort sehr gut gefallen.

Thorsten Kabisch, 12 Jahre

Art 13

(1) Jeder Mensch hat das Recht auf Freizügigkeit und freie Wahl seines Wohnsitzes innerhalb eines Staates*.

(2) Jeder Mensch hat das Recht jedes Land, einschließlich seines eigenen, zu verlassen sowie in sein Land zurückzukehren.

Allgemeine Erklärung der Menschenrechte

Warum sind die Menschenrechte* entstanden?

Menschenrechte sind unteilbar

Nach dem Ende des Zweiten Weltkrieges wurden am 26. Juni 1945 in San Francisco die Vereinten Nationen gegründet. Damit wurde eine überparteiliche und überstaatliche Organisation geschaffen, die das friedliche Zusammenleben der Völker fördert und internationale Konflikte mit gewaltfreien Mitteln zu lösen versucht. Deshalb gehörte auch die Allgemeine Erklärung der Menschenrechte zu den ersten Deklarationen, die von der UNO am 10. Dezember 1948 ausgearbeitet und verabschiedet wurden. 1966 konnten sie durch den Pakt über wirtschaftliche, soziale und kulturelle Rechte ergänzt werden. Beide Vertragstexte bilden seitdem eine Einheit mit einer gemeinsamen Präambel[1]. Sie traten 1976 in Kraft und wurden bisher von 135 Staaten* ratifiziert.*

1 Präambel: Einleitung einer Urkunde oder eines Staatsvertrages
2 ratifizieren: einen völkerrechtlichen Vertrag in Kraft setzen

Die Menschenrechte gelten für alle Menschen gleichermaßen „aufgrund ihrer menschlichen Natur"; sie sind unteilbar, unersetzbar und können niemandem abgesprochen werden. Sie tragen allerdings keinen Gesetzescharakter und sind somit international gerichtlich nicht einklagbar. Auf nationaler Ebene wurden sie in Form von Grundrechten von den einzelnen Staaten mehr oder weniger als gesetzliches Recht in die nationalen Verfassungen aufgenommen und können somit von den Bürgerinnen und Bürgern der jeweiligen Staaten eingeklagt werden. In der Bundesrepublik Deutschland enthält das Grundgesetz* in den Artikeln 1–19 allgemeine Menschenrechte (Grundrechte), über deren Einhaltung das Bundesverfassungsgericht wacht.

Am 20. November 1989 verabschiedeten die Vereinten Nationen eine „Erklärung über die Rechte des Kindes", die bis 1994 von 160 Staaten ratifiziert wurde. Sie reicht über den in der „Allgemeinen Erklärung der Menschenrechte" festgelegten Schutz von Kindern und Jugendlichen hinaus und ist auf ihre speziellen Bedürfnisse und Interessen ausgerichtet.

Die Entwicklung der Menschenrechte

Magna Carta Libertatum (1215, England)
Art. 39: Unverletzlichkeit der Person und des Eigentums

Habeas Corpus Akte (1679, England)
Recht auf persönliche Freiheit des Einzelnen; Schutz vor willkürlicher Verhaftung

Bill of Rights* (1689, England)
Festlegung der Rechte des Parlaments

Virginia Bill of Rights (1776, USA)
„Alle Menschen sind von Natur aus gleichermaßen frei und unabhängig und besitzen gewisse angeborene Rechte", Art. 16: religiöse Gewissensfreiheit

Erklärung der Menschen- und Bürgerrechte (1789, Frankreich)
Allgemeine Rechte, die auf Menschen im Allgemeinen und auf Bürger im Besonderen zutreffen (z.B. Wahlrecht)

Erklärung der Rechte der Frau und Bürgerin (1791, Frankreich) Gleiche Rechte für Mann und Frau

Allgemeine Erklärung der Menschenrechte (UNO*, 1948)
Aufstellung individueller Freiheitsrechte (z.B. Meinungsfreiheit), sozialer Rechte (z.B. Recht auf Arbeit*) und gesellschaftlicher* Rechte (z.B. Recht auf Bildung von Gewerkschaften)

Europäische Menschenrechtskonvention (1950)

Die Rechte des Kindes – UNO-Konvention von 1989
Individuelle Freiheitsrechte, soziale und gesellschaftliche Rechte für Menschen bis 18 Jahre

Wiener Menschenrechtskonferenz 1993

▶ Seht euch die UNO-Konvention über die Rechte des Kindes im Anhang an und diskutiert darüber, welche Rechte für euch besonders wichtig sind.

Wie sind die Menschenrechte entstanden?

▶ Das folgende Bild zeigt einen Gobelin[1] mit Ludwig XIV. bei seinem Einzug in die Bürgerstadt Dünkirchen. Sie wurde 1662 von den Briten abgekauft. Beschreibe anhand des Bildes mit eigenen Worten, welche Funktion Menschenrechte für den einzelnen Bürger und für die einzelne Bürgerin haben.

1 Gobelin: Wandteppich mit Bildern

Der Begründer der stoischen* Philosophenschule Zenon (336–270 v. Chr.) in der Antike verurteilte die Einteilung der Menschheit in verschiedene Gruppierungen, die unterschiedlich viel wert sein sollten. Er berief sich auf den Grundsatz des natürlichen Rechts, wonach alle Menschen allein aufgrund ihres Menschseins als gleichwertig gelten und deshalb mit gleichen Rechten ausgestattet sein sollten.

Diese gleichen Rechte wurden jedoch den Menschen im Mittelalter von den Herrschern (Königen, Fürsten oder Lehnsherren) nicht zugestanden. So konnte z. B. ein Adliger oder Kaufmann in England von den königlichen Beamten willkürlich verhaftet und ohne Gerichtsurteil und die Prüfung der gegen ihn vorliegenden Beschuldigungen hingerichtet werden. Im 13. Jahrhundert kam es deshalb zu Unruhen in England, sodass sich König Johann gezwungen sah der Magna Carta Libertatum, einer Akte der Freiheitsrechte für den Einzelnen, zuzustimmen. Damit erhielt der Einzelne das einklagbare Recht auf die Unversehrtheit seines Körpers. Ihm war es jedoch immer noch nicht erlaubt, seine Meinung zu äußern und sich beispielsweise gegen Anschuldigungen vor Gericht persönlich zu wehren. Auch musste der Untertan den Glauben seines Herrschers annehmen unabhängig davon, ob er selbst davon überzeugt war oder nicht. Dieses Recht bekam der einzelne Bürger erst durch die „Bill of Rights*“, die ihm Meinungs-, Gewissens- und Religionsfreiheit zusicherte.
Die individuellen Freiheitsrechte der Bürgerinnen und Bürger Europas wurden also durch eine lange Tradition der Auseinandersetzung zwischen den einzelnen Bürgern auf der einen Seite und staatlicher Autorität auf der anderen Seite hart und blutig durch Revolutionen erkämpft.

Frauen, wann hört ihr auf blind zu sein?

Art. 1: Die Frau ist frei geboren und bleibt dem Manne gleich in allen Rechten.

Art. 2: Alle Frauen haben das Recht auf Rechtssicherheit, Freiheit, Eigentum und besonders das Recht auf Widerstand gegen Unterdrückung.

Art. 6: Frauen haben das Recht auf Gleichheit vor dem Gesetz und das Recht auf Zugang zu allen öffentlichen Ämtern.

Art. 10: Die Frau hat das Recht das Schafott zu besteigen, sie muss gleichermaßen das Recht haben die Tribüne[1] zu besteigen.

Art. 13: Frauen haben gleiche Rechte und gleiche Pflichten: sie sollen Steuern zahlen und das Recht auf eigene Erwerbsquellen (Arbeit, hohe Ämter) erhalten.

Erklärung der Rechte der Frau und Bürgerin

1 Tribüne: hier: Rednertribüne

▶ Hat die Deklaration von 1791 heute ihre Gültigkeit verloren?

▶ Gedankenexperiment: Sollten deiner Meinung nach in das Grundgesetz* der Bundesrepublik Deutschland oder in internationale Menschenrechtserklärungen besondere Rechte für Frauen, wie Olympe de Gouges sie formuliert hat, aufgenommen werden? Warum wurden 1989 eigene Rechte für Kinder von der UNO* verabschiedet?

Olympe de Gouges

Die französische Schriftstellerin und Philosophin Olympe de Gouges (1748–1793) veröffentlichte 1791 während der Französischen Revolution eine Erklärung der Rechte der Frau und Bürgerin mit 17 Artikeln. Sie bezog sich in dieser Deklaration[1] auf Art. 1 der Erklärung der Menschen- und Bürgerrechte von 1789: „Die Männer (frz. les hommes) sind und bleiben von Geburt an frei und gleich an Rechten". Im Französischen hat das Wort l'homme eine doppelte Bedeutung: Es heißt sowohl Mann als auch Mensch. Olympe de Gouges kritisierte, dass sich der Begriff l'homme nur auf männliche Rechte bezog, während das Wort Frau (frz. femme) in der Deklaration von 1789 nicht genannt wurde. Sie forderte deshalb Freiheit, Gleichheit, Brüderlichkeit und Schwesterlichkeit.

In der Präambel[2] der Erklärung der Rechte der Frau und Bürgerin schreibt Olympe de Gouges „Da die Missachtung der Rechte der Frauen die alleinigen Ursachen öffentlichen Elends und der Korruptheit der Regierungen sind, haben wir uns entschlossen in einer feierlichen Erklärung die natürlichen, unveräußerlichen und heiligen Rechte der Frau darzulegen ..."

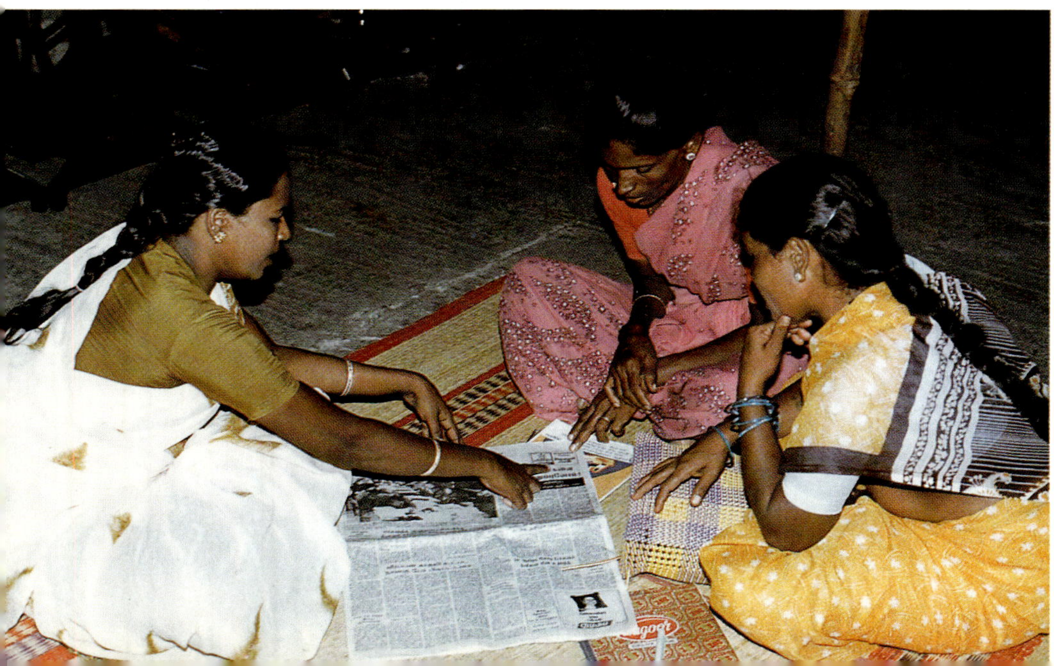

1 Deklaration: öffentliche, grundlegende Erklärung
2 Präambel: Einleitung einer Urkunde oder eines Staatsvertrages

◀ Indische Frauen beim Leseunterricht

Entwicklungshilfe – nur für Frauen?

Das Wohlergehen der Familie ist in Afrika Frauensache. Die Frauen sind für die Erziehung der Kinder zuständig, holen Wasser und Brennholz und produzieren die Grundnahrungsmittel.

Wie das Land jedoch genutzt wird, welches Feld zuerst bebaut wird und welches Kind in die Schule gehen darf – das bestimmt der Mann. Fakt ist, die Frauen schuften in Entwicklungsländern weit mehr als ihre Männer, haben aber nicht halb so viele Rechte.

Eine Analyse der Kreditprogramme in fünf afrikanischen Ländern ergab, dass Frauen nur ein Prozent aller landwirtschaftlichen Kredite erhielten. Und von den 960 Millionen Analphabeten weltweit sind zwei Drittel weiblich.

Der Bildungsgrad der Frauen ist jedoch wichtig bei der Familienplanung. Höhere Schulbildung bedeutet durchschnittlich drei Kinder und eine stärkere Position gegenüber dem Mann. Frauen mit wenig Bildung bekommen im Schnitt sieben Kinder.

Lange Jahre haben Entwicklungspolitiker rollenspezifische Unterschiede übersehen und angenommen, dass Männer und Frauen von ihren Entwicklungsprojekten gleichermaßen profitieren würden. Unter Entwicklungsminister Carl-Dieter Spranger (CSU) ist die Einbeziehung der Frauen eine Vorbedingung für die Einrichtung von Entwicklungsprogrammen geworden.

So versucht die Deutsche Gesellschaft für Technische Zusammenarbeit (GTZ) die Politik der Partnerberatung auf wirtschaftlicher und sozialpolitischer Ebene einzubringen.

„Wir wollen mit unseren Projekten den Alltag der Frauen erleichtern. Wenn wir zum Beispiel einen Dorfbrunnen bauen, müssen die Frauen nicht mehr so weit laufen um das Wasser zu holen", so Simone Westermann von der Deutschen Welthungerhilfe (DW). Zusätzlich haben DW und GTZ spezielle Kreditprogramme für Frauen eingerichtet, mit denen sie sich zum Beispiel eigene Gemüsefelder oder Handelsbetriebe einrichten können. Damit sichern sich die Mütter ein Zusatzeinkommen, das sie meistens in die Bildung und Versorgung der Kinder stecken. Bei diesen Kleinkreditprogrammen schließen sich mehrere Dorfbewohnerinnen zusammen.

„Die Frauengruppen sind wichtig, da sie stärker gegenüber den Männern auftreten können", sagt Westermann. Der individuelle Kredit liegt manchmal nur bei 50 Mark – das reicht für eine Ölpresse oder ein Schaf. Das Geld muss innerhalb eines festgelegten Zeitraums zurückgezahlt werden.

▶ Projekt: Erkundigt euch bei Kinderhilfsorganisationen wie UNICEF oder Plan International nach Hilfsprogrammen für Mädchen in Afrika, Asien oder Lateinamerika.

UNICEF Deutschland, Höninger Weg 104, 50969 Köln,
Tel. 02 21/93 65 00, Fax 02 21/93 65 02 79
Plan International Deutschland, Postfach 60 20 09,
22220 Hamburg, Tel. 040/61 14 00, Fax 040/61 14 01 40

Einmischen oder schweigen?

Seit Beitritt zum Europarat

103 Todesurteile in Russland vollstreckt

Moskau (AFP) – In Russland sind seit dem Beitritt des Landes zum Europarat vor einem Jahr 103 zum Tode Verurteilte hingerichtet worden.

Frauen ohne Stimme

dpa **Ankara** – Der türkische Ministerpräsident Necmettin Erbakan hat in Ankara auf einer Feier beim Singen der Nationalhymne, die Frauenstimmen in einem Jugendchor …

Mehr Kinderarbeit

epd **Berlin** – Die Kinderarbeit hat nach Angaben von „Terres des Hommes" weltweit drastisch zugenommen. Die Zahl der arbeitenden Mädchen und Jungen unter 15 Jahren ist auf mehr als …

- Sammelt Zeitungsausschnitte mit Informationen über Menschenrechtsverletzungen aus aller Welt.
- Seht euch noch einmal die Kinderrechte im Anhang an und überlegt, ob es auch in eurer Umgebung (Schule/Wohnort) Kinderrechtsverletzungen gibt. Diskutiert anschließend in der Klasse darüber.
- Diskutiert darüber, warum einige Regierungen ihre politischen Gegner verschwinden lassen.

Kinder als Soldaten

„Kaum ein Tag vergeht in Mosambik, an dem nicht neue grauenvolle Renamo-Attacken die Menschen erschüttern. So am 19. November 1988, als etwa dreihundert Banditen die Alover-Sekundarschule in der Nähe der Stadt Manhica, 75 Kilometer nördlich von Maputo gelegen, angriffen. 22 Menschen wurden umgebracht, vier schwer verletzt und eine unbekannte Zahl verschleppt. Zeugen sagen aus: Die Angreifer seien vor allem bis an die Zähne bewaffnete vierzehn-, fünfzehnjährige Jungen gewesen […]." In den vergangenen Jahren hat die rechtsgerichtete Renamo verstärkt Kinder rekrutiert. Der Grund: In den Siebzigerjahren hatten die Bandenchefs immer häufiger erleben müssen, dass ihnen die Mitglieder wegliefen. Die verschleppten Bauern „desertierten" in den Busch und nahmen lieber das ungewisse Schicksal tagelanger Flucht auf sich als weiter auf Befehl zu morden. Wegen der wachsenden Anzahl von „Deserteuren" ging die Renamo ab etwa 1980 dazu über, immer mehr Kinder und Jugendliche zu verschleppen […]. Die Parole lautete: Je jünger die Rekruten sind, desto leichter ist es, sie unter Androhung von Prügel und Erschießung zu Killern abzurichten. Kindern könne man leichter Angst einjagen. Kinder seien deshalb „gehorsamer".

- Warum sind Kinder „gehorsamer" als Erwachsene?
- Wie könnten Kinder, die als Soldaten missbraucht wurden, den Weg zurück in ein menschenwürdiges Leben finden? Stellt eine Liste mit Vorschlägen zusammen.

Menschenrechte* – eine innere Angelegenheit?

Demonstration auf dem unabhängigen Forum der Weltfrauenkonferenz in China im September 1995. Mit einem Schweigeprotest demonstrierten Exiltibeterinnen in traditionellen Gewändern und mit verbundenen Mündern.

Phuntsog Yangkyi, eine tibetische Nonne und gewaltlose politische Gefangene, ist Berichten zufolge im Juni 1994 in einem Polizeikrankenhaus gestorben. Ihr Tod soll auf Misshandlungen zurückzuführen sein. Sie gehörte zu mehreren Nonnen [...], die im Gefängnis nach dem Singen von Unabhängigkeitsliedern geschlagen worden waren.

▶ Welche Assoziationen habt ihr, wenn ihr dieses Bild betrachtet?

1950 besetzte die Volksrepublik China Tibet, das bis dahin ein unabhängiges Land gewesen war. Seit 1986 gibt es in Tibet immer wieder Demonstrationen und Proteste gegen die willkürliche Unterdrückung tibetanischer Kultur und ihrer religiösen Tradition, denen sich auch das Oberhaupt des Lamaismus*, der Dalai-Lama*, angeschlossen hat.

▶ Diskutiert, ob die Unterdrückung einer kulturellen Tradition gegen die Menschenrechte verstößt. Begründet eure Meinung.

[Die Menschenrechte sind überall gültig und sie sind nicht teilbar.] Unteilbar ist auch die menschliche Freiheit: Wenn sie irgendjemandem auf der Welt bestritten wird, wird sie damit dem Menschen als solchem bestritten und damit indirekt allen Menschen. Deshalb ist es unmöglich, zu Bösem oder Gewalt zu schweigen; Schweigen ist deren Unterstützung.
Als ich zum Beispiel den tibetanischen Dalai-Lama einlud und das erste Staatsoberhaupt war, das mit ihm zusammentraf, haben viele pragmatische Politiker mir das als Torheit vorgeworfen und mich mit dem mahnenden Hinweis auf China erschrecken wollen. China hat uns wegen dieses Besuchers nicht überfallen, hat noch nicht einmal die Kontrakte aufgelöst, aber den Dalai-Lama haben nach mir noch viele Staatsoberhäupter empfangen. Ein gewisses Risiko war sicherlich dabei, doch ich spürte, dass es im Interesse der guten Sache möglich und richtig war, dieses Risiko einzugehen.

Václav Havel

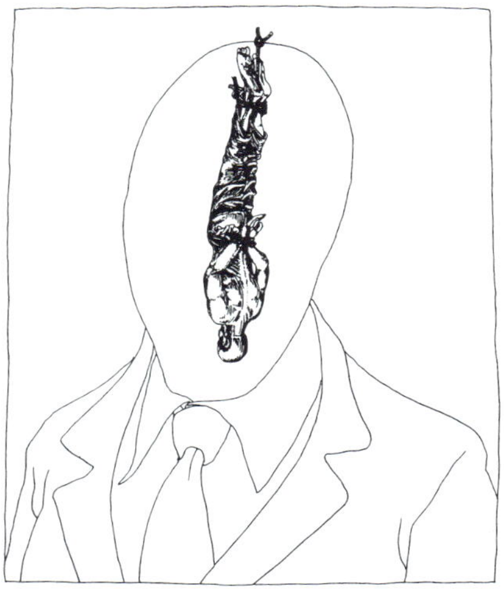

Innere Angelegenheit

▶ Warum war es für Václav Havel ein Risiko, den Dalai-Lama zu empfangen? Welche Rolle spielen wirtschaftliche Aspekte in Bezug auf die Einhaltung der Menschenrechte?

Nicht nur reden, sondern auch etwas tun

Wie entstand amnesty international*?

▶ Wogegen protestieren diese Demonstranten?

Im Frühjahr 1961 las der britische Rechtsanwalt Peter Benenson in seiner Zeitung, dass zwei junge Menschen wegen ihrer politischen Überzeugung im Gefängnis saßen. Er war empört und rief [dazu] auf, die politischen Gefangenen nicht zu vergessen, sondern für eine Amnestie[1] einzutreten: für Gefangene, die wegen ihrer politischen oder religiösen Überzeugung oder wegen ihrer Hautfarbe, ihrer Abstammung oder ihrer Sprache hinter Mauern und Stacheldraht saßen. Das war die „Geburtsstunde" der Menschenrechtsorganisation amnesty international (ai), einer internationalen Hilfsorganisation für politische Gefangene. Engagierte Menschen, so die Idee des englischen Rechtsanwalts Benenson, sollten sich in Gruppen zusammenschließen und gemeinsam für die Freilassung gewaltloser politischer Gefangener arbeiten. Mit diesem Begriff waren alle politischen Gefangenen gemeint, die weder Gewalt angewandt noch dazu aufgerufen hatten. Jede Gruppe von amnesty international erhielt die vom zentralen Büro in London recherchierten Unterlagen von drei Einzelfällen: Ein Häftling stammte aus einem westlich orientierten Land, ein zweiter aus einem kommunistischen Staat*, ein dritter aus einem Entwicklungsland. Damit sollte die Neutralität der Organisation [...] dokumentiert werden: dass die Organisation kein Propagandainstrument des ideologischen Gegners sei. Zu den Arbeitsregeln, die sich die Organisation aufstellte, gehörte auch, dass um der Neutralität willen keine Gruppe für die Freilassung von Gefangenen im eigenen Land eintrat und dass die Organisation kein Geld von Regierungen annahm.

Dass Gruppen einzelne Häftlinge „betreuen", sich für ihre Freilassung einsetzen und ihren Familien beistehen, erwies sich für Menschen, die einen konkreten Beitrag für mehr Menschlichkeit leisten wollten, als sehr ansprechend. Ende 1961 gab es in mehreren Ländern bereits 50 amnesty-Gruppen.

1 Amnestie: Beschluss bestimmten Personengruppen ihre Strafe zu erlassen, z. B. Gefangenen aus politischen oder religiösen Gründen.

▶ Versuche herauszufinden, ob es auch in deinem Wohnort eine Gruppe von amnesty international gibt. Mit welchen Problemen beschäftigt sie sich?

Eilaktionen – urgent actions

Amilcar Méndez ist einer derjenigen, die seit Jahren für die Rechte der Indigenas in Guatemala eintreten. Er engagiert sich in führender Position bei der Indianerorganisation CERU (Wir sind alle gleich), die 1988 gegründet wurde um sich gegen die Zwangsrekrutierung von hunderttausenden von Indianern in die so genannten Zivilpatrouillen zur Wehr zu setzen.
Die CERU hat kein Büro, die Arbeit wird im Haus von Amilcar Méndez in Santa Cruz del Quiche im indianischen Hochland gemacht. Hierher kommen täglich dutzende von Indianern und berichten von Übergriffen der Militärs und der von ihnen eingesetzten Zivilpatrouillen. Auch an diesem Tag ist das Haus von Amilcar Méndez Anlaufstelle für sie.
Am Abend tritt im Fernsehen und Radio ein von den Militärs präsentierter Kronzeuge auf und beschuldigt alle Menschenrechtsgruppen im Lande im Sold der Guerilla zu stehen. Amilcar Méndez wird von ihm persönlich als „Guerilla-Kommandant" bezeichnet. Kurz nach dieser Sendung nimmt die Bewachung des Hauses zu. In der Nacht flattern Drohbriefe über die Mauer, es wird ständig an die Türen gepoltert und es kommen viele anonyme Anrufe. Einer ist nicht anonym, er kommt vom örtlichen Polizeichef, der verlangt, dass Amilcar Méndez sich sofort in der Polizeistation einzufinden habe, weil dort angeblich zwei Regierungsvertreter auf ihn warten. Dies um Mitternacht in einer Stadt, in der es keine Straßenbeleuchtung gibt.
Alle Anwesenden sind sich der gefährlichen Situation bewusst. Die Idee kommt auf telefonisch mit dem internationalen Sekretariat von amnesty international Kontakt aufzunehmen und die Ereignisse zu schildern. Der Anruf gelingt und das zuständige Ermittlungsteam beschließt aufgrund der telefonisch übermittelten Informationen umgehend eine Eilaktion für Amilcar Méndez zu starten. Über Telex geht die Meldung an die verschiedenen Sektionen der Organisation. Von dort werden die Aktionsteilnehmer auf dem schnellsten Weg informiert. Sie erhalten Anschrift, Telex-, Telefon- und Faxnummer des Präsidenten von Guatemala. Das „Urgent-Action-Netz" beginnt zu arbeiten ...
Wenige Stunden später sind die ersten Telexe und Telefaxe zugunsten von Amilcar Méndez im Präsidentenbüro eingetroffen und der Strom der Schreiben reisst nicht ab. Denn wenn die Eilappelle aus den USA abebben, folgen aus Deutschland und Schweden viele mehr. Und wenn die Schreiber in Europa schon wieder schlafen, geht es weiter aus Neuseeland und Australien. Am Ende werden es hunderte, ja tausende von Appellen sein, die den guatemaltekischen Präsidenten mahnen für die Sicherheit von Amilcar Méndez Sorge zu tragen.

▶ Können solche Briefe oder Telegramme an Präsidenten eurer Meinung nach dazu beitragen, Leben zu retten? Begründet eure Meinung.

▶ Erkundigt euch bei amnesty international nach weiteren Aktionen, wie z. B. nach dem monatlichen „Brief gegen das Vergessen".

amnesty international,
Sektion der Bundesrepublik Deutschland e. V.,
53108 Bonn, Tel. 02 28/98 37 30, Fax 02 28/63 00 36

14. Heimat oder Fremde?

Valentin: Ja, ein Fremder ist nicht immer ein Fremder.
Karlstadt: Wieso?
Valentin: Fremd ist der Fremde nur in der Fremde.
Karlstadt: Das ist nicht unrichtig. – Und warum fühlt sich ein Fremder nur in der Fremde fremd?
Valentin: Weil jeder Fremde, der sich fremd fühlt, ein Fremder ist, und zwar so lange, bis er sich nicht mehr fremd fühlt, dann ist er kein Fremder mehr …

Karl Valentin

ausland beginnt nicht immer
erst hinter einer grenze,
ausland heißt nicht immer
eine fremde sprache sprechen,
ausland heißt nicht immer
weit von der heimat.

ich bin ausländer in diesem
land, das ich als kind
meine heimat nannte,
ich spreche die heimische sprache,
doch man versteht mich nicht.

Rudolf Mika

„Alle Religionen sind gleich und gut, wenn nur die Leute, die sich dazu bekennen, ehrliche Leute sind. Und wenn Türken und Heiden kämen und wollten das Land bevölkern, so wollten wir ihnen Moscheen und Kirchen bauen."

Friedrich II. im Edikt von Potsdam zur Einwanderung der Hugenotten nach Preußen

„Nicht Fremdheit macht aggressiv, sondern Aggression macht die anderen fremd. Fremdheit ist das Bemühen sich den anderen vom Leib zu halten."

Birgit Rommelsbacher

„Gastarbeiter sind wir nicht, Fremde nicht, Ausländer schon lange nicht mehr. Knoblauchfresser auch nicht, denn viele Deutsche essen beim nächsten Italiener oder Griechen mehr Knoblauch als alle Türken gemeinsam. In der Türkei heißen wir ‚Deutschländer', also die, die aus Deutschland kommen, Arrogante, Überhebliche, Überzogene. In Deutschland sind wir Türken, die wir schon lange nicht mehr sind. Wir müssen aber irgendetwas sein. Vielleicht getürkte Türken. Oder türkische Deutsche. Oder deutsche Türken, ausländische Deutsche, fremde Deutsche."

Sinasi Dikmen, Kabarettist

„Es ist das Recht jeden Fremdlings, nicht feindselig behandelt zu werden und sich zur Gesellschaft* anzubieten."

Immanuel Kant*

„Wer meint, Rücksicht sei auf die Mitbürger zu nehmen, nicht aber auf Fremde, der trennt die gemeinsame Gesellschaft des Menschengeschlechts."

M. Tullius Cicero*

„Ohne Fremde sind wir allein."

Graffiti in Berlin

Heimat ist nicht da, wo man gemeldet ist.
Heimat ist da,wo man verstanden wird.

„Ich wünsche mir, dass ich mich als Deutscher unter Deutschen im Inland nicht als Fremder fühlen muss, nur weil ich es als selbstverständlich erachte, unsere ausländischen Mitbürger als Mitmenschen zu sehen."

Bruno Jonas, Kabarettist

- Denk dir zu dem Bild eine Geschichte aus, die mit der Kapitelüberschrift und den Texten auf dieser Seite in Verbindung steht.
- Stelle die unterschiedlichen Bedeutungen von „fremd" zusammen, die dieses Wort in den Zitaten auf dieser Seite hat.
- Erstelle eine „Gedankenkarte" mit Begriffen, die du mit „Heimat" und „Fremde" assoziierst.

René Magritte, le modèle ronge, 1937 ►

Fremd im eigenen Land

In den Wochen nach dem Fall der Berliner Mauer am 9. November 1989 vereinbarten Schulen in Ost- und Westberlin gemeinsamen Unterricht, damit sich die Schülerinnen und Schüler aus beiden Teilen der Stadt besser kennen lernen. Eine Ostberliner Schülerin beschreibt ihre Eindrücke von einer germeinsamen Sportstunde folgendermaßen:

Heute sollten die Kinder aus Kreuzberg in unsere Schule kommen und mit uns zusammen Sport machen. Wir saßen schon fertig umgezogen in unseren graublauen Gymnastikanzügen, dazu die blauweißen Turnschuhe und streng hoch gebundene Haare. Wir quatschten noch ein bisschen rum und warteten auf die Westkinder. Da kamen sie! Wir verstummten und sahen sie an!!! Die kamen angeschlendert, albern und cool und kunterbunt! Sie sahen uns herablassend an. Sie nahmen aus ihren schicken rosa Sporttaschen ihre sozusagen für sie normalen Sportsachen. Wir starrten sie an! Sie holten knallenge, neonfarbene, glänzende Pantalons heraus, tolle bunte Mickymaus-Jogginganzüge, lässige Riesennickis, Wannsinns-Turnschuhe [...]. Manche trugen sogar offene Haare! Das war bei uns verboten im Sport. Wir saßen in unseren graublauen Anzügen und staunten. [...] Wir sahen alle ein bisschen traurig aus, wie ein Kind in Afrika, das zusieht, wie ein Deutscher einen Hamburger in sich reinstopft! In unserem Inneren waren wir ein bisschen neidisch.

Die Westkinder sahen uns irgendwie verwirrt, verwöhnt und fieslich an. Aber sie guckten uns nicht direkt an, so wie wir sie, sondern mit so schnellen Blicken, die auf uns huschten. Die Sportlehrerin mit ihrem blauen, schon fusseligen Trainingsanzug pfiff. Sofort sprangen wir auf, stellten uns der Größe nach in Reih und Glied auf, während die Westkinder sich lässig und langsam vorwärts bewegten.

Die Sportstunde verging normal. Als wir hochgingen um uns umzuziehen, sahen wir noch einmal zu den bunten Wessis. Dann gingen wir schweigend, ohne dass wir zusammen gesprochen hatten, nach Hause.

Wolf Wagner, seit 1992 Professor an der Fachhochschule in Erfurt und vorher Dozent für Politische Wissenschaften an der Freien Universität Berlin, hat seine Eindrücke und Erfahrungen seit der Vereinigung in seinem Buch „Kulturschock Deutschland" analysiert. Seine eigenen Gefühle in den Tagen nach dem Mauerfall beschreibt er darin so:

Die nicht enden wollenden Ströme von DDR-Familien prägten das Straßenbild und machten mir „meinen" Stadtteil fremd. [...] Die Kaufhäuser räumten die Regale um. Statt der gewohnten Ware wurde Ramsch in die Regale geräumt. Bald waren die Läden so voller Leute, dass ich es aufgab. Ich wechselte zu den kleinen, teureren Läden.

Am meisten störten mich die Schlangen, die für Begrüßungsgeld anstanden. Ich hasste diese Schlangen, hielt es für einen demütigenden Akt unserer Regierung, die Menschen um 100 Mark anstehen zu lassen. Ich fand es schrecklich, was die Menschen mit sich machen ließen. Ich fühlte mich an ihrer Stelle in meinem Stolz verletzt. Mit jedem Tag wurde ich ärgerlicher. [...] Ich merkte, wie arrogant ich auftrat, wie ich mich irritieren ließ durch die Veränderungen im Stadtbild, wie ich mir mein altes Berlin mit der Mauer zurück wünschte und die Menschen, die die Veränderung gebracht hatten, dafür hasste. Sie hatten mir mein Land fremd gemacht.

- Beschreibt die Gefühle, die die Ostberliner Schülerin und der Westberliner äußern. Welche Erfahrungen habt ihr selbst gemacht?
- Diese Berichte geben Eindrücke aus der Zeit direkt nach dem Mauerfall wieder. Wie hat sich nach eurer Meinung das Verhältnis von Ostdeutschen zu Westdeutschen inzwischen entwickelt?
- Nehmt zu der Meinung Stellung, dass heute eine neue Fremdheit zwischen Ost- und Westdeutschen besteht.

	Zustimmung	Westdeutsche 1992	Westdeutsche 1995	Ostdeutsche 1992	Ostdeutsche 1995
Anti-West-Stereotype Die Westdeutschen haben die DDR im Kolonialstil erobert. Die Deutschen im Westen haben trotz ihres Wohlstandes nicht gelernt zu teilen. Im Westen gibt es Leute, die am liebsten so leben möchten, als hätte es keine Wiedervereinigung gegeben.	niedrig	12,9	22,8	1,4	3,7
	mittel	18,5	15,2	9,9	13,7
	hoch	11,1	6,0	43,3	39,4
Anti-Ost-Stereotype Viele frühere DDR-Bürger machen es sich zu einfach; sie wollen leben wie im Westen und arbeiten wie früher im Osten. Die Ostdeutschen neigen dazu, sich selbst zu bemitleiden. Viele in Ostdeutschland sind dem westlichen Leistungsdruck nicht gewachsen.	niedrig	12,8	23,4	51,7	56,9
	mittel	25,3	21,6	15,6	12,9
	hoch	45,5	38,4	6,9	6,0

Ergebnisse einer Untersuchung über Vorurteile (Stereotype) in West- und Ostdeutschland

Nach einer Untersuchung über die Jugend in Ost- und Westdeutschland finden zwei Drittel aller 15- bis 30-Jährigen im Osten (72 %) wie im Westen (64 %) Gefallen an ihrer gegenwärtigen Lage. Von Depression* keine Spur. Zwar fühlt sich jeder dritte Ostjugendliche fremd im eigenen Land. Zwei von drei denken jedoch gegenwartsbezogen und sehr realistisch. Pragmatische Idealisten und Ökonomen sind in der Mehrheit. Diese streben nach gesicherten Lebensumständen.

- Schreibe auf der Grundlage der Tabelle über die Vorurteile einen Zeitungsbericht darüber, wie sich die gegenseitigen Einschätzungen von 1992 bis 1995 entwickelt haben.
- Vergleiche die Aussagen der beiden Karikaturen mit den Ergebnissen der Untersuchungen zu den Vorurteilen zwischen Ost- und Westdeutschen.
- „Die Mauer im Kopf ist noch vorhanden." Nimm zu dieser Meinung aufgrund der Materialien Stellung.
- „Fremd im eigenen Land" – was bedeutet diese Aussage im vereinigten Deutschland?

Fremde Deutsche – warum?

Seit der Vereinigung Deutschlands fühlen sich nicht nur Menschen, die aus anderen Ländern zu uns gekommen sind, bei uns als „Fremde". Offensichtlich hängt es nicht von Aussehen und Hautfarbe, Sprache und Kultur, Herkunft und Nationalität ab, ob man sich als Fremder fühlt oder zum Fremden gemacht wird. Viele meinen, dass sich Ostdeutsche und Westdeutsche heute oft fremder sind, als Deutsche und Menschen anderer Nationalitäten, die schon lange in einem Land zusammen leben. Um die Ursachen von Fremdenfeindlichkeit besser zu verstehen hilft es vielleicht nach Erklärungen für die Fremdheit zwischen Ost- und Westdeutschen zu suchen.

Erklärungsversuche

Der iranische Journalist Bahahman Niruman, der seit über 30 Jahren in Westberlin im Exil lebt:

Obwohl beide deutsche Staaten* sich unter völlig verschiedenen Bedingungen entwickelt haben und ihre Geschichte über 40 Jahre lang einen völlig unterschiedlichen Verlauf genommen hatte, blieb auf wundersame Weise das „typisch Deutsche" in seinen Grundzügen nahezu unangetastet erhalten. Vielleicht ist dies auch ein Grund für jene Abneigungen, ja oft Hassgefühle, die die Deutschen im Westen auf ihre Schwestern und Brüder im Osten empfinden. Im Grunde bilden die „Ossis" ein Spiegelbild dessen, was den „Wessis" in der tiefsten Seele ruht. Etwas, was man im Westen abgestreift zu haben glaubte, kommt unerwartet durch die „Ossis" in reinerer Form zum Vorschein. Man erinnert sich der eigenen Vergangenheit und stellt verdutzt fest, dass der Wohlstand, der Konsum, das moderne Leben, die Freizügigkeit lediglich eine Kruste gebildet haben, unter der die Vergangenheit, das eigentliche deutsche Wesen, verborgen liegt. [...] Die Begegnung mit den Ossis ist eine Begegnung mit sich selbst, der Hass gegen sie ein Selbsthass. Und die Ossis? Aus ihrer Sicht haben sich die ehemaligen Wohltäter plötzlich als brutale Egoisten entpuppt, die von ihnen uneingeschränkte Unterwerfung verlangten. Diese von den Ostdeutschen geforderte Selbsterniedrigung verstärkt nicht nur den Neid, sie erzeugt auch Hassgefühle. Die Ausländerfeindlichkeit war und ist der Versuch, diese Gefühle auf ein Feindbild zu lenken.

Der Psychotherapeut Hans-Joachim Maaz aus Halle:

Wenn sich aufgestaute Aggressivität, soziale Verunsicherung und ein geeigneter Anlass zusammenfinden, sind die Zutaten der Gewalt gemischt. Im Osten Deutschlands ist dieses Gebräu reichlich angerichtet, als Folge des unterdrückenden, autoritären Gesellschaftssystems, das die Menschen zu zähneknirschenden, schlaffen oder an der Macht partizipierenden Untertanen nötigte. Dazu kommen die Folgen des unglücklich verlaufenden deutschen Vereinigungsprozesses, der massenhaft Werteverluste, Orientierungslosigkeit und Identitätsbrüche beschert, existentielle Krisen erzeugt und neue Demütigungen und Kränkungen bereitet, weil alles, was das Leben in der DDR bestimmte, aufgegeben und alles, was das Leben in der Bundesrepublik ausmacht, übernommen wird. Auf diese Weise bedingen sich die gegenseitigen Fehlverhalten wechselseitig. [...] So wird auf beiden Seiten der Zorn der Entfremdung nicht abgebaut, sondern weiter verschärft, und die wachsenden Vorurteile sind die Vorboten einer Welle von Gewalt. Letztlich werden die sich so fremd gewordenen deutschen Schwestern und Brüder ihre Erkenntnisfurcht und Veränderungsangst auf die vermeintlich Schuldigen außerhalb der eigenen „Familie" abzuwälzen verstehen.

Der Westberliner Journalist Klaus Hartung:

Die Vereinigung eines geteilten Landes nach vierzig Jahren konnte nur das Bild einer gespaltenen Gesellschaft* offenlegen. Aber die Vereinigung als forcierte und flächendeckende Angleichung musste die Spaltung erst recht produzieren. In dieser Lage greifen beide Teilgesellschaften auf ihre alten Legitimitätsmuster zurück: Der Westdeutsche erinnert sich immer heftiger des verlorenen Paradieses an der Sonnenseite der Ost-West-Spaltung. Für den Ostdeutschen wird die Welt der sozialen Sicherheit in der untergegangenen DDR zum Wert an sich. [...] Dabei ist der Ossi-Wessi-Familienstreit weniger aussichtslos, als es scheint. Er rückt die Deutschen wieder auseinander, die die Einigung einander viel zu nahe gebracht hatte, bis zur Erfahrung, dass man sich nicht mochte. Das könnte eine heilsame Entfremdung bedeuten, in der dann wieder die reale Fremdheit zwischen den verschiedenen Gesellschaften aus vierzig Jahren Teilung nacherlebt wird. Nur die Neugier kann uns einander näher bringen, nicht die vorgeschriebene Prämisse voreiliger Gleichheit.

Der Bielefelder Sozialwissenschaftler Wilhelm Heitmeyer:

Das zentrale Problem sind soziale, berufliche und politische Auflösungsprozesse, die sich längst nicht mehr auf irgendwelche Randgruppen beschränken – sie haben den Kern der Gesellschaft in Ost- und Westdeutschland erfasst. Eine Gesellschaft wird durch Tradition, soziale Rituale, Utopien, auch durch Religion oder stabile Gemeinschaften zusammengehalten. Doch diese Bindemittel werden heute in Ost- und Westdeutschland entwertet und von einem individuellen Kosten-Nutzen-Denken verdrängt. Ein Teil der Jugendlichen vermisst die alten Integrationsmuster. Sie suchen neuen Halt und neue Gewissheiten. [...] Konsum, Geld und Status – solche Integrationsmittel werden sehr schnell aufgebraucht, wie wir in Ostdeutschland gerade sehen.

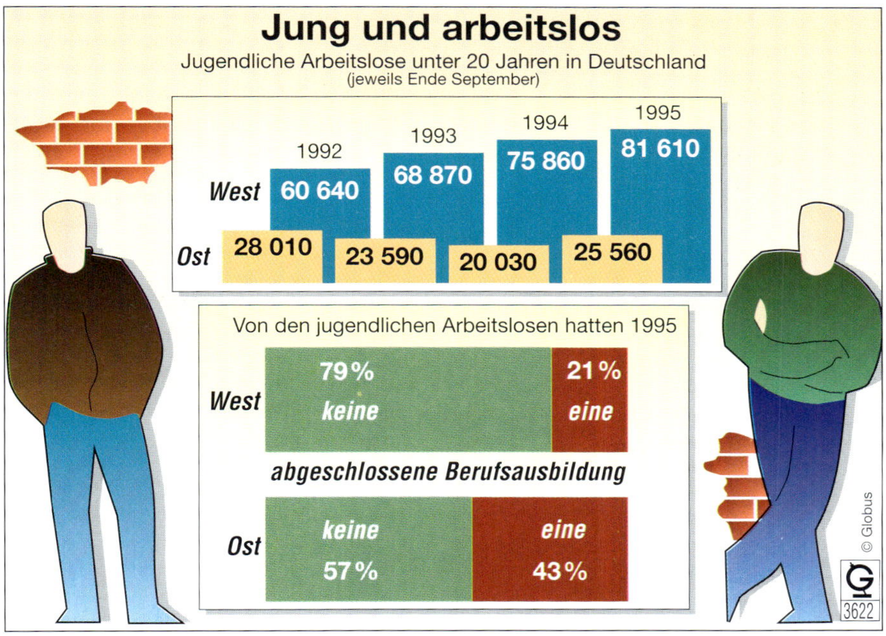

Umfrage zu negativen Stimmungen von Ostdeutschen und Westdeutschen 1996

- Stelle die Gründe zusammen, mit denen in den Texten die „neue Fremdheit" zwischen Ost- und Westdeutschen erklärt wird. Wie erklärst du dir die unterschiedlichen Argumentationen?
- Vergleiche die Gründe, die in den Texten genannt werden, mit den Grafiken.
- Diskutiert Vorschläge, wie Vorurteile zwischen Ost- und Westdeutschen abgebaut werden können.

Fremde bei uns

Seit im September 1991 im sächsischen Hoyerswerda ein Ausländerheim mit Brandsätzen, Steinen und Stahlkugeln angegriffen wurde, ist die Kette von Gewalttaten gegen nichtdeutsch aussehende Menschen nicht mehr abgerissen. Vor allem von rechtsextremistischen Jugendlichen gehen die Überfälle und die Gewalttaten in West- und Ostdeutschland aus. Doch auch aus der Bevölkerung hat es zustimmende Äußerungen gegeben, als im Sommer 1992 in Rostock Jugendliche mehrere Tage Brandsätze gegen das Asylbewerberheim geschleudert haben. Diejenigen, die „Ausländer-raus"-Parolen schreien oder ihnen zustimmen, kennen oft gar keine Ausländerinnen und Ausländer und wissen oft nicht, unter welchen Bedingungen diese hier leben. Ein erster Schritt gegen Fremdenfeindlichkeit ist sich über das Leben der nichtdeutschen Menschen hier zu informieren und einzelne Menschen kennen zu lernen.

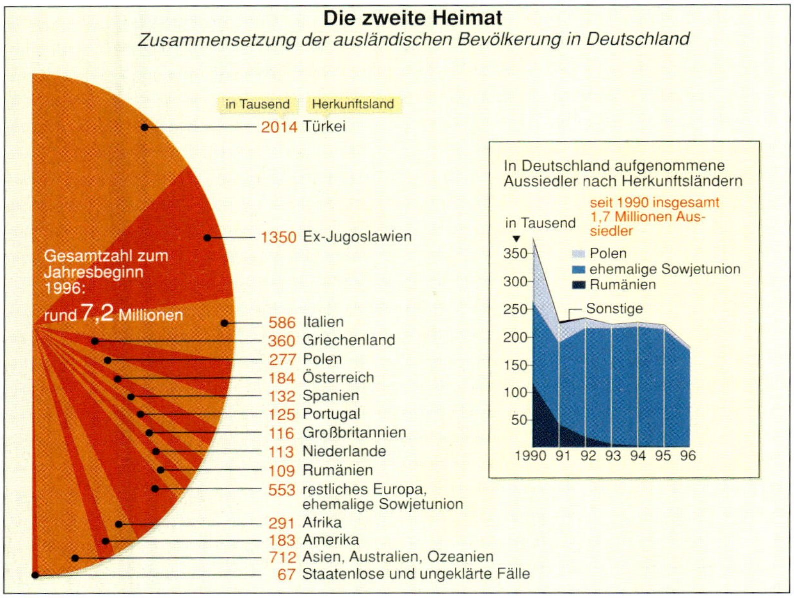

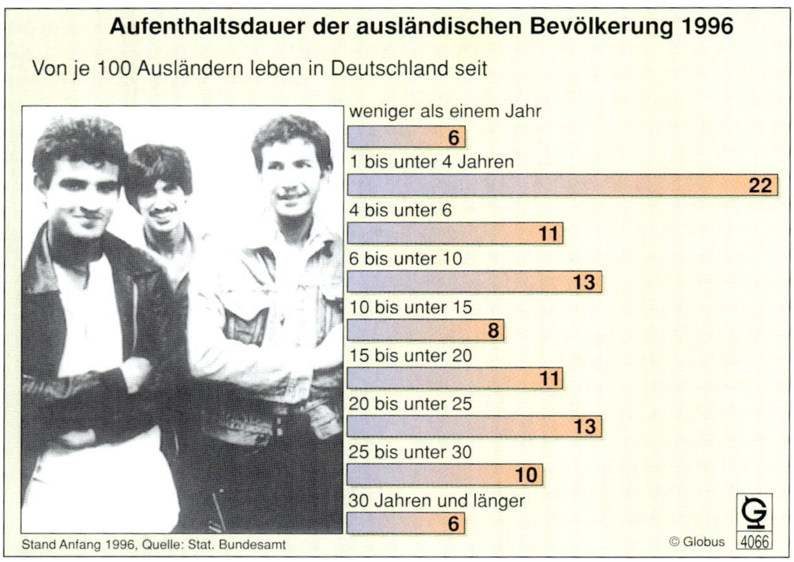

Die 18-jährige Tamilin Meera Tharmalingam, die mit sechs Jahren nach Deutschland kam und heute die deutsche Staatsangehörigkeit besitzt.

Wenn mich welche fragen, was ich bin, dann bekommen sie die Antwort zu hören: „ein Mensch". Diese Antwort finden sie witzig und verlangen eine „richtige Antwort". Ich muss sagen, dass ich keine richtige Antwort kenne. [...] Ich kann nicht sagen, dass ich deutsch bin. Auch wenn ich einen deutschen Pass habe und auch wenn die deutsche Sprache diejenige ist, mit der ich mich am besten ausdrücken kann, werde ich doch kaum als Deutsche in dieser Gesellschaft* anerkannt. Ich glaube, da habe ich bessere Chancen, wenn ich mich als Ausländerin mit guten Deutschkenntnissen bezeichne. Die wichtigste Kategorie ist die weiße Hautfarbe, mit der ich nicht dienen kann und werde, denn ich finde meine Hautfarbe schön, wie sie ist. [...]. Ich finde es dennoch komisch, dass ich mich mit den Deutschen mehr identifizieren kann als mit den Tamilen. Bei den Deutschen gelte ich als ein freches Mädchen, wobei ich bei den Tamilen als ein schlechtes Mädchen gelte. […] Sie empfinden es als schlecht, wenn ich als Mädchen gerne abends mit meinen Freunden herumhänge. Oder weil ich nicht im Traum daran denke, mich als Frau einem Mann unterzuordnen. Es gibt für mich nur drei Gründe, warum ich mich als tamilisch bezeichnen würde. Das ist die Liebe zur Landschaft Sri Lankas, zweitens das tolle würzige tamilische Essen, drittens die schöne Musik, die mich an all das erinnert. […] Ansonsten lebe ich gern hier, denn es ist meine zweite Heimat geworden.

Die 18-jährige Türkin Merve, die als Kind mit ihren Eltern nach Moers gekommen ist.

„Ich habe viele Menschen getroffen, die mich akzeptieren und gleichberechtigt behandeln. Das tun nicht allzu viele Deutsche. Für viele sind Ausländer einfach Ausländer. […] Die Türken haben mit dazu beigetragen, dass die Wirtschaft in Deutschland floriert. Und sie zahlen genauso ihre Steuern wie die Deutschen. Als früher Arbeitskräfte gebraucht wurden, da haben die Türken die Jobs übernommen, die die Deutschen nicht wollten. Ich finde es schade, dass die Deutschen so wenig über die türkische Kultur und Religion wissen. Aber die Türken wissen auch viel zu wenig über die deutschen Gepflogenheiten.

Die 52-jährige Maria M. aus Polen.

Auf der einen Seite fühle ich mich schon wohl in Deutschland, auf der anderen Seite aber auch sehr ängstlich. Meine polnische Staatsbürgerschaft würde ich nie aufgeben – dann wäre ich ja nur auf dem Papier Deutsche, eine richtige Deutsche wäre ich nie. Man ist so zerrissen. Wenn ich z. B. am Telefon mit einem Landsmann spreche, dann rede ich nur polnisch. Da kommen mir schon wieder die Tränen und da möchte ich mich ins Auto setzen und fortfahren. Aber wenn ich dort bin, schon nach drei Wochen zieht es mich irgendwie wieder hierher. Hier ist meine Familie. Man ist keine Polin mehr, aber auch keine Deutsche, man ist immer Ausländer. Das ist es, was am meisten weh tut.

▶ Stelle in einer Liste alle Informationen zusammen, die du auf dieser Doppelseite über das Leben der ausländischen Bevölkerung in Deutschland erfährst.

▶ „Heimisch und fremd" – nimm zu dieser Aussage aufgrund der Lebensbeschreibungen Stellung.

Vorurteile und Fremdenfeindlichkeit

Es ist leichter, einen Atomkern zu spalten als ein Vorurteil.
Albert Einstein

Vorurteile entstehen, wenn Ansichten, Meinungen und Erwartungen ohne eine differenzierte, persönliche Urteilsbildung und ohne ausreichende Kenntnisse und Erfahrungen unkritisch übernommen werden. Doch wie unterscheiden sich Vorurteile? Der englische Philosoph Francis Bacon (1561–1626) hat folgende Einteilung vorgenommen.

Vorurteile	Vorurteile	Vorurteile	Vorurteile
die entstehen, wenn sich Menschen zum einzigen Maßstab von Natur und Gesellschaft* erheben	des Einzelnen, die durch eine verzerrte Wahrnehmung der Wirklichkeit entstehen	die von bestimmten Gruppen oder der Gesellschaft als Ganzes entwickelt werden,	die entstehen, wenn jemand ohne eigenes Nachdenken der Meinung von Autoritäten folgt

Wenn ihr mehr darüber wissen wollt,
könnt ihr in folgendem Buch nachlesen:
Francis Bacon, Novum Organum, Felix Meiner Verlag, Hamburg 1976.

Der Clan der Sesshaften

Zwei Passagiere in einem Eisenbahnabteil. Wir wissen nichts über ihre Vorgeschichte, ihre Herkunft oder ihr Ziel. Sie haben sich häuslich eingerichtet. […] Die Tür öffnet sich und zwei neue Reisende treten ein. Ihre Ankunft wird nicht begrüßt. Ein deutlicher Widerwille macht sich bemerkbar zusammenzurücken, die freien Plätze zu räumen […]. Dabei verhalten sich die ursprünglichen Fahrgäste, auch wenn sie einander gar nicht kennen, eigentümlich solidarisch. Sie treten den neu Hinzugekommenen gegenüber als Gruppe auf. Es ist ihr Territorium, das zur Disposition steht. Jeden, der neu einsteigt, betrachten sie als Eindringling. […] Dennoch kommt es so gut wie nie zu offenen Auseinandersetzungen. […] Also werden nur Blicke getauscht und Entschuldigungsformeln zwischen den Zähnen gemurmelt. Die neuen Fahrgäste werden geduldet.

Nun öffnen zwei weitere Passagiere die Tür des Abteils. Von diesem Augenblick an ändert sich der Status der zuvor Eingetretenen. Eben noch waren sie Eindringlinge, Außenseiter; jetzt haben sie sich mit einem Mal in Eingeborene verwandelt. Sie gehören zum Clan der Sesshaften, der Abteilbesitzer, und nehmen alle Privilegien für sich in Anspruch, von denen jene glauben, dass sie ihnen zustünden. Paradox wirkt dabei die Verteidigung eines „angestammten" Territoriums, das soeben erst besetzt wurde; bemerkenswert das Fehlen jeder Empathie (jedes Einfühlungsvermögens) mit den Neuankömmlingen, die mit denselben Widerständen zu kämpfen haben, der sich ihre Vorgänger unterziehen mussten.

Hans Magnus Enzensberger

- Spielt den „Clan der Sesshaften" nach. Erläutert, warum die neu Hinzukommenden als Eindringlinge empfunden werden.
- Sucht zu jeder von Francis Bacon aufgestellten Kategorie von Vorurteilen ein Beispiel.

Erklärungsversuche zur Entstehung von fremdenfeindlichen Vorurteilen

1. Biologische Erklärungsmuster: Fremdenfeindlichkeit wird als natürliche, beinahe angeborene Eigenschaft auf bestimmte Merkmale von Fremden zu reagieren (Fremdheit, Anzahl) erklärt. Dass Menschengruppen sich gegen „Andersartige" wenden wird als biologisch „programmiert" angesehen.

2. Persönlichkeitsorientierte Erklärungsmuster: Diese Modelle gehen davon aus, dass vor allem die Erfahrungen mit Eltern und in der Familie in der frühen Kindheit eine Persönlichkeitsstruktur bedingen können, die eine religiöse und ethnische Diskriminierung anderer zur eigenen Stabilität benötigt.

3. Gruppensoziologische Erklärungsmodelle: Vorurteile können als Ausdruck der Konkurrenz um wirtschaftliche und politische Macht sowie um knappe Güter und Sozialprestige gesehen werden. Das Gefühl selbst zu kurz zu kommen korrespondiert dabei mit der Schuldzuweisung, dass die „Fremden" für die Knappheit der Güter, der politischen Krise oder für den eigenen sozialen Abstieg verantwortlich seien. Der Fremde wird dabei zum Sündenbock.

4. Der Politikansatz: Dieser Ansatz geht davon aus, dass durch staatliche* Maßnahmen, die die Rechte der Ausländer einschränken und scheinbare „Begünstigungen" zurückschneiden, die Bevölkerung erst ermutigt und unterstützt wird ihrerseits einschränkende und diskriminierende Handlungen vorzunehmen. Politische und rechtliche Vorgaben haben so entscheidenden Einfluss auf die vorurteilshaften Einstellungen zu nationalen Minderheiten.

▶ Beschreibe mit eigenen Worten die unterschiedlichen Erklärungsversuche. Vergleiche diese Erklärungen mit den Kategorien von Francis Bacon. Finde Beispiele aus deinem Alltag, die diesen Erklärungsmustern entsprechen.

▶ Vergleiche diese Erklärungen mit den Vorurteilen zwischen Ostdeutschen und Westdeutschen (S. 241–243).

▶ Sieh dir noch einmal die Texte auf der Auftaktseite (S. 238) an. Vergleiche sie mit den hier aufgeführten Erklärungen für die Entstehung von Vorurteilen und Fremdenfeindlichkeit.

▶ Was kannst du selbst gegen die Verbreitung von Vorurteilen tun?

▶ Entwickelt Vorschläge um über fremdenfeindliche Vorurteile und Diskriminierung von Fremden aufzuklären.

Schule ohne Rassismus

Wie überall in unserer Gesellschaft gibt es auch an Schulen bestimmte Probleme, die meistens dann entstehen, wenn sehr unterschiedliche Leute an einem Ort zusammen leben. Auf Konflikte wird oft mit Ablehnung, Ausgrenzung und Gewalt reagiert. Was können diejenigen, die nicht damit einverstanden sind, dagegen tun? Schülerinnen und Schüler der „Käthe-Kollwitz Gesamtschule" in Lünen berichten, wie sie sich mithilfe des Projektes „Schule ohne Rassismus" gegen Vorurteile, Fremdenfeindlichkeit und Gewalt an ihren Schulen wehren.*

Aufgepasst, hier geht's um euch!

So fing alles an . . .

Vor fast zwei Jahren wurde die Schülervertretung (SV) unserer Schule durch die didaktische Leitung auf das Projekt „Schule ohne Rassismus" aufmerksam gemacht. Schnell bildete sich eine Initiativgruppe, die immer mehr Mitglieder gewann. Unsere Idee war es, Konflikte aufzudecken und das Zusammenleben innerhalb unserer Schule so angenehm wie möglich zu gestalten, weil es außerhalb der Schulen schon genug Hass und Gewalt gibt.

Was bedeutet „Schule ohne Rassismus"?

„Schule ohne Rassismus" ist ein europaweites Projekt, welches 1988 durch Jugendliche und Erwachsene in Belgien entwickelt worden ist. Durch die europäische Jugendkampagne „all different – all equal" ist „Schule ohne Rassismus" über Frankreich und über die Niederlande nach Deutschland gekommen. Hier wird das Projekt durch die „Aktion Courage – SOS Rassismus" koordiniert. 24 Schulen haben inzwischen den Titel „Schule ohne Rassismus" erworben und weitere Schulen sind auf dem Weg dorthin.

Bei der „Multikulturellen Woche" der „Käthe-Kollwitz-Gesamtschule" in Lünen fanden die türkischen Spezialitäten reißenden Absatz im Schülercafé

Das Projekt wird durch die jeweilige Schülervertretung an der Schule eingeführt und durch die Schülerschaft getragen. Lehrerinnen und Lehrer haben ein begleitende Rolle und können Hilfestellung leisten. Zuerst werden alle, die zur Schule gehören, über das Projekt informiert: die Schulleitung, alle Lehrerinnen und Lehrer, der Hausmeister, das Reinigungspersonal und natürlich alle Schülerinnen und Schüler in allen Klassenstufen. Als wir das Projekt an unserer Schule durchführten, riefen wir nach dieser Informationsphase zur Unterschriftensammelaktion auf, die zeigen sollte, dass mindestens 70 % aller Schulbeteiligten, die oben erwähnt sind, das Projekt unterstützen. Da wir ein ehrliches Ergebnis erzielen wollten, dachten wir uns ein System aus, dass möglichst jeden Gruppenzwang verhindern sollte. Denn jeder Schüler und jede Schülerin sollte für sich entscheiden, ob er oder sie für eine „Schule ohne Rassismus" will oder nicht. Wir bauten provisorische Wahlkabinen auf, in denen die Unterschriftenlisten in den Pausen auslagen. Betreut wurden die Kabinen durch Mitarbeiter der Initiativgruppe, sodass immer ein kompetenter Gesprächspartner anwesend war, wenn es noch Fragen gab.

Auf diesem Wege durchschritten wir wohl die schwierigste Phase des Projektes. Uns war klar, dass das Ergebnis der Unterschriftenaktion auf diesem Weg relativ knapp ausfallen würde. Dennoch bevorzugten wir diesen Weg. Nach sechs Wochen stand das Ergebnis fest und über 70 % der Schülerinnen und Schüler hatten dem Projekt zugestimmt. Es gab aber ein Problem, das wohl kaum lösbar ist: Sicherlich haben uns viele Leute an der Schule unterstützt. Doch es war ziemlich anstrengend, dass die Impulse und Anstöße immer von uns ausgehen mussten. Von alleine passiert einfach nichts.

Die Schulen, die den Titel „Schule ohne Rassismus" erhalten wollten, müssen sich auf gewisse Verhaltensregeln und Bedingungen einlassen. Die notwendigen Startinformationen können bei der „Aktion Courage" bestellt werden. Der wichtigste Punkt ist, dass man versucht Vorurteile abzubauen und die Menschenwürde ausnahmslos bei allen zu achten. Egal ob schwarz oder weiß, grün oder gelb, groß oder klein, dick oder dünn, männlich oder weiblich, behindert oder nichtbehindert. Auch die Schulform spielt keine Rolle. Allein diesen Punkt einzuhalten, ist schon ein gewaltiger Schritt nach vorne.

Wie geht es weiter?

Zunächst ist es wichtig, dass alle Schülerinnen und Schüler laufend über die weitere Planung informiert werden. Es muss sich eine feste Kerngruppe aus Schüler/innen und Lehrer/innen bilden, die sich überlegen, welche Aktionen gestartet und welche Impulse gegeben werden können. Plakate an den Wänden, Gesprächsrunden in der Pause oder internationale Musik in den Schülercafés tragen dazu bei, dass das Gefühl der Gemeinsamkeit innerhalb der Schule nicht verloren geht. Wichtig ist: Wir sind eine Schule und können nur gemeinsam dafür sorgen, dass der Schulalltag möglichst gewaltfrei und antirassistisch vonstatten geht.

Marek Grzegorek, Sandra Hörter, Silvia Vogel

Materialtipp:
Projekthandbuch Schule ohne Rassismus.
Zu bestellen bei Aktion Courage, 5,00 DM.
Aktion Courage e.V., Postfach 2644, 53016 Bonn,
Tel. 02 28/21 30 61, Fax 02 28/26 29 78

Auch im Dreiländereck in Zittau an der polnischen und tschechischen Grenze wurde das Projekt durchgeführt. Die „Mittelschule am Burgteich" ist eine UNESCO-Projekt-Schule, die offiziell den Titel „Schule ohne Rassismus" erhalten hat. Dieser Titel wird verliehen, indem ein Schild mit der Aufschrift „Schule ohne Rassismus" übergeben wird, das die Schule an ihrem Eingang anbringt. Zwei Schülerinnen aus Zittau erzählen von dieser Übergabe.*

[...] Nachdem wir die Umfrage durchgeführt hatten, setzten wir uns erneut mit der „Aktion Courage" in Verbindung um ihnen das Ergebnis mitzuteilen und um uns nach Schirmherren zu erkundigen. Unsere Wahl fiel auf die „Prinzen", die uns später den Titel überreichen sollten. Wir erfuhren den Termin, der uns sehr überraschte, denn wir hatten nur zwei Wochen Zeit um die Feier vorzubereiten. Es gab viele Ideen für ein Programm und auch am Wochenende wurde geprobt und die Turnhalle wurde festlich geschmückt. Dann war es auch schon so weit. Wir verlebten einen lustigen Tag mit den Prinzen und die Feierstunde, zu der 400 Schüler, Schülerinnen und Gäste gekommen waren, wurde ein unvergessliches Erlebnis.

Patricia Paul, Urte Voigt

2. Freundschaft, Partnerschaft, Familie

Danach von Theo Tiger[1]

Es wird nach einem happy end
im Film jewöhnlich abjeblendt.
Man sieht bloß noch in ihre Lippen
den Helden seinen Schnurrbart stippen –
da hat sie nu den Schentelmen.
Na, un denn –?

Denn jehn die beeden brav ins Bett.
Na ja ... diß is ja auch janz nett.
A manchmal möcht man doch jern wissen:
Wat tun se, wenn se sich nich kissn?
Die könn ja doch nich imma penn ...!
Na, un denn –?

Denn säuselt im Kamin der Wind.
Denn kricht det junge Paar 'n Kind.
Denn kocht sie Milch. Die Milch looft üba.
Denn macht er Krach. Denn weent sie drüba.
Denn wolln sich beede jänzlich trenn ...
Na, un denn –?

Denn is det Kind nich uffn Damm.
Denn bleihm die beeden doch zesamm.
Denn quäln se sich noch manche Jahre.
Er will noch wat mit blonde Haare:
vorn doof und hinten minorenn ...
Na, un denn –?

Denn sind se alt. Der Sohn haut ab.
Der Olle macht nu ooch bald schlapp.
Vajessen Kuß und Schnurrbartzeit –
Ach, Menschenkind, wie liecht det weit!

Wie der noch scharf uff Muttern war,
det is schon beinah nich mehr wahr!
Der olle Mann denkt so zurück:
wat hat er nu von seinen Jlück?
Die Ehe war zum jrößten Teile
vabrühte Milch un Langeweile.
Und darum wird beim happy end
im Film jewöhnlich abjeblendt.

Kurt Tucholsky [R]

Macht die Liebe nicht zur Fessel

Liebt einander, aber macht die Liebe nicht zur Fessel:
Lasst sie eher ein wogendes Meer
zwischen den Ufern eurer Seelen sein.
Füllt einander den Becher,
aber trinkt nicht aus einem Becher.

Gebt einander von eurem Brot,
aber esst nicht vom selben Laib.
Singt und tanzt zusammen und seid fröhlich,
aber lasst jeden von euch allein sein,
So wie die Saiten einer Laute allein sind
und doch von derselben Musik erzittern.

Khalil Gilbran

Von den Kindern

Eure Kinder sind nicht eure Kinder.
Es sind die Söhne und Töchter
von des Lebens Verlangen nach sich selber.
Sie kommen durch euch, doch nicht von euch;
Und sind sie auch bei euch,
so gehören sie euch doch nicht.
Ihr dürft ihnen eure Liebe geben,
doch nicht eure Gedanken.
Denn sie haben ihre eigenen Gedanken.
Ihr dürft ihren Leib behausen,
doch nicht ihre Seele,
Denn ihre Seele wohnt im Hause von Morgen,
das ihr nicht zu betreten vermögt,
selbst nicht in euren Träumen.
Ihr dürft euch bestreben,
ihnen gleich zu werden,
doch suchet nicht, sie euch gleich zu machen.
Denn das Leben läuft nicht rückwärts
noch verweilet es beim Gestern.

Khalil Gilbran

1 Theo Tiger: Pseudonym von Kurt Tucholsky

Was sind Zukunftswerkstätten?

Zukunftswerkstätten sind Gelegenheiten, bei denen solche abgetriebenen oder auf Eis gelegten Visionen zum Leben kommen dürfen. Sie können sofort überall eingerichtet werden, wo Menschen zusammenkommen: auf der Straße, unter einem Baum, in Wohnungen, Kneipen, Dachböden, Zelten, Scheunen, zur Not sogar in korrekten Jugendheimen, sterilen Versammlungssälen oder leeren Büros; man kann sie, besetzt und umfunktioniert, zu Freiräumen der unterdrückten sozialen Phantasien machen.

Erste Phase: Die erste Etappe auf der Reise in dieses Reich der erdachten Möglichkeiten ist: das laute Aussprechen aller Einwände und Vorwürfe, die man gegen den vorherrschenden Zustand auf jenem Gebiet hat, der zum Gegenstand der Begegnung gewählt wurde, z. B. Arbeit, Arbeitslosigkeit, Schule, Umwelt, Familie, politische Institutionen, Wohnen, Verkehr, Medien, Freizeit, Energie. In einer Viertelstunde kann meist schon ein umfassender „Beschwerdenkatalog" in Stichworten erstellt werden, die auf langen Papierrollen von Protokollanten für jeden und jede sichtbar in großen Buchstaben auf Zuruf notiert und an Wänden, Baumstämmen, Mauern, Latten aufgehängt werden.

Zweite Phase: Meist lassen sich diese zahlreichen Detailkritiken unter vier bis fünf Hauptthemen zusammenfassen, die nun zum Gegenstand der zweiten, der eigentlich erfinderischen Phase werden. Ist die Teilnehmerzahl nicht größer als etwa 20 Personen, so können alle Teilnehmer zu allen Themen nacheinander Ideen vorbringen; sind mehr Menschen beteiligt, dann empfiehlt es sich, für jedes Thema eine eigene Gruppe zu bilden.

Eine Grundbedingung bei dem nun gemeinsamen Aussprechen von Ideen sollte sein, dass alle Hemmungen so gut wie es geht vergessen werden. Die Frage, ob ein vorgebrachter Vorschlag „sinnvoll" oder „machbar" sei, darf in dieser Phase nicht gestellt werden. Es herrscht „Narrenfreiheit", und denjenigen, die das für sinnlos, ja gefährlich halten, sei das berühmte Wort des großen Physikers Niels Bohr ins Gedächtnis gerufen, der meinte, wer wirklich Neues erdenken wolle, könne gar nicht genug „verrückt" sein. Der Gruppenprozess erleichtert erfahrungsgemäß diesen Vorgang, wenn die Gruppe die notwendige Toleranz gegenüber jedem Vorschlag entwickelt, wenn der Phantasieball von einem zum anderen weiter- und höhergetragen wird.

Die Ausbeute dieses „Brainstormings" – wiederum in dutzenden von Stichworten auf „Wandzeitungen" festgehalten – wird gesichtet und die interessantesten Vorschläge werden zur genaueren Ausarbeitung an kleine Gruppen übergeben.

Dritte Phase: In der dritten, der prüfenden Phase kommen endlich Kritik und Erfahrung zum Zug. Die von den Gruppen ausgearbeiteten, möglichst konkreten und detaillierten „Utopien" werden vorgestellt, analysiert, attackiert und verteidigt. Auch Experten des behandelten Sachgebietes können, falls sie zugegen sind, jetzt ihre Fachkenntnisse und Bedenken einbringen. Sie werden oft vermutlich sogar fast immer versuchen zu zeigen, dass die Erfinder entweder etwas gefunden haben, das „es schon längst gibt" oder etwas, das man bereits als „unverwirklichbar" beiseite gelegt hat.

Vierte Phase: Die Werkstattleute werden sich mit diesem Urteil aber nicht zufrieden geben dürfen. Denn nun werden in einer vierten, der Durchsetzungsphase, Strategien erdacht, die möglicherweise doch noch eine volle oder wenigstens teilweise Verwirklichung ermöglichen. Wenn nicht unter den bestehenden Bedingungen, dann unter anderen gesetzlichen oder gesellschaftlichen Voraussetzungen, die durch politisches Handeln herbeigeführt werden müssen.

Diese dritte und vierte Phase, in der die Werkstatt mit der Realität kollidiert*, hat einen hohen pädagogischen Wert. Sie kann die Teilnehmer wie kaum eine andere Übung motivieren eine Änderung gesellschaftlicher Verhältnisse aufgrund eines oder mehrerer ganz konkreter Wünsche anzustreben. Politisches Engagement wird durch diese erlebte Gegenüberstellung von dem, „was möglich sein müsste", und dem, „was bis jetzt möglich ist", vertieft und viel ernster genommen, als wenn es dem Bürger „von außen" als notwendig beigebracht wird. Andererseits spürt dieses Vorgehen jedoch auch bereits vorhandene, aber bisher kaum oder gar nicht genutzte Möglichkeiten der Verbesserung mancher gesellschaftlicher Zustände auf. Die Zahl solcher ungenutzter Freiräume ist meiner Ansicht nach größer als meist angenommen wird.

Fünfte Phase: Erstrebenswert ist eine fünfte, eine Phase des „sozialen Experiments“, in der von einigen Teilnehmern versucht werden sollte, wann und wo immer das möglich ist, von der sozialen Erfindung zur konkreten sozialen Neuerung vorzustoßen und damit den Prozess der gesellschaftlichen Entwicklung wenigstens auf einem Teilabschnitt vorwärts zu bringen.

Robert Jungk

* kollidieren: zusammenstoßen

6. Auf der Suche nach Glück und Sinn

Abraham Maslow: Die Bedürfnispyramide

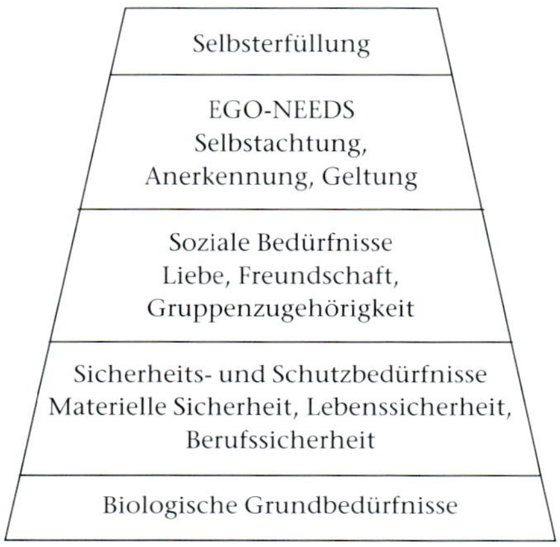

Der Mann im Syrerland

Es ging ein Mann im Syrerland,
führt ein Kamel am Halfterband.
Das Tier mit grimmigen Gebärden
urplötzlich anfing scheu zu werden
und tat so ganz entsetzlich schnaufen,
der Führer vor ihm musst entlaufen.
Er lief und einen Brunnen sah
von ungefähr am Wege da.
Das Tier hört er im Rücken schnauben,
das musst ihm die Besinnung rauben.
Er in den Schacht des Brunnens kroch,
er stürzte nicht, er schwebte noch.
Gewachsen war ein Brombeerstrauch
aus des geborstnen Brunnens Bauch;
daran der Mann sich fest tat klammern
und seinen Zustand drauf bejammern.
Er blickte in die Höh und sah
dort das Kamelhaupt furchtbar nah,
das ihn wollt oben fassen wieder.
Dann blickt er in den Brunnen nieder;
da sah am Grund er einen Drachen
aufgähnen mit entsperrtem Rachen,
der drunten ihn verschlingen wollte,
wenn er hinunterfallen sollte.
So schwebend in der beiden Mitte,
da sah der Arme noch das Dritte:
Wo in die Mauerspalte ging
des Sträuchleins Wurzel, dran er hing:
Da sah er still ein Mäusepaar;
schwarz eine, weiß die andre war.
Er sah die schwarze mit der weißen
abwechselnd an der Wurzel beißen.
Sie nagten, zausten, gruben, wühlten,
die Erd ab von den Wurzeln spülten;
und wie sie rieselnd niederrann,
der Drach im Grund aufblickte dann,
zu sehn, wie bald mit seiner Bürde
der Strauch entwurzelt fallen würde.
Der Mann in Angst und Furcht und Not,
umstellt, umlagert und umdroht,
im Stand des jammerhaften Schwebens
sah sich nach Rettung um vergebens.
Und da er also um sich blickte,
sah er ein Zweiglein, welches nickte
vom Brombeerstrauch mit reifen Beeren;
da konnt er doch der Lust nicht wehren.
Er sah nicht des Kameles Wut
und nicht den Drachen in der Flut
und nicht der Mäuse Tückespiel,
als ihm die Beer ins Auge fiel.
Er ließ das Tier von oben rauschen
und unter sich den Drachen lauschen
und neben sich die Mäuse nagen,
griff nach den Beerlein mit Behagen,

sie deuchten ihm zu essen gut,
aß Beer auf Beerlein wohlgemut
und durch die Süßigkeit im Essen
war alle seine Furcht vergessen.
Du fragst: Wer ist der töricht Mann,
der so die Furcht vergessen kann?
So wiss, o Freund, der Mann bist du;

▶ Versuche eine weitere Deutung von: Drache, Kamel, Mäusepaar, Beeren.

vernimm die Deutung auch dazu!
Es ist der Drach im Brunnengrund
des Todes aufgesperrter Schlund;
und das Kamel, das oben droht,
es ist des Lebens Angst und Not.
Du bist's, der zwischen Tod und Leben
am grünen Strauch der Welt musst schweben.
Die beiden, so die Wurzeln nagen,
dich samt den Zweigen, die dich tragen,
zu liefern in des Todes Macht,
die Mäuse heißen Tag und Nacht.
Es nagt die schwarze wohlverborgen
vom Abend heimlich bis zum Morgen,
es nagt vom Morgen bis zum Abend
die weiße, wurzeluntergrabend.
Und zwischen diesem Graus und Wust
lockt dich die Beere Sinnenlust,
dass du Kamel, die Lebensnot,
dass du im Grund den Drachen Tod,
dass du die Mäuse Tag und Nacht
vergissest und auf nichts hast Acht,
als dass du recht viel Beerlein haschest,
aus Grabes Brunnenritzen naschest.

Friedrich Rückert

▶ Rückerts allegorische Ballade enthält eine Kritik am Verhalten vieler Menschen. Verdeutlicht diese Kritik und überlegt, inwiefern man sie auch Klaus Reinhard vorhalten müsste. Was könnte dieser antworten?

Das Ideal

Ja das möchste:
Eine Villa im Grünen mit großer Terrasse,
Vorn die Ostsee, hinten die Friedrichstraße;
Mit schöner Aussicht, ländlich-mondän,
Vom Badezimmer ist die Zugspitze zu sehn –
Aber abends zum Kino hast dus nicht weit,
Das Ganze schlicht, voller Bescheidenheit:
Neun Zimmer – nein, doch lieber zehn!
Ein Dachgarten, wo die Eichen drauf stehn,
Radio, Zentralheizung, Vakuum,
Eine Dienerschaft, gut gezogen und stumm,
Eine süße Frau voller Rasse und Verve –
(und eine fürs Wochenende zur Reserve) –,
Eine Bibliothek und drumherum
Einsamkeit und Hummelgesumm.
Im Stall: Zwei Ponys, vier Vollbluthengste,
Acht Autos, Motorrad – alles lenkste
Natürlich selber – das wär ja gelacht!
Und zwischendurch gehst du auf Hochwildjagd.

Ja und das hab ich ganz vergessen:
Prima Küche – erstes Essen –
Alte Weine aus schönem Pokal –
Und egalweg bleibst du dünn wie ein Aal.
Und Geld. Und an Schmuck eine richtige Portion.
Und noch ne Million und noch ne Million.
Und Reisen. Und fröhliche Lebensbuntheit.
Und famose Kinder. Und ewige Gesundheit.

Ja, das möchste!
Aber, wie das so ist hienieden:
Manchmal scheints so, als sei es beschieden
Nur pöapö, das irdische Glück.
Immer fehlt dir irgendein Stück.
Hast du Geld, dann hast du nicht Käten:
Hast du die Frau, dann fehlen die Moneten –
Hast du die Geisha, dann stört dich der Fächer:
Bald fehlt uns der Wein, bald fehlt uns der Becher.
Etwas ist immer.
Tröste dich

Jedes Glück hat einen kleinen Stich.
Wir möchten soviel: Haben. Sein. Und gelten.
Daß einer alles hat:

das ist selten.

Kurt Tucholsky R

7. Religion – (k)ein Thema?

Die Schöpfung

1

1 Am Anfang schuf Gott Himmel und Erde.
2 Und die Erde war wüst und leer, und es war finster
auf der Tiefe; und der Geist Gottes schwebte auf dem
Wasser.
3 Und Gott sprach: Es werde Licht! Und es ward
Licht.
4 Und Gott sah, dass das Licht gut war. Da schied Gott
das Licht von der Finsternis
5 und nannte das Licht Tag und die Finsternis Nacht.
Da ward aus Abend und Morgen der erste Tag.
6 Und Gott sprach: Es werde eine Feste zwischen den
Wassern, die da scheide zwischen den Wassern.
7 Da machte Gott die Feste und schied das Wasser un-
ter der Feste von dem Wasser über der Feste. Und es ge-
schah so.
8 Und Gott nannte die Feste Himmel. Da ward aus
Abend und Morgen der zweite Tag.
9 Und Gott sprach: Es sammle sich das Wasser unter
dem Himmel an besondere Orte, dass man das Trocke-
ne sehe. Und es geschah so.
10 Und Gott nannte das Trockene Erde, und die
Sammlung der Wasser nannte er Meer. Und Gott sah,
dass es gut war.
11 Und Gott sprach: Es lasse die Erde aufgehen Gras
und Kraut, das Samen bringe, und fruchtbare Bäume
auf Erden, die ein jeder nach seiner Art Früchte tragen,
in denen ihr Same ist. Und es geschah so.
12 Und die Erde ließ aufgehen Gras und Kraut, das Sa-
men bringt, ein jedes nach seiner Art, und Bäume, die
da Früchte tragen, in denen ihr Same ist, ein jeder nach
seiner Art. Und Gott sah, dass es gut war.
13 Da ward aus Abend und Morgen der dritte Tag.
14 Und Gott sprach: Es werden Lichter an der Feste des
Himmels, die da scheiden Tag und Nacht und geben
Zeichen, Zeiten, Tage und Jahre
15 und seien Lichter an der Feste des Himmels, dass
sie scheinen auf die Erde. Und es geschah so.
16 Und Gott machte zwei große Lichter: ein großes
Licht, das den Tag regiere und ein kleines Licht, das die
Nacht regiere, dazu auch die Sterne.
17 Und Gott setzte sie an die Feste des Himmels, dass
sie schienen auf die Erde und den Tag
18 und die Nacht regierten und schieden Licht und
Finsternis. Und Gott sah, dass es gut war.
19 Da ward aus Abend und Morgen der vierte Tag.
20 Und Gott sprach: Es wimmle das Wasser von leben-
digem Getier und Vögel sollen fliegen auf Erden unter
der Feste des Himmels.
21 Und Gott schuf große Walfische und alles Getier,
das da lebt und webt, davon das Wasser wimmelt, ein je-
des nach seiner Art, und alle gefiederten Vögel, einen
jeden nach seiner Art. Und Gott sah, dass es gut war.
22 Und Gott segnete sie und sprach: Seid fruchtbar
und mehret euch und erfüllet das Wasser im Meer und
die Vögel sollen sich mehren auf Erden.
23 Da ward aus Abend und Morgen der fünfte Tag.
24 Und Gott sprach: Die Erde bringe hervor lebendi-
ges Getier, ein jedes nach seiner Art: Vieh, Gewürm
und Tiere des Feldes, ein jedes nach seiner Art. Und es
geschah so.
25 Und Gott machte die Tiere des Feldes, ein jedes
nach seiner Art, und das Vieh nach seiner Art und alles
Gewürm des Erdbodens nach seiner Art. Und Gott sah,
dass es gut war.
26 Und Gott sprach: Lasset uns Menschen machen,
ein Bild, das uns gleich sei, die da herrschen über die
Fische im Meer und über die Vögel unter dem Him-
mel und über das Vieh und über alle Tiere des Feldes
und über alles Gewürm, das auf Erden kriecht.
27 Und Gott schuf den Menschen zu seinem Bilde,
zum Bilde Gottes schuf er ihn; und schuf sie als Mann
und Weib.
28 Und Gott segnete sie und sprach zu ihnen: Seid
fruchtbar und mehret euch und füllet die Erde und
machet sie euch untertan und herrschet über die Fi-
sche im Meer und über die Vögel unter dem Himmel
und über das Vieh und über alles Getier, das auf Erden
kriecht.
29 Und Gott sprach: Sehet da, ich habe euch gegeben
alle Pflanzen, die Samen bringen, auf der ganzen Erde,
und alle Bäume mit Früchten, die Samen bringen, zu
eurer Speise.
30 Aber allen Tieren auf Erden und allem Gewürm, das
auf Erden lebt, habe ich alles grüne Kraut zur Nahrung
gegeben. Und es geschah so.
31 Und Gott sah an alles, was er gemacht hatte, und sie-
he, es war sehr gut. Da ward aus Abend und Morgen der
sechste Tag.

2

1 So wurden vollendet Himmel und Erde mit ihrem
ganzen Heer.
2 Und so vollendete Gott am siebenten Tage seine
Werke, die er machte, und ruhte am siebenten Tage von
allen seinen Werken, die er gemacht hatte.
3 Und Gott segnete den siebenten Tag und heiligte
ihn, weil er an ihm ruhte von allen seinen Werken, die
Gott geschaffen und gemacht hatte.
4 So sind Himmel und Erde geworden, als sie ge-
schaffen wurden.

1. Mose

Buddhismus* und andere Religionen

Man erzählt, dass es in Hokkaido, der nördlichsten Insel Japans, ein kleines Zen-Kloster gibt, dessen Meister nicht eine einzige Schule besucht hat. Er war ein Bauernsohn und als ganz junger Mensch ins Kloster geschickt worden. Er hatte niemals lesen und schreiben gelernt, aber er vollendete das Koan-Studium und erreichte vollkommene Einsicht.

Dass es neben dem Buddhismus noch andere Religionen gab, war ihm kaum bewusst, bis er die Mönche vom Christentum sprechen hörte.

Einer der Mönche war an der Universität von Tokio gewesen und der Lehrer bat ihn die christliche Religion zu erläutern.

„Ich weiß nicht viel darüber", sagte der Mönch, „aber ich werde ihnen die heilige Schrift der Christen bringen."

Der Meister schickte den Mönch in die nächste Stadt und der Mönch kam mit einer Bibel zurück.

„Das ist ein dickes Buch", sagte der Meister, „und ich kann nicht lesen. Aber du kannst mir daraus vorlesen."

Der Mönch kannte die Bibel* und las die Bergpredigt vor. Je weiter er kam, umso beeindruckter war der Lehrer. „Das ist schön", sagte er immer wieder, „das ist schön." Als der Mönch zu Ende gelesen hatte, sagte der Meister eine Weile nichts. Das Schweigen dauerte so lange, dass der Mönch die Bibel weglegte, den Lotussitz einnahm und zu meditieren begann. „Ja", sagte der Meister endlich. „Ich weiß nicht, wer das geschrieben hat, aber wer es auch war, er war entweder ein Buddha oder ein Bodhisattwa*. Was du mir da vorgelesen hast, ist der Kern von all dem, was ich euch hier beizubringen versuche."

Jan Willem de Wetering

8. Lebendiges vom Tod

Sterbephasen nach Dr. Elisabeth Kübler-Ross

Bei vielen Sterbenden lassen sich fünf Phasen der seelischen Auseinandersetzung mit dieser extrem schwierigen Situation beobachten. Die Phasen sind beim Einzelnen verschieden lang und intensiv, sodass sie nicht immer in der geschilderten Weise ablaufen. Der Krankenhauspfarrer Werner Becher hat die von E. Kübler-Ross entdeckten fünf Phasen so beschrieben:

„***Erstens:*** Die Phase des Schocks ist durch Nichtwahrhabenwollen und Isolierung der Gefühle gekennzeichnet. Wenn ein Todkranker die Diagnose mitgeteilt bekommt oder die Wahrheit über sein Befinden schrittweise selber entdeckt, reagiert er mit der Illusion von Gesundheit und Wohlbefinden: ‚Nein, nein, mit mir kann das nichts zu tun haben! Ich doch nicht, das ist ja gar nicht möglich!' Diese Reaktion hilft dem Patienten den Schock über die Erkenntnis von dem bevorstehenden Ende zu dämpfen und sich allmählich darauf einzustellen. Niemand kann aber seine Todesangst ganz verdrängen, auch wenn alle Sterbenden zeitweilig das Bedürfnis haben den Ernst ihrer Lage zu leugnen. In einem späteren Stadium wird das Nichtwahrhabenwollen oft durch Isolierung der Gefühle ersetzt. Dann spricht der Patient über seine Gesundheit und seine Krankheit, seinen Tod und seine Unsterblichkeit, als ob er gefühlsmäßig damit nichts zu tun hätte. Wenn der Patient in der ersten Phase mit Panik reagiert, verliert er meistens den Sinn für die Realität und verhält sich impulsiv und unkontrolliert. Grenzsituationen sind Flucht aus der Wirklichkeit und in den Selbstmord oder der psychotische Zusammenbruch.

Zweitens: Wenn die Panik abgewendet werden kann, setzt sich die Realität in der Regel sehr bald nach der Aufnahme der Nachricht von der lebensgefährlichen Krankheit durch und der Patient wird von einer Flut von Gefühlen überwältigt. Er bricht in Wut und Ärger aus: ‚Warum muss das gerade mir passieren?' Der Zorn richtet sich gegen Krankheit und Tod, sucht sich aber in den nächsten Angehörigen, dem Arzt, den Schwestern, dem Pfarrer oder Gott ein Objekt. Solchen Zorn auszuhalten, der meistens gar nicht in dem Angegriffenen begründet ist, und den Kranken nicht zu beschuldigen kann diesem helfen. Er will beachtet werden: ‚Ich bin noch am Leben, ich bin noch nicht tot.' Oft kann der Sterbende seinen Zorn jedoch nicht ausdrücken, weil er daran durch äußere und innere Kontrollen gehindert wird. Diese äußeren Kontrollen werden durch Familie, Freunde, Mitarbeiter des Krankenhauses und Pfarrer ausgeübt, die keine negativen Gefühle zulassen, da sie den freundlichen und beherrschten Patienten vorziehen. Viele Menschen haben starke innere Kontrollen gegen negative Gefühle, weil sie sie für falsch, lieblos und unchristlich halten und ihren Ärger nicht auszudrücken wagen. Sie entwickelten Gefühle der Schuld und Scham, die neurotische Formen annehmen und zur Depression führen können.

Drittens: Nach Nichtwahrhabenwollen und Gefühlsausbrüchen folgt eine Phase des Verhandelns. So wie sich ein Kind der Ablehnung einer Bitte zuerst mit wütendem Protest widersetzt und sie später mit geschickten Manövern zu umgehen versucht, so feilschen Sterbende mit Ärzten oder mit Gott um einen Aufschub: ‚Wenn Gott beschlossen hat uns Menschen von der Erde zu nehmen und all mein Flehen ihn nicht umstimmen kann – vielleicht gewährt er mir eine Bitte.' Als Preis bieten sie an ihr Leben Gott zu weihen, sich dem Dienst der Kirche zu widmen oder ihren Körper bzw. einzelne Organe den Medizinern zu überlassen, wenn diese ihre Erfahrungen und Kenntnisse zur Verlängerung ihres Lebens einsetzen. Auf jeden Fall ist solches Feilschen sehr menschlich und normal. Wenn die Gefühle von Schuld und Scham in der zweiten Phase jedoch übermächtig werden, können sie einen Menschen in der Depression dazu zwingen, den Konflikt der dritten Phase durch Ausverkauf statt durch Feilschen zu lösen. Wenn die Entfremdung von anderen Menschen unerträglich scheint und der Sterbende den Eindruck bekommt, dass er erhält, was er in seiner Schlechtigkeit verdient, führt diese Phase oft zu geistigem und geistlichem Bankrott.

Viertens: Die Phase des Verhandelns dauert selten lange, da der Fortgang der Krankheit und die Methoden der Behandlung den Sterbenden erkennen lassen, in welcher Lage er sich befindet. Er kann auf diese Erkenntnis mit realistischer Hoffnung oder Verzweiflung reagieren. Hoffnung hat dann nicht mit Besserung oder Genesung zu tun, sondern mit dem Prozess des Sterbens und dem Leben nach dem Tode. Es geht dann um Fragen wie den Verzicht auf künstliche Lebensverlängerung um jeden Preis, die Aussicht auf Schmerzfreiheit oder die Möglichkeit einen anderen Menschen in der Sterbestunde bei sich zu haben. Wenn der Sterbende in der Phase des Verhandelns seinen geistigen und geistlichen Bankrott erlebt hat, bleibt ihm kaum eine andere Reaktion als die Verzweiflung, die sich als stoische Bitterkeit oder mit weiteren Symptomen der Depression zeigen kann. Die Depression kann in zwei Formen [ablaufen]. Die erste Art ist die Reaktion auf den erlittenen Verlust, nämlich die Veränderung durch die Krankheit, die Unfähigkeit begangene Fehler wiedergutmachen und die Hilflosigkeit seinen Verpflichtungen – etwa gegenüber der Familie – nicht mehr nachkommen zu können. Die andere Art der Depression entsteht durch den drohenden Verlust des Lebens und der geliebten Menschen. Sie dient dann der Vorbereitung auf die endgültige Annahme des Schicksals und ist ein Stück der Trauerarbeit des Sterbenden. Diese zweite Form der Depression verläuft meistens sehr still – im Gegensatz zur ersten, wo der Kranke vieles mitzuteilen, zu besprechen und anzuordnen hat.

Fünftens: In der letzten Phase der Zustimmung zu seinem Schicksal ist der Sterbende meist müde und schwach. Wenn er seine Gefühle aussprechen konnte und seine Trauerarbeit geleistet hat, wächst das Bedürfnis nach Ruhe und Schlaf. Er hat ein gewisses Maß an Frieden und Gleichmut erreicht und sein Interessenkreis verengt sich. Er kann zustimmend sagen: ‚Ja, jetzt ist meine letzte Stunde gekommen.' Die intellektuelle Einsicht in das Ende verbindet sich mit der gefühlsmäßigen Bereitschaft den Tod anzunehmen. Andererseits führt die Verzweiflung zu Resignation und dem Gefühl der Hilflosigkeit. Der Sterbende begrüßt in diesem Fall den Tod als das Ende seiner Verlassenheit und Verzweiflung."

Die letzte Phase des Sterbeprozesses wird von vielen Patienten leichter und bewusster erlebt, als allgemein vermutet wird. Das ist das Ergebnis einer Untersuchung des Arztes Lothar Witzel. Er befragte 110 Patienten 24 Stunden vor ihrem Tod. 75% waren zeitlich und örtlich voll orientiert, 25% bis 15 Minuten vor dem Tod voll ansprechbar. Über die Hälfte gab an das herannahende Ende zu spüren. Auch von denen, die nicht spontan oder auf Befragen zugaben, dass sie sterben müssen, schienen viele den Tod zu ahnen: Sie schwiegen. Angst vor dem Sterben hatten nur zwei Patienten. An ein Weiterleben nach dem Tod glaubten 61 der Sterbenden.

Abschied von Luca

Luca ist im Alter von vier Jahren am 9. April 1995 gestorben und sie blieb bis zur Trauerfeier zu Hause. Der weiße Sarg wurde von der Familie außen so gestaltet, dass der untere Teil in eine Blumenwiese und der obere Teil in einen Himmel mit Sonne, Mond und Sternen bemalt wurde. Innen wurde er mit Tüchern und Kissen von Luca ausgeschlagen. Für Luca wichtige Dinge wurden ihr mit in den Sarg gelegt.

Die Inhalte der Trauerfeier bereiteten wir gemeinsam am Tag vor der Beisetzung vor – die Familie, Freunde, Freundinnen und ich. Jeder, der es sich vorstellen konnte, übernahm einen Teil. Und so fand die Trauerfeier für Luca statt:

Der Sarg stand in einer kleinen Friedhofskapelle des örtlichen Friedhofes von Blumen, Kränzen und Duftlampen sowie Kerzen umsäumt. Die Mutter begrüßte die Trauergäste – auch einige Kinder waren gekommen – am Eingang der Kapelle, gab jedem ein Teelicht oder eine Schwimmkerze, die dann am Sarg oder in die große, mit Wasser und Blütenblättern gefüllte Schale gelegt werden konnten. Nachdem alle Platz genommen hatten, begrüßte eine Freundin der Mutter alle, teilte mit, dass diese Trauerfeier im Sinne Lucas und ihrer Familie gestaltet wurde, sich alle bitte auf diese vielleicht ungewöhnliche Form einlassen mögen und die einzelnen Teile immer angesagt würden.

Daran anschließend sagte ich einige Gedanken zum Sterben von Luca und las die Geschichte „Was ist wirklich?“. Wir sangen danach mit Gitarrenbegleitung das Pippi-Langstrumpf-Lied. Dann berichtete eine Freundin der Familie von Erfahrungen mit Luca. Das Lied „Anne-Kaffeekanne“, das von einem besonders starken Mädchen handelt, kam als Nächstes. Im Anschluss wurde die Trauergemeinde gebeten, wer kann und mag, möge von Erlebnissen mit Luca berichten, die wichtig für die erzählende Person sind. Vorab hatten uns einige Menschen gesagt, dass auf diese Bitte sicher keine Reaktion erfolgen würde, aber wir wollten es trotzdem wagen. Es standen wider Erwarten nacheinander zwölf Personen auf, die eine kurze oder auch längere Begegnung mit Luca schilderten – schöne, schmerzliche, fröhliche und traurige Erinnerungen, in denen Luca lebendig bleiben wird. Dann las eine Freundin der Familie einen Teil des Buches „Die Erdenreise des kleinen Engel“. Anschließend sangen wir das Lied: „Weißt du, wie viel Sternlein stehen“ und gingen alle nach draußen. Freunde der Familie trugen den Sarg. An der Ausgangstür erhielten alle einen mit Helium gefüllten Luftballon. Am Grab sprach der Vater von Luca noch ein Gedicht und wir sangen das Lied: „Von guten Mächten wunderbar geborgen“.
Nachdem nun jeder noch Gelegenheit hatte am Grab in Stille Abschied zu nehmen, konnte er seinen Luftballon mit einem letzten Gruß, einem letzten Gedanken an Luca in den Himmel steigen lassen. Danach waren alle zum gemeinsamen Kaffeetrinken in das Gemeindezentrum eingeladen.

Knockin' on Heaven's Door

Mama take this badge from me
I can't use it any more
It's getting dark too dark to see
Feels like I'm knockin' on Heaven's Door

Knockin' on Heaven's Door
Knockin' on Heaven's Door
Knockin' on Heaven's Door
Knockin' on Heaven's Door

Mama put my guns in the ground
I can't shoot them anymore
That cold black cloud is comin' down
Feels like I'm knockin' on Heaven's Door

Knockin' on Heaven's Door
Knockin' on Heaven's Door
Knockin' on Heaven's Door
Knockin' on Heaven's Door

You just better start sniffin' your own
Rank subjugation Jack cause it's just you
Against your tattered libido, the bank and
The mortician forever man and it would'nt
Be luck if you could get out of life alive

Knockin' ...

Bob Dylan

Gegen Verführung

Laßt euch nicht verführen!
Es gibt keine Wiederkehr.
Der Tag steht in den Türen;
Ihr könnt schon den Nachtwind spüren:
Es kommt kein Morgen mehr.

Laßt euch nicht betrügen!
Das Leben wenig ist.
Schlürft es in schnellen Zügen!
Es wird euch nicht genügen,
Wenn ihr es lassen müßt!

Laßt euch nicht vertrösten!
Ihr habt nicht zu viel Zeit!
Laßt Moder den Erlösten!
Das Leben ist am größten:
Es steht nicht mehr bereit.

Laßt euch nicht verführen
Zu Fron und Ausgezehr!
Was kann euch Angst noch rühren?
Ihr sterbt mit allen Tieren
Und es kommt nichts nachher.

Bertolt Brecht R

Gegen Verführung

Lasst euch nicht verführen!
Es gibt eine Wiederkehr.
Der Tag steht in den Türen;
Ihr könnt schon den Nachtwind spüren:
Es kommt ein Morgen mehr.

Lasst euch nicht betrügen!
Das Leben wenig ist.
Schlürft es nicht in schnellen Zügen!
Es wird euch nicht genügen,
Wenn ihr es lassen müsst!

Lasst euch nicht vertrösten!
Ihr habt nicht zu viel Zeit!
Fasst Moder die Erlösten?
Das Leben ist am größten:
Es steht noch mehr bereit.

Lasst euch nicht verführen
Zu Fron und Ausgezehr!
Was kann euch Angst noch rühren?
Ihr sterbt nicht mit den Tieren,
Es kommt kein Nichts nachher.

Hans Küng

Biblische Jenseitsvorstellungen

Das große Freudenmahl

6 Und der HERR Zebaoth wird auf diesem Berge allen Völkern ein fettes Mahl machen, ein Mahl von reinem Wein, von Fett, von Mark, von Wein, darin keine Hefe ist.
7 Und er wird auf diesem Berge die Hülle wegnehmen, mit der alle Völker verhüllt sind, und die Decke, mit der alle Heiden zugedeckt sind.
8 Er wird den Tod verschlingen auf ewig. Und Gott, der HERR, wird die Tränen von allen Angesichtern abwischen und wird aufheben die Schmach seines Volks in allen Landen; denn der HERR hat's gesagt.

Jesaja, Kap. 25

Der Auferstehungsleib

35 Möchte aber jemand sagen: Wie werden die Toten auferstehen und mit welchem Leib werden sie kommen?
50 Das sage ich aber, liebe Brüder, dass Fleisch und Blut nicht können das Reich Gottes ererben; auch wird das Verwesliche nicht erben die Unverweslichkeit.
51 Siehe, ich sage euch ein Geheimnis: Wir werden nicht alle entschlafen, wir werden aber alle verwandelt werden;
52 und dasselbe plötzlich, in einem Augenblick, zur Zeit der letzten Posaune. Denn es wird die Posaune schallen und die Toten werden auferstehen unverweslich und wir werden verwandelt werden.

1. Korinther, Kap. 15

Das tausendjährige Reich

Und ich sah einen Engel vom Himmel fahren, der hatte den Schlüssel zum Abgrund und eine große Kette in seiner Hand.
2 Und er griff den Drachen, die alte Schlange, das ist der Teufel und Satan, und band ihn tausend Jahre
3 und warf ihn in den Abgrund und verschloss ihn und tat ein Siegel obendrauf, dass er nicht mehr verführen sollte die Völker, bis dass vollendet würden die tausend Jahre. Danach muss er los werden eine kleine Zeit.
4 Und ich sah Throne und sie setzten sich darauf und ihnen ward gegeben das Gericht. Und ich sah die Seelen derer, die enthauptet sind um des Zeugnisses von Jesus und um des Wortes Gottes willen, und die nicht angebetet hatten das Tier noch sein Bild und nicht genommen hatten sein Malzeichen an ihre Stirn und auf ihre Hand; diese wurden lebendig und regierten mit Christus tausend Jahre.

5 Die andern Toten aber wurden nicht wieder lebendig, bis dass die tausend Jahre vollendet wurden. Dies ist die erste Auferstehung.
6 Selig ist der und heilig, der teilhat an der ersten Auferstehung. Über solche hat der zweite Tod keine Macht; sondern sie werden Priester Gottes und Christi sein und mit ihm regieren tausend Jahre.

Der letzte Kampf

7 Und wenn die tausend Jahre vollendet sind, wird der Satan los werden aus seinem Gefängnis
8 und wird ausgehen zu verführen die Völker an den vier Enden der Erde, den Gog und Magog, um sie zu versammeln zum Streit; deren Zahl ist wie der Sand am Meer.
9 Und sie zogen herauf auf die Breite der Erde und umringten das Heerlager der Heiligen und die geliebte Stadt. Und es fiel Feuer vom Himmel und verzehrte sie.
10 Und der Teufel, der sie verführte, ward geworfen in den Pfuhl von Feuer und Schwefel, da auch das Tier und der falsche Prophet war, und werden gequält werden Tag und Nacht von Ewigkeit zu Ewigkeit.

Das Weltgericht

11 Und ich sah einen großen, weißen Thron und den, der darauf saß; und vor seinem Angesicht floh die Erde und der Himmel und ihnen ward keine Stätte gefunden.
12 Und ich sah die Toten, beide, groß und klein, stehen vor dem Thron und Bücher wurden aufgetan. Und ein andres Buch ward aufgetan, welches ist das Buch des Lebens. Und die Toten wurden gerichtet nach dem, was geschrieben steht in den Büchern, nach ihren Werken.
13 Und das Meer gab die Toten, die darin waren, und der Tod und sein Reich gaben die Toten, die darin waren; und sie wurden gerichtet, ein jeglicher nach seinen Werken.
14 Und der Tod und sein Reich wurden geworfen in den feurigen Pfuhl.
15 Und so jemand nicht gefunden ward geschrieben in dem Buch des Lebens, der ward geworfen in den feurigen Pfuhl.

Offenbarung Kap. 20

Das neue Jerusalem

Und ich sah einen neuen Himmel und eine neue Erde; denn der erste Himmel und die erste Erde vergingen und das Meer ist nicht mehr.
2 Und ich sah die Heilige Stadt, das neue Jerusalem, von Gott aus dem Himmel herabfahren, bereitet wie eine geschmückte Braut ihrem Mann.
3 Und ich hörte eine große Stimme von dem Thron, die sprach: Siehe da, die Hütte Gottes bei den Menschen! Und er wird bei ihnen wohnen und sie werden sein Volk sein und er selbst, Gott, wird mit ihnen sein;
4 und Gott wird abwischen alle Tränen von ihren Augen und der Tod wird nicht mehr sein noch Leid noch Geschrei noch Schmerz wird mehr sein; denn das Erste ist vergangen.

Offenbarung Kap. 21

10. Schule – Arbeit – Freizeit

Entfremdung durch Arbeit

„Über diese Art Leiden spricht keiner ..."

Einmal habe ich in der Fabrik empfunden, was ich, genauso wie du, draußen geahnt hatte. In meinem ersten Betrieb. Stelle dir einen großen Ofen vor, der Flammen und Heißluft speit, die mir direkt ins Gesicht fahren. Das Feuer kommt aus fünf oder sechs Löchern am unteren Teil des Ofens. Ich stelle mich gerade davor um etwa dreißig schwere Kupferspulen hineinzuschieben, die eine italienische Arbeiterin mit mutigem und offenem Gesicht neben mir herstellt; diese Spulen sind für Straßenbahn und Metro bestimmt. Ich muss aufpassen, dass keine Spule in eins der Löcher fällt, denn dort würde sie schmelzen; daher muss ich mich direkt vor den Ofen stellen und niemals darf der Schmerz der Heißluft auf meinem Gesicht und des Feuers auf meinen Armen (ich trage noch deren Zeichen) mich zu einer falschen Bewegung verleiten. Ich senke die Ofenklappe, warte einige Minuten, hebe die Klappe, ziehe mit einem Haken die rot glühenden Spulen rasch zu mir (denn sonst würden die zuletzt herausgezogenen zu schmelzen anfangen) und achte darauf, dass keine falsche Bewegung eine Spule in eins der Löcher fallen lässt. Und dann fängt es von neuem an. Mir gegenüber sitzt ein Schweißer, mit blauer Brille und ernstem Gesicht arbeitet er, sorgfältig; jedes Mal, wenn der Schmerz mein Gesicht verzerrt, grüßt er mich mit einem traurigen Lächeln, voll brüderlicher Sympathie, das für mich eine unbeschreibliche Wohltat ist. [...]
In dieser Sklaverei gibt es zwei Faktoren: Geschwindigkeit und Befehle. *Geschwindigkeit:* Um „es zu schaffen", muss man jede Bewegung in einem Rhythmus

wiederholen, der, rascher als das Denken, nicht nur das Denken, sondern auch das Träumen verbietet. Wenn man sich an seine Maschine stellt, muss man acht Stunden täglich seine Seele knebeln, sein Denken, seine Empfindungskraft, alles. Ist man verärgert, traurig oder angeekelt, muss man dies „hinunterschlucken", verdrängen: Ärger, Trauer oder Ekel würden das Arbeitstempo verlangsamen. Und sogar die Freude. *Befehle:* Von der Stechuhr beim Hineingehen bis zum Hinausgehen an der Stechuhr vorbei kann man jeden Augenblick irgendeinen Befehl bekommen. Und immer muss man schweigen und gehorchen. Die Ausführung der Anweisung kann mühselig, gefährlich oder sogar unmöglich sein; auch können zwei Chefs einander widersprechende Anweisungen erteilen; es macht nichts: schweigen und gehorchen. Sich an einen Chef wenden – selbst für etwas Notwendiges – heißt immer, auch wenn es sich um einen netten Typ handelt (auch nette Typen haben ihre Launen), sich einer möglichen Zurechtweisung aussetzen; und wenn dies geschieht, muss man ebenfalls schweigen. Die Anwandlungen von Nervosität und schlechter Laune muss man niederhalten; sie dürfen sich weder in Worten noch in Gesten bekunden, denn die Gesten sind in jedem Augenblick durch die Arbeit bestimmt. Diese Situation hat zur Folge, dass das Denken verkümmert, sich verkrampft wie das Fleisch vor dem Messer. Man *kann nicht* „bewusst" sein. All dies gilt natürlich für die ungelernte Arbeit. (Hauptsächlich die der Frauen.)

Ein Lächeln, ein gütiges Wort, ein Augenblick menschlichen Kontaktes, die durch all dies hindurchscheinen, sind wertvoller als die ausgreifenden Freundschaften unter den großen oder kleinen Privilegierten. Dort allein weiß man, was Brüderlichkeit bedeutet. Aber es gibt nur wenige, sehr wenige solcher Zeichen. Meist spiegeln selbst die Beziehungen zwischen Arbeitskollegen die Härte, die dort drinnen alles beherrscht.

Simone Weil

Freizeitbeschäftigungen der 12- bis 24-Jährigen:

„Selten" oder „Nie"

- Mitarbeit in einer Bürgerinitiative (96%)
- An Demonstrationen teilnehmen (95%)
- Besuchen von politischen Veranstaltungen (95%)
- Beiträge für eine Schüler-/Jugend-/Studentenzeitschrift schreiben (93%)
- Mitarbeit in Mitbestimmungsgremien wie Schüler-/Jugend-/Studentenvertretung (91%)

Seit 1991 hat sich indes der Anteil der 13- bis 24-Jährigen, die berufliche Weiterbildung als (sehr) häufige Aktivität nennen, von 35 auf 41 Prozent erhöht. Auffällig ist auch der seit 1991 deutlich gestiegene Anteil derer, die sich in ihrer Freizeit „oft" oder „sehr oft" am Computer beschäftigen. Häufig am Computer zu spielen ist mit Abstand eher eine Beschäftigung der Jungen als der Mädchen. An Spielautomaten zu spielen erklären ebenfalls vorrangig männliche Jugendliche, besonders die arbeitslosen.

Unternehmungen mit der Familie, Einkaufsbummel, Bücher lesen sind unter anderem Beschäftigungen, die vorwiegend von den weiblichen Jugendlichen als häufige Freizeithandlungen ausgegeben werden.

Eher „männliche" Freizeitbeschäftigungen

„oft" und „sehr oft"	männlich 12–24 J.	weiblich 12–24 J.
Fernsehen	81	76
Videos anschauen	59	47
Sport treiben/Fitnessstudio/Sauna	57	49
Auto/Motorrad/Moped/Fahrrad reparieren oder damit in der Gegend herumfahren	59	37
Am Computer spielen	49	19
An Spielautomaten spielen	10	4

Eher „weibliche" Freizeitbeschäftigungen

„oft" und „sehr oft"	männlich 12–24 J.	weiblich 12–24 J.
Mit meiner festen Freundin/meinem festen Freund zusammen sein	73	80
Mit der Familie zusammen sein	61	72
Einkaufs-/Schaufensterbummel machen	34	71
Mal ganz für sich allein sein und ausspannen	49	58
Bücher lesen	38	59
Etwas mit der Familie unternehmen	37	47
In die Disko gehen/tanzen	40	49
Zeichnen/Malen/Fotografieren/Filmen	22	43
Briefe/Tagebuch schreiben	9	37
Theater, Museen, Ausstellungen, klassische Musikkonzerte besuchen	10	16

Angaben in Prozent
Hg.: Jugendwerk der Deutschen Shell, Jugend '97

Tipps zur Auswertung von Fragebögen

1. Was soll mit dem Fragebogen herausgefunden werden?
   Auf welche Ausgangsthese zum Thema stütze ich mich?
2. Wer soll befragt werden?
   Soll nur eine oder sollen mehrere Zielgruppen ausgewählt werden?
3. Wie soll die Meinungsumfrage durchgeführt werden?
   Genügt es, wenn die Befragten einen Fragebogen alleine ausfüllen?
   Soll eine persönliche Befragung stattfinden?

Es gibt zwei Sorten von Fragen:

1. *geschlossene* Fragen, bei denen der Befragte unter mehreren Antworten eine auswählt
2. *offene* Fragen, deren Antworten der Befragte schriftlich oder mündlich in einigen Sätzen formuliert

Auswertung der Fragen

Geschlossene Fragen können einfach ausgezählt werden.
Bei offenen Fragen müssen Aussagen zugeordnet werden oder auffällige Antworten herausgefiltert werden.
Die Auswertung der zweiten Fragegruppe ist wesentlich komplizierter und aufwendiger.

Eine grafische Darstellung und eine Interpretation der Ergebnisse runden eine Umfrage ab.
Mit Block-, Torten- und Kurvendiagrammen werden Zahlen anschaulicher, Entwicklungen und Verhältnisse einsichtiger. Nun können Vermutungen angestellt werden.

1. Ist die Ausgangsthese bestätigt oder widerlegt worden?
2. Ist ein Überblick gewonnen worden?
3. Ist etwas Neues entdeckt worden?

12. Technik und (k)ein Ende?

Der Zauberlehrling

Hat der alte Hexenmeister
Sich doch einmal wegbegeben!
Und nun sollen seine Geister
Auch nach meinem Willen leben.
Seine Worte und Werke
Merkt ich und den Brauch,
Und mit Geistesstärke
Tu ich Wunder auch.

Walle! Walle
Manche Strecke,
Dass, zum Zwecke,
Wasser fließe
Und mit reichem, vollen Schwalle
Zu dem Bade sich ergieße.

Und nun komm, du alter Besen!
Nimm die schlechten Lumpenhüllen;
Bist schon lange Knecht gewesen;
Nun erfülle meinen Willen!
Auf zwei Beinen stehe,
Oben sei ein Kopf,
Eile nun und gehe
Mit dem Wassertopf!

Walle! Walle
Manche Strecke,
Dass, zum Zwecke,
Wasser fließe
Und mit reichem, vollen Schwalle
Zu dem Bade sich ergieße.

Seht, er läuft zum Ufer nieder;
Wahrlich! Ist schon an dem Flusse,
Und mit Blitzesschnelle wieder
Ist er hier mit raschem Gusse.
Schon zum zweiten Male!
Wie das Becken schwillt!
Wie sich jede Schale
Voll mit Wasser füllt!
Stehe! Stehe!
Denn wir haben
Deiner Gaben
Vollgemessen! –
Ach, ich merk es! Wehe! Wehe!
Hab ich doch das Wort vergessen!

Ach, das Wort, worauf am Ende
Er das wird, was er gewesen.
Ach, er läuft und bringt behände!
Wärst du doch der alte Besen!
Immer neue Güsse
Bringt er schnell herein,
Ach! Und hundert Flüsse
Stürzen auf mich ein.

Nein, nicht länger
Kann ich's lassen;
Will ihn fassen: Das ist Tücke!
Ach! Nun wird mir immer bänger!
Welche Miene! Welche Blicke!
Oh, du Ausgeburt der Hölle!
Soll das ganze Haus ersaufen?
Seh ich über jede Schwelle
Doch schon Wasserströme laufen.
Ein verruchter Besen,
Der nicht hören will!
Stock, der du gewesen,
Steh doch wieder still!

Willst's am Ende
Gar nicht lassen?
Will dich fassen,
Will dich halten,
Und das alte Holz behände
Mit dem scharfen Beile spalten.

Seht, da kommt er schleppend wieder!
Wie ich mich nur auf dich werfe,
Gleich, o Kobold, liegst du nieder;
Krachend trifft die glatte Schärfe.
Wahrlich! brav getroffen!
Seht, er ist entzwei!
Und nun kann ich hoffen
Und ich atme frei!

Wehe! Wehe!
Beide Teile
Stehn in Eile
Schon als Knechte
Völlig fertig in die Höhe!
Helft mir, ach! Ihr hohen Mächte!

Und sie laufen! Nass und nässer
Wird's im Saal und auf den Stufen.
Welch entsetzliches Gewässer!
Herr und Meister! Hör mich rufen!
Ach, da kommt der Meister!
Herr, die Not ist groß!
Die ich rief, die Geister,
Werd ich nun nicht los.

„In die Ecke,
Besen! Besen!
Seid's gewesen.
Denn als Geister
Ruft euch nur zu seinem Zwecke
Erst hervor der alte Meister."

Johann Wolfgang von Goethe

13. Wozu brauchen wir Menschenrechte*?

Zusammenfassung der einzelnen Artikel der UNO*-Konvention über die Rechte des Kindes

Art 1: Definition des Kindes
Jeder Mensch bis zum 18. Lebensjahr ist ein Kind, außer das innerstaatliche Recht sehe eine frühere Volljährigkeit vor.

Art 2: Diskriminierungsverbot
Das Prinzip, dass alle Rechte ausnahmslos jedem Kind gewährt werden, und die Pflicht des Staates* das Kind gegen alle Formen der Diskriminierung zu schützen. Der Staat verpflichtet sich keines der Rechte des Kindes zu verletzen und trifft Maßnahmen, welche die Durchsetzung dieser Bestimmungen sicherstellen.

Art 3: Höheres Interesse des Kindes
Bei jeder hinsichtlich des Kindes getroffenen Entscheidung steht das höhere Interesse des Kindes im Vordergrund. Der Staat hat den notwendigen Schutz und die notwendige Fürsorge für das Wohlergehen des Kindes sicherzustellen, falls seine Eltern oder andere verantwortliche Personen diesen Pflichten nicht nachkommen.

Art 4: Durchsetzung der Rechte
Die Pflicht des Staates die Durchsetzung der vom Übereinkommen anerkannten Rechte sicherzustellen.

Art 5: Führung des Kindes und Entwicklung seiner Fähigkeiten
Die Pflicht des Staates zur Achtung der Rechte und Verantwortung der Eltern und der Mitglieder des weiteren Familienkreises das Kind gemäß der Entwicklung seiner Fähigkeiten zu leiten und zu führen.

Art 6: Überleben und Entwicklung des Kindes
Das angeborene Recht auf Leben und die Pflicht des Staates das Überleben und die Entwicklung des Kindes sicherzustellen.

Art 7: Name und Staatsangehörigkeit
Das Recht auf einen Namen und eine Staatsangehörigkeit.

Art 8: Schutz der Identität
Die Pflicht des Staates den Schutz und gegebenenfalls die Wiederherstellung der Grundrechte der Identität des Kindes (Name, Staatsangehörigkeit, Familienbeziehungen) zu gewährleisten.

Art 9: Trennung von den Eltern
Das Recht des Kindes bei seinen Eltern zu leben, es sei denn, ein solches Zusammenleben werde als unvereinbar mit dem höheren Interesse des Kindes betrachtet; das Recht bei einer Trennung von einem oder beiden Elternteilen den Kontakt mit beiden Eltern aufrechtzuerhalten; die Pflicht des Staates in Fällen, in denen er verantwortlich ist für Maßnahmen, die zur Trennung geführt haben, über den Verbleib des abwesenden Elternteils zu informieren.

Art 10: Familienzusammenführung
Das Recht des Kindes und seiner Eltern jeden Staat verlassen und in ihr eigenes Land reisen zu können, und zwar zum Zweck der Familienzusammenführung oder der Aufrechterhaltung der Beziehungen zwischen dem Kind und seinen Eltern.

Art 11: Rechtswidrige Ausschaffung und Nichtrückführung
Die Pflicht des Staates sich im Kampf gegen rechtswidrige Kindesentführung ins Ausland und Nichtrückführung durch einen Elternteil oder eine Drittperson einzusetzen.

Art 12: Meinungsäußerung des Kindes
Das Recht des Kindes seine Meinung zu allen seine Person betreffenden Fragen oder Verfahren zu äußern und gewiss zu sein, dass diese Meinung auch mitberücksichtigt wird.

Art 13: Freie Meinungsäußerung
Das Recht des Kindes Informationen und Ideen zu erhalten und weiterzugeben und seine eigene Meinung zu äußern, vorausgesetzt die Rechte anderer bleiben unangetastet.

Art 14: Glaubens-, Gewissens- und Religionsfreiheit
Das Recht des Kindes auf Glaubens-, Gewissens- und Religionsfreiheit unter Achtung der elterlichen Führungsrolle und der Einschränkungen durch innerstaatliche Gesetze.

Art 15: Versammlungsfreiheit
Das Recht der Kinder sich zusammenzuschließen und Vereinigungen zu bilden, vorausgesetzt die Rechte anderer bleiben unangetastet.

Art 16: Schutz des Privatlebens
Das Recht keiner Einmischung ins Privatleben, in die Familie, Wohnung oder den Briefwechsel oder widerrechtlichen Angriffen auf die Ehre ausgesetzt zu werden.

Art 17: Zugang zu angemessener Information
Die Stellung der Medien in der Verbreitung von kindgerechten Informationen, die ihrem moralischen Wohlergehen, dem Wissen über andere Völ-

ker, der Völkerverständigung und der Achtung der eigenen Kultur förderlich sind. Der Staat hat Unterstützungsmaßnahmen in dieser Hinsicht zu ergreifen und das Kind vor Informationen und Materialien, die seinem Wohlbefinden schaden, zu schützen.

Art 18: Verantwortung der Eltern
Das Prinzip, dass die Verantwortung der Erziehung des Kindes in erster Linie beiden Eltern gemeinsam obliegt, und die Pflicht des Staates, die Eltern bei dieser Aufgabe zu unterstützen.

Art 19: Schutz vor Misshandlung
Die Pflicht des Staates das Kind gegen jede Form von Misshandlung durch seine Eltern oder andere Betreuungspersonen zu schützen sowie entsprechende Präventions- und Behandlungsprogramme anzubieten.

Art 20: Schutz des Kindes außerhalb des Familienkreises
Die Pflicht des Staates dem Kind, das nicht im Kreis seiner Familie lebt, einen besonderen Schutz zu gewähren und sicherzustellen, dass ihm auch in einer Pflegefamilie oder einer geeigneten Institution Schutz gewährt wird unter Rücksichtnahme auf die kulturelle Herkunft des Kindes.

Art 21: Adoption
In den Ländern, wo die Adoption zugelassen und/oder anerkannt wird, darf diese nur im höheren Interesse des Kindes erfolgen und falls alle notwendigen Sicherheiten sowie alle Genehmigungen der zuständigen Behörden vorliegen.

Art 22: Flüchtlingskinder
Dem Kind, das als Flüchtling anerkannt ist oder um den Flüchtlingsstatus nachsucht, ist ein besonderer Schutz zu gewähren und der Staat verpflichtet sich mit den für die Aufrechterhaltung dieses Schutzes zuständigen Organisationen zusammenzuarbeiten.

Art 23: Behinderte Kinder
Das Recht des behinderten Kindes auf besondere Pflege sowie eine angemessene Erziehung und Schulung, die seine Selbstständigkeit und seine aktive Teilnahme am Gemeinschaftsleben fördern.

Art 24: Gesundheit und medizinische Dienste
Das Recht des Kindes auf die bestmögliche Gesundheit und den Zugang zu medizinischen Gesundheits- und Rehabilitationszentren; im Vordergrund stehen die gesundheitliche Grundversorgung, Prävention, Information der Bevölkerung sowie die Verringerung der Kindersterblichkeit. Die Pflicht des Staates die Abschaffung überlieferter Bräuche, die der Gesundheit der Kinder abträglich sind, zu unterstützen. Besonders betont wird die Notwendigkeit der internationalen Zusammenarbeit um diesem Recht zum Durchbruch zu verhelfen.

Art 25: Überprüfung einer Einweisung
Das Recht des Kindes, das von den zuständigen Behörden zur Betreuung, zum Schutz oder zur Behandlung eingewiesen wurde, auf eine regelmäßige Überprüfung aller Aspekte der Einweisung.

Art 26: Soziale Sicherheit
Das Recht des Kindes die Leistungen der sozialen Sicherheit zu beanspruchen.

Art 27: Lebensstandard
Das Recht des Kindes auf einen angemessenen Lebensstandard; die prioritäre Verantwortung der Eltern in dieser Hinsicht und die Pflicht des Staates Voraussetzungen zu schaffen, die eine Übernahme dieser Verantwortung ermöglichen und unter denen sie auch effektiv übernommen wird, nötigenfalls durch die Übernahme von Unterhaltszahlungen.

Art 28: Bildung
Das Recht des Kindes auf Bildung und die Pflicht des Staates die Schulung – mindestens den Besuch der Grundschule – obligatorisch und unentgeltlich anzubieten. Die Disziplin in der Schule muss in einer Weise gewährt werden, die der Menschenwürde des Kindes entspricht. Besonders betont wird die Notwendigkeit der internationalen Zusammenarbeit um diesem Recht zum Durchbruch zu verhelfen.

Art 29: Bildungsziele
Die Anerkennung des Prinzips, dass die Bildung auf die folgenden Punkte ausgerichtet wird: die Förderung der Persönlichkeitsentwicklung des Kindes und seiner Begabungen, die Vorbereitung des Kindes auf ein aktives Erwachsenenleben, die Achtung der grundlegenden Menschenrechte und die Entwicklung der Achtung kultureller und nationaler Werte seines eigenen Landes und anderer Länder.

Art 30: Kinder von Minderheiten und Ureinwohner
Das Recht des Kindes, das einer Minderheit angehört oder Ureinwohner ist, seine eigene Kultur zu pflegen, sich zu einer eigenen Religion zu bekennen und seine eigene Sprache zu verwenden.

Art 31: Freizeit, spielerische und kulturelle Aktivitäten
Das Recht des Kindes auf Freizeit, Spiel und die Beteiligung am kulturellen und künstlerischen Leben.

Art 32: Kinderarbeit
Die Pflicht des Staates das Kind vor jeder Arbeit zu schützen, die seine Gesundheit, Bildung und Entwicklung beeinträchtigt, und ein Mindestalter für die Aufnahme einer Arbeit sowie Arbeitsbedingungen festzulegen.

Art 33: Konsum und Handel mit Drogen
Das Recht des Kindes gegen den Konsum von Rauschmitteln und psychotropen Stoffen und gegen einen Einsatz bei der Herstellung und Verteilung dieser Stoffe geschützt zu werden.

Art 34: Sexuelle Ausbeutung
Das Recht des Kindes vor Gewalt und allen Formen der sexuellen Ausbeutung einschließlich der Prostitution und Beteiligung an pornografischen Darbietungen geschützt zu werden.

Art35: Verkauf, Handel und Entführung
Die Pflicht des Staates alles dranzu-setzen die Entführung und den Verkauf von Kindern sowie den Kinderhandel zu verhindern.

Art 36: Andere Formen von Ausbeutung
Das Recht des Kindes gegen andere Formen der Ausbeutung, die nicht in den Artikeln 32, 33, 34 und 35 aufgeführt sind, geschützt zu werden.

Art 37: Folter und Freiheitsentzug
Das Verbot der Folter, grausamer Strafen oder anderer grausamer, unmenschlicher oder erniedrigender Behandlungen, der Todesstrafe, lebenslanger Freiheitsstrafe, illegaler oder willkürlicher Festnahme oder Inhaftierung. Bei einer Inhaftierung gelten die Grundsätze, dass ein Kind angemessen behandelt und von inhaftierten Erwachsenen getrennt wird, dass es den Familienkontakt aufrechterhalten kann und unverzüglich Zugang zu einem rechtskundigen oder anderen geeigneten Beistand hat.

Art 38: Bewaffnete Konflikte
Die Pflicht des Staates die Regeln des humanitären Völkerrechtes, die sich auf Kinder beziehen, zu achten und für deren Beachtung zu sorgen. Das Prinzip, dass kein Kind unter 15 Jahren direkt an Feindseligkeiten teilnimmt oder in die Streitkräfte eingezogen wird und dass alle von einem bewaffneten Konflikt betroffenen Kinder geschützt und betreut werden.

Art 39: Wiedereingliederung und Resozialisierung
Die Pflicht des Staates geeignete Maßnahmen zur Wiedereingliederung und Resozialisierung von Kindern zu fördern, die Opfer eines bewaffneten Konflikts, von Folter, Vernachlässigung, Ausbeutung oder Misshandlung geworden sind.

Art 40: Jugendgerichtsbarkeit
Das Recht eines jeden Kindes, das verdächtigt wird oder überführt worden ist ein Delikt begangen zu haben, auf Achtung seiner Grundrechte, insbesondere des Rechts auf ein faires Verfahren und einen rechtskundigen oder einen anderen geeigneten Beistand zur Vorbereitung und Wahrnehmung seiner Verteidigung. Das Prinzip auf ein gerichtliches Verfahren und eine Einweisung in eine Institution zu verzichten, wann immer dies möglich und angemessen erscheint.

Art 41: Achtung der bereits geltenden Normen
Das Prinzip, wonach eine Bestimmung, die im Recht des Vertragsstaates oder in dem für diesen Staat geltenden internationalen Recht vorhanden ist, dann in erster Priorität zu berücksichtigen ist, wenn sie zur Wahrung der Rechte des Kindes geeigneter ist als diejenige in dieser Konvention.

In den Artikeln 42 bis 54 wird die Anwendung und Inkraftsetzung festgehalten.

Aids
Abk. für Acquired Immune Deficiency Syndrome = erworbenes Immunschwächesyndrom durch den Aids-Virus HIV. Die Krankheit trat zum ersten Mal 1979 auf und ist weltweit verbreitet. Ende 1996 waren nach Angaben des UNO-Aidsprogramms UNAIDS ca. 22,6 Mio. Menschen mit Aids infiziert. In Deutschland haben sich nach Schätzung des Robert-Koch-Instituts bis Ende 1996 ca. 60 000 Menschen mit dem Aids-Virus infiziert. Die Zahl der Neuerkrankungen sank im Vergleich zum Vorjahr um 8 %.

Allah
Arabische Bezeichnung für Gott.

Anthropozentrismus
Der Anthropozentrismus stellt den Menschen und seine Fähigkeiten in den Mittelpunkt der Naturbetrachtung. Der Vorteil und Nutzen für den Menschen ist der Maßstab, an dem die Inanspruchnahme der Natur gemessen wird.

Altes Testament
Christliche Bezeichnung für den älteren, hebräischen Teil der Bibel. Das Alte Testament ist die Heilige Schrift der Juden, aber auch die ursprüngliche Heilige Schrift des Christentums. Es besteht aus der Tora (fünf Bücher Mose) mit religionsgesetzlichen Bestimmungen sowie aus den Prophetenbüchern, Spruchweisheiten, Psalmen u. a. In seinen ältesten Teilen geht das Alte Testament auf mündliche Überlieferungen vor 1000 v. Chr. zurück, die jüngsten Teile stammen aus dem 3. Jahrhundert v. Chr.

Ambivalenz technischer Erfindungen
Doppelwertigkeit technischer Erfindungen. Technische Erfindungen können sowohl positive als auch negative Aspekte gleichzeitig enthalten.

amnesty international
Abk. ai; weltweite Menschenrechtsorganisation, die sich in ihrer Arbeit auf die Allgemeine Erklärung der Menschenrechte der Vereinten Nationen stützt. Sie bemüht sich um die Freilassung gewaltloser politischer Gefangener, setzt sich für ein faires und zügiges Gerichtsverfahren ein und bekämpft Folter und Todesstrafe.

Aristophanes
ca. 445 – ca. 385 v. Chr., bedeutendster griechischer Komödiendichter. Schrieb etwa 40 Komödien, von denen noch elf erhalten sind. Die Komödien kritisieren oft politische und gesellschaftliche Zustände.

Aristoteles
384 – 322 v. Chr., einer der bedeutendsten griechischen Philosophen, Schüler Platons. Er schrieb das erste größere Werk im Bereich der Ethik mit dem Titel „Nikomachische Ethik“. Dieser Name leitet sich von Nikomachos ab; so hieß der Sohn des Philosophen, dem dieses Buch gewidmet wurde. Es beschäftigt sich vor allem mit den Themen Freundschaft, Glück und Weisheit (Vernunft), die sich die Menschen zu Eigen machen sollten um ein gutes Leben führen zu können. In der praktischen Philosophie (= Ethik) sah er das Streben nach Glückseligkeit als naturgegeben an und hielt es mittels der Vernunft für realisierbar. Aristoteles war der Erzieher Alexander des Großen.

Aufklärer/Aufklärung
Europäische Geistesbewegung des ausgehenden 17. und des 18. Jahrhunderts. Die Aufklärung wendet sich gegen überkommene Formen in Gesellschaft, Religion und Staat und ließ nur das gelten, was in der Vernunft begründet ist. So konnte für die Aufklärer der christliche Offenbarungsglaube keinen Bestand mehr haben; stattdessen begründeten sie eine Vernunftreligion. Vor allem im gesellschaftlich-staatlichen Bereich wurde die Aufklärung bedeutsam, da die Französische Revolution ihre Grundüberzeugungen aus der Aufklärung bezog. Die heutige Bedeutung der Menschenrechte ist ohne die Aufklärung nicht denkbar.

Automatisierung/Automatisation
Einsatz von technischen Einrichtungen, die ständig wiederkehrende und gleichartige Arbeitsabläufe in der Produktion übernehmen. Mit der Automatisierung können Produktionskosten bei Massenprodukten gesenkt, die Qualität der Produktion und die Pro-

duktivität gesteigert werden. Die Automatisierung hat die Berufswelt völlig verändert, da einfache Tätigkeiten von der Maschine übernommen werden und nur noch wenige Fachkräfte nötig sind um die Arbeitsabläufe zu programmieren und zu kontrollieren.

Bentham, Jeremy
1748–1832, englischer Moral- und Rechtsphilosoph, entwickelte den ↑ Utilitarismus.

Benares
Heilige Stadt am Ganges in Indien, heute Varanasi.

Bergpredigt
Matthäus 5–7. Die so genannte Bergpredigt wurde von dem Evangelisten Matthäus aus Sprüchen und Spruchsammlungen von Jesus zusammengestellt. Sie enthält radikale sittliche Forderungen (z. B. Verzicht auf Besitz, Verzicht auf Gewalt, Nächstenliebe u. a.).

Bibel
Heilige Schrift der Juden und Christen. Die jüdische Bibel enthält in hebräischer Sprache die fünf Bücher Mose, die Propheten sowie Geschichts- und Weisheitsbücher. Die christliche Kirche nennt die hebräische Bibel das Alte Testament, das zusammen mit dem Neuen Testament die christliche Heilige Schrift bildet. Das Neue Testament wurde ursprünglich auf Griechisch geschrieben und enthält folgende Bücher: Vier Evangelien, die vom Leben und Wirken Jesu erzählen; die Apostelgeschichte, die das Leben der ersten Gemeinde nach dem Tod Jesu schildert; die Briefe des Apostels Paulus an weitere christliche Gemeinden; die Apokalypse des Johannes, die das Weltende in einer Vision beschreibt.

Bill of Rights
(engl. Gesetz der Rechte) Englisches Staatsgrundgesetz, 1689 vom englischen Parlament erlassen. Es stärkt die Rechte des Parlaments gegenüber den englischen Monarchen.

Biozentrismus
Der biozentrische Ansatz spricht allen Lebewesen – Tieren ebenso wie den Menschen – unabhängig von ihrer Empfindungsfähigkeit einen eigenständigen Wert zu. Dieser Bereich der Umweltethik ist eine Theorie der Ehrfurcht vor dem Leben. Alles, was lebt, hat Rechte und muss ohne Ansehen der Lebensform dementsprechend behandelt werden.

Bodhisattwa
Werdender Buddha, der den Schritt in die letzte Vollkommenheit, das Nirwana, hinauszögert um den Frommen zu helfen.

Bonhoeffer, Dietrich
1906–1945, evangelischer Theologe und Pfarrer, wurde wegen seines Widerstandes gegen das Nazi-Regime und seiner Beteiligung an dem Attentat auf Hitler 1943 verhaftet und am 9. April 1945 im Konzentrationslager Flossenbürg hingerichtet.

Buddha/Buddhismus
Eine von Siddharta Gautama (Buddha, dem Erleuchteten, ca. 580–480 v. Chr.) gestiftete Weltreligion, die in verschiedenen Ausprägungen v. a. in Ostasien verbreitet ist. Voraussetzung des Buddhismus ist der Glaube an die Wiedergeburt und die Überzeugung, dass alles Leben Leid ist. Der Buddhismus lehrt die acht „Pfade", in denen beschrieben wird, wie der Einzelne den Kreislauf der Wiedergeburt durchbrechen und das Leid besiegen kann. Den Heilszustand sieht der Buddhismus in der absoluten Ruhe, im Nirwana.

Bürgerliches Gesetzbuch
Abk. BGB. Trat am 1. 1. 1900 in Kraft und ist seitdem mehrfach geändert worden. Das BGB regelt Schuldverhältnisse (z. B. das Mietrecht), Eigentum und Nutzung von Eigentum, das Familien- und das Erbrecht.

Chagall, Marc
1887–1985, russisch-französischer Maler jüdischer Herkunft. Seine Malerei war stark von der russischen Folklore und der Mystik des osteuropäischen jüdischen Chassidismus beeinflusst.

Cicero
106–43 v. Chr., römischer Staatsmann und Philosoph. Sein Werk, durch das er sich bemühte zentrale Gedanken der griechischen Philosophie für die Römer zugänglich zu machen, ist nur noch in Bruchstücken erhalten. In der Ethik vertritt Cicero im Ganzen die

Auffassung der ↑ Stoiker. Er war neben seiner philosophischen Begabung ein guter Redner, der die Menschen mitreißen konnte. Im Jahr nach Caesars Tod kam auch er durch politischen Mord ums Leben.

Dalai-Lama
Geistliches Oberhaupt im tibetischen Buddhismus. Als Reinkarnation Buddhas gilt er als höchster geistlicher Würdenträger und ist zugleich weltliches Oberhaupt der Tibeter. Der vierzehnte Dalai-Lama (*1935, inthronisiert 1940) flüchtete 1959 nach der chinesischen Invasion (1950) aus Tibet nach Indien. 1989 erhielt er den Friedensnobelpreis.

Depression
Niedergedrückte Stimmung, die nicht nur durch Traurigkeit, sondern auch durch Hoffnungslosigkeit gekennzeichnet ist. Als Dauerzustand eine Form seelischer Krankheit.

Diogenes von Sinope
412–323 v. Chr., griechischer Philosoph. Er führte die Lehren von Sokrates weiter, indem er äußerste Bedürfnislosigkeit und Enthaltsamkeit lebte und predigte. Neben seine Bedürfnislosigkeit traten andere Provokationen, mit denen Diogenes seine Zeitgenossen schockierte, denn die Sittengesetze seiner Zeit galten ihm nichts.

Entfremdung/entfremdete Arbeit
Von entfremdeter Arbeit spricht man, wenn der arbeitende Mensch den Überblick darüber verliert, in welchem Zusammenhang er arbeitet, z. B. bei der Fließbandarbeit. Der Arbeiter sieht nur ein Einzelteil, an dem er arbeitet, aber nicht das Endprodukt.

Epikur
341–270 v. Chr., griech. Philosoph, der die Philosophie als Anleitung zur richtigen Lebensführung betrachtete. Für ihn war die Lust, worunter er Seelenruhe und Freiheit von Schmerzen verstand, das oberste Lebensprinzip.

Fermi, Enrico
1901–1954, italienischer Physiker, ging 1938 in die USA. Er entwickelte verschiedene Theorien zur Physik der Atome, arbeitete an der Atombombe mit und leitete die erste gelungene Uranspaltung zur Erzeugung von Atomenergie. Er erhielt 1938 den Nobelpreis für Physik.

Finkielkraut, Alain
*1949, französischer Philosoph, lehrt an der Sorbonne in Paris. Seine wichtigste deutschsprachige Veröffentlichung im Bereich der Ethik ist das Buch „Die Weisheit der Liebe".

Freud, Sigmund
1856–1939, Arzt und Philosoph in Wien; Begründer der Psychoanalyse. Er erforschte das Unbewusste der menschlichen Seele und sein Hineinwirken in das Verhalten und in die Kultur des Menschen.

Frisch, Max
1911–1991, schweizer. Schriftsteller und Dramatiker. In seinen zahlreichen Dramen und Romanen wird oft die Verantwortung des Menschen für seine Menschlichkeit thematisiert.

Fromm, Erich
1900–1980, jüdischer Philosoph und Psychoanalytiker. Fromms Denken ist stark durch Karl Marx und Sigmund Freud geprägt: Von dem einen übernimmt er das Interesse für gesellschaftspolitische Fragestellungen und das Festhalten an einer gesellschaftlichen Utopie, von dem anderen das Interesse an der Analyse des menschlichen Trieblebens. So geht es ihm in seinem Werk um das Verstehen der Gesetze, die das Leben des Einzelnen und der Gesellschaft beherrschen. Neben seiner Tätigkeit als philosophischer Schriftsteller praktizierte er über 40 Jahre als Psychoanalytiker.

Fundamentalismus
Ursprünglichlich strenge Bibelgläubigkeit, später überhaupt unduldsamer (religiöser) Wahrheitsanspruch selbst gegen wissenschaftliche Erkenntnisse. Im Zusammenhang mit dem Islam versteht man unter Fundamentalismus jene radikalen Reformgruppen, die sich für eine Einheit von Staat und Religion aussprechen und das islamische Religionsrecht, die Scharia, allgemeinverbindlich durchsetzen wollen.

Die fundamentalistischen Gruppierungen bekämpfen oft die westlichen Lebensformen. Fundamentalistisches Verhalten zeichnet sich aus durch kompromissloses Festhalten an ideologischen, religiösen Grundsätzen.

Galilei, Galileo
1564–1642, italienischer Naturforscher. Er begründete mit der Anwendung von Experimenten die moderne Physik. Neben der Beobachtung verschiedener Gesetzmäßigkeiten (z. B. Pendelschwingungen, der freie Fall) konstruierte er auch ein Fernrohr, mit dem er astronomische Entdeckungen machte. Da er sich zum ↑ heliozentrischen Weltsystem des Kopernikus bekannte, wurde er von der katholischen Kirche angegriffen, sodass er 1633 seine Thesen widerrief.

Gandhi, Mohandas Karamchand
Ehrenname Mahatma (Sanskrit: dessen Seele groß ist). 1869–1948, indischer Staatsmann, Hindu, kämpfte für die Befreiung Indiens von der englischen Herrschaft. Bekannt ist vor allem sein gewaltloser Widerstand gegen die Engländer.

Gesellschaft
Die Summe der Einzelnen im Staat, repräsentiert durch freie, außerhalb des staatlichen Gefüges stehende etablierte Institutionen (Gewerkschaften, Verbände ...), die teilweise eng, aber kritisch mit staatlichen Institutionen zuammenarbeiten.

Getto
Insel in Venedig, die 1516 als einziges Wohnviertel der jüdischen Gemeinde bestimmt wurde, daher seitdem Bezeichnung von behördlich erzwungenen und räumlich beschränkten jüdischen Wohnvierteln. Im übertragenen Sinn heißt Getto jeder Bezirk einer Stadt, in dem eine rassische oder religiöse Minderheit lebt.

Golfkrieg
Aufgrund eines Territorialstreits mit Kuwait wurde Kuwait 1990 von irakischen Truppen besetzt. Dieses Vorgehen wurde vom Sicherheitsrat der UNO verurteilt. Nach einer Fristsetzung durch die UNO wurde der Irak durch militärische Aktionen einer multinationalen Streitmacht 1991 zum Rückzug aus Kuwait gezwungen.

Great Ape Project
36 Wissenschaftler aus neun Ländern versuchen im Great Ape Project davon zu überzeugen, weshalb eine grundsätzliche Neubewertung des moralisch rechtlichen Status der nächsten Verwandten des Menschen notwendig ist. Nach der Erkenntnis, dass alle Menschen trotz der unübersehbaren Unterschiede gleich sind, muss man – nach Ansicht der Wissenschaftler – noch einen Schritt weitergehen und Schimpansen, Gorillas und Orang-Utans mit in die Gemeinschaft der moralisch Gleichen mit einbeziehen.

Grundgesetz für die Bundesrepublik Deutschland
Abk. GG; Verfassung der Bundesrepublik Deutschland, die am 24.5.1949 in Kraft trat. Ursprünglich als vorläufige Verfassung gedacht ist sie seit dem 3.10.1990 die endgültige Verfassung der BRD.

Hahn, Otto
1879–1968, Chemiker und Atomforscher, beobachtete den Zerfall von Uran bei Bestrahlung und legte damit die Grundlagen für die Ausnutzung von Atomenergie. Er erhielt 1944 den Nobelpreis für Chemie.

Hedonismus/Hedonist
(griech. hedone: Lust) Lehre, die behauptet, das höchste Gut menschlichen Handelns sei die Lust. ↑ Epikur.

Heisenberg, Werner
1901–1976, Physiker, entwickelte eine Theorie zum Aufbau der Atome (Quantentheorie) und arbeitete über Kernphysik. Er erhielt 1932 den Nobelpreis für Physik.

Heliozentrisches Weltsystem
(griech. zu Helios = Sonnengott) Weltbild, in dem die Sonne als Mittelpunkt der Welt betrachtet wird, um den sich alle Planeten in Kreisen bewegen.

Homo sapiens
(lat. homo: Mensch, sapiens: klug, weise) Bezeichnet den Menschen in der Unterscheidung zum Tier. Der Homo sapiens entwickelte sich nicht aus dem Neandertaler, sondern parallel zu diesem.

Hypothese
In der Wissenschaft (insbesondere in der Naturwissenschaft) eine theoretische Behauptung/These um bestimmte Phänomene erklären zu können, bis sie durch eine bessere Hypothese abgelöst wird.

Industrielle Revolution
Industrialisierung am Ende des 18. Jahrhunderts, die durch technische Erfindungen, wie Dampfmaschine und mechanischer Webstuhl, eine grundlegende Veränderung der Gesellschaft und der Arbeitswelt mit sich brachte. Oft wird die zunehmende Automatisierung im 20. Jahrhundert als zweite industrielle Revolution bezeichnet.

Inuit
Polarvolk, lebt in Alaska, entlang der kanadischen Eismeerküste bis nach Grönland. Inuit leben nomadisch vom Fang wilder Rentiere, Seesäugetieren und Fischen. Sie wohnen in Schneehäusern, den so genannten Iglus.

Jahwe
Name des alttestamentlichen Gottes.

Jonas, Hans
1903–1993, deutsch-amerikanischer Philosoph. Die Grundidee seiner Philosophie ist das „Prinzip Verantwortung“: Jonas versucht den anthropozentrischen Standpunkt der traditionellen Ethik zu überwinden und weitet deshalb den kategorischen Imperativ Kants (der sich an ein individuelles, personales Handeln richtet) zu einem Imperativ gesamtmenschlicher Verantwortung aus. Die Grundlage der neuen Verantwortungsethik ist die Forderung, dass es eine lebenswerte Welt auch noch für kommende Generationen von Menschen geben soll. Deshalb muss ein dem neuen Typ menschlichen Handelns angepasster neuer Imperativ lauten: Handle so, dass die Wirkungen deiner Handlungen nicht zerstörerisch sind für die künftige Möglichkeit menschlichen Lebens auf der Erde.

Kant, Immanuel
1724–1804, einer der bedeutendsten Philosophen der Aufklärung. In seiner wichtigsten Schrift zur Ethik, der „Metaphysik der Sitten“, hat er sich u.a. mit dem Verhältnis von Moral und Recht beschäftigt. Er stellt darüber hinaus die Frage, ob es ein allgemeines Prinzip gibt, das die Menschen als moralischen Maßstab bei allen ihren Handlungen anwenden sollten. Kant nennt dieses Prinzip den Kategorischen Imperativ.

Koan
Im japanischen Buddhismus (Zen-Buddhismus) Bezeichnung für Aussprüche, Fragen und Antworten der Zen-Meister, über die der Schüler meditiert um zur Erleuchtung zu gelangen. Ein Koan lautet z. B. „Jeder kennt den Klang von zwei klatschenden Händen – wie ist aber der Klang von einer klatschenden Hand?“ Alle Koans sind alogisch und gehen über ein rationales Verstehen hinaus.

Konzentrationslager
Seit 1933 wurden Konzentrationslager von den Nationalsozialisten errichtet um politische und weltanschauliche Gegner auszuschalten. Sie dienten als Arbeitslager, später auch zur Vernichtung der Juden.

Kopernikus, Nikolaus
1473–1543, Astronom. Begründete das ↑ heliozentrische Weltsystem, nach dem nicht mehr die Erde, sondern die Sonne im Mittelpunkt der Welt steht und sich alle Planeten einschließlich der Erde um diesen Mittelpunkt bewegen. Sein Werk, in dem er dieses Weltsystem erklärte, ließ er, aus Furcht vor Verfolgungen durch die Kirche, kurz vor seinem Tod drucken.

Koran
(arabisch: Rezitationsbuch) Die Sammlung der prophetischen Äußerungen des Begründers des Islams, Muhammed. Der Koran wurde zwischen 610 und 632 in der mekkanischen Mundart des Arabischen geschrieben.

Korczak, Janusz
1878–1942, jüdisch-polnischer Arzt und Pädagoge, der in Warschau für jüdische und polnische Kinder nach dem Ersten Weltkrieg Waisenhäuser einrichtete. Sein wichtigstes ethisches Prinzip war die Achtung vor der Persönlichkeit jedes Kindes. Korczak wurde

1942 aus dem Warschauer Getto mit seinen Waisenkindern deportiert und starb im ↑ KZ Treblinka.

Kosmologie
Lehre von der Struktur und Entwicklung der Natur in ihrer Ganzheit. Man versteht darunter oft auch die Lehre vom Weltall, speziell dabei die Lehre des Aufbaus und der Bewegungen der kosmischen Körper (Galaxien, Sonnen, Planeten, Monde, Kometen, ...) mit der Frage nach dem Entstehen und dem weiteren Bestand des Universums. Deshalb wird die Kosmologie im heutigen Sprachgebrauch auch häufig der Astronomie zugerechnet.

Leukämie
Krebserkrankung, bei der sich die weißen Blutkörperchen in außergewöhnlich großer Zahl vermehren. Leukämie gilt heute als bedingt heilbar.

Lorenz, Konrad
1903–1989, Zoologe. Sein Hauptarbeitsgebiet war die Verhaltensforschung, er erhielt 1973 den Nobelpreis für Medizin.

Marx, Karl
1818–1883, Philosoph und Ökonom. Zusammen mit Friedrich Engels entwickelte Marx gegen die Auswüchse des Frühkapitalismus eine sozialistische Staats- und Wirtschaftstheorie, deren Kern darin besteht, dass die arbeitende Klasse auch Eigentümer der Produktionsmittel sein müsse. Diese Theorie gründet auf der Überzeugung, dass die arbeitende Klasse, das Proletariat, die Herrschaft im Staat übernehmen soll.

Menschenrechte
Menschenrechte bezeichnen übernationale grundlegende Rechte (Ansprüche), die für alle Menschen unabhängig von ihrer Hautfarbe, Nationalität, Religion und sonstiger Eigenschaften gelten und das Wesen des Menschseins zum Ausdruck bringen. Sie wurden am 12.12.1948 in einer speziellen Charta als „Allgemeine Erklärung der Menschenrechte" der Vereinten Nationen in 30 Artikeln verabschiedet. Ihre philosophischen Traditionen reichen jedoch bis in die Antike zurück: bereits die Stoiker (2. Jh. v. Chr.) gingen von einer allgemeinen Menschennatur aus.

Monotheismus
Glaube an einen einzigen Gott; Christentum, Islam und Judentum sind monotheistische Religionen.

Montaigne, Michel-Eyquem de
1533–1592, franz. Philosoph und Schriftsteller, der in der zu seiner Zeit neuen Form des Essays über Themen der Religion, Philosophie, Politik u.a. reflektierte. Er war Skeptiker und ließ als unbezweifelbar nur die göttliche Offenbarung gelten.

Mythos
(griech.: Wort, Erzählung) Darstellung von urzeitlichen Begebenheiten der Götter-, Menschen- oder Naturwelt, wie z.B. Schöpfungsmythen. Ein Mythos erzählt nichts Historisches, sondern deutet die Welt oder ein Ereignis.

Narzissmus
(nach Narziss, einem Jüngling in der griech. Sage, der in sein eigenes Spiegelbild verliebt ist) Beim Narzissmus richtet sich die Verliebtheit auf den eigenen Körper. Nach ↑ S. Freud ist der Narzissmus eine normale kindliche Entwicklungsphase, die im Jugendalter nochmals auflebt. Im Erwachsenenalter ist ein überstarkes „Spiegelungsbedürfnis" u.U. ein Ausdruck seelischer Störung.

Neues Testament
(latein.: Neuer Bund). Ursprünglich in griechischer Sprache verfasste Textsammlung über das Leben Christi und der ersten Christen in den vier Evangelien, der Apostelgeschichte, den Apostelbriefen und der prophetischen Offenbarung des Johannes (Apokalypse). Das Neue Testament als Heilige Schrift der Christen bildet die Grundlage des christlichen Glaubens und der christlichen Lehre. Die Texte sind vom 1. bis 4. Jahrhundert n. Chr. entstanden.

Nietzsche, Friedrich
1844–1900, deutscher Philosoph. Kennzeichnend für seine Philosophie sind seine Darstellungen kultureller und moralischer Verfallstendenzen und ein durchgängiger Pessimismus. Seine bekanntesten Werke sind: „Also sprach Zarathustra" und „Ecce Homo".

Parabel
Eine lehrhafte Erzählung, die eine allgemeine Wahrheit gleichnishaft deutlich macht.

Pathozentrismus
(pathos = Leiden) Ein Bereich der Umweltethik. Die Vertreter des Pathozentrismus fordern auch für Tiere ein Recht auf optimales Wohlergehen, zu dem ihrer Ansicht nach das Vermeiden von Schmerzen gehört.

Pazifismus
(lat. pax = Frieden) Politische Überzeugung, dass zwischenstaatliche Konflikte nicht militärisch gelöst werden dürfen. Der Pazifismus ist oft ethisch begründet und vertritt verschiedene Verteidigungsstrategien (z. B. gewaltfreien Widerstand). Er wurde zuerst von den Quäkern und Mennoniten, die radikale Kriegsdienstverweigerer waren, vertreten. In den 70er- und 80er-Jahren hatte der Pazifismus durch die verschiedenen Friedensbewegungen in Europa an Bedeutung gewonnen.

Planck, Max
1858–1947, deutscher Physiker. Sein Hauptarbeitsgebiet war ursprünglich die Wärmelehre. Bei der Ableitung für die Temperaturstrahlung gab er das Postulat von der Gleichverteilung der Energie auf und führte Energiequanten ein, deren Größe gleich dem Produkt aus dem (nach ihm benannten) planckschen Wirkungsquantum und der Frequenz der abgegebenen Strahlung ist: $E = h\nu$. Er wurde damit zum Begründer der Quantentheorie. 1918 erhielt er den Nobelpreis für Physik.

Platon
427–347 v. Chr., griechischer Philosoph, der seine Philosophie in zahlreichen Dialogen dargestellt hat, deren Hauptperson Sokrates ist. Ein wichtiger Teil dieser Philosophie ist die Ideenlehre, nach der die Wirklichkeit nur das Abbild von Ideen ist.

Polytheismus
Kennzeichnend für den Polytheismus ist der Glaube an mehrere Götter und deren Verehrung. Diese Götter werden oft hierarchisch geordnet und haben unterschiedliche Aufgaben. Die griechische, römische und ägyptische Religion mit ihrer Vielzahl von Göttern sind Beispiele dafür.

Rabbiner
Bezeichnung für einen jüdischen Geistlichen, der für die Predigt, für die Seelsorge, für den Religionsunterricht und für religiös-gesetzliche Fragen zuständig ist.

Ramadan
(arabisch: der heiße Monat) 30-tägiger Fastenmonat, der im Koran vorgeschrieben ist. Während des Ramadan darf tagsüber weder gegessen noch getrunken werden.

Recht auf Arbeit
Aus der Verfassung des Freistaates Sachsen vom 27. Mai 1992:
Artikel 7:
(1) Das Land erkennt das Recht eines jeden Menschen auf ein menschenwürdiges Dasein, insbesondere auf Arbeit, auf angemessenen Wohnraum, auf angemessenen Lebensunterhalt, auf soziale Sicherung und auf Bildung, als Staatsziel an.
(2) Erwerbsmäßige Kinderarbeit ist grundsätzlich verboten.
(3) Niemand darf zu einer bestimmten Arbeit gezwungen werden, außer im Rahmen einer herkömmlichen allgemeinen, für alle gleichen öffentlichen Dienstleistungspflicht.
Artikel 28:
(1) Beruf und Arbeitsplatz können frei gewählt werden, soweit das Bundesrecht dem nicht entgegensteht. Die Berufsausübung kann durch Gesetz oder aufgrund eines Gesetzes geregelt werden.
Artikel 29:
(1) Alle Bürger haben das Recht die Ausbildungsstätte frei zu wählen.
(2) Alle Bürger haben das Recht auf gleichen Zugang zu den öffentlichen Bildungseinrichtungen.

Savater, Fernando
spanischer Philosoph, lehrt in Bilbao. Er hat vor allem ethische Bücher für Jugendliche geschrieben, u. a. „Sei kein Idiot. Politik für Erwachsene von morgen“ und „Tu, was du willst“.

Seneca
4 v. Chr.–65 n. Chr., römischer Philosoph und einer der bedeutendsten ↑ Stoiker. In seiner Philosophie vertritt er die Auffassung, Glückseligkeit könne der Mensch nur erlangen, indem er sich in sein Schicksal füge und es in einem Akt der Freiheit als etwas Unabänderliches annähme. Er verlangt zugleich sittliche Strenge gegen sich selbst und großzügiges Mitleid gegenüber anderen. Cicero war Erzieher des römischen Kaisers Nero, der ihn später zum Tode verurteilte.

Schopenhauer, Arthur
1788–1860, deutscher Philosoph, dessen Denken besonders von Kants Philosophie und der indischen Weisheitsliteratur beeinflusst wurde. Schopenhauer deutete die Welt als „Vorstellung“ oder „Erscheinung“ des Einzelnen.

Schweitzer, Albert
1875–1965, ev. Theologe und Arzt. Nachdem Schweitzer als Theologe bereits wissenschaftlich gearbeitet und verschiedene Werke zur Religionsphilosophie und -geschichte geschrieben hatte, studierte er Medizin um als Missionsarzt zu arbeiten. Das Urwaldhospital Lambarene in Gabun/Westafrika wurde seine noch heute existierende Wirkungsstätte. 1952 erhielt er den Friedensnobelpreis.

Sölle, Dorothee
*1929, wurde 1975 Professorin für systematische Theologie am „Union Theological Seminary“ in New York; vertritt eine politische Theologie. Sie wurde 1969 bekannt durch den Arbeitskreis „Politisches Nachtgebet“ in Köln.

Sokrates
ca. 470–399 v. Chr., griechischer Philosoph, der in Athen lebte und dort auf der Agora (Marktplatz) mit den Menschen philosophierte. Er ist der Begründer der Ethik, hat jedoch keine schriftlichen Werke hinterlassen. Der Philosoph Platon machte ihn zur Hauptperson in seinen berühmten Dialogen, denn Sokrates verstand es, mit den Menschen zu sprechen und sie zum Nachdenken und Argumentieren anzuregen. Seine Gesprächsmethode wird deshalb auch sokratische Methode genannt. Sokrates wurde 399 v. Chr. zum Tode verurteilt und starb durch Gift aus dem Schierlingsbecher. Die Athener hatten ihn u.a. angeklagt „neue Götter“ eingeführt zu haben und dadurch die Jugend moralisch zu verderben.

Staat
Politisches Gefüge – bestehend aus gewählten Volksvertretern –, das das alleinige Macht- und Entscheidungsmonopol besitzt. Der Staat bedient sich für seine politischen Aufgaben bestimmter eigener Institutionen (Parlamente, Ausschüsse ...).

Stoa
Philosophenschule der Stoiker. Das höchste Lebensglück sahen die Stoiker im Sich-Einfügen in das Schicksal, das mit innerer Seelenruhe ertragen werden müsse.

Suizid
Neutrale Bezeichnung für Selbstmord.

Symbol
(griech. symballein = zusammenwerfen) Ein bildhaftes Zeichen, dass den Inhalt eines Sachverhaltes vergegenwärtigt. Religiöse Symbole sind mehr als willkürlich oder rational festgesetzte Zeichen (wie z.B. Verkehrszeichen), sondern sie sind Teil der Wirklichkeit, auf die sie hinweisen.

Theodizee
Die immer wieder gesuchte Antwort auf die Frage, wie das Übel und das moralisch Böse auf der Welt mit Gottes Allmacht, Weisheit und Güte in Einklang zu bringen ist.

Tillich, Paul
1828–1965, evangelischer Theologe und Philosoph. Professor in Marburg, Dresden, Leipzig, Frankfurt/M. Er verlor 1933 als führende Person des religiösen Sozialismus seinen Lehrstuhl in Deutschland und lehrte daraufhin am „Union Theological Seminary“ in New York und als „University Professor“ in Harvard.

Transzendenz
(lat. transcendere: hinübersteigen) Etwas, das hinter den Grenzen der Erfahrung und des Bewusstseins liegt; auch das Übersinnliche, das „Jenseits". Der Begriff Transzendenz geht von der Vorstellung aus, dass es eine Grenze zwischen einer objektivierbaren und einer nicht objektivierbaren Wirklichkeit gibt. Die objektivierbare Wirklichkeit diesseits der Grenze hängt nach dieser Vorstellung von der nicht-objektivierbaren Wirklichkeit jenseits der Grenze ab.

Unberührbare
Innerhalb des indischen Kastenwesens die unterste Kaste bzw. Bevölkerungsschicht. Sie werden auch Paria genannt.

UNESCO
Abk. für United Nations Educational, Scientific and Cultural Organization. Eine Organisation der Vereinten Nationen. Ihr Ziel ist die internationale Förderung von Erziehung, Wissenschaft und Kultur.

UNO/UN
(United Nations = Vereinte Nationen) Die Vereinten Nationen wurden 1945 in San Francisco gegründet. Ihre Ziele sind u. a. Erhaltung des Weltfriedens durch internationale politische und kulturelle Zusammenarbeit, kollektive Maßnahmen zur Friedenssicherung sowie Beilegung von Streitigkeiten unter den Mitgliedstaaten. Sitz der UNO ist New York. 1997 hatte die UNO 185 Mitgliedstaaten.

Utilitarismus
Der Utilitarismus beurteilt den Zweck allen menschlichen Handelns nach der Nützlichkeit. Für eine Gemeinschaft bedeutet dies, dass die Handlungen darauf ausgerichtet sein müssen, dass möglichst vielen Menschen das möglichst größte Lebensglück vermittelt wird. Begründer des Utilitarismus war ↑ J. Bentham.

Voyeurismus
(franz. voyeur: Zuschauer) Eine Haltung, die einen besonderen Reiz daran findet, herausragende Situationen anderer Menschen (Schicksalsschläge, sexuelle Handlungen u. a.) zu beobachten.

Warschauer Getto
Während des Zweiten Weltkrieges richtete die deutsche Besatzungsmacht 1940 im Zentrum Warschaus ein jüdisches Getto ein. Auf 4 km^2 zwängte sie 500 000 Menschen ein, von denen in den beiden ersten Jahren 100 000 starben. Ab 1942 wurden Junden in Vernichtungslager transportiert. Ein Aufstand im Ghetto 1942 richtete sich gegen diese Deportationen. Die Aufständischen wurden ermordet.

Weizsäcker, Carl Friedrich von
*1912, Physiker und Philosoph. Er forschte in der Kernphysik, in der Astronomie und in der Naturphilosophie. C. F. v. Weizsäcker wendet sich gegen die traditionelle Trennung von Geistes- und Naturwissenschaften und stellt der Philosophie die programmatische Aufgabe zu einem Verständnis der Einheit der Natur zu gelangen. In der Öffentlichkeit tritt er oft durch Kritik der wissenschaftlich-technischen Welt hervor.

Wiedertäufer
Reformatorische Bewegung, die eine innere Erneuerung der Kirche suchte. Die Wiedertäufer lehnen die Kindertaufe ab und bestehen auf der Taufe der Erwachsenen, die sich frei entscheiden können. Die Mehrzahl der Wiedertäufer zeichneten sich durch Einfachheit, Nüchternheit und Leidensbereitschaft aus. In Polen, Mähren, Russland und Nordamerika fanden sie eine neue Heimat, während sie in Deutschland weitgehend verdrängt wurden.

Adressen

Albert Schweitzer-Zentrum
Schlesingergasse 22–24
60311 Frankfurt
Tel. 0 69/28 49 51
Fax 0 69/2 97 85 25
E-Mail: albert-schweitzer-zentrum @t-online.de
http://www.frankfurter-museen.de/seiten/albert_schweitzer/specials.htm

amnesty international
Sektion der Bundesrepublik Deutschland e. V.
53108 Bonn
Tel. 02 28/98 37 30
Fax 02 28/63 00 36
E-Mail: ai-de@amnesty.de
http://www.amnesty.de

Blickwechsel e. V.
Verein für Medien- und Kulturpädagogik
Waldweg 26
37073 Göttingen
Tel. + Fax 05 51/48 71 06
E-Mail: blickwechsel@t-online.de

Bundesanstalt für Arbeit
Regensburger Str. 104
90478 Nürnberg
Tel. 09 11/1 79-0
Fax 09 11/1 79-13 43
E-Mail: arbeitsamt@t-online.de
http://www.arbeitsamt.de

Bundesverband der Tierversuchsgegner
Menschen für Tierrechte e. V.
Roermonder Str. 4a
52072 Aachen
Tel. 02 41/15 72 14
Fax 02 41/15 64 42
E-Mail: info@tierrechte.de
http://www.tierrechte.de

Deutsche Gesellschaft für die Vereinten Nationen
Poppelsdorfer Allee 55
53115 Bonn
Tel. 02 28/94 90 00
Fax 02 28/21 74 92
E-Mail: dgvn-bonn@t-online.de
Informationen über Menschenrechte

Deutscher Bundestag
Bundeshaus
Görresstr. 15
53113 Bonn
Tel. 02 28/1 61
E-Mail: poststelle@bundestag.de
http://www.bundestag.de
Information über demokratische Parteien im Bundestag

Freiwillige Selbstkontrolle Fernsehen e.V.
Rauchstr. 18
10787 Berlin
Tel. 0 30/2 30 83 60
Fax 0 30/23 08 36-70
E-Mail: info@fsf.de
http://www.fsf.de

Gandhi-Informations-Zentrum
Lübecker Straße 44, 10559 Berlin
Tel. + Fax: 0 30/3 94 14 20
E-Mail: mkgandhi@berlin.snafu.de
http://www.snafu.de/~mkghandi.

Institut für Trauerarbeit (ITA)
in der Evang. Akademie Nordelbien
Esplanade 15
20354 Hamburg
Tel. 0 40/35 50 56 34
Fax 0 40/35 50 56 16
Kooperationsveranstaltungen mit Lehrern und Lehrerinnen

Offener Kanal Kassel
KulturBahnhof 1
34117 Kassel
Tel. 05 61/10 79 04
Fax: 05 61/71 01 58
E-Mail: ok-do@ins.de
http://www.ins.de/offener-kanal-dortmund

Plan International Deutschland
Postfach 602009
22220 Hamburg
Tel. 0 40/61 14 00
Fax 0 40/61 14 01 40
E-Mail: info@plan-interna.de
http://www.plan-international.de
Informationen über Entwicklungsländer

„Schule ohne Rassismus"
Bundeskoordination
AKTION COURAGE e. V. –
SOS Rassismus
Postfach 2644
53016 Bonn
Tel. 02 28/21 30 61
Fax 02 28/26 29 78
E-Mail: sos@actioncourage.org
http://www.actioncourage.org

Für das Bundesland Thüringen
LH Erfurt/Stadtverwaltung
Büro der Ausländerbeauftragten
Fischmarkt 11
99084 Erfurt
Tel. 03 61/6 55 10 44
Fax 03 61/6 42 17 02

unicef Deutschland
Höninger Weg 104
50969 Köln
Tel. 02 21/93 65 00
Fax 02 21/93 65 02 79
E-Mail: mail@unicef.de
http://www.unicef.de

Textnachweis

S. 8 Jostein Garder, Das Kartengeheimnis, Hanser, München/Wien 1995, S. 183
S. 10 Lewis Caroll, Alice im Wunderland, Breitschopf, München 1983, S. 26
S. 11 Calvin S. Hall/Hardner Lindzey, Theorien der Persönlichkeit, C. H. Beck, München 1978, S. 25 f.
S. 12 Janusz Korczak, Die Liebe zum Kind, Union, Berlin 1980, S. 393–395
S. 15 Jürgen Böhm u.a., Deutschstunden, Argon, Berlin 1995
S. 15 Alain, Das Glück ist hochherzig, Suhrkamp, Frankfurt/M. 1987, S. 136 f.
S. 16 Regina Rusch (Hg.), So soll die Welt nicht werden, Anrich, Kevelaer 1989, S. 114 f.
S. 17 Václav Havel, Von welcher Zukunft ich träume, Rowohlt, Reinbek, Hamburg 1997, S. 39
S. 20 Max Frisch, Tagebuch 1966–1971, Suhrkamp, Frankfurt/M. 1972, S. 319 ff.
S. 21 nach: Michel de Montaigne, Essais, Manesse, Zürich 1953, S. 222; nach: Aristoteles, Nikomachische Ethik, dtv, München 1972, S. 234 f.
S. 22 f. Jutta Schlott, Kalter Mai, Fischer, Frankfurt/M. 1995, S. 26–29
S. 23 nach: Arthur Schopenhauer, Aphorismen zur Lebensweisheit, Insel, Frankfurt/M.1991, S. 186; nach: Laelius, Über die Freundschaft, Reclam, Stuttgart 1995, S. 12
S. 24 Bravo-Girl 15/9.7. 1997
S. 25 Geo 1/97, S. 32–38
S. 26 Zeiten der Liebe, Kösel, München 1991, S. 17 f.
S. 27 Erich Fromm, Die Kunst des Liebens, Ullstein, Frankfurt/M. 1990, S. 11, 14
S. 28 nach: Platon, Symposion, Meiner, Leipzig 1912, S. 64–66, 84, 90
S. 29 Erich Fromm, Die Kunst des Liebens, Ullstein, Frankfurt/M. 1990, S. 58
S. 30 nach: Sigmund Freud, Abriß der Psychoanalyse, Fischer, Frankfurt/M. 1953, S. 13
S. 31 Brigitte 24/1992
S. 33 Friedrich W. Lindemann, Ev. Information 38/94; Der Spiegel 43/21. 10. 1996
S. 34 Marie L. Kaschnitz, So war es bei uns, in: Westermann Monatshefte 1965, S. 79; Brigitte 11/1988
S. 35 Udo Lindenberg, Songbook, Star Musikproduktion, Hamburg 1973; Gernot Böhme, Briefe an meine Töchter, Insel, Frankfurt/M. 1995, S. 129
S. 38 f. Karin König, Ich fühl mich so fifty-fifty, dtv, München 1992, S. 31 f., 84 f.
S. 40 nach: Immanuel Kant, Metaphysik der Sitten, Reclam, Stuttgart 1990, S. 277
S. 41 nach: Friedrich Nietzsche, Menschliches, Allzumenschliches, Suhrkamp, Frankfurt/M. 1977, S. 432; Udo Kliebisch, Kooperation und Werthaltung, Verlag an der Ruhr, Mühlheim 1995, S. 132
S. 43 Frankfurter Rundschau 23. 3. 1985
S. 45 Alois Weimer, Spuren des Denkens – Geschichten um Philosophen, Frankfurt/M. 1993, S. 11 f.
S. 46 f. Jörn Mothes, Beschädigte Seelen,Temmen, Bremen 1996, S. 175–177
S. 48: Rafik Schami, Die Sehnsucht fährt schwarz, dtv München 1988, S. 47 f.
S. 49 nach: Fernando Savater, Tu, was du willst, Campus, Frankfurt/M. S. 91 f.
S. 50 Verantwortung, Friedrich Jahresheft 10/1992, S. 24
S. 53 Claus D. Grupp, Welt im Wandel, Köln 1992, S. 3
S. 54 Rede von Roman Herzog, 28. 4. 1997
S. 55 General-Anzeiger Bonn, 9. 7. 1997, S. 1
S. 56/57 Jugendwerk der Deutschen Shell (Hg.), Jugend '97, Leske + Budrich, Opladen 1997, S. 56 ff., S. 220, S. 227 ff., S. 239 ff.
S. 58/59 Michael Holzach, Das vergessene Volk, Hoffmann und Campe, Hamburg 1980, S. 9 f.
S. 59 nach: Ernst Bloch, Über die Bedeutung der Utopie, in: Tübinger Einleitung in die Philosophie. Suhrkamp Verlag, Frankfurt/M. 1963, S. 124–126
S. 61 nach: Bundeszentrale für politische Bildung, Waldemar Besson, Das Leitbild der modernen Demokratie, Waldemar Besson u.a., Bundeszentrale für politische Bildung, Bd. 300, Bonn 1990, S. 13 f.
S. 64 Der Spiegel, 31/1997, S. 24 f.
S. 65 Stern 32/97
S. 67 Bundeszentrale für politische Bildung, Waldemar Besson, Das Leitbild der modernen Demokratie, Waldemar Besson u. a., Bundeszentrale für politische Bildung, Bd. 300, Bonn 1990, S. 22; Manès Sperber, Individuum und Gemeinschaft, in: Die Weiße Rose und

das Erbe des deutschen Widerstandes, C. H. Beck, München 1993, S. 22 f.

S. 69 zit. nach: Gemeinschaftswerk der ev. Publizistik (Hg.), Medium 1/1992, S. 31; zit. nach: Bundeszentrale für politische Bildung (Hg.), PZ, Wir in Europa, Medien. Zwischen Ohnmacht und Faszination, 8/1993, S. 39, Zitat geändert

S. 71 nach: Film: Wie der Krieg in die Köpfe kommt. Hessischer Rundfunk 1996

S. 73 Jürgen Bartheme, Daniela Reichgruber, in: medien und erziehung 8/1995, S. 213 ff.

S. 77 Toscani/Nickel, in: Stern TV; Die Zeit, 14. 7. 1995

S. 79 Der Spiegel vom 21. 7. 1997

S. 80 Ulrich Wickert, Der Ehrliche ist der Dumme, Heyne, München 1996, S. 156 ff.

S. 85 Der Spiegel, 19. 9. 1994

S. 86 Martin Seel, Glück, in: Heiner Hastedt/Ekkehard Martens (Hg.), Ethik. Ein Grundkurs, Rowohlt, Reinbek 1994, S. 146 f.; nach: Immanuel Kant, Kritik der praktischen Vernunft, in: Wilhelm Weischedel (Hg.), Kant, Wiss. Buchgesellschaft, Darmstadt 1975, S. 133; Peter Wapnewski, zit. nach: Karl O. Conrady, Das Buch der Gedichte, Cornelsen, Berlin 1997, S. 47

S. 88 Arthur Schopenhauer, Aphorismen zur Lebensweisheit, Insel-Verlag, Frankfurt/M./Leipzig 1991, S. 50

S. 89 Robert Spaemann, Moralische Grundbegriffe, Beck'sche Reihe, München 1982, S. 30 f.

S. 91 nach: Platon, Gorgias, zit. nach: Wilhelm Capelle, Die Vorsokratiker, Kröner, Stuttgart 1968, S. 355 f.; nach: Erich Fromm, Haben oder Sein, dtv, München 1979, S. 115 ff.; Ludwig Wittgenstein, zit. nach: Ricarda Winterswyl, Glück, Beck'sche Reihe, München 1995, S. 193; Seneca, I Vom glückseligen Leben. II Von der Gemütsruhe, Reclam, Stuttgart 1984, S. 64 f.

S. 92 Roland Simon-Schaefer, Kleine Philosophie für Berenike, Reclam, Stuttgart 1996, S. 173

S. 93 nach: Seneca, I Vom glückseligen Leben. II Von der Gemütsruhe, Reclam, Stuttgart 1984, S. 64 f.; nach: Olof Gigon (Hg.), Epikur, Von der Überwindung der Furcht, dtv, München 1983, S. 115, 103 f.

S. 94 Erich Fromm, Die Kunst des Liebens, Ullstein, Frankfurt/M. 1990, S. 68

S. 95 ebd., S. 13 f.; Erich Kästner, Bei Durchsicht meiner Bücher, Dressler, Berlin o. J., S. 13

S. 96 Praktikumsmappe Martina Heitmann, Text geändert

S. 97 Verein „Gemeinsam Leben – gemeinsam Lernen" (Hg.), Faltblatt

S. 98 zit. nach: Georg Bubolz (Hg.), Religionslexikon, Cornelsen Scriptor, Frankfurt/M. 1990, S. 183

S. 99 Bundesverwaltungsamt im Auftrag für Familie, Senioren, Frauen und Jugend (Hg.), Sogenannte Sekten und Psychogruppen. Die Mun-Bewegung, Köln 1996, S. 29

S. 100 nach: Blaise Pascal, zit . nach: Willi Oelmüller/Ruth Dölle-Oelmüller, Grundkurs Philosophische Anthropologie, Fink, München 1996, S. 130; Gundoff S. Freyermuth, Vom Hamburger zur Kuh – Wiederauferstehungsutopie, in: Rainer Beck (Hg.), Der Tod. Ein Lesebuch von den letzten Dingen, Beck'sche Reihe, München 1995, S. 255–263 (gekürzt)

S. 102 Stefanie Spötter, Er hieß Marco und war fünf Jahre alt, als er ums Leben kam, in: Margit Baßler, Marie-Thérèse Schins, Warum gerade mein Bruder? Trauer um Geschwister, Rowohlt, Reinbek 1992, S. 87–90

S. 103 Sandra Wagner, Gedicht ohne Titel, in: Verwaiste Eltern. Leben mit dem Tod eines Kindes, Heft 4/5, Hamburg 1993, S. 42

S. 104 Mihalyi Csikszentmihalyi, Flow – Das Geheimnis des Glücks, Klett-Cotta, Stuttgart 1992, S. 13 ff.

S. 105 Marie Luise Kaschnitz, Überallnie, Ausgewählte Gedichte 1928–1965, Claassen, Hamburg 1965, S. 191

S. 107 Die Zeit 26/20. 6. 1997

S. 111 Heiner Barz, Postsozialistische Religion, Leske u. Budrich, Opladen 1993, S. 99 f.

S. 111 Süddeutsche Zeitung, 3. 4. 1997

S. 111 Karl Marx, Zur Kritik der Hegelschen Rechtsphilosophie, in: S. Landshut (Hg.), Die Frühschriften, Alfred Kröner Verlag, Stuttgart 1953, S. 207 f.

S. 112 Buddha Savepalli Radhakrishnan, Eastern religion and Western thought, London 1940, S. 308 f.

S. 113 P. M. von Buren, Reden von Gott in der Sprache der Welt, Zwingli, Zürich 1965, S. 8 f., © Theologischer Verlag Zürich

S. 114 f. Ethik und Unterricht 3/1994, Diesterweg, Frankfurt/M. 1994, S. 26 f.

S. 116 f. Jan Willem de Wetering, Der leere Spiegel, Rowohlt, Reinbek 1995, S. 18–26

S. 118 Dorothee Sölle, Der Tod am Brot allein, in: Dorothee Sölle, Die Hinreise, Kreuz, Stuttgart 1992, S. 7–23

S. 119 jetzt, Jugendmagazin der Süddeutschen Zeitung 27/1997

S. 120 Max Frisch, Tagebuch 1966–1971, Suhrkamp Verlag, Frankfurt/M. 1972, S. 424 ff.

S. 122 YoYo 13/7. 6. 1997

S. 124 T. Börger, CD: Tic Tac Toe, Warum?, Glueck Musik GmbH

S. 125 Kirsten Hoyer, in: Johann-Christoph Student, Im Himmel welken keine Blumen, Herder, Freiburg 1992, S. 143–144

S. 126 Dirk Käthner, CD: When sunshine gets cold, Kontakte Musikverlag

S. 129 Gitta Deutsch, An einem Tag im Februar, Aigner, Salzburg 1988

S. 130 Richard Lamerton, Sterbenden Freund sein, Herder, Freiburg 1991, S. 29 f.

S. 131 Wilhelm Willms, Der geerdete Himmel, © Butzon & Bercker, Kevelaer 1987, S. 121

S. 132 Hilde Domin, Aber die Hoffnung, Fischer, Frankfurt/M. 1993, S. 60

S. 133 AG der Verbraucherverbände (Hg.), Was tun, wenn jemand stirbt? Bonn 1991, S. 8 ff.

S. 134 Raymond A. Moody, Das Licht von drüben, Rowohlt, Reinbek 1989, S. 17 f.; ders., Leben nach dem Tod, Rowohlt, Reinbek 1977, S. 69 f.

S. 135 Der Spiegel 25/1992; CD: Knocking On Heaven's Door

S. 136 Marie Luise Kaschnitz, Überallnie, Fischer, Frankfurt/M. 1984, S. 160

S. 137 zit. nach Helmuth von Glasenapp, Die Religionen Indiens, Kröner, Stuttgart o. J., S. 233 f.: Maurice Percheron (Hg.), Buddha, Rowohlt, Reinbek 1958, S. 29–33 (gekürzt)

S. 140 Richard Wilhelm (Hg.), Li Gi. Das Buch der Sitten und Gebräuche, Diederichs, Düsseldorf 1981, S. 272 f.

S. 141 Christian Keysser, Die 10 Gebote der Papuas, in: R. Bensch/W. Trutwin (Hg.), Philosophisches Kolleg 3, Patmos, Düsseldorf 1977; Max Himmelheber, Beobachtungen über die Moral der Eskimo und Neger, in: Rolf Italiaander (Hg.), Moral – wozu? Delp-Verlag, München 1972, S. 42 ff.

S. 142 Die Toten Hosen, Die zehn Gebote, Song-Beilage der CD: Opium fürs Volk, JKP, Düsseldorf 1995; Erich Kästner, Bei Durchsicht meiner Bücher, dtv, München 1989, S. 61

S. 143 K. M. Michel/T. Spengler (Hg.), Kursbuch 60 – Moral, Kursbuch, Berlin 1980, S. 21; Warnfried Dettling, Die moralische Generation, in: Die Zeit 14. 2. 1997

S. 144 f. Richard Purtill, Grundfragen der Ehtik, Patmos, Düsseldorf 1977, S. 11 ff.

S. 146 Der Spiegel 41/27. 1. 1997 (gekürzt)

S. 148 Die Toten Hosen, Zehn kleine Jägermeister, Song-Beilage der CD: Opium fürs Volk, JKP, Düsseldorf 1995

S. 149 Alexis de Toqueville zit. nach: Richard Herzinger, In der Gemeinschaftsfalle, in: Die Zeit 15/4. 4. 1997

S. 153 nach: Immanuel Kant, Grundlegung zur Metaphysik der Sitten, Reclam, Stuttgart 1961, S. 28 f.

S. 155 Karl Popper, Die offene Gesellschaft und ihre Feinde, Bern 1973, S. 19

S. 156 Immanuel Kant, Grundlegung zur Metaphysik der Sitten, Reclam, Stuttgart 1961, S. 42

S. 156 f. Dietrich Bonhoeffer, Brevier, Kaiser, München 1991, S. 254 f.

S. 157 Ruth Andreas-Friedrich, Der Schattenmann. Tagebuchaufzeichnungen 1938–1945, Suhrkamp, Frankfurt/M. 1983, S. 87, 102

S. 162 nach Horst Müller, Fürstenstaat oder Bürgernation, Cornelsen, Berlin 1989, S. 347

S. 163 Fragebogen (gekürzt), in: Deutsche Lehrerzeitung

S. 164 Karl Marx, Zur Kritik der Nationalökonomie, in: ders., Frühe Schriften 1, Wiss. Buchgesellschaft Darmstadt 1982, S. 587; Günter Wallraff, Im Akkord, in: ders., Industriereportagen, Rowohlt, Reinbek 1970, S. 45 ff.

S. 166 Gerhard Leibold/Frank u. Doris Brenner, Das große Buch der Einstellungstests, Humboldt-Taschenbuchverlag Jacobi KG, München 1996, S. 37 f.

S. 167 f. BfA Nürnberg, Info-Broschüre: Mach's richtig, Beltz, Weinheim1996, S. 5 ff.

S. 170 Mitteldeutsche Zeitung vom 11. 6. 1992

S. 171 BfA Nürnberg, Mach's richtig – Blick in die Zukunft, Julius Beltz Verlag, Weinheim 1996, S. 5
S. 172 f. Die Zeit 13. 7. 1990
S. 174 Der Spiegel Nr. 31/1997
S. 177 nach: Jugendwerk der Deutschen Shell (Hg.), Jugend '97, Leske + Budrich, Opladen 1997, S. 344
S. 179 Horst W. Opaschowski, Pädagogik der freien Lebenszeit, Leske + Budrich, Opladen 1996, S. 24
S. 182 Paola Cavalieri/Peter Singer, Menschenrechte für die Großen Menschenaffen „Das Great Ape Project", Goldmann, München, 1996, S. 8 ff.
S. 183 Jeremy Bentham, zit. nach Plakat der Tierversuchsgegner Hessen, Menschen für Tierrechte e. V.
S. 184 nach: Claus Günzler, Albert Schweitzer, Einführung in sein Denken, Beck'sche Reihe, München 1996, S. 61, 95 f.
S. 185 Spiegel-special Nr. 1/1997
S. 186 Jostein Gaarder, Sofies Welt, Hanser, München 1993, S. 103 ff.
S. 187 John D. Borrows, Die Natur der Natur, Spektrum, Heidelberg 1993, S. 94 ff.
S. 188f. Jean-Pierre Maury, Galileo Galilei, Maier GmbH, Ravensburg 1990, S. 16
S. 191 Rudolf Kaiser, Indianischer Sonnengesang, Herder, Freiburg 1993, S. 47 f.
S. 192 Alaisdair MacIntyre, Der Verlust der Tugend, Suhrkamp, Frankfurt/M. 1994, S. 13
S. 193 nach: Simon Pierre de Laplace, Chaos und Fraktale, Spektrum, Heidelberg 1989, S. 10
S. 193 Max Planck zit. nach John D. Borrows, Die Natur der Natur, Spektrum, Heidelberg 1993, S. 509
S. 194 f. Gustav Schwab, Die schönsten Sagen des klassischen Altertums, Tosa Verlag, Wien
S. 199 Geschichtsbuch Oberstufe Bd. 1, Cornelsen, Berlin 1996, S. 273
S. 200 Der Spiegel Sonderausgabe 1947–1997, S. 322–326
S. 201 Werner Heisenberg, Das Naturbild der heutigen Physik, Rowohlt, Reinbek 1955
S. 203 Aktuell '97, Harenberg, Dortmund 1996, S. 213
S. 204 Rheinische Post vom 26. 2. 1997; Die Zeit vom 28. 2. 1997; Börse online Nr. 11/1997; Handelsblatt vom 25. 2. 1997
S. 206 Armin Hermann, Wie die Wissenschaft ihre Unschuld verlor, Ullstein, Frankfurt/M. 1984, S. 194
S. 207 Hammers Anthologien Lyrik (Thema Frieden) Wuppertal 1967
S. 208 Werner Heisenberg, Der Teil und das Ganze, dtv, München 1987, S. 228–231
S. 210 Zeit-Punkte 6/1995, S. 12 ff.
S. 217 nach: Alain Finkielkraut, Die Weisheit der Liebe, Hanser, München 1978
S. 217 Angelika Mechtel, Flucht ins fremde Paradies, Maier GmbH 1990, S. 66–69
S. 218 CD: Billy Joel: „Storm Front", Columbia 1989 *(gekürzt)*
S. 219 nach: Carl von Clausewitz, Definition und Zweck des Krieges, in: Carl von Clausewitz, Vom Kriege, Reclam, Stuttgart 1980, S. 20
S. 221 Franz Alt, Liebe ist möglich, Piper, München 1983, S. 136 ff.
S. 222 Heimo Rau, Gandhi, Rowohlt, Reinbek 1970; Webb Miller, zit. nach: Heimo Rau, Gandhi, Rowohlt, Reinbek 1970
S. 223 Ija Lazari-Pawlowska, Gandhis Ethik der Gewaltfreiheit, Gandhi-Informations-Zentrum, Berlin 1995, S. 10 f.
S. 224 Heimo Rau, Gandhi, Rowohlt, Reinbek 1970, S. 47; Bettina Wegner, Wenn meine Lieder nicht mehr stimmen, Rowohlt, Reinbek 1977, S. 119
S. 225 nach: John Rawls, Eine Theorie der Gerechtigkeit, Suhrkamp, Frankfurt/M. 1977, S. 401 ff.
S. 226 Noa Ben Artzi-Pelossof, Trauer und Hoffnung, Rowohlt, Reinbek 1997, S. 99 f.
S. 228f. Regina Rusch (Hg.), Plötzlich ist alles ganz anders, Eichborn Verlag, Frankfurt/M. 1992, S. 28 f., 41 f.
S. 233 Hamburger Abendblatt 8. 4. 1997
S. 234 a i, Politik betrifft uns, Bergmoser & Höller, Aachen 1995, S. 16
S. 235 Václav Havel, Von welcher Zukunft ich träume, Rowohlt, Reinbek 1996, S. 32 ff.
S. 236 a i, Einsatz für die Menschenrechte, Bergmoser & Höller, 1995, S. 10
S. 237 amnesty international, Menschenrechtserziehung, Bonn 1995
S. 250 Kurt Tucholsky, Wenn die Igel in der Abendstunde, Rowohlt, Reinbek 1985, S. 57; Khalil Gibran, Der Prophet, Zürich 1996, S. 16 f.
S. 251 Robert Jungk, Statt auf den großen Tag zu warten …, in: Kursbuch 53, September 1978, Utopien II,

Rotbuch Berlin, S. 1 ff. (gekürzt)

S. 252 Günther Rühl, Menschengerechte Arbeitsplätze durch soziotechnologische Systemgestaltung, in: Institut der dt. Wirtschaft (Hg.), Qualität des Arbeitsplatzes, Dt. Institutsverlag, Köln 1974, S. 44; Friedrich Rückert, Der Mann im Syrerland, Karl Ringshausen, Das Buch der Bücher, zit. nach Diesterweg, Frankfurt/M. 1975, S. 47

S. 253 Kurt Tucholsky, Gesammelte Werke 5, Rowohlt, Reinbek 1975, S. 269 f.

S. 255 f. Jan Willem de Wetering, Der leere Spiegel, Rowohlt, Reinbek 1995, S. 60 f.; R. Lindner, Ich habe Angst zu sterben, in: Tod und Sterben, Gütersloh 1979, S. 69 ff.

S. 257 Erika Söder, in: Elternhaus Zeitung 4/1996, Göttingen; CD: Guns'n Roses, Use your Illusion II, 1991

S. 258 Bertolt Brecht, Hauspostille, in: Gesammelte Werke 8, Suhrkamp, Frankfurt/M. 1967, S. 260; Hans Küng, Ewiges Leben? Piper, München 1982, S. 64

S. 259 Simone Weil, Fabriktagebuch, Suhrkamp, Frankfurt/M., S. 28 ff.

S. 260 Jugendwerk der Deutschen Shell (Hg.), Jugend '97, Leske + Budrich, Opladen 1997, S. 344

S. 261 zit. nach Goethes Werke 1, Aufbau, Berlin 1974, S. 239 ff.

S. 263 f. Schweiz. Komitee für Unicef (Hg.), Kinder haben Rechte, Zürich 1994, S. 58 f.

Bildnachweis

S. 6 f. M. C. Escher's „Bond of Union" © 1997 Cordon Art Baarn-Holland. All rights reserved.
S. 8 Schloss- und Spielkartenmuseum Altenburg
S. 9 M. C. Escher's „Day and Night" © Cordon Art Baarn – Holland. All rights reserved.
S. 10 Marc Chagall, Das grüne Auge © VG Bild-Kunst, Bonn 1997
S. 12 Interfoto, Archiv
S. 13 v. o. li. n. u. re.: IFA, Bernhart; A. Pflügner, Möhrfelden; Susanne Groß, Garbsen; Interfoto, Alain Evrard, Transglobe; IFA, Weststock; Bavaria, TCL
S. 14 v. li. n. re.: (oben Mitte beginnend) Bavaria, TCL; IFA, Heinz Koch; IFA, Förster; IFA, Weststock; IFA, Tschanz; Interfoto, Alain Evrard, Transglobe; IFA, Weststock; IFA, Winter; IFA, Bernhart; Mauritius, Frankfurt/M.
S. 16 Hans Arp, Wolkenhirt © VG Bild-Kunst, Bonn 1997
S. 17 Corel-Library
S. 18 o.: Photo: © ARD/Frank Dicks, aus: Verbotene Liebe, Folge 581, u. li.: Bavaria, TCL; u. re.: Kurt Halbritter
S. 19 o. li.: Susanne Groß, Garbsen; o. re.: aus: Ingeborg Weber-Kellermann, Die Familie. Geschichte, Geschichten und Bilder, Insel, Frankfurt/M.; u. li.: Archiv für Kunst und Geschichte, Berlin; u. re.: „William Shakespeare's Romeo & Juliet", USA 1996 (Fox)
S. 20 li.: Interfoto, Barth; re.: Manfred Brandt, Kaltenkirchen
S. 21 Chris Browne © KSF/Distr. Bulls
S. 22 Thomas Matthaeus Müller
S. 24 o.: A. Pflügner, Möhrfelden; u.: Photo: ARD/Frank Dicks
S. 26 „William Shakespeare's Romeo & Juliet", USA 1996 (Fox)
S. 27 Susanne Groß, Garbsen
S. 28 Archiv für Kunst und Geschichte, Berlin
S. 31 Bavaria
S. 32 aus: Ingeborg Weber-Kellermann, Die Familie. Geschichte, Geschichten und Bilder, Insel, Frankfurt/M.
S. 33 Skip G. Langkafel, Berlin
S. 34 Kurt Halbritter
S. 35 Andreas Hilden, Göttingen
S. 36 o.: Willi Sitte, Vor der Abstimmung © VG Bild-Kunst, Bonn 1997; u. li.: Grabl, W., Hutthurm; u. re.: dpa, Frankfurt/M., Pfeiffer
S. 37 o.: Stalbek Toktojew, Nicht auf Befehle warten, Kirgisien; u.: Ullstein, Herbert Schlemmer
S. 38 Willi Sitte, Vor der Abstimmung © VG Bild-Kunst, Bonn 1997
S. 39 Evangelischer Pressedienst, Frankfurt/M.
S. 40 aus: Emanuele Gennaro, Nascita della pittura filosofica, Paideia 1958
S. 41 Skip G. Langkafel, Berlin
S. 43 Stalbek Toktojew, Nicht auf Befehle warten, Kirgisien
S. 44 Archiv für Kunst und Geschichte, Berlin
S. 46 aus: Beschädigte Seelen. Hg. v. Jörn Mothes u. a., Edition Temmen, Bremen 1996, S. 238, Dok. 98
S. 47 Ullstein, Herbert Schlemmer
S. 48 Corel-Library
S. 49 Skip G. Langkafel, Berlin
S. 51 o.: dpa, Frankfurt/M., Pfeiffer; u.: Grabl, W., Hutthurm
S. 52 Gulnara Kasmalijewa, Erinnere dich an Hiroshima, Kirgisien
S. 54 dpa, Frankfurt/M.
S. 55 o. Bavaria, TCL; u.: Evangelischer Pressedienst, Frankfurt/M.
S. 56 o.: Süddeutscher Verlag Bilderdienst; u.: Zenit/© Dietmar Gust
S. 57 o.: Hanna Meiners, Darmstadt; u.: © by Ilex, Thomas Holz
S. 58 Visum, Timm Rautert
S. 60 Herzog August Bibliothek, Wolfenbüttel
S. 63 o.: Kinder- und Jugendparlament, St. Augustin; u.: Skip G. Langkafel, Berlin
S. 64 Reuters AG, Bonn
S. 65 Peter Thomann/STERN
S. 66 Mansell Collection, London
S. 68 o.: teutopress; u.: Lothar Schneider
S. 69 Reinhard Holocher
S. 70 li.: aus: F. Attneave, Multistability in Perception, in: Recent Progress in Perception. Readings from Scientific American, San Francisco 1976, S. 146; re.: aus: Deutsches Institut für Fernstudien Tübingen (Hg.), Funkkolleg „Medien und Kommunikation", Bd.

1, Beltz-Verlag, Weinheim/Basel 1990
S. 72 li.: Interfoto, Archiv; o. re.: Interfoto, Ralph Metzger; u. re. Interfoto, Archiv
S. 74 Lothar Schneider
S. 75 Archiv für Kunst und Geschichte, Berlin
S. 76 aus: „Werbung ohne Tabu?“
S. 79 Spiegel 14. 7. 1997, Nr. 29
S. 81 Michael Seifert, Hannover
S. 82 o.: Christian Heeb, Harenberg Verlag; u. li.: Interfoto, TG; u. re.: Bavaria, TCL
S. 83 o.: Sächsische Lotto GmbH; u. li.: D. C: Thompson, Dundee; u. re.: Süddeutscher Verlag Bilderdienst
S. 84 o. li.: Corel Library; o. re.: Bilderberg; u. li.: Bavaria, VCL; u. re.: Michael Seifert, Hannover
S. 87 Roland W. Henke, Bonn
S. 88 o.: Elke Rohleder, Berlin; u.: Sempé © Diogenes Verlag
S. 90 Bavaria, Müller-Güll
S. 92 Archiv für Kunst und Geschichte, Berlin
S. 94 Jobst Grotrian, Berlin (Abdruck mit Genehmigung des Künstlers Joachim Kuschel)
S. 95 © 1997 Joram Harel, Wien
S. 97 Verein Gemeinsam leben – Gemeinsam lernen e. V., Bonn
S. 100 Gebr. König Postkartenverlag
S. 103 Anja Burr, Meckenheim
S. 104 Artothek, Bayer & Mitko
S. 106/107 Volker Derlath, München
S. 107 Bildarchiv Marburg
S. 108 Bavaria, Otto
S. 109 Artothek
S. 110 Skip G. Langkafel, Berlin
S. 112 Marlis Scharff-Kniemeyer, Frankfurt/M.
S. 113 M. C. Escher's „Verbum“ © 1997 Cordon Art Baarn – Holland. All rights reserved.
S. 116 Maction
S. 118 Fundacion Colección Thyssen-Bornemisza, Madrid
S. 121 li.: Artothek; re.: Elisabeth Volke
S. 122 Renate Salchow
S. 124 Axl Jansen, Ludwigsburg
S. 127 o.: Anja Wiese, Tangstedt; u.: Regina Beikirch, Hamburg
S. 129 Bildarchiv Marburg
S. 131 Chagall, Marc, Jakob ringt mit dem Engel, © VG Bild-Kunst, Bonn 1998; für die Fotografien © 1972 by Orell Füssli Verlag, Zürich
S. 132 Elisabeth Volke
S. 134 Artothek
S. 135 Jan Wagner, Hamburg
S. 137 AKG Berlin/Werner Forman Archive
S. 138 li.: IFA, J. Heron; re. v. o. n. u.: Bavaria, Rose; Bavaria; IFA; Bavaria, Emil Bauer; dpa, Frankfurt/M., ZB
S. 142 s. e. t., München
S. 143 li.: Wolfgang Wiese, Hamburg; re.: Skip G. Langkafel, Berlin
S. 146 o.: Visum, M. Bustamante; u.: Skip G. Langkafel, Berlin
S. 149 Antonio Fantuzzi, Das Opfer, aus: Die ZEIT 4. 4. 1997
S. 151 AOK Bayern, München
S. 152 © Lotos Film, Kaufbeuren
S. 153 Peter Thomann
S. 154 Elke Rohleder, Berlin
S. 158/159 Barbara Schumann, Berlin
S. 160 o.: Michael Seifert, Hannover; u.: Elke Rohleder, Berlin
S. 162 Berlin Museum, Berlin
S. 166 © News Aktuell/Schoenfeld
S. 167 li.: Corel Library
S. 168 Lehre – Arbeit – Jugend. Zwischen Faszination und Frust. Hg. v. Arbeitskreis für Jugendliteratur e. V., München 1986, S. 13
S. 170 Lehre – Arbeit – Jugend. Zwischen Faszination und Frust. Hg. v. Arbeitskreis für Jugendliteratur e. V., München 1986, S. 32
S. 172 li.: Andreas Schoelzel, Berlin; re.: Cartoon-Caricature-Cartoon, München, Mester
S. 174 Cartoon-Caricature-Cartoon, München, Mester
S. 176 Barbara Schumann, Berlin
S. 179 aus: Horst W. Opaschowski, Pädagogik der freien Lebenszeit, Leske und Budrich, Opladen 1996, S. 18
S. 180/181 Joachim Hollatz, Heidelberg; v. li. n. re.: aus: Spiegel special Nr. 1/1997, S. 123; Elke Rohleder, Berlin; aus: Erich Übelacker, Der Mond (Was ist was, Bd. 12), Tessloff Verlag, Hamburg 1983, S. 19; Barbara Schumann, Berlin
S. 183 Spiegel special Nr. 1/1997, S. 123
S. 184 Bavaria, SSI
S. 186/187 Artothek, Joseph S. Martin

S. 188 Skip G. Langkafel, Berlin
S. 189 aus: Hans Haber, Die Sterne (Was ist was, Bd. 6), Tessloff Verlag, Hamburg 1982, S. 7
S. 190 Elke Rohleder, Berlin
S. 191 aus: Rudolf Kaiser, Indianischer Sonnengesang. Die Weisheit der Erde in der Spiritualität nordamerikanischer Indianer, Herder Verlag, Freiburg 1993, S. 96
S. 192 Artothek
S. 193 Barbara Schumann, Berlin
S. 194 f. Foto: Bavaria, VCL/Neapel: Mus. e Gall. Nazioni di Capodimonte
S. 196 o.: IFA, Bail & Spiegel; Mi.: IFA, Bumann; u.: Zefa-Svenja-Foto
S. 197 Bavaria, TCL
S. 198 o.: aus: Rolf Sonnemann (Hg.), Geschichte der Technik, Aulis-Verlag, Köln 1987, S. 65; u.: aus: Marco Cianchi, Die Maschinen Leonardo da Vincis, Becocci Editore, Florenz 1988, S. 42
S. 199 Bayerische Staatsbibliothek, München
S. 200 Freies Deutsches Hochstift – Frankfurter Goethe-Museum
S. 201 Archiv für Kunst und Geschichte, Berlin
S. 202 o.: Gamma; u.: Cartoon-Caricature-Contor, München, Horst Haitzinger
S. 203 li.: Cartoon-Caricature-Contor, München, Horst Busse; re.: Bilderdienst Süddeutscher Verlag, München
S. 205 Elke Rohleder, Berlin
S. 206 Ullstein
S. 207 Elke Rohleder, Berlin
S. 209 Martial Leiter, Lausanne
S. 210 Jupp Wolter, Cartoon-Caricature-Contor, München
S. 211 Helga Bachmann, Hamburg
S. 212 o.: © Dorogny/Ilo/Rea/laif Photos und Reportagen, Köln; u.: IFA, Diaf
S. 213 o.: Interfoto; u.: Bavaria, Masterfile
S. 214 Ingo Röhrbein, Hamburg
S. 215 Munch Edvard, Der Schrei, © The Munch Museum/The Munch Ellingsen Group/VG Bild-Kunst, Bonn 1998; Foto: Artothek, Claus Hansmann/Privatbesitz Oslo
S. 216 dpa, Achim Scheidemann
S. 218 Foto: Artothek, Joachim Blauel/Düsseldorf Kunstsammlung NRW
S. 219 Archiv für Kunst und Geschichte, Berlin
S. 220 Archiv für Kunst und Geschichte, Berlin
S. 222 Columbia Pictures Industries, Inc.
S. 224 Tomi Ungerer © Diogenes Verlag
S. 225 dpa, Frankfurt/M.
S. 226 ADAGP, Paris
S. 229 Bavaria, Wiersma
S. 230 Molo Sengololo, South Africa
S. 231 © Photo R. M. N.
S. 232 o.: Photographie Giraudon, Vanves; u.: Plan International
S. 233 Plan International
S. 234 Associated Press
S. 235 o. dpa, Berlin; u.: ZEIT-Punkte, Nr. 2/1993, S. 74
S. 236 © Hans Peter Stiebing, Berlin
S. 239 Archiv für Kunst und Geschichte, Berlin
S. 241 li.: Lothar Otto, Leipzig; re.: © Barbara Henniger/Köpenicker Cartoon Gesellschaft
S. 244 o.: Der Spiegel 16/1997
S. 245 o.: Wolfgang Borrs, Berlin; Mi.: Dietmar Gust; u.: Sascha Hartgers
S. 247 Cartoon-Caricature-Contor, München, Harm Bengen
S. 248 o.: Aktion Courage e. V., Bonn; u.: Ingo Neubold, Gladbeck
S. 249 Mittelschule am Burgteich, Zittau

Nicht in allen Fällen war es möglich, die Rechteinhaber ausfindig zu machen. Berechtigte Ansprüche werden selbstverständlich im Rahmen der üblichen Vereinbarungen abgegolten.

Register

H

I

J

K

L

M

N

P

Q

R

S

T

U

V

W

Z

Bücher, Videos, CDs, Internet

Bücher

Kap. 1: Jostein Gaarder, Das Kartengeheimnis, Carl Hanser Verlag, München 1995
Václav Havel, Von welcher Zukunft ich träume, Rowohlt Verlag, Reinbek 1997
Janusz Korczak, Das Recht des Kindes auf Achtung, Vandenhoeck & Ruprecht, Göttingen 1970

Kap. 2: Henning Engeln, Die Evolution der Liebe. In: Geo 1/97
Erich Fromm, Die Kunst des Liebens, Ullstein, Frankfurt/M. 1990
Platon, Symposion, Phaidon, Insel, Frankfurt/M. 1992
Jutta Schlott, Kalter Mai, Fischer, Frankfurt/M. 1995

Kap. 3: Karin König, Ich fühl mich so fifty-fifty, dtv, München 1992
Jörn Mothes, Beschädigte Seelen, Edition Temmen, Bremen 1996
Josef Torman/Miroslava Tomanov, Sokrates, Volk und Welt, Berlin 1979

Kap. 4: Jugendwerk der Deutschen Shell (Hg.), Jugend '97, Leske + Budrich, Opladen 1997

Kap. 5: Vom Plot zur Premiere. Gestaltung und Technik für Videogruppen. Adresse: Institut Jugend, Film und Fernsehen. Pfälzer-Wald-Str. 64, 81539 München.
Werbung ohne Tabu? Pro und Contra zur Benetton-Werbung. Zu bestellen beim Gemeinschaftswerk der Evangelischen Publizistik, Emil-von-Behring-Str. 3, 60439 Frankfurt
Ulrich Wickert, Der Ehrliche ist der Dumme. Über den Verlust der Werte, Heyne, München 1996

Kap. 6: Erich Fromm, Haben oder Sein, dtv, München 1979

Kap. 7: Jan Willem de Wetering, Der leere Spiegel, Rowohlt-Taschenbuch, Hamburg 1995

Kap. 8 Margit Baßler, Marie-Thérèse Schins, Warum gerade mein Bruder? Trauer um Geschwister, Rowohlt, Reinbek 1992
J. C. Hampe, Sterben ist doch ganz anders, Kreuz Verlag, Stuttgart 1995
R. A. Moody, Leben nach dem Tod, Rowohlt, Reinbek 1977

Kap. 9: Platon, Apologie, Reclam, Stuttgart 1985
Wilhelm Weischedel, Die pilosophische Hintertreppe, dtv, München 1993

Kap. 10: Simone Weil, Fabriktagebuch, Suhrkamp, Frankfurt/M.

Kap. 11: Jostein Gaarder, Sofies Welt, Carl Hanser Verlag, München 1993
Albert Schweitzer, Die Lehre von der Ehrfurcht vor dem Leben, Beck, München 1984
Spiegel special 1/1997. Biozentrismus und Anthropozentrismus

Kap. 12: Albert Einstein, Aus meinen späten Jahren, Ullstein, Frankfurt/M., 1993
Werner Heisenberg, Der Teil und das Ganze, dtv, München 1987
Gudrun Pausewang, Die Wolke, Otto Maier Verlag, Ravensburg 1987

Kap. 13: Noa Ben Artzi-Pelossof, Trauer und Hoffnung, Rowohlt Taschenbuch Verlag, Reinbek, 1997
Lottemi Doormann, Ein Feuer brennt in mir. Die Lebensgeschichte der Olympe de Gouges, Beltz, Weinheim 1993
Volker Lange, Mahatma Gandhi – Der gewaltlose Rebell, dtv junior, München 1995
Angelika Mechtel, Flucht ins fremde Paradies, Otto Maier GmbH, Ravensburg 1990

Kap. 14: Francis Bacon, Novum Organum, Felix Meiner Verlag, Hamburg 1976
Gisela Führing u. a., Was heißt hier fremd?, Cornelsen, Berlin 1994
Projekthandbuch Schule ohne Rassismus. Zu bestellen bei Aktion Courage.

Videos

Kap. 8: *FLATLINERS,* Columbia Pictures, 40129 09061088 (Thema: Nahtoderlebnisse)
Schattenrisse, 42 40812 (Medienzentralen, Thema: Trauernde Geschwister)
Sterben ohne Angst, 42 0417 (Medienzentralen, Thema: Kübler-Ross)
Unsichtbare Mauern, 43 000 30 (Medienzentralen, Thema: Aids)

Kap. 11: *Albert Schweitzer in seinem Urwaldhospital in Afrika,* 42 01148 (Medienzentralen)

Kap. 12: *Moderne Zeiten,* Charles Chaplin, Taurus-Film 540 1352 (Thema: Technik)

Kap. 13: *Gandhi,* 43 000 66 (Medienzentralen)
S.H. der Dalai Lama – Frieden des Geistes. Mind films GmbH, Postfach 1071, 85738 Garching, Tel. 0 89/32 67 98 11

CDs

Kap. 2: *Romeo + Juliet,* The Original Soundtrack

Kap. 3+9: *Platon, Die Verteidigungsrede des Sokrates,* Litraton H., 3-89469-522-6

Kap. 8: *Knockin' on Heaven's Door,* The Original Soundtrack
Warum? Glueck Musik GmbH
When sunshine gets cold, Edition Unite World by Kontakte

Kap. 9: *Opium fürs Volk,* Jochens kleine Plattenfirma, Düsseldorf

Kap. 11: *Bertolt Brecht, Leben des Galilei,* TERZIO, 3-932992-41-5

Kap. 13: *Storm Front*, Billy Joel, Columbia

Internet

Kap. 6: http://www.archiv.zeit.de////daten/pages/199924.glueck.html
http://www.snafu.de/~klinger/glueck
http://www.unet.univie.ac.at/~a9125121/schopenhauer.html

Kap. 7: http://www.buddhanetz.net
http://www.ekd.de
http://www.hagalil.com
http://www.islam.de
http://www.katholische-kirche.de
http://www.religion.de
http://www.uni-tuebingen.de/stiftung-weltethos

Kap. 8: http://www.ak-leben.de/index.htm
http://www.archiv.zeit.de/zeit-archiv/daten/pages/199905.sterbehilfe.html
http://www.dghs.de/index2.htm
http://www.ev-stift-gymn.guetersloh.de/sterbehilfe
http://www.hall-of-memory.de

Kap. 11: http://www.igc.apc.org/habitat/agenda21/index.html
http://www.lucidcafe.com/library/96jan/schweitzer

Kap. 14: http://www.lpb.bwue.de/publikat/sinti/sinti.htm
http://www.uni-marburg.de/dir/GRUPPEN/index.htm